REVUE DU DROIT PUBLIC - TOME CENT TRENTE SIX

s o m m a i r e

Juillet-Août 2020
N° 4

Pages 867 à 1124

DOCTRINE

DROIT ADMINISTRATIF

La « conception française de la séparation des pouvoirs » et l'intensité du contrôle juridictionnel en droit administratif. Perspective historique et comparée
Antoine Corre-Basset 869

Le collaborateur occasionnel du service public, catégorie d'avenir du droit administratif
Élise Fraysse 915

L'évolution des fonctions de la responsabilité administrative en matière environnementale
Isabelle Hasquenoph 943

DROIT CONSTITUTIONNEL

La contribution de la Commission nationale du débat public à la démocratie environnementale
Chloë Geynet-Dussauze 965

Promesses et limites du contrôle citoyen sur Internet
Jade Meyrieu 997

Trois cinquièmes au Congrès : réflexions sur la majorité qualifiée requise par l'article 89, alinéa 3 de la Constitution de 1958
Pierre Négrel 1015

DROIT EUROPÉEN

Les mutations du constitutionnalisme européen déréglementé. Réflexions à propos de l'arrêt *PSPP* de la Cour constitutionnelle allemande du 5 mai 2020
Constantin Yannakopoulos 1041

Droit étranger

Secret Défense et libertés constitutionnelles au Japon
Éric Seizelet 1067

Chronique de jurisprudence

Jurisprudence européenne comparée (2019)
Laurence Burgorgue-Larsen 1099

DOCTRINE

DROIT ADMINISTRATIF

La « conception française de la séparation des pouvoirs » et l'intensité du contrôle juridictionnel en droit administratif Perspective historique et comparée

par Antoine Corre-Basset*
Enseignant-chercheur à l'université de Rouen Normandie

SOMMAIRE

I. — LA QUESTION DU CONTRÔLE SUR LE FAIT DANS LE RECOURS POUR EXCÈS DE POUVOIR
A. — *Les réponses doctrinales au contrôle du fait*
B. — *Controverse superficielle et contraintes communes*

II. — LES AMBIGUÏTÉS DE L'OPPORTUNITÉ
A. — *À terme ambigu, débat confus*
1. *Le rejet de principe d'un contrôle de l'opportunité*
2. *L'opportunité ou comment s'en débarrasser*

---

* L'auteur remercie chaleureusement François Blanc pour sa relecture stimulante.

B. — *Opportunité en droit, opportunité par-delà ?*
1. *Explicitation de la confusion*
2. *Pourquoi abandonner le sens commun*

III. — L'ADMINISTRATION COMME ŒUF OU COMME POULE
A. — In dubio pro libertate *? L'exemple des textes imprécis*
B. — *Une différence de nature entre le juge et l'administrateur ?*
C. — *La « voie particulière » du droit administratif français ?*

En France comme en Allemagne, l'intensité du contrôle exercé par le juge administratif ne paraît pas faire l'objet d'une intense dispute doctrinale. La chose n'est pas pour étonner outre-Rhin, où juges et commentateurs ont établi un cadre à peu près unanimement accepté : c'est faute d'objet de querelle que l'harmonie règne. En France, au contraire, on remarque en parcourant les manuels de droit administratif une grande diversité d'approches. Cependant, et c'est là ce qui frappe, cette diversité n'est pas formalisée en un débat organisé. Certains points particuliers font l'objet de débats récurrents, et parfois depuis les premiers temps de la matière (contrôle du fait et contrôle du droit, existence et définition du pouvoir discrétionnaire, degrés du contrôle...) ; les manières de présenter les techniques et degrés du contrôle, en revanche, toutes diverses, voire incompatibles, qu'elles soient, ne donnent pas lieu à une véritable controverse. Cela peut être dû à une forme de résignation : « De toutes les tâches de la doctrine administrativiste, affirme ainsi B. Plessix, la systématisation des degrés de contrôle du juge de l'excès de pouvoir est probablement la plus redoutable » (1). Et l'on peut bien penser qu'il est délicat de se quereller à propos d'un champ si incertain.

Il n'est pas question ici de prétendre proposer ni la bonne systématisation, ni, à plus forte raison, les véritables critères de ce contrôle et de ses degrés. Il est plus intéressant, en revanche, de chercher à comprendre les raisons qui empêchent, et le dialogue doctrinal, et une position juridictionnelle suffisamment claire. Nous tâcherons de montrer ici que cette question, sans doute déjà aporétique en soi, est rendue plus complexe encore en droit administratif français par la place que tient en cette matière, depuis ses premiers développements et pour reprendre la forme que lui a donnée le Conseil constitutionnel, la « conception française de la séparation des pouvoirs ».

On l'observe aujourd'hui dans les manuels ou les décisions, lorsque les développements concernant l'intensité du contrôle juridictionnel paraissent confondre ce qui relève d'une forme d'autocensure dans l'exercice de la

(1) Plessix B., *Droit administratif général*, 2e éd., 2018, LexisNexis, p. 1447.

fonction juridictionnelle et ce qui, d'un point de vue plus politique que strictement juridique (si l'on accepte, au moins provisoirement, et au moins parce qu'il s'agit là du discours sur lequel repose l'exercice du droit, qu'il existe une technique juridique qui se distingue de l'action politique), concerne l'immixtion du juge dans le travail de l'Administration, c'est-à-dire un problème non pas interne à une fonction, mais né de la friction entre deux d'entre elles.

On l'observe également si l'on considère l'histoire du droit administratif français, perspective est particulièrement importante pour cette matière, constituée au fur et à mesure par les inventions des juges et de la doctrine. Cette naissance de bric et de broc a donné plus d'effets sans doute aux éléments relevant de l'histoire des institutions ou de l'histoire des idées que dans les matières nées comme tout armées du crâne législatif.

Et s'il est un principe que les fondateurs du droit administratif tel qu'on le connaît depuis la fin du XIXe siècle ont cru devoir respecter, c'est celui de séparation des pouvoirs, entendue comme la retenue observée par le pouvoir judiciaire envers l'Administration (2).

Il y a là une sorte de tabou qui semble constituer les œillères de la doctrine administrativiste dès son apparition. À l'adage bien connu selon lequel « juger l'Administration, c'est encore administrer » (3), cette doctrine répond au contraire par « le principe fondamental de la séparation des compétences : juger n'est pas administrer » (4). Pour concilier l'expansion (presque entièrement prétorienne) de la justice administrative et le respect de la séparation des pouvoirs, il est nécessaire de montrer que l'action du

---

(2) Il n'est sans doute pas nécessaire de revenir sur la question du sens de l'expression « séparation des pouvoirs », éclairée notamment par M. Troper dans sa thèse *La séparation des pouvoirs et l'histoire constitutionnelle française*, 1973, LGDJ.

(3) Généralement attribué à Henrion de Pansey ; on trouve en tout cas dans *De l'autorité judiciaire en France* (1818, Paris, Théophile Barrois) une formule semblable, quoique moins concise : « Statuer, par des décisions, sur les réclamations auxquelles ces ordonnances peuvent donner lieu, et sur les oppositions que des particuliers se croiraient en droit de former à leur exécution, c'est encore administrer » (p. 458).

(4) Jèze G., « Notes de jurisprudence – La jurisprudence du Conseil d'État et le détournement de pouvoir. Contrôle de la légalité et contrôle de l'opportunité », RDP 1944, n° 60, p. 59 à 74, spéc. p. 63 à 64. La position de Duguit, en revanche, peut être résumée par l'adage d'origine (ce que fait M. Troper, cf. *Séparation des pouvoirs, op. cit.*, p. 53 à 57) ; c'est qu'il lui importe de montrer que les hommes de 1789 ont bien suivi le principe de séparation des pouvoirs en organisant le contentieux des actes de l'Administration. Il relève cependant, par ailleurs, que le système alors mis en place « semblai[t] présenter toute garantie pour le jugement des procès administratifs » : il lui importe donc de montrer, d'une part, que les révolutionnaires n'avaient pas méconnu la séparation des pouvoirs et, d'autre part, qu'ils ne confondaient pas les fonctions de juger et d'administrer (Duguit L., *Traité de droit constitutionnel*, 2e éd., 1923, Paris, E. de Boccard, 4 vol., t. 2, p. 528 à 532).

juge, par nature, se distingue de celle de l'administrateur ; si la doctrine comme le Conseil d'État s'efforcent, par exemple, de bâtir le recours pour excès de pouvoir comme un recours objectif et dépassant comme tel les intérêts individuels, c'est afin de marquer tout ce qui sépare la juridiction administrative en train de se constituer du « fait du prince » qui prévalait auparavant, lequel « ruin[ait] tant le droit administratif que le Conseil d'État v[oulai]t légitimer » (5).

Si l'intensité du contrôle juridictionnel en droit administratif est présentée de manière si variable et si incertaine, c'est que la plupart des auteurs comme le juge administratif en général conçoivent l'Administration comme une entité pour ainsi dire préexistante au droit, et seulement limitée après coup par lui. Cette hypothèse que suggère déjà la place reconnue au fait dans le contentieux de l'excès de pouvoir (I) est affermie par la question du contrôle permis ou non sur l'opportunité d'une mesure (II). La comparaison avec les conceptions allemandes du droit administratif permet enfin de confirmer ce que la perspective française a de particulier (III).

I. — La question du contrôle sur le fait dans le recours pour excès de pouvoir

L'affirmation de principe d'un contrôle juridictionnel portant également sur la qualification juridique des faits dans l'arrêt *Gomel*, puis sur l'existence matérielle de ces mêmes faits dans l'arrêt *Camino* a conduit à d'importantes controverses parmi les commentateurs. Elles rompaient en effet avec une idée communément partagée jusqu'alors, celle que le juge administratif doit s'en tenir au droit pour ne pas empiéter sur le domaine de l'Administration. Si les positions paraissent fondamentalement opposées (A), il est possible de leur trouver dans la limitation du contrôle juridictionnel une unité profonde (B).

A. — *Les réponses doctrinales au contrôle du fait*

Dans les années 1910, la théorie est, en ce qui concerne la place du fait dans le contrôle juridictionnel de l'Administration, simple, mais la pratique délicate. La théorie est simple, car elle a été affirmée dans le traité de contentieux administratif publié par É. Laferrière à la fin du XIXe siècle : le recours pour excès de pouvoir ne peut être fondé « que sur l'illégalité des décisions, non sur les erreurs de fait ou d'appréciation dont elles seraient entachées ». On le comprend, selon lui, lorsque l'on prend garde à la double ascendance

(5) Bosvieux C., *D'une sociodicée à un savoir d'État : le service public, une tentative de mise en forme du monde social par le droit (1873-1940)*, thèse Université de Versailles – Saint-Quentin-en-Yvelines, 2016, p. 264.

de ce recours : la première est l'excès de pouvoir tel que le conçoit la Cour de cassation, c'est-à-dire comme une incompétence ou un vice de forme – les cas donc où une autorité méconnaît à un tel point ses pouvoirs qu'elle agit en dehors du droit, et que son acte ne peut même pas être considéré comme une erreur de droit. La seconde est administrative : il s'agit du « recours contentieux », compris comme « le principe général d'après lequel l'acte administratif qui porte atteinte à un droit peut donner naissance à une réclamation devant le juge administratif ». D'un côté, donc, le recours pour excès de pouvoir est restreint à des questions de droit en ce qu'il concerne avant tout les compétences. De l'autre, il est fragile car reposant sur rien d'autre qu'un principe affirmé sans texte par le juge et la doctrine. La fusion entre ces deux recours, opportunément faite sur le fondement de la loi de 1872, donne naissance au recours pour excès de pouvoir moderne, mais celui-ci garde de cette double origine un lien étroit avec les pures questions de légalité. Si, pour pallier l'absence de contrôle de cassation à proprement parler en droit administratif, il s'étend à l'erreur de droit, il aurait encore moins de titres que celui-là à prétendre s'occuper du fait (6).

La pratique en revanche pose plus de problèmes à la doctrine : des décisions éparses et parfois contradictoires d'abord, les arrêts de principe *Gomel* et *Camino* ensuite montrent que le juge administratif non seulement s'autorise, mais s'oblige même à contrôler des éléments qui paraissent relever du fait. Les décennies 1910-1920 sont donc marquées par plusieurs tentatives de faire à nouveau coïncider théorie et pratique.

La première manière de le faire est de modifier l'affirmation de principe, et de reconnaître que le contrôle du juge peut également porter sur le fait. C'est ce que réclame par exemple G. Jèze avant même les arrêts *Gomel* et *Camino* en relevant que le Conseil d'État, à l'occasion, accepte d'entendre des requérants se fondant sur une erreur de fait. Constatant que les refus qu'on oppose parfois sont une « solution inélégante » (dans une affaire où les conséquences pour les requérantes déboutées étaient très évidemment injustes), il appelle à généraliser les arrêts isolés en sens contraire et à « admettre l'erreur de fait comme grief pouvant servir de base à un recours pour excès de pouvoir » (7).

---

(6) Laferrière É., *Traité de la juridiction administrative et des recours contentieux*, 2e éd., 1896, Berger-Levrault, t. 2, p. 394 à 412 (citations p. 394 et 409). N. Sild a montré ce que le recours pour excès de pouvoir doit au recours en cassation d'Ancien Régime : l'élément essentiel, là encore, est la question de l'incompétence (Sild N., « Les origines historiques du recours pour excès de pouvoir : nouvelles perspectives », Droits 2017/1, n° 65, p. 131 à 146, spéc. p. 141 à 143).

(7) Jèze G., note sous CE, 13 mai 1910, Dessay : RDP 1911, n° 28, p. 286 à 291, spéc. p. 290. Dans l'arrêt commenté, le ministre de la Guerre refuse de délivrer à un militaire réformé le congé auquel lui donne droit l'infirmité contractée pendant le service ; le recours se fonde donc sur l'erreur de fait, puisque c'est la mauvaise appréciation de l'infirmité qui conduit le ministre à refuser le type de congé demandé.

Les catégories délimitées par Laferrière seraient en effet trop rigides et formeraient un corset trop étroit qui entraverait le développement de l'excès de pouvoir : elles ne permettraient pas, notamment, ou trop difficilement, d'attaquer des actes pourtant « juridiquement critiquable[s] » (8). Comme le montre cette dernière citation, la question n'est pas seulement celle de la bonne justice : le contrôle du fait, immédiatement ou par le biais du contrôle de légalité, doit être reconnu comme un élément du recours pour excès de pouvoir.

Hauriou également appelle à une solution semblable. Dans sa note fameuse sous l'arrêt *Gomel*, il salue l'apparition d'un contrôle du fait comme cinquième moyen d'ouverture du recours pour excès de pouvoir. Cette distinction entre contrôle du fait et contrôle de légalité serait nécessaire pour contenir l'expansion préoccupante du recours pour violation de la loi, qui « menace de transformer la physionomie traditionnelle de l'institution ». En effet, « la limite de la violation de la loi, c'est la question de fait ». Ce qui est en jeu ici, c'est le « principe autonome de l'excès de pouvoir de l'Administration, qui n'est pas du tout le principe de la légalité » (9). Pour Hauriou, il y a bien une distinction entre le fait et le droit : ce dernier se cantonne au droit écrit (ainsi sans doute, sans que la question ait besoin d'être creusée ici, qu'à certains grands principes considérés par lui comme des normes juridiques), et le recours pour excès de pouvoir dépasse ce seul droit. En cela, il s'oppose à Jèze, qui fait exactement coïncider le champ de l'excès de pouvoir et celui du droit.

Hauriou, en donnant cette place au fait, cherche semble-t-il à garantir une certaine liberté à l'Administration. Cela peut paraître aller à l'encontre de l'idée commune, que nous prétendons partagée aussi par la doctrine du début du siècle, selon laquelle le contrôle du fait resserre l'emprise du juge sur l'administrateur. Le paradoxe n'est pourtant qu'apparent ; l'important pour Hauriou est d'ôter le fait du champ de la légalité, car celle-ci donne un pouvoir entier au juge : l'Administration ne peut faire que ce qui est légal, et c'est le juge qui décide de l'application de la loi. Au contraire, si le fait peut être pris en compte indépendamment de la légalité, c'est que l'excès de pouvoir, comme on l'a vu, ne se réduit pas à celle-ci (« s'il faut renoncer, écrit encore Hauriou, à définir le recours pour excès de pouvoir par le contrôle de la légalité, nous ne voyons pas que ce soit un malheur »), mais fait partie d'une obligation plus générale de moralité qui est à la charge de l'Administration – plus générale et donc plus étendue (c'est pourquoi elle comprend le fait), mais également plus souple au sens où ce genre de concept doit laisser une marge de manœuvre plus grande à l'Administration (à une époque où le concept d'erreur manifeste d'appréciation n'a pas été encore inventé pour jouer ce rôle). Hauriou retrouve ainsi ici la première justification du recours pour excès

(8) *Id.*, p. 287 à 288.
(9) Hauriou M., note sous CE, 4 avr. 1914, Gomel : S. 1917, III, p. 25 à 27, spéc. p. 25 à 26.

de pouvoir : celle d'être en quelque sorte le dernier recours hiérarchique, un recours jugé non tant par un juge que par un administrateur en chef (10).

Hauriou et Jèze ont donc en commun, au moins à première vue, d'affirmer l'autonomie de l'erreur de fait parmi les cas d'ouverture du recours pour excès de pouvoir. R. Bonnard et M. Réglade, au contraire, ne peuvent accepter les jurisprudences *Gomel* et *Camino* qu'en les rattachant à l'erreur de droit.

Tous deux sont en effet d'accord pour considérer que l'interprétation faite par Jèze et Hauriou des nouvelles tendances de la jurisprudence administrative en matière de recours pour excès de pouvoir est « inexacte et dangereuse » en ce qu'elle distingue le fait du droit (11). Elle aboutirait ainsi nécessairement « à la suppression complète du pouvoir discrétionnaire, non pas du fait de la loi, mais du fait du juge », alors même que ce pouvoir serait essentiel à l'activité de l'Administration (12).

Tous deux également utilisent des raisonnements assez proches pour faire rentrer le fait dans la légalité, et donc pour éloigner le tabou d'une Administration entièrement soumise au juge. Il s'agit pour eux de montrer que le fait dont il est question n'est pas vraiment, ou pas seulement, un fait, mais qu'il est un fait saisi par la loi. R. Bonnard prend pour exemple le cas des sanctions infligées par les préfets aux maires. Depuis que ces sanctions ont été soumises par la loi du 8 juillet 1908 (modifiant sur ce point la loi du 5 avril 1884 sur les communes) à une obligation de motivation, le Conseil d'État était naturellement conduit à étendre son contrôle à cette motivation et à sa réalité (sans quoi une telle obligation n'aurait pas de sens) (13). Ce qui paraissait relever des faits de l'espèce était par là intégré au contrôle de la légalité de la mesure.

La chose est tout à fait nette dans l'exemple qu'il prend : un maire était entré dans une salle de classe pendant les cours, ce qui ne lui était permis que pour veiller à l'hygiène, à la sécurité, au bon état des locaux et du matériel.

---

(10) *Id.*, p. 26. L'argument de la proximité du Conseil d'État avec l'Administration pour justifier un contrôle plus poussé sur les décisions de celle-ci est avancé déjà par Laferrière (*Traité de la juridiction administrative, op. cit.*, p. 412 et p. 559) ; les commissaires du gouvernement, nous y reviendrons, s'appuient parfois sur le même raisonnement : ainsi Corneille dans ses conclusions sur l'arrêt CE, 10 août 1907, Baldy : Lebon, p. 637 ; cité par Bonnard R., « Le pouvoir discrétionnaire des autorités administratives et le recours pour excès de pouvoir », RDP 1923, n° 40, p. 363 à 392, spéc. p. 364.

(11) Réglade M., « Du prétendu contrôle juridictionnel de l'opportunité en matière de recours pour excès de pouvoir », RDP 1925, n° 42, p. 413 à 446, spéc. p. 422 à 424.

(12) Bonnard R., « Le pouvoir discrétionnaire des autorités administratives… », *op. cit.*, p. 365.

(13) « […] du moment que la loi établissait l'obligation de motiver, le Conseil d'État allait être amené à apprécier l'existence matérielle ou légale des motifs, parce qu'on pouvait considérer qu'une décision sur motifs inexistants est en somme une décision non motivée » (Bonnard R., « Le pouvoir discrétionnaire des autorités administratives… », *op. cit.*, p. 375).

Lui-même assurait vouloir seulement s'assurer du bon fonctionnement du chauffage. L'instituteur, qui entretenait semble-t-il avec lui des rapports pour le moins inamicaux, y vit une tentative de surveiller son enseignement ; il s'en plaignit, l'affaire vint au préfet qui suspendit le maire pour cette raison, puis, face aux dénégations convaincantes du maire, pour être simplement entré dans la salle de cours pendant la classe, alors que ses missions ne lui permettraient de le faire qu'en dehors. Le Conseil d'État annule la sanction en affirmant que l'arrêt préfectoral n'est pas légalement motivé. Rien en effet n'interdit aux maires d'entrer aux écoles pendant les heures de classe, pourvu que ce soit afin de remplir les missions dont ils sont chargés (14).

Pour R. Bonnard, c'est une erreur de droit qui est sanctionnée, du fait de la mauvaise appréciation des faits : « On avait donc attribué le caractère de faute à un fait qui n'était pas susceptible légalement de constituer une faute » (15). On peut voir ici déjà préfiguré l'arrêt *Gomel* : c'est parce que le comportement sanctionné ne correspondait pas aux situations prévues par les textes légaux (l'acte du maire faisait partie des cas qui dérogeaient à une interdiction générale et implicite d'entrer en salle de classe) que l'arrêté fut annulé, tout comme le refus d'accorder le permis de construire était mal fondé, la place Beauvau ne constituant pas une perspective monumentale. C'est ce genre d'arrêts et de raisonnements qui permettent à M. Réglade, proche en cela de R. Bonnard, d'affirmer que « les circonstances de fait [...] apparaissent de plus en plus fréquemment à l'heure actuelle comme des éléments de la légalité » justifiant que le Conseil d'État les prenne en considération (16).

En somme, la critique apportée par Bonnard et Réglade à leurs aînés révèle la condition nécessaire, pour la doctrine comme pour les juges, à l'extension du contrôle juridictionnel au contrôle des faits. Il faut pouvoir montrer qu'il ne s'agit, en réalité, pas des faits, mais de droit et seulement de droit : de légalité.

B. — *Controverse superficielle et contraintes communes*

Hauriou et Jèze eux-mêmes, à qui la jeune génération reproche de laisser trop de place au juge en distinguant contrôle du fait et contrôle de la légalité, bâtissent en réalité des raisonnements qui montrent une préoccupation semblable, celle de limiter l'emprise du juge. La controverse sur la place respective du fait et du droit, telle qu'elle se développe dans les années 1920, est donc en réalité assez superficielle. Au fond, l'accord est général sur le but à

---

(14) CE, 28 juin 1912, Boisselet : Lebon, p. 740 (concl. Corneille, RDP 1917, p. 454 à 458).

(15) Bonnard R., « Le pouvoir discrétionnaire des autorités administratives... », *op. cit.*, p. 376.

(16) Réglade M., « Du prétendu contrôle juridictionnel de l'opportunité », *op. cit.*, p. 414.

atteindre : permettre un contrôle de l'Administration effectif, mais n'empiétant pas sur l'essence de l'action administrative.

Jèze d'abord parce que ce qu'il entend par erreur de fait recouvre en réalité la qualification juridique des faits, c'est-à-dire le même élément exactement que Bonnard et Réglade font entrer dans le contrôle de la légalité. Il ne lui semble pas alors qu'on risque d'empiéter sur la tâche de l'Administration, car il demeure un « domaine réservé », l'appréciation des mesures qui doivent être prises pour faire face à telle ou telle situation, qui échappe au juge : « ce n'est plus une question de légalité, c'est une pure question d'opportunité ». Remarquons qu'ici, en deux phrases, Jèze passe d'une distinction entre l'appréciation des motifs « en fait et en droit » à une unique « question de droit » (17) : on acceptera sans doute d'en conclure que, pour lui, l'erreur de fait comme l'erreur de droit relève du seul contrôle de légalité. Cette position n'a rien d'étonnant : s'il appelle en 1911 à la reconnaissance de l'erreur de fait comme cas d'ouverture du recours pour excès de pouvoir, c'est parce que la violation de la loi « entraîne, la plupart du temps, l'appréciation des circonstances de fait dont la légalité de l'acte peut dépendre ». Ce n'est rien d'autre que de dire que l'on ne peut apprécier la légalité d'un acte sans apprécier également la qualification juridique qui a été donnée des faits de l'espèce. Cette position, qui pourrait conduire à un développement considérable du recours pour excès de pouvoir, est cependant nuancée : c'est dans les seuls cas où la compétence de l'Administration est liée par la qualification juridique du fait que le fait doit faire l'objet d'un contrôle. Dans les cas où le fait contesté n'est qu'un élément pris en compte par l'Administration pour prendre sa décision, ce contrôle peut être souhaitable, mais on ne peut pas pour autant l'exiger (18).

Hauriou n'invite pas, lui non plus, à reconnaître un pouvoir illimité au juge sur les décisions administratives. Comme nous l'avons montré, la clé de voûte de sa démonstration est la notion de « moralité administrative ». Celle-ci, tout en laissant plus de marge de manœuvre à l'Administration, permet d'encadrer le contrôle juridictionnel. Ce n'est pas en effet l'erreur de fait en soi qui justifie l'annulation d'une mesure, mais un manquement à la déontologie administrative, qui impose de bien apprécier le fait (19). Hauriou prétend ainsi

---

(17) Jèze G., « De la vérification des motifs administratifs » [notes de jurisprudence], RDP 1917, n° 34, p. 443 à 464, spéc. p. 445.

(18) Jèze G., note sous CE, 13 mai 1910, Dessay, préc., p. 290 à 291. Dans l'arrêt *Dessay*, ainsi, l'Administration est tenue d'accorder au requérant un régime de congé plus favorable si l'infirmité qui lui fait quitter le service a été contractée à l'occasion de celui-ci. Dans l'arrêt *Abadie* (celui dont la solution est « inélégante » ; CE, 23 févr. 1906 : Lebon, p. 192), en revanche, la situation de fortune des héritières lésées est un élément qui peut guider la décision de l'Administration, mais non la déterminer.

(19) « L'excès de pouvoir est une sorte de délit professionnel commis au mépris, non pas de la loi, mais de maximes professionnelles, dont les postulats peuvent porter beaucoup plus loin que les prescriptions de la loi. [Des administrateurs pourraient

demeurer hors du cadre de la stricte légalité. Dans son lexique, la chose est bien possible, avec l'idée sans doute de restreindre le champ de la légalité pour ne pas entraver entièrement l'Administration. Si l'on prend un peu de recul, cependant, on peut fort bien considérer que ce que fait Hauriou, ce n'est rien d'autre que d'établir une légalité parallèle. Il crée en effet une structure qui est celle du contrôle de légalité, où l'action de l'Administration est examinée en fonction d'une norme de référence – qui, simplement, a pour nom « moralité administrative » et non « loi ». D'ailleurs, cette reconstruction de son système est nécessaire pour préserver son caractère juridique : s'il ne s'agissait vraiment que de morale, on ne voit pas quelle qualité aurait le juge pour sanctionner un manquement ; il faut au moins pour cela une norme implicite telle que « si l'appréciation d'une situation a été effectuée au mépris de la moralité administrative, l'acte qui repose sur cette appréciation doit être annulé ». C'est bien au nom de cette norme logiquement présupposée par le juge, c'est-à-dire au nom d'une loi au sens large, que le juge pourrait sauvegarder la moralité administrative chère à Hauriou (20).

C'est par là, d'ailleurs, que l'on retrouve R. Bonnard et M. Réglade. Le premier en effet – suivi plus tard par le second – pour prouver que les questions qui paraissent relever du fait sont bien en réalité des questions de droit, doit fournir une construction logique et juridique qui permette ce passage. La difficulté est qu'il ne trouve pas de texte à sa disposition qualifiant d'illégal un acte reposant sur une qualification inexacte des faits. Le lecteur l'aura peut-être déjà entrevu dans le commentaire de l'arrêt *Boisselet* : si la loi impose bien de motiver la sanction infligée au maire, elle n'indique pas expressément que cette motivation doit être correcte. C'est donc par un raisonnement logique (l'argument apagogique), et non à proprement parler, juridique, que R. Bonnard passe de l'un à l'autre : ce serait insensé d'imposer une obligation de motivation sans prévoir de contrôle du même coup le contrôle du bien-fondé de cette motivation ; si cette obligation demeurait formelle, l'Administration pourrait se fonder sur les motifs les plus farfelus et rien n'aurait changé pour les maires soumis à l'arbitraire préfectoral (21).

---

commettre des vilenies en côtoyant la loi], si la déontologie professionnelle de l'Administration n'était pas surajoutée à la loi, de même que la morale vulgaire s'y surajoute pour les particuliers », note sous CE, 4 avr. 1914, Gomel, préc., p. 25. Cette idée d'une moralité administrative dépassant la seule légalité apparaît déjà dans la note sous CE, 31 janv., Grazietti : S. 1903, p. 113 (« il n'y a pas d'actes où à côté de la question d'opportunité on ne puisse soulever des questions de légalité ou même des questions de moralité administrative ; or la légalité ou la moralité administrative ne sont pas discrétionnaires, elles sont obligatoires »).

(20) C'est d'ailleurs la même remarque qu'adresse Réglade à Hauriou (« Du prétendu contrôle juridictionnel de l'opportunité », *op. cit.*, p. 421).

(21) « Il n'en [de l'obligation de motiver les sanctions infligées aux maires] résultait pas quoique cela ait été soutenu [...] que le Conseil d'État recevait le pouvoir

Sentant bien que l'argument, du point de vue juridique, n'est peut-être pas suffisant (on pourrait tout aussi facilement interpréter le texte en sens contraire par un argument *a contrario* : si justement la chose était si évidente, elle n'a pas pu échapper au législateur ; s'il n'a pourtant pas été jusqu'à confier le contrôle de la motivation au juge, sachant par ailleurs que ce juge ne l'effectuait pas alors, c'est qu'il a entendu l'y soustraire), Bonnard cherche une norme qui assure la légalité de l'intervention juridictionnelle sur la qualification des faits. Pour ce faire, il étend l'argument logique qu'il vient de développer et en fait un élément nécessaire du droit administratif : « Logiquement, on ne peut pas concevoir qu'une décision soit prise sans motif. Ce serait un pur caprice. Elle doit procéder d'un motif. Ainsi l'existence de motifs est une des conditions nécessaires pour que le pouvoir puisse être régulièrement exercé [...] ; ce principe de la nécessité d'une existence de motif qui procède de considérations rationnelles est une règle d'ordre coutumier » (22). L'apparition de l'« ordre coutumier » est le point décisif de son raisonnement : c'est par là en effet qu'il parvient à rendre juridique quelque chose qui ne l'était pas, ou pas assez explicitement, au départ. On constate sans peine la proximité de ce type de raisonnement avec celui qu'utilise Hauriou, tous deux découvrant une norme implicite qui permet de justifier qu'un juge contrôle la manière dont l'Administration a considéré les faits d'une espèce. Derrière l'apparente divergence sur le statut du fait dans le recours pour excès de pouvoir, on peut ici déceler un fond commun.

Tous cherchent en effet à concilier l'existence d'un contrôle juridictionnel de l'Administration et le respect d'une certaine compréhension du principe de séparation des pouvoirs, interdisant à tout juge d'entraver l'action de l'Administration. Dans cette perspective, la distinction théorique entre le droit et le fait permet d'un même coup d'établir et de restreindre le contrôle juridictionnel. Le recours au discours de la morale ou de la coutume n'a pas d'autre fonction : s'il offre la possibilité d'exercer un contrôle en fournissant une norme de référence au moins para-juridique, il inscrit ce contrôle dans une sorte de champ juridique propre à l'Administration, conformément à l'interdiction faite à la justice d'entraver l'action de celle-ci.

Cette fonction de la distinction apparaît mieux encore si l'on prend en compte le contexte historique. Ces réflexions sur la place du fait naissent au début du XXe siècle et prennent une plus grande expansion dans l'entre-deux-

---

d'examiner l'existence des motifs exprimés. Mais du moment que la loi établissait l'obligation de motiver, le Conseil d'État allait être amené à apprécier l'existence matérielle ou légale des motifs, parce qu'on pouvait considérer qu'une décision sur motifs inexistants est en somme une décision non motivée » (Bonnard R., « Le pouvoir discrétionnaire des autorités administratives... », *op. cit.*, p. 375). M. Réglade reprend la construction de R. Bonnard : Réglade M., « Du prétendu contrôle juridictionnel de l'opportunité », *op. cit.*, p. 426 à 428.

(22) Bonnard R., « Le pouvoir discrétionnaire des autorités administratives... », *op. cit.*, p. 388.

guerres, c'est-à-dire dans la première grande période de croissance du droit administratif français, laquelle exige à la fois une plus grande théorisation et une certaine retenue, au moins affirmée sinon réelle, de la part du juge.

Une plus grande théorisation, car le droit administratif, à partir de la loi du 24 mai 1872, change de paradigme : le passage de la justice retenue à la justice déléguée a exigé du juge une nouvelle forme de légitimation. Ne pouvant plus se fonder simplement sur l'autorité du chef de l'administration qui rendait nommément les décisions, il « a éprouvé le besoin de mieux déterminer, sans cependant les restreindre, ses attributions et l'étendue des droits des parties ». Laferrière fait en effet remarquer que ce besoin succédait à une période où l'expansion d'un contrôle exercé par le Conseil d'État à l'abri du souverain avait abouti « à un certain relâchement de la doctrine juridique », conduisant à juger en équité plutôt qu'en droit (23). Lorsque le souverain manque, en revanche, la discipline (aux deux sens du terme) juridique le remplace comme source de légitimation.

Le passage à la justice déléguée contraint également le juge à s'inventer une nouvelle place. Ne faisant plus partie de l'Administration, il doit trouver son propre domaine, distinct de celui qui revient à celle-ci. Ayant gagné l'indépendance en 1872, il est du même coup entré dans une forme d'ère du soupçon – songeons qu'à la fin de notre période, en 1936, ce sont autant des considérations stratégiques qu'un raisonnement purement juridique qui conduisent le commissaire du gouvernement Latournerie à recommander au Conseil d'État de rejeter la requête du sieur Arrighi : on risquerait sinon de lui reprocher de pencher vers le gouvernement des juges (24). Il importe donc d'autant plus de pouvoir fonder la délimitation du champ de son contrôle sur des éléments solides, afin de prévenir cette même accusation. C'est pourquoi sans doute la doctrine rejette si fermement l'argumentation fondée sur le rôle de supérieur hiérarchique de l'Administration qu'aurait toujours le Conseil

---

(23) Laferrière É., *Traité de la juridiction administrative*, *op. cit.*, p. 412.

(24) « Si malgré les progrès qu'il a faits dans l'étendue de son contrôle, le juge, et en particulier le juge de l'excès de pouvoir, a désarmé les préjugés qui avaient fait tenir en suspicion la magistrature de l'époque intermédiaire, ce serait, semble-t-il, une entreprise non moins vaine que dangereuse que de l'engager à risquer, par de telles tentatives de contrôle [de la loi], tout l'acquis de la jurisprudence » (conclusions sur CE, 6 nov. 1936, Arrighi : RDP 1936, p. 671 à 679, spéc. p. 678). Malgré la référence à la « théorie » de la souveraineté du Parlement, on voit dans la première phrase qu'il s'agit surtout pour le Conseil d'État de ne pas risquer de perdre, par *hubris*, tout le pouvoir acquis sur l'Administration depuis la fin du XIXe siècle. Remarquons d'ailleurs que C. Eisenmann, dans son commentaire de l'arrêt, affirmait que si la solution n'était pas théoriquement justifiée (juger de la constitutionnalité d'une loi ne revenant pas à « accomplir un acte de la fonction législative »), elle était sur le fond opportune (Eisenmann C., « Note sous CE, 6 novembre 1936, Arrighi », *in Écrits de droit administratif*, 2013, Dalloz, p. 515 à 535, citation p. 531).

d'État (25) : accepter cela reviendrait à nier la loi de 1872, et donc à saper les fondements du contrôle juridictionnel.

Les va-et-vient qui ont précédé les arrêts *Gomel* et *Camino* confortent cette interprétation. Jèze, nous l'avons vu, signalait avant même ces décisions un contentieux particulier, celui des pensions militaires, qui avait donné lieu à un contrôle des motifs de fait. Laferrière déjà, dans son traité, tout en affirmant que les faits relèvent de la seule Administration, constate qu'il est parfois délicat d'examiner la légalité d'un acte sans examiner la qualification des faits donnée par l'Administration. Plusieurs annulations fondées sur des vices de forme présupposent ainsi un contrôle par le juge du fait constituant le vice de forme (26). La violation de la loi elle-même peut impliquer, notamment en matière de sanctions, d'apprécier le fait qui occasionne l'action de l'Administration : « Le Conseil d'État s'est souvent reconnu le droit de rechercher si les faits servant de base à la décision avaient bien été définis au point de vue juridique, et de vérifier, dans ce but, l'existence et la nature de ces faits » (27). La jurisprudence dans ce genre de cas est plus hésitante, mais n'exclut pas rigoureusement, au moins dans la pratique, le contrôle du fait ; comme le remarque Jèze plus tard, ce contrôle ou non du fait dépend surtout des textes et du degré de liberté que ceux-ci laissent à l'Administration (28).

Si donc la pratique avant 1914 n'était pas fermement établie, si elle l'a été ensuite, c'est sans doute le fait de deux mouvements apparemment opposés mais en réalité convergents. D'une part le développement du droit adminis-

---

(25) M. Réglade (« Du prétendu contrôle juridictionnel de l'opportunité », *op. cit.*, p. 422) cite ainsi plusieurs conclusions qui utilisent cette argumentation : le contrôle exercé par le Conseil d'État serait plus « un contrôle administratif supérieur » qu'un véritable contentieux, le Conseil demeure « autorité administrative » (Teissier sur CE, 5 avr. 1908, Marc et autres : S. 1909, III, 120) ; il « jou[e] un peu le rôle de supérieur hiérarchique des autorités administratives » (Chardenet sur CE, 15 févr. 1909, Abbé Olivier : Lebon, p. 183, repris ensuite par Corneille dans ses conclusions sur CE, 10 août 1917, Baldy : Lebon, p. 640). Michoud déjà en 1914 insistait sur le changement de rôle du juge administratif, qu'on ne pourrait plus concevoir comme un membre ni *a fortiori* un supérieur de l'Administration, malgré la proximité qu'il garde avec elle (Michoud L., « Étude sur le pouvoir discrétionnaire de l'Administration », Annales de l'université de Grenoble 1914/1 et 1914/2, 1914/1, p. 453 à 456).

(26) Laferrière É., *Traité de la juridiction administrative, op. cit.*, p. 528.

(27) *Id.*, p. 534.

(28) Ainsi à propos du retrait de la Légion d'honneur, d'abord soumis à un contrôle du fait justifiant la sanction (CE, 15 janv. 1875, Ballue), puis l'excluant expressément (CE, 25 mai 1876, Randoing) et enfin ne mentionnant plus cette exclusion de principe (CE, 3 déc. 1885, Vallet de Lubriat). Ce qui explique le revirement brutal de l'arrêt *Randoing* est l'abrogation d'un décret qui, entre autres choses, énumérait limitativement les peines pouvant conduire à la suspension de la Légion d'honneur (Laferrière É., *Traité de la juridiction administrative, op. cit.*, p. 543 à 545).

tratif, d'autre part, et à proportion, la manifestation par le juge d'une forme d'autorestriction. Celle-ci passait notamment par la capacité à construire des théories à même de rendre compte de l'articulation entre contrôle juridictionnel et respect de la séparation des pouvoirs, afin de garantir que le Conseil d'État avait conscience des nouveaux devoirs qu'emportait son nouveau statut de juge ; de garantir, en somme, qu'il comprît qu'il ne pouvait pas avoir à la fois le beurre de l'indépendance et l'argent du beurre – le pouvoir illimité sur l'Administration. On peut alors, comme c'est souvent le cas des « grands arrêts » relire les arrêts *Gomel* et *Camino*, non comme les premiers arrêts dans leur matière (la décision *Ballue*, donc, aurait tout aussi bien pu ouvrir le contrôle de la qualification juridique que l'arrêt *Gomel* ; Laferrière cite également des décisions dans lesquelles le juge procède, bien avant *Camino*, au contrôle de l'existence matérielle des faits (29)), mais comme les arrêts définitifs : ceux dont les membres du Conseil d'État, après coup, ont considéré qu'ils établissaient une pratique appelée à devenir constante – au moment où l'on pouvait en même temps bâtir une doctrine justifiant l'apport de ces arrêts aux pouvoirs du juge.

Du point de vue théorique, bien sûr, on peut considérer que les garanties offertes par ces différentes théorisations doctrinales étaient tout à fait insuffisantes. Hauriou par exemple semblait considérer qu'un fait, après tout, est évident pour tout honnête homme et que seule la mauvaise foi d'un administrateur peu scrupuleux pouvait conduire l'Administration à une mauvaise appréciation – que le juge, donc, serait comme tenu par le fait, ce qui limitait d'autant son pouvoir (30). Quant à M. Réglade ou R. Bonnard (ainsi que Jèze, d'ailleurs, dans la mesure où sa position assimile en fin de compte le contrôle du fait à un contrôle de légalité), ils ne discutent pas le problème que soulève leur raisonnement : une fois que l'on a dit que le contrôle du fait relève de la légalité, on n'a rien dit en réalité des limites du pouvoir du

---

(29) Dans l'arrêt *Duval* du 29 juillet 1881, le juge ordonne la visite d'une commission du Conseil d'État sur les lieux pour vérifier la bonne délimitation du domaine public maritime dans l'embouchure de la Seine (cité *id.*, p. 435).

(30) Ce que l'on observe dans sa note précitée sous l'arrêt *Gomel*. À propos de la « véritable décision » qu'on y trouve, il écrit : « Sans doute, le Conseil suppose admis qu'une perspective est un ensemble, mais il ajoute, et c'est ce qui constitue sa véritable décision : *cet ensemble n'est pas une perspective monumentale*. Et cela, c'est une affirmation de fait, l'affirmation de gens qui connaissent la place Beauvau, et qui, s'ils ne connaissaient pas par eux-mêmes la place Beauvau, se prononceraient sur un rapport d'experts » (p. 26). Si les experts ne sont pas plus compétents que les juges (le critère est simplement celui de la connaissance empirique des lieux, pas la maîtrise des concepts relevant de la science de l'urbanisme ou de l'architecture), c'est bien que le fait parle de lui-même, et que le juge, malgré ce qu'affirme Hauriou, ne prend pas réellement de décision ; plutôt, qu'il ne prend pas de décision propre, mais une décision contrainte par la nature des choses.

juge. Au contraire, la qualification juridique ouvre à celui-ci un contrôle potentiellement illimité puisqu'il peut ainsi décider du droit qui s'applique, ou non, à la situation de fait. L'apparent paradoxe que représente l'ordre chronologique des arrêts *Gomel* et *Camino* (le contrôle de la qualification juridique, moins évident que le contrôle de l'existence matérielle d'un fait, pourrait paraître plus difficile à faire accepter parce qu'impliquant que le juge substitue son appréciation à celle de l'Administration : on peut plus longtemps discuter sur le fait de savoir si la place Beauvau constitue ou non une perspective monumentale que sur le fait de savoir si un cercueil est entré ou non par une brèche dans le cimetière de Biarritz) va dans le même sens. C'est parce qu'il est discursivement plus aisé de rattacher le contrôle de la qualification à la légalité (après tout, c'est un contrôle de la qualification *juridique*) que le juge est d'abord passé par là : « la légalité englobait exclusivement des questions de droit, dans lesquelles l'existence des faits n'a aucun rôle » (31). En réalité, l'immixtion dans l'action de l'Administration est beaucoup plus profonde, mais la mise à distance du fait la rend, discursivement, plus acceptable.

Cela renforce notre conviction : les arrêts *Gomel* et *Camino* ne représentent pas, en réalité, des tournants conceptuels ou théoriques. Le contrôle des faits, de leur exactitude comme de leur qualification, appartient par nature au contrôle juridictionnel (Laferrière le constatait déjà en pratique, et donnait à la chose une portée générale qui dépassait de simples cas d'espèce (32)). Ils sont seulement la reconnaissance que d'autres principes, dont on pensait jusqu'alors qu'ils s'y opposaient, n'étaient plus assez fermes pour empêcher le contrôle des faits – ou en tout cas qu'on était capable désormais de constructions intellectuelles permettant leur articulation avec lui (l'idée, ou bien que le fait va de soi et qu'il n'y a donc pas de pouvoir propre du juge,

---

(31) Commentaire de l'arrêt *Camino* au *GAJA* (Braibant G. *et al.*, *GAJA*, 2019, Dalloz, p. 171). Cette affirmation est d'autant plus intéressante qu'en réalité – et comme Laferrière, nous l'avons vu, l'avait déjà remarqué (cf. Laferrière É., *Traité de la juridiction administrative*, *op. cit.*, p. 528 et 534 et p. 543 à 545) – des décisions antérieures avaient déjà reconnu la nécessité de procéder à ce contrôle de l'existence matérielle.

(32) « Cette idée de violation de la loi, lorsqu'elle est associée à la violation d'un droit, doit être largement comprise. Elle s'étend, dans certains cas, à la fausse interprétation et même à la fausse application de la loi. Le Conseil d'État s'est souvent reconnu le droit de rechercher si les faits servant de base à la décision avaient été bien définis au point de vue juridique, et de vérifier, dans ce but, l'existence et la nature de ces faits » (Laferrière É., *Traité de la juridiction administrative, op. cit.*, p. 535). Plus tard, les premières éditions du *GAJA* reconnaissent elles aussi qu'« il est souvent difficile, en pratique, de tracer la limite entre le ***motif*** de la décision, dont le juge contrôle la légalité, et le ***fait de nature*** à justifier la décision, dont le juge ne contrôle pas l'appréciation » (*GAJA*, 5e éd., 1969, p. 124). C'est sans doute que la distinction elle-même est illusoire.

ou bien que, parce qu'il fait partie de la légalité, son contrôle ne représente pas un empiétement de la part de ce juge ; les deux versions revenant en fin de compte à présenter le juge comme la « puissance en quelque sorte nulle » chère à la conception française de la séparation des pouvoirs).

Il semble donc que Laferrière soit incomplet lorsqu'il affirme que la puissance exceptionnelle dont jouit le juge administratif français repose sur sa proximité avec l'Administration (un juge ordinaire, s'il prétendait avoir les mêmes pouvoirs, paraîtrait empiéter sur le pouvoir exécutif) : comme il en a lui-même l'intuition en observant la judiciarisation du contrôle qui suit la loi du 24 mai 1872, c'est également la capacité du Conseil d'État à assumer sa nouvelle distance avec l'Administration (notamment en établissant des dichotomies qui, telle celle entre erreur de droit et erreur de fait, n'ont que l'apparence de dichotomies ontologiques) qui lui permet de prétendre la contrôler sans pour autant entraver son action. Restreindre le contrôle juridictionnel à un contrôle de la légalité est toujours, pour les auteurs, une manière d'assurer le respect du pouvoir discrétionnaire de l'Administration. La manière dont la doctrine a appréhendé la notion d'« opportunité » en droit administratif, par les ambiguïtés qui apparaissent dans son discours, confirme qu'il s'agit bien avant tout d'établir un cadre au contrôle juridictionnel qui rende le principe même de ce contrôle acceptable.

II. — LES AMBIGUÏTÉS DE L'OPPORTUNITÉ

Tout comme la distinction du fait et du droit, la question du contrôle de l'opportunité d'une mesure administrative par le juge – plus exactement, de son non-contrôle – paraît aller de soi. Tout comme la distinction du droit et du fait, pourtant, l'étude des écrits qui abordent ce sujet laisse entrevoir certaines ambiguïtés sur la manière de concevoir l'opportunité. Quoiqu'identifiée de longue date par les administrativistes, la question ressurgit encore régulièrement, et parée des mêmes ambivalences (33).

Prise dans le même réseau de contraintes que nous avons observé à propos des rapports entre fait et droit, la doctrine, dans sa plus grande partie, n'a pas pris garde, nous semble-t-il, à une certaine ambiguïté du terme « opportunité », employé en fait en deux sens différents (A). Un rapide aperçu de théorie du droit sur la question de la qualification juridique montre pourtant qu'il est nécessaire de distinguer, quand on parle d'opportunité, ce qui relève du droit et ce qui n'en relève pas (B).

---

(33) Ainsi encore récemment : Mesmin d'Estienne J., « Le refus du contrôle d'opportunité : un mythe à déconstruire ? », RFDA 2016, p. 545 à 555.

A. — *À terme ambigu, débat confus*

Même le résumé heureux de P. Delvolvé en un plan qui ne souffrait pas de contestation (« il n'y a jamais de contrôle de l'opportunité, il y a toujours de l'opportunité dans le contrôle » (34)) n'a pas suffi à mettre fin à une question qui occupe la doctrine administrativiste depuis ses débuts : peut-on envisager un contrôle de l'opportunité en droit administratif ? Peut-être est-ce dû au fait que la précision de la distinction a été sacrifiée au brio de la formule : puisque celle-ci était assez parlante, il n'était nul besoin de préciser lourdement que le mot « opportunité » pouvait recouvrir deux sens qui n'ont rien à voir l'un avec l'autre, mais qui se trouvent souvent confondus. Puisque c'est cette ambiguïté qui continue cependant d'obscurcir le débat, et parce qu'elle touche à un point essentiel du droit administratif français, nous nous attellerons à une tâche un peu ingrate et ergoteuse de distinction. Cela permettra d'observer que si le rejet de principe d'un contrôle de l'opportunité des décisions administratives connaît des exceptions (1), ce n'est que le signe d'une confusion entre sens ordinaire et sens juridique du terme (2).

1. *Le rejet de principe d'un contrôle de l'opportunité*

Le rejet de principe d'un contrôle juridictionnel portant sur l'opportunité des mesures prises par l'Administration semble au premier abord aller de soi. L'opportunité désignant ce qu'il est opportun – mais pas obligatoire – de faire, elle constituerait un paradigme opposé à celui de la légalité. Elle permettrait donc de tracer la frontière entre le domaine du juge et celui de l'administrateur. Hauriou l'a affirmé au début du XXe siècle dans des termes sur lesquels la plupart des auteurs s'accordent : le pouvoir discrétionnaire « est essentiellement le pouvoir d'apprécier l'opportunité des mesures administratives. Ce pouvoir est discrétionnaire, parce que le juge administratif n'est pas juge de l'opportunité ; l'appréciation de l'opportunité est laissée entièrement à l'administration active ; elle constitue son domaine réservé » (35). Si le juge trace le cadre de la légalité, l'administrateur a toute liberté, à l'intérieur de ce cadre, pour peindre le tableau qui lui semble opportun.

Cette assimilation entre pouvoir discrétionnaire et appréciation de l'opportunité d'une mesure permet de trouver un critère apparemment stable pour délimiter les domaines respectifs du juge et de l'administrateur. Comme l'indique le sens commun du mot, le pouvoir discrétionnaire est en effet celui qui s'exerce à la discrétion de son possesseur – celui donc qui n'est pas limité : « Il y a pouvoir discrétionnaire, écrit par exemple Léon Michoud, toutes les fois qu'une autorité agit librement, sans que la conduite à tenir lui

---

(34) Delvolvé P., « Existe-t-il un contrôle de l'opportunité ? », *in Conseil constitutionnel et Conseil d'État, colloque des 21 et 22 janvier 1988*, 1988, LGDJ, p. 269 à 312.

(35) Hauriou M., note sous CE, 31 janv. 1902, Grazietti : S. 1903, p. 113.

soit dictée à l'avance par une règle de droit » (36). Toutes les fois que la loi se tait, l'Administration peut donc parler librement et décider des mesures qui lui semblent opportunes. L'opportunité ou le pouvoir discrétionnaire, dès lors, sont définis par opposition à la légalité (37).

L'unanimité sur le sujet ne doit pas étonner : la dichotomie légalité – opportunité permet de soumettre l'Administration au droit sans remplacer pour autant un système démocratique par une sorte de despotisme judiciaire. Jèze explique ainsi l'interdiction faite au juge d'examiner l'opportunité d'une mesure administrative : dans un monde idéal où l'on pourrait avoir une connaissance certaine de ce qui est juste, l'Administration ne devrait agir qu'en fonction de ce juste, et le juge pourrait contrôler entièrement cette action au regard du même juste. Comme cependant cette hypothétique justice en soi n'est pas accessible à la connaissance, le juge ne peut pas prétendre détenir une vérité mieux établie que l'Administration. Il doit donc se contenter de ce juste au petit pied qu'est le légal, et ne contrôler l'Administration que d'après les décisions du souverain. L'Administration, quant à elle, responsable même indirectement devant ce même souverain, s'efforce de rechercher la justice (38). Dans ce raisonnement, la distinction entre légalité et opportunité est une question de bonne démocratie.

---

(36) Michoud L., « Étude sur le pouvoir discrétionnaire... », *op. cit.*, 1914/1, p. 434.

(37) L'opportunité désigne ainsi pour M. Réglade l'ensemble des circonstances non prévues par le droit, au contraire de la légalité (Réglade M., « Du prétendu contrôle juridictionnel de l'opportunité », *op. cit.*, p. 415) ; Bonnard reprend la définition de Michoud et oppose ainsi opportunité et légalité, compétence discrétionnaire et compétence liée (Bonnard R., « Le pouvoir discrétionnaire des autorités administratives... », *op. cit.*, p. 363 à 364). M. Waline défend la même conception (Waline M., « Le pouvoir discrétionnaire de l'Administration et sa limitation par le contrôle juridictionnel », RDP 1930, n° 47, p. 197 à 223, spéc. p. 198 à 199). La chose semble toujours aussi communément acceptée aujourd'hui : ainsi chez Chapus, qui oppose pouvoir discrétionnaire et légalité (Chapus R., *Droit administratif général*, 15e éd., 2001, Montchrestien, t. 1, p. 1055), ou J. Waline, qui présente de semblable manière le pouvoir discrétionnaire (*Droit administratif*, 26e éd., 2016, Dalloz, p. 443 à 444), tout comme B. Plessix (*Droit administratif général, op. cit.*, p. 610 à 614), Y. Gaudemet (*Droit administratif*, 21e éd., 2015, Lextenso, p. 123 à 124) ou P.-L. Frier et J. Petit (*Droit administratif*, 2019, LGDJ, p. 418 à 419). Dans son article sur le pouvoir discrétionnaire, S. Rials entend s'opposer à cette théorie dominante qui se fonde sur l'idée que le cadre légal de l'affaire en cause est indéterminé. Selon lui, l'indétermination n'est pas le concept adéquat en ce cas, mais c'est sur l'indéterminabilité d'une norme qu'il faut s'appuyer pour constater le pouvoir discrétionnaire. Outre que cette distinction ne fait en réalité que reculer l'aporie (qui déterminera s'il y a ou non indéterminabilité de la norme ?), elle ne remet pas en cause l'idée essentielle selon laquelle c'est l'absence de norme qui fait le pouvoir discrétionnaire (Rials S., « Pouvoir discrétionnaire », Rép. cont. Adm. Dalloz, not. p. 1 à 3).

(38) Jèze G., « Appréciation, par les gouvernants et leurs agents, de l'opportunité d'agir : création, organisation et fonctionnement des services publics », RDP 1943, n° 59, p. 1 à 27, spéc. p. 11.

On comprend ainsi le système d'oppositions et d'équivalences construit par la doctrine administrativiste, et conservé depuis : légalité s'oppose à opportunité comme compétence liée à pouvoir discrétionnaire, et comme contrôle juridictionnel à absence de contrôle (39). La justification de ce système repose en dernier lieu sur le législateur, lequel décide du degré de liberté qui doit être laissé à l'Administration : si le cadre légal est tel qu'il peut donner lieu à un raisonnement syllogistique, le contrôle du juge s'exercera ; si plusieurs solutions demeurent à la disposition de l'Administration, le juge devra s'abstenir. Tout dépend donc de la rédaction de la loi et de son degré de précision (40). La construction de l'opposition entre légalité et opportunité rattrape donc le paradigme révolutionnaire du droit compris comme syllogisme : le juge est censé entièrement tenu par les textes. Pour M. Waline, par exemple, la limite à son contrôle que représente le pouvoir discrétionnaire repose principalement sur la loi, et n'est pas laissée à sa discrétion : « le juge ***constate*** ces limites, il ne les crée pas » (41). Même Eisenmann, lorsqu'il entend reprendre à frais nouveaux et dans une perspective kelsénienne la question (42), retombe en fin de compte sur des positions assez proches. Le caractère discrétionnaire d'un acte se mesure à la liberté de décision qu'avait son auteur, ce qui signifie que le caractère discrétionnaire ne doit pas être pensé par opposition à la réglementation, mais comme un produit de celle-ci (43).

Si même lui n'apporte pas une perspective véritablement nouvelle, c'est que la relation d'opposition et de définition mutuelles entre opportunité et légalité est aussi juste qu'indépassable : dire que l'opportunité existe à proportion de la place que lui laisse la légalité, qu'elle est donc le produit de la légalité, c'est finalement dire la même chose que Michoud. Si Eisenmann pourtant accorde tant d'importance à l'affirmation selon laquelle la « discrétionnalité » apparaît à l'intérieur de la réglementation, c'est qu'il veut entend ainsi attaquer la confusion faite entre un sens commun et un sens juridique de l'opportunité qui transparaît dans des retours inattendus de l'opportunité comme élément de la légalité.

---

(39) Ainsi Michoud : « Le caractère propre du pouvoir discrétionnaire de l'Administration [...] est d'échapper au contrôle juridictionnel » (« Étude sur le pouvoir discrétionnaire... », *op. cit.*, 1914/1, p. 453).

(40) Michoud L., « Étude sur le pouvoir discrétionnaire... », *op. cit.*, 1914/1, p. 458 à 460. Là encore, la relation d'exclusion réciproque entre pouvoir discrétionnaire et contrôle juridictionnel ne fait aujourd'hui l'objet d'aucun débat de principe, à notre connaissance au moins. Pour un exemple de cette évidence dans un manuel, v. Plessix B., *Droit administratif général, op. cit.*, p. 1434 à 1436.

(41) Waline M., « Le pouvoir discrétionnaire de l'Administration et sa limitation par le contrôle juridictionnel », *op. cit.*, spéc. p. 209.

(42) Eisenmann rejette comme trop grossière l'opposition entre pouvoirs discrétionnaires et pouvoirs liés : selon lui, on rencontre beaucoup plus fréquemment le cas de pouvoirs « en partie discrétionnaires, en partie liés » (Eisenmann C., *Cours de droit administratif*, t. 2, 2014, LGDJ, p. 292 à 296, citation p. 293).

(43) *Id.*, p. 294.

2. *L'opportunité ou comment s'en débarrasser*

Il est en effet quelque chose de gênant dans le système de dichotomie présenté plus haut, et c'est précisément ce qui la rend si évidente au premier abord. La distinction entre légalité et opportunité, pour Rivero, est la traduction devant le juge de la distinction du droit et du fait (44). Or, le fait, par essence, est censé échapper au juge. Celui-ci en effet, et c'est ce qui lui donne sa légitimité, n'a de pouvoir qu'en tant qu'il fait parler la loi. Au contraire, « pour l'administrateur, le pouvoir discrétionnaire appartient à l'essence même de sa mission ; il est le ***principe***, parce que l'administrateur est chargé d'agir et que le principe de l'action c'est la liberté » (45).

Dans ce genre de présentation, il semble que le domaine de l'opportunité (ou du pouvoir discrétionnaire ; nous utilisons comme synonymes au moins provisoires ces deux termes qui nous semblent remplir la même fonction) préexiste à l'intervention du juge – et même de la loi. C'est par nature en effet que l'Administration doit jouir d'une certaine liberté, qui lui est de fait garantie par la loi. On voit donc que demeure chez les auteurs du premier XXe siècle, tel Michoud, une forme d'ambiguïté : le pouvoir discrétionnaire est-il ce qui reste une fois ôté tout ce que règle la loi, ou la loi ne fait-elle qu'établir exactement les limites floues sinon d'un domaine existant de toute manière ? En d'autres termes, le pouvoir discrétionnaire préexiste-t-il à la loi, ou n'est-il que la conséquence de celle-ci ? C'est ici qu'Eisenmann se distingue, en affirmant que l'existence de la loi crée, pour les cas qu'elle ne prévoit pas, et donc comme en creux, le pouvoir discrétionnaire.

En effet, l'alternative fondamentale apparaît dans ces deux positions. Ou bien, comme chez Eisenmann, l'opportunité est ce qui reste la loi ôtée. Dans ce cas, il est même impossible de concevoir un contrôle de l'opportunité, faute de norme de référence. Ou bien l'opportunité est l'expression d'une liberté de l'Administration consubstantielle à sa charge et comme telle antérieure au droit, qui peut seulement la limiter. Alors, en revanche, ce contrôle est possible, et ce n'est que d'après d'autres considérations (l'idée par exemple de séparation des pouvoirs) qu'il peut être considéré souhaitable ou non, voire légal ou non. Par un retournement au premier abord seulement paradoxal, c'est cette dernière conception qui restreint le plus l'action de la justice sur l'Administration : l'existence (de fait en quelque sorte) d'un contrôle de l'opportunité ne peut être conçue qu'en reconnaissant la primauté de l'action administrative – et du même coup l'existence d'un domaine réservé par nature à l'Administration.

---

(44) Rivero J., « La distinction du droit et du fait dans la jurisprudence du Conseil d'État français », Dialectica 1961, n° 15, p. 462 à 480, spéc. p. 464. V. le même type d'assimilation dans Pasbecq C., « De la frontière entre la légalité et l'opportunité dans la jurisprudence de juge de l'excès de pouvoir », RDP 1980, n° 3, p. 803 à 849, spéc. p. 804 à 805.

(45) Michoud L., « Étude sur le pouvoir discrétionnaire... », *op. cit.*, 1914/1, p. 452.

Les commentateurs sont amenés à supposer l'existence d'une opportunité existant en dehors du droit, et non comme l'écrit Eisenmann dans la réglementation, lorsqu'ils constatent que, dans telle ou telle décision, le juge a examiné si l'Administration a agi avec à-propos ou comme il était opportun d'agir, c'est-à-dire lorsqu'il a contrôlé l'opportunité de la mesure en cause. C'est le cas notamment de Jèze lorsqu'il étudie le régime contentieux des mesures de police administratives. Il remarque en effet que la structure particulière à ce genre de cas (la conciliation à établir entre la liberté individuelle et le maintien de l'ordre public) « conduit nécessairement le Conseil d'État à contrôler l'opportunité des mesures de police : il doit rechercher si, dans l'espèce soumise à son contrôle, les nécessités du maintien de l'ordre public exigeaient impérieusement que la liberté individuelle fût restreinte ou même cédât devant elles. Cette recherche n'est pas autre chose que l'appréciation de l'opportunité de la mesure de police ». Preuve en est, pour lui, la rédaction même des arrêts dans cette matière : si une interdiction est légale ou non « eu égard à son objet et aux conditions dans lesquelles elle avait été annoncée », c'est bien qu'il s'agit d'un contrôle sur les éléments propres à l'espèce ; la pondération qui est effectuée alors par l'Administration, et qui est le critère de la légalité de sa décision, relève de l'opportunité parce que plusieurs mesures pouvaient être prises pour mettre fin au trouble à l'ordre public, mais que seule une (ou en tout cas un nombre restreint de mesures) était opportune au regard du respect de la liberté individuelle (46).

On observe donc, chez Jèze comme chez d'autres, cette idée que, si l'opportunité d'une décision administrative ne peut pas, en règle générale, être contrôlée par le juge, certains cas particuliers rendent ce contrôle possible. On remarque ici un certain glissement par rapport à l'idée de départ, selon laquelle l'opportunité serait le domaine laissé à l'Administration par le droit : le terme « opportunité » ne désigne plus tant ce champ-là qu'un autre, constitué lui d'après le sens commun du mot. Est en ce sens un contrôle de l'opportunité celui qui examine le caractère opportun d'un acte, en dehors de toute considération de légalité. Cela semble tomber sous le sens, mais on voit bien que cela ne coïncide pas avec le premier sens, purement juridique. Selon celui-ci, en effet, relève de l'opportunité ce qui n'est pas déterminé par la loi ; cela implique qu'on ne puisse pas parler d'opportunité sans parler d'abord de légalité.

(46) Jèze G., « Notes de jurisprudence. La jurisprudence du Conseil d'État et le détournement de pouvoir ; contrôle de la légalité et contrôle de l'opportunité », RDP 1944, n° 60, p. 59 à 74, spéc. p. 72 à 73. La citation faite par Jèze est tirée de l'arrêt CE, 17 avr. 1942, Wodel. Pour J.-M. Auby et R. Drago, les mesures de police font également, et elles seules, l'objet d'un contrôle d'opportunité : Auby J.-M., Drago R., *Traité de contentieux administratif*, 1962, LGDJ, vol. III, p. 83. On note encore la même position chez Pasbecq C., « Frontière entre la légalité et l'opportunité », *op. cit.*, p. 827.

Ce second sens est pourtant largement répandu en doctrine. D. Truchet, par exemple, cherchant à remédier au trop grand flou qu'il constate dans l'utilisation des concepts d'opportunité et de légalité, en vient à définir la première entièrement dans ce second sens : « la légalité désigne la conformité de l'acte aux règles qui s'imposent à son auteur et l'opportunité son adaptation aux circonstances dans lesquelles il est pris ». On voit alors que l'opportunité n'est plus conçue ici en opposition à la légalité, mais comme un élément de celle-ci. Cette position pourrait paraître minoritaire si on la rapporte à l'affirmation de principe, unanimement partagée ou peu s'en faut, selon laquelle l'opportunité ne peut pas faire l'objet d'un contrôle. En réalité, une fois admis que le terme est sujet à des variations de sens qui expliquent les exceptions que nous présentons ici, on voit que D. Truchet, pour mettre fin à ces variations, adopte une définition stipulative qui n'est pas incompatible, en réalité, avec le reste de la doctrine.

Il ne fait en effet, ce faisant, que donner la priorité au sens commun de l'opportunité, qui est celui qui demeure toujours présent à l'esprit des administrativistes lorsqu'ils étudient la question. Comment comprendre sinon l'affirmation de J. Waline selon laquelle la frontière est ténue entre l'opportunité et la qualification juridique des faits, ainsi que le prouve l'arrêt *Benjamin* ? Comment comprendre autrement la conclusion qu'en tire l'auteur : « Le glissement de la légalité vers l'opportunité se retrouve chaque fois que la qualification des faits découle, non de critères objectifs, mais d'une appréciation subjective » (47) ? Cette assimilation des oppositions structurantes opportunité – qualification juridique et subjectivité – objectivité repose sur un présupposé : il existe une catégorie extérieure au droit qui est celle de l'opportunité, et qui limite le champ d'intervention possible du droit. L'opposé, donc, exactement, de la définition d'où l'on était parti. Or, ce nouveau sens est celui qui paraît s'être implanté, au point que l'auteure d'un article récent peut nommer « mythe » le refus du contrôle de l'opportunité en constatant que cette opportunité – mais comprise en ce sens que nous nommons « ajuridique » – fait déjà l'objet, et très largement, d'un contrôle (48).

On pourrait nous reprocher de bâtir une critique sur une définition stipulative de l'opportunité en droit administratif, qui comme telle ne serait ni plus vraie, ni plus fausse que celle, opposée, qu'en donne par exemple D. Truchet. Bien entendu, nous pourrions décider de donner le contenu que nous voulons au terme, tout comme nous pourrions décider de remplacer « opportunité » par « pertinence » ou, pour anticiper sur les développements qui vont suivre, « vieux fromage » ou « tû-tû ». Ce qui importe, au moins à ce stade du raisonnement, ce n'est pas d'établir la seule définition utile du terme « opportunité », mais de montrer que les hésitations et les controverses que l'on observe dans la doctrine sont le fait d'une confusion entre deux manières essentiellement

(47) Waline J., *Droit administratif*, *op. cit.*, p. 700.

(48) Mesmin d'Estienne J., « Le refus du contrôle d'opportunité », *op. cit.*

différentes de l'entendre. Pourquoi nous estimons que l'une est préférable à l'autre, c'est ce que l'on verra dans la suite de ce propos, et si cette solution se justifie, c'est ce dont on pourra alors juger.

B. — *Opportunité en droit, opportunité par-delà ?*

La question essentielle n'est pas de savoir quel sens du mot « opportunité » est le sens juste, mais celle du rapport entre le droit et le langage, donc du statut de la langue juridique. Pour le dire autrement, la question n'est pas de choisir entre deux sens également possibles, mais de prendre conscience de leur incommensurabilité : il est entre eux une différence de nature qui empêche même le débat. L'explicitation de cette confusion (1) permettra de comprendre pourquoi nous suggérons d'abandonner le sens commun (2).

1. *Explicitation de la confusion*

C'est à dessein qu'un peu plus haut nous employions, en signalant les difficultés qu'avaient les commentateurs devant certaines décisions contrôlant « l'opportunité » de l'action administrative, les termes d'« à-propos » et d'« opportun ». Nous ne faisions rien d'autre alors que ce que faisait J. Mesmin d'Estienne au début de son article, préférant seulement au Littré le *Trésor de la langue française informatisé* (TLFi), qui définit ainsi l'opportunité. Le choix du dictionnaire importe peu : il s'agit simplement de montrer que lorsqu'on se repose sur ce genre de définitions, on cherche nécessairement à comprendre le sens d'un concept d'après ce qu'on suppose être son essence. Celle-ci découverte, il ne resterait plus qu'à l'appliquer au droit, quitte à lui faire subir quelques modifications pour que le concept s'adapte à cet environnement particulier.

S'il en allait ainsi, on ne pourrait que donner raison à ceux qui observent l'apparition d'un contrôle d'opportunité – et tort en ce qu'il ne s'agit pas d'une apparition, car ce contrôle, comme le montre l'exemple des sanctions infligées aux maires, est presque aussi vieux que le droit administratif. Seulement, s'il en allait ainsi, on ne verrait pas pourquoi cette question mériterait même débat : puisqu'il est si évident, et depuis si longtemps, que le juge administratif est amené à contrôler l'appréciation faite par l'Administration du caractère opportun d'une mesure, comment pourrait-on même imaginer le refus de principe évoqué plus haut ? Dans ce cas, donc, un sens devrait être exclusif de l'autre.

Les deux sens pourtant ont pu coexister dans la doctrine parce qu'ils ne se situent pas au même niveau. Parce que l'un relève, apparemment au moins, du sens commun, et l'autre du langage juridique. Sans même qu'il soit nécessaire de considérer le langage du droit comme un langage autonome car performatif, et comme tel essentiellement différent du langage ordinaire autant qu'inaccessible à lui, il est possible de montrer que ces deux sens présupposent deux manières tout à fait différentes d'appréhender le rapport du droit à la langue.

Lorsque l'on prétend qu'il existe en dehors du droit quelque chose que l'on peut déterminer comme étant l'opportunité, on présuppose l'existence d'un objet, et que cet objet peut être connu par un effort de l'esprit. Telle décision serait par nature une décision en opportunité, telle autre pas. Le juge pourrait alors contrôler celle qui n'en relève pas, mais pas l'autre. C'est en quelque sorte une manière réaliste (au sens de la philosophie du langage, et non du réalisme juridique, qui adopte une position inverse) de concevoir le langage du droit : celui-ci reposerait sur des concepts ayant une existence réelle dans le monde, et donc une définition en soi qui s'imposerait aux juristes. Il y aurait dès lors une essence du contrat, du mariage, de la propriété ou de l'opportunité. Les auteurs qui conçoivent ainsi l'opportunité comme une limite au contrôle juridictionnel présupposent ce sens commun et directement transposé dans le droit du concept.

En suivant la démonstration déjà ancienne d'Alf Ross, on peut cependant réfuter cette manière de concevoir les concepts en droit. Par la parabole du « tû-tû », Ross montre qu'un concept, en droit, n'est qu'une fonction, celle d'articuler faits-conditions et conséquences juridiques. Les mots « droits » ou « propriété » sont dépourvus de signification dans la mesure où ils ne renvoient pas à un référent dans le monde (il n'est pas de définition autonome des « droits » ou de la « propriété »), et ils ne peuvent être utilisés de manière sensée que comme des « techniques de présentation ». Si l'on peut attribuer une signification aux énoncés utilisant des concepts juridiques, c'est seulement dans la mesure où ces mots s'inscrivent dans un système. Qu'importe, alors, si plutôt que « propriété » on emploie « tû-tû » ou « vieux fromage » (49).

Affirmer que le juge effectue un contrôle de l'opportunité, et s'en réjouir ou le déplorer, c'est céder à l'illusion que le concept de « contrôle d'opportunité » désignerait le contrôle de ce qui est en soi opportun, ou plutôt qui en soi relève d'un jugement – extra-juridique – sur ce qu'il est ou non opportun de faire (et qui devrait comme tel être réservé à l'Administration, sauf cas exceptionnels). Or, le sens juridique ne peut être compris que dans le système du droit : si une décision en opportunité, au sens commun, paraît soumise à un contrôle, c'est seulement parce qu'en réalité on peut passer par le truchement d'une norme. Le sens juridique ne peut être compris, et dès lors le concept pertinemment articulé avec d'autres concepts, que si l'on se contente d'une définition fonctionnelle du concept en question.

Pour cette distinction, ce qui paraissait tout à l'heure comme des exceptions au principe excluant tout contrôle de l'opportunité (en matière de police, notamment), ou tout contrôle du pouvoir discrétionnaire, cesse d'être un problème, pour elle seule. En effet, que l'opportunité au sens matériel soit ou non

---

(49) Ross A., « Tû-tû », Harvard Law Review 1957, n° 70, p. 812 à 825, spéc. p. 820 à 823.

contrôlée est tout à fait indifférent, dans la mesure où la véritable question qu'on doit se poser est de savoir si le juge a pu se fonder sur une norme de référence, c'est-à-dire s'il a pu juger en droit, dans le cadre d'un contrôle de légalité.

On peut le montrer en utilisant l'arrêt *Couitéas*. Jèze considérait qu'il y avait là un exemple typique de décision prise en opportunité et comme telle soustraite au contrôle du juge ; c'est d'ailleurs précisément parce qu'elle était opportune que l'absence de contrôle est justifiée (50). Pourtant, la décision de l'Administration est bien contrôlée par le juge : ce n'est pas au regard d'une opportunité extra-juridique qu'il donne raison à l'Administration, mais en se fondant sur un raisonnement tout à fait juridique, la pondération entre les différentes normes en cause (maintien de l'ordre et de la sécurité publique d'un côté, bonne exécution des décisions de justice de l'autre). Le gouvernement, considère le Conseil d'État, a « le droit de refuser le concours de la force armée » s'il considère que l'intérêt général est ainsi mieux préservé : parler ici de droit confirme bien que l'on se trouve dans le paradigme de la légalité. Dans l'arrêt *Couitéas*, le juge a seulement changé ce que l'on croyait jusqu'alors être la norme de référence : le refus de concours de la force publique à l'exécution d'une décision de justice n'est pas illégal s'il est, au regard de la préservation de l'ordre public, opportun. L'opportunité est ici un élément de la légalité, et comme telle naturellement soumise au contrôle du juge.

Opportunité et légalité n'entrent donc pas en concurrence, et l'on peut même rendre compte de l'arrêt *Couitéas* sans s'en préoccuper. Une affirmation trop générale sur les rapports entre caractère opportun et légalité porte à faux : puisque ce ne sont pas les mêmes ordres de langage, une décision illégale ne sera pas nécessairement inopportune. Et ce n'est que traduite dans les termes du droit que l'opportunité d'une décision (et qui, d'ailleurs, pour décider de cette opportunité ?) peut être un élément de sa légalité.

En ce sens donc, et pour reprendre la formule de P. Delvolvé, il n'y a jamais de contrôle de l'opportunité. Le contrôle de ce qui est opportun n'est effectué que si le juge peut découvrir une norme qui l'y autorise.

L'exemple de la police, exemple par excellence, nous l'avons dit, de ce contrôle prétendu et prétendument exceptionnel de l'opportunité, le montre de manière plus claire encore. Là encore, nous pouvons repartir de Jèze, qui désigne lui-même la faille de son raisonnement. C'est en se fondant sur l'arrêt

---

(50) Pour Jèze, la question de savoir si une décision de justice risquant de causer un trouble sévère à l'ordre public doit être ou non exécutée relève d'une appréciation d'opportunité prise par l'Administration, et inaccessible en tant que telle au contrôle du juge. Ici donc, ce n'est pas le fait que la loi laisserait une marge de manœuvre qui fait l'opportunité, mais cette opportunité, préexistante, est opposée au fonctionnement normal du droit (Jèze G., « Appréciation de l'opportunité d'agir », *op. cit.*, p. 5 à 6 ; à propos de CE, 30 nov. 1923, Couitéas).

Wodel (CE, 17 avr. 1942), en effet, qu'il explique comment le domaine de la police administrative exige que soit exercé un contrôle de l'opportunité. Il nous semble tout à fait significatif, cependant, qu'en citant le passage de l'arrêt qui lui permet d'affirmer qu'on a affaire à de l'opportunité, il souligne les termes que nous avons déjà cités avec lui (le contrôle de la mesure est effectué « eu égard à son objet et aux conditions dans lesquelles elle avait été annoncée »), mais omet de souligner le terme « légalement », qui apparaît pourtant à une place essentielle : c'est eu égard aux objets et conditions évoquées que le maire a pu « légalement » interdire une réunion. L'adverbe négligé par Jèze est pourtant essentiel : il montre que le contrôle exercé est bien un contrôle de légalité, un contrôle exercé donc au regard d'une norme, grâce à la qualification juridique des faits, et pas un contrôle de l'opportunité. Que la norme en question ait été inventée par le juge (en 1933, dans l'arrêt *Benjamin*) ne change rien à l'affaire : la nécessité de la mesure étant utilisée comme un critère, l'Administration était tenue d'agir d'après cette nécessité, et était à proportion soumise au contrôle du juge. Même si l'appréciation de la nécessité paraît par excellence relever de l'opportunité au sens matériel, son utilisation comme critère de droit fait passer le contrôle dans le champ de la légalité (51).

2. *Pourquoi abandonner le sens commun*

On pourrait nous reprocher ici une forme de conceptualisme aveugle aux réalités, une science juridique faite d'un empilement de concepts et qui en vient à oublier l'essentiel : si le contrôle de l'opportunité a été refusé par principe, c'est par fidélité au principe de séparation des pouvoirs, et pour éviter que le juge ne se transforme en administrateur. Tout compte fait, une présentation peut-être moins pure, mais qui garderait à l'esprit le sens réel de l'opportunité serait, malgré ses défauts, plus utile que la distinction que nous proposons, et qui revient en réalité à affirmer qu'« au fur et à mesure que s'accroît le contrôle du juge, l'opportunité s'échappe » (52) : à force de s'échapper, elle pourrait bien finir par disparaître, et le juge par administrer. On pourrait nous reprocher, en somme, une certaine myopie scientifique : le nez collé sur la théorie, nous négligerions les questions plus fondamentales.

Nous espérons pouvoir au contraire montrer que c'est précisément pour mieux rendre compte de ces problèmes, et notamment des rapports de pouvoir entre le juge et l'Administration, qu'il est nécessaire de ne conserver que le sens fonctionnel de l'opportunité, sans plus chercher (au moins dans un premier temps) à se demander si le juge se livre ou non à un contrôle d'oppor-

(51) En ce sens, v. Delvolvé P., « Existe-t-il un contrôle de l'opportunité ? », *op. cit.*, p. 294.
(52) *Id.*, p. 295.

tunité. Prenons pour acquis qu'un tel contrôle, pour une juridiction, est une contradiction dans les termes.

En réalité, la crainte souvent exprimée que le juge étende si loin le champ de la légalité qu'il ne reste plus rien à l'opportunité ne peut pas être apaisée. Elle est la conséquence nécessaire de l'application du droit par une justice indépendante. Dans ce cas, en effet, le juge (qui statue en dernier ressort) se retrouve dernier interprète authentique du texte qu'il applique. Que l'on soit d'accord ou non avec cette interprétation, qu'on trouve un peu fort de café de lire « cheval » là où il est écrit « bœuf » en toutes lettres, toutes nos raisons ne pourront rien face à l'interprétation revêtue de la force du droit : c'est toute la distance qu'il y a de l'interprétation scientifique à l'interprétation authentique (53). Cela n'empêche pas, bien entendu, que les systèmes juridictionnels soient dans les faits bâtis de sorte à éviter des décisions aberrantes, mais ces précautions ne changent rien au constat que seul l'interprète authentique peut dire le droit (au contraire, elles tendraient même à l'appuyer : quelle serait, sinon, leur utilité ?).

Ce qui empêche de parler de contrôle d'opportunité, c'est ainsi le fait que le juge peut se saisir de tout critère pour en faire un critère légal, et donc contrôler ce que l'Administration considérait comme opportun ou non. Lorsqu'on parle de l'opportunité, donc, lorsqu'on affirme que le contrôle de l'opportunité doit être, ou est, interdit au juge, on ne dit rien, en réalité. Il importe donc de savoir comment est tracée la frontière entre légalité et opportunité, c'est-à-dire comment le juge peut reconnaître que le droit lui impose de ne pas contrôler tel choix fait par l'Administration. Potentiellement, tout acte peut être appréhendé juridiquement. Soit que le texte de loi apparemment suffisamment vague pour laisser une marge d'appréciation à l'Administration soit interprété dans un sens précis par le juge lors de l'opération de qualification juridique des faits, soit que, dans le silence des textes, ce même juge considère que telle ou telle norme, pour être implicite, n'en est pas moins présente (c'est ce que nous venons de voir à propos des mesures de police : le critère de la nécessité, inventé par le juge, est ce qui permet de passer de l'opportunité à la légalité).

Il est donc illusoire de croire qu'il existerait en soi un domaine de l'opportunité, que la loi, en soi, protégerait ici ou là les compétences de l'Administration ; affirmer de cette manière qu'il y a contrôle de l'opportunité lorsque le juge se sert d'énoncés légaux imprécis pour contrôler l'Administration au-delà du degré où les textes la lient (54), cela présuppose de pouvoir connaître le domaine réellement existant du pouvoir discrétionnaire, de prétendre qu'il est possible d'établir une vérité objective qui s'imposerait au droit. Partout où l'on peut mettre du droit, partout où le juge peut se réclamer du plus mince

---

(53) Cette distinction est établie par Kelsen : Kelsen H., *Théorie pure du droit*, 1962, Dalloz, trad. Eisenmann C. (trad. 1962, Vienne, Reine Rechtslehre), p. 453 à 463.

(54) Pasbecq C., « Frontière entre la légalité et l'opportunité », *op. cit.*, p. 805.

texte qui soit, il y a légalité ; D. Labetoulle ne le résume pas autrement : « légalité là où il y a qualification et opportunité au-delà » (55).

Ce n'est pas là question de préférence idéologique, mais l'expression d'une nécessité. Toute application du droit est laissée à l'appréciation de celui compétent pour la contrôler, et celui à qui on offre un litige a toute liberté (à la seule condition de prononcer en général des décisions assez acceptables pour que son auditoire ne chercher pas à lui retirer cette compétence, mais c'est là une question pratique) pour trouver les concepts juridiques qui lui permettront d'appréhender en droit une situation qui pouvait d'abord ne pas relever de la légalité : « c'est le simple critère ***formel*** de la compétence institutionnelle de celui qui procède à la qualification, qui fait d'elle une qualification juridique, bien qu'elle ne diffère en rien, matériellement, d'une appréciation pouvant être d'ordre moral, politique, religieux, esthétique » (56).

On retrouve là exactement le cas de l'opportunité. Qu'importe ce que tout autre locuteur que le juge regardera comme relevant ou non de l'opportunité : du moment qu'il n'est pas compétent pour qualifier juridiquement un fait, sa parole n'a d'autre valeur que sa force de conviction. Le juge, au contraire (et en particulier le juge de dernier ressort), peut faire de tout terme qu'il trouve à sa disposition un concept légal, et étendre ainsi le domaine de la légalité face à celui de l'opportunité.

Il n'est pas lieu ici d'approfondir la question, complexe au plus haut point, de la qualification juridique des faits. Ce sur quoi nous voulions attirer l'attention du lecteur, c'est l'ambiguïté que recèle tout concept juridique, mais en particulier celui d'opportunité. Le commentateur est en effet naturellement tenté de partir du sens matériel de l'opportunité pour en tirer des conclusions juridiques :

– que le juge n'aurait pas dû contrôler tel acte ;

– qu'il ne l'a fait que par exception ;

---

(55) Labetoulle D., « La qualification et le juge administratif : quelques remarques », Droits 1993, n° 18, p. 31 à 43, spéc. p. 39. Ce qui n'empêche pas d'ailleurs des membres du Conseil d'État, dans les *Mélanges Labetoulle* justement, de raisonner à partir de cette idée que le champ de l'opportunité préexisterait au droit et interdirait au juge d'exercer son contrôle ; ils distinguent ainsi « les appréciations qu'il [revient au juge] de contrôler et celles qui, parce qu'elles relèvent essentiellement de l'opportunité, sont laissées […] au pouvoir discrétionnaire de l'Administration » (Boucher J., Crépey É., « Le Conseil d'État juge de cassation et la qualification juridique des faits », *in* Denoix de Saint-Marc R., *Juger l'administration, administrer la justice. Mélanges en l'honneur de Daniel Labetoulle*, 2007, Dalloz, p. 97 à 112, spéc. p. 99).

(56) Cayla O., « Ouverture : La qualification, ou la vérité du droit », Droits 1993, n° 18, p. 3 à 18, spéc. p. 9. La brève référence que nous faisons à la notion d'auditoire – brève car ce n'est pas le lieu ici de s'interroger sur ce qui peut limiter pratiquement les pouvoirs de juges théoriquement omnipotents dès lors qu'un litige leur est soumis – s'appuie sur les travaux de C. Perelman (v. en particulier Perelman C., *Logique juridique. Nouvelle rhétorique*, 1976, Dalloz, p. 111 à 135).

– que, puisqu'il le fait, autant assumer qu'il existe un contrôle de l'opportunité.

Cela nous paraît porter en soi un certain risque de confusion : nous préférons donc nous en tenir à une conception strictement juridique de l'opportunité et considérer, comme P. Delvolvé, que, sans exception possible, il ne peut pas y avoir en droit administratif de contrôle juridictionnel de l'opportunité d'une décision.

La proximité des problèmes posés par l'opportunité avec ceux que recèle la distinction entre droit et fait est visible : il s'agit dans les deux cas de rendre compte de la manière dont une activité au fond unique – l'application du droit et l'édiction de normes (57) – sur un même objet peut être confiée à deux autorités différentes de sorte que chacune, à la fois, accomplisse une fonction à elle particulière et conserve son indépendance. Et si les solutions trouvées sont si complexes, ou si instables, c'est sans doute du fait des conditions particulières dans lesquelles s'est développé, en France, le droit administratif.

III. — L'ADMINISTRATION COMME ŒUF OU COMME POULE

L'ambiguïté que nous venons d'exposer entre les deux compréhensions de l'opportunité conduit généralement à un discours au statut ambivalent : on ne sait pas bien, souvent, si l'auteur décrit un état de fait ou s'il prescrit un comportement au juge – voire, le plus fréquemment, si sous couvert de décrire il prescrit. Si en effet, il existe par nature un domaine réservé à l'Administration, en le décrivant on ne fait rien d'autre qu'interdire au juge d'y pénétrer.

Il se joue donc là quelque chose de plus fondamental que la simple question de la frontière entre la légalité et l'opportunité : le débat est en réalité structuré par les présupposés des auteurs sur la nature de l'Administration ou du droit administratif. Or, si ces présupposés sont à peu près unanimement partagés dans la doctrine française, ils n'ont pas pour autant valeur universelle. Une comparaison avec la manière allemande de voir les choses nous en convaincra. Nous verrons ainsi qu'une même question, celle du degré d'imprécision des textes encadrant l'action de l'Administration, conduit dans les deux pays

(57) L'idée que toute édiction de norme est également une application du droit est l'un des points fondamentaux de la théorie kelsénienne. V. ainsi Kelsen H., « La garantie juridictionnelle de la Constitution », RDP 1928, n° 45, p. 197 à 257, spéc. p. 198 à 200 (« le règlement est, de même application du droit vis-à-vis de la loi et création du droit vis-à-vis du jugement et de l'acte administratif qui l'appliquent. Ceux-ci, à leur tour, sont application du droit, si l'on regarde vers le haut et création du droit, si l'on regarde vers le bas [...]. Chaque degré de l'ordre juridique constitue donc ensemble et une production de droit vis-à-vis du degré inférieur, et une reproduction du droit vis-à-vis du degré supérieur », p. 200).

à des conclusions exactement opposées (A), ce qui nous amènera à constater une divergence théorique dans la manière d'envisager ce qui sépare le juge de l'Administration (B). Nous formulerons enfin une hypothèse : ce sont les conditions historiques de formation du droit administratif français qui, pour une part au moins, expliquent, et les différences avec les conceptions allemandes, et les confusions dans lesquelles s'emprisonne souvent la doctrine (C).

A. — In dubio pro libertate *? L'exemple des textes imprécis*

Dans le système d'opposition bâti en droit administratif français entre pouvoir discrétionnaire et compétence liée, il paraît aller de soi que la marge de manœuvre de l'Administration est inversement proportionnelle à la précision du texte qui encadre son action : plus ce texte est précis, plus cette marge est mince. Les deux extrêmes en sont la compétence liée, lorsque le texte est si précis qu'il ne laisse qu'une possibilité, et le pouvoir entièrement discrétionnaire, lorsque le texte ne contient aucun critère qui permette de limiter l'action de l'Administration (58).

Le devoir du juge est donc, lorsqu'il examine un acte administratif pris sur le fondement d'un texte qui en édicte les conditions et les limites, de déterminer si les termes par lesquels s'énoncent ces conditions et ces limites sont assez précis pour qu'il puisse les utiliser sans empiéter sur le domaine réservé de l'Administration. Le raisonnement est le suivant : si le texte est imprécis, c'est qu'il laisse une marge d'appréciation ; or, l'appréciation de l'opportunité entre plusieurs actions (ou entre action et abstention) relève de l'Administration ; donc le texte imprécis emporte liberté de l'Administration (c'est-à-dire aussi soustraction de l'Administration, dans cette mesure, au contrôle juridictionnel). Si le juge se mêle de préciser lui-même une norme imprécise, et comme telle non immédiatement applicable, alors il se livre à un contrôle de l'opportunité (59).

---

(58) Idée qu'on retrouve, comme nous l'avons signalé, chez Michoud (Michoud L., « Étude sur le pouvoir discrétionnaire... », *op. cit.*, 1914/1, p. 458 à 460), et qui fait toujours aujourd'hui figure d'évidence : v. ainsi Seiller B., Rouvillois F., *Droit administratif*, t. 2, *L'action administrative*, 2018, Flammarion, p. 258 à 260 ; Plessix B., *Droit administratif général, op. cit.*, p. 616 à 621.

(59) « Notre analyse est simple : si l'imprécision de la norme législative est le signe du pouvoir discrétionnaire, la précision de cette norme par le juge rend apparente la réduction du pouvoir discrétionnaire de l'administrateur et, donc, l'existence d'un contrôle de l'opportunité par le juge » (Pasbecq C., « Frontière entre la légalité et l'opportunité », *op. cit.*, p. 836) ; en cas de texte imprécis, il revient au juge de refuser son contrôle : « le contrôle redevient minimum [...] lorsque la condition est légalement conçue en termes si imprécis que le juge ne peut se référer à aucune norme juridique ou à aucune circonstance de fait pour asseoir son contrôle » (concl. comm. gouv. sur

Comme on le sait, le droit est justement plein de ces notions apparemment vagues, et dont la définition forme tout l'enjeu des litiges où elles apparaissent. Il en va ainsi de l'utilité publique. Pour R. Bonnard, qui écrit avant l'arrêt *Ville nouvelle Est*, « En matière de déclaration d'utilité publique pour l'expropriation ou les travaux publics, le pouvoir d'apprécier s'il y a utilité publique et si la déclaration est opportune, est discrétionnaire. Car si les textes parlent d'utilité publique, ils ne définissent pas ce qui constitue cette utilité » (60). L'évolution de la jurisprudence montre, sans qu'il soit besoin d'insister trop lourdement sur cette évidence, que le concept confus d'un jour est le concept précis du lendemain ; si les objets changent, le raisonnement, en France, demeure : l'argument de l'imprécision du texte est très régulièrement convoqué lorsqu'il s'agit de justifier la restriction du contrôle juridictionnel (61). Nous avons montré plus haut que ce n'est qu'au cas où cette imprécision risquerait de porter atteinte à la liberté individuelle que le juge, par exception, peut faire lui-même usage de concepts aussi vagues que la « nécessité » d'une mesure de police.

Seule une voix détonne dans cette harmonie, sans revenir pourtant sur le principe. P. Delvolvé, dans l'article déjà cité, constate ainsi après avoir étudié la jurisprudence que rien, en réalité, ne permet d'expliquer les restrictions que le Conseil d'État apporte en pratique au contrôle du juge sur l'Administration. Cela vaut notamment selon lui pour le critère de la précision : un texte imprécis débouche tantôt sur un contrôle restreint, tantôt sur un contrôle entier, et la même irrégularité prévaut pour les textes précis (62).

En droit administratif allemand, au contraire, la même question donne lieu à une réponse inverse. Certes, le concept d'une marge de liberté laissée à l'Administration pour déterminer le sens d'un concept existe bien (on parle alors de *Beurteilungsspielraum*, ou « marge de jugement »). En présence de cette marge de jugement, le juge est lié à la signification ainsi assignée. Le fonctionnement est donc le même que celui qui conduit en France à une restriction du contrôle pour cause d'imprécision du texte : dans les deux cas, le juge ne peut substituer son interprétation à celle de l'Administration. Cependant, alors que cette idée semble constituer la règle

---

l'arrêt CE, 15 déc. 1965, Planty : AJPI 1966, II, p. 604 ; cité par Pasbecq C., « Frontière entre la légalité et l'opportunité », *op. cit.*, p. 839).

(60) Bonnard R., « Le pouvoir discrétionnaire des autorités administratives... », *op. cit.*, p. 381.

(61) Encore récemment à propos du contentieux portant sur les demandes de changement de nom. Par sa décision du 31 janvier 2014, n° 362444, MM., le Conseil d'État est passé en la matière d'un contrôle de l'erreur manifeste à un contrôle normal ; pour expliquer la restriction qui prévalait jusqu'alors, les commentateurs invoquent notamment « l'absence de conditions de fond précises mise par le législateur » (Bretonneau A., Lessi J., « Noms patronymiques : du changement dans le changement », AJDA 2014/8, p. 444 à 448, spéc. p. 445).

(62) Delvolvé P., « Existe-t-il un contrôle de l'opportunité ? », *op. cit.*, p. 303.

en France (par le lien qui est fait avec le domaine réservé à l'Administration en matière de faits ou d'appréciation de l'opportunité), elle est, en Allemagne, l'exception.

Comme en France, les auteurs s'accordent sur un principe : l'étendue du contrôle juridictionnel et, par corollaire, le pouvoir discrétionnaire de l'Administration dépendent du texte de loi : « la loi donne également la mesure du contrôle juridictionnel du pouvoir exécutif » (63). Contrairement à la conception française, en revanche, le droit au recours tiré de l'article 19, alinéa 4 de la Loi fondamentale implique que le contrôle ne soit pas entier seulement en étendue, mais également en intensité. Cela « exclut par principe que le pouvoir juridictionnel soit lié par des estimations et des constatations de droit ou de fait effectuées par d'autres autorités » (64). Par conséquent, parce que la concrétisation de concepts imprécis relève tout autant des tribunaux, on ne peut pas transposer à ce cas le modèle de restriction du contrôle qui vaut pour la liberté d'appréciation (*Ermessen*) laissée à l'Administration par la structure de la norme (lorsque le texte prévoit par exemple que l'Administration « peut » faire telle ou telle chose) (65).

Alors qu'une structure ouverte de la norme laisse par nature (à moins d'introduire dans le contrôle de nouveaux critères qui restreignent cette apparente ouverture) une liberté d'appréciation à l'Administration, le concept indéterminé peut, mais ne doit pas nécessairement, être compris comme une liberté laissée à cette même Administration de le préciser elle-même. Au contraire, nous venons de le voir, le droit au recours effectif exige plutôt que cette indétermination profite au juge. Afin donc que l'indétermination du concept emporte un pouvoir discrétionnaire de l'Administration sur son interprétation, il faut que la loi elle-même le prévoie, soit explicitement, soit au moins d'une manière suffisamment claire (au regard par exemple des travaux préparatoires). On comprend sans peine la logique du raisonnement : puisque c'est la loi qui fonde et limite à la fois le pouvoir de l'Administration, c'est elle

---

(63) Kment M., Vorwalter S., « Beurteilungsspielraum und Ermessen », Juristische Schulung 2015/3, p. 193 à 201. V. également, plus détaillé, Möllers C., « Methoden », *in* Hoffmann-Riem W., Schmidt-Aßmann E., Voßkuhle A., *Grundlagen des Verwaltungsrechts*, t. I, 2012, Munich, C. H. Beck, p. 123 à 178, spéc. p. 149 et s.

(64) BVerfGE, 129, 1, 20 (§ 68) : « *Aus der Garantie effektiven Rechtsschutzes folgt grundsätzlich die Pflicht der Gerichte, die angefochtenen Verwaltungsakte in rechtlicher und tatsächlicher Hinsicht vollständig nachzuprüfen. Das schließt eine Bindung der rechtsprechenden Gewalt an tatsächliche oder rechtliche Feststellungen und Wertungen seitens anderer Gewalten hinsichtlich dessen, was im Einzelfall rechtens ist, im Grundsatz aus* ». Nous utilisons cette décision, car elle est la dernière en date qui contienne cet exposé de principe sur l'intensité du contrôle du juge ; on y trouvera les renvois aux décisions précédentes qui ont progressivement construit ce cadre.

(65) BVerfGE, 129, 1, 21 (§ 70).

seule qui peut décider de moduler l'ampleur de ce pouvoir. Dans le doute, puisque le principe de recours effectif est en jeu, on ne peut pas supposer que la loi a entendu laisser l'Administration libre d'interpréter le droit comme elle l'entend. Il s'agit bien, en définitive, de respect de l'État de droit (66). On voit à quel point cette logique est inverse à la logique française.

Elle l'est d'autant plus que, pour protéger le droit au recours effectif, la Cour constitutionnelle fédérale ne se contente pas de cette première condition (la permission donnée par la loi à l'Administration de préciser le sens d'un concept indéterminé), mais soumet cette permission elle-même à des conditions matérielles : le législateur est en effet, lorsqu'il entend laisser à l'Administration une telle marge de jugement, « lié par les droits fondamentaux tout comme par les principes d'État de droit et de démocratie, ainsi que par les principes de clarté et de précision de la norme qui découlent de ceux-ci ». La restriction du contrôle juridictionnel présentant en soi un risque pour ces principes, auquel la Cour ajoute également celui de séparation des pouvoirs, il est interdit au législateur de prévoir des exceptions trop nombreuses ou trop vastes et, dans les cas qui sont assez limités pour donner lieu à une restriction, celle-ci doit être fondée sur des raisons « suffisamment importantes, établies en ayant à l'esprit le principe de recours effectif » (67).

La référence faite par la Cour constitutionnelle fédérale au principe démocratique suppose donc ce principe démocratique fondé sur la souveraineté du législateur. Les autres pouvoirs sont de la même manière tenus par ses décisions, et n'ont de libertés que celles qu'il leur accorde explicitement. C'est ce qui explique, par exemple, que le juge ne prenne pas en considération la proximité de l'Administration concernée avec le peuple : même un exécutif élu directement au suffrage universel, comme c'est le cas à Brême, ne peut pas se fonder sur cette prétendue légitimité pour réclamer une forme de pouvoir discrétionnaire d'interprétation face au juge (68).

La question des concepts imprécis n'est donc pas seulement un point de détail : elle est une manifestation concrète d'une différence d'approche plus fondamentale qui sépare les droits administratifs français et allemand.

B. — *Une différence de nature entre le juge et l'administrateur ?*

Cette différence est d'autant plus frappante que ce sont les mêmes principes qui sont reconnus dans les deux ordres comme les principes fondamentaux d'après lesquels est modulé le contrôle de l'Administration par le juge : démocratie (accompagnée, il est vrai plus souvent en Allemagne qu'en France, de l'État de droit) et séparation des pouvoirs. Si donc la doctrine peut faire un

(66) BVerfGE, 129, 1, 22 (§ 74).
(67) BVerfGE, 129, 1, 22-23 (§ 75).
(68) V. BVerwG, déc. 20 janv. 2014, 3 B 29.13, § 15.

constat unanime des deux côtés du Rhin (69) tout en tirant des conséquences différentes, voire opposées, c'est sans doute que la conception de ces pouvoirs eux-mêmes diverge en réalité. Il nous semble ainsi que contrairement à la doctrine allemande, au moins contemporaine, qui rattache entièrement l'action de l'Administration à la loi, les administrativistes français, depuis le début du XXe siècle, ont en quelque sorte, et plus ou moins consciemment, doté l'Administration d'une forme d'existence anté-juridique.

De multiples indices en effet témoignent de cette idée, qui paraît communément reçue en France, que l'Administration aurait une consistance propre en dehors du droit. C'est ainsi qu'on peut relire, à notre avis, la théorie de la moralité administrative développée par Hauriou (70). Parler d'une moralité propre à l'Administration, c'est en effet, comme nous l'avons vu plus haut (71), ériger un système quasi juridique à côté du système juridique reconnu comme tel : la structure est la même dans la mesure où un comportement est sanctionné par un juge à l'aune d'une norme de référence. C'est présupposer également que cette normativité est propre à l'Administration (si propre à l'Administration qu'elle s'imposerait au juge sans qu'il ait besoin d'aucune norme de reconnaissance pour la découvrir), c'est-à-dire que l'Administration est un système tout aussi auto-poïétique, si l'on veut, que le droit, et qui peut donc exister sans lui.

Un tel raisonnement n'a rien d'étonnant chez Hauriou. Sa théorie constitutionnelle laisse également apparaître l'idée d'une antériorité du pouvoir sur le droit. Il revient en effet dans son système une place prédominante au pouvoir exécutif sur le pouvoir législatif, à rebours de la compréhension habituelle du régime parlementaire. Le droit, certes, ne le permet pas puisque le gouvernement est responsable devant le Parlement, représentant de la Nation. Mais le fait l'exige car le pouvoir exécutif, par nature, est un pouvoir minoritaire (c'est-à-dire un pouvoir exercé par un petit nombre d'individus), quand le pouvoir législatif est majoritaire (composé donc d'un plus grand nombre de membres). Les décisions essentielles, celles qui engagent la vie d'un pays, ne pouvant être efficacement prises que par un nombre restreint de personnes (sans quoi l'on tombe dans des délibérations sans fin), le pouvoir exécutif doit en réalité être prédominant (72).

---

(69) Parmi d'autres, un auteur français et un auteur allemand affirmant que le problème de l'intensité du contrôle du juge est un contrôle qui a trait à celui de la séparation des pouvoirs : Seiller B., *Action administrative*, *op. cit.*, p. 251 ; Möllers C., « Methoden », *in* Hoffmann-Riem W., Schmidt-Aßmann E., Voßkuhle A., *Grundlagen des Verwaltungsrechts*, *op. cit.*, p. 149.

(70) Cf. la note précitée sous l'arrêt *Gomel*, et la présentation que nous en donnons *supra*, au point I. A.

(71) V. *supra*, I. B. (p. 876 et s.).

(72) V. la distinction entre pouvoir minoritaire et pouvoir majoritaire dans son *Précis de droit constitutionnel*, 2e éd., 1929, p. 22 à 29. L'opposition entre la perspective

Cette audace toulousaine n'a pas, à notre connaissance, laissé de grande postérité. Il est remarquable cependant que d'autres auteurs, apparemment soucieux de rattacher les développements contemporains du recours pour excès de pouvoir à un cadre plus classique et, d'une manière ou d'une autre, à la légalité, expriment par ailleurs des idées en réalité assez proches.

Il en est ainsi de Jèze, notamment. Lui non plus ne fonde pas tant l'action de l'Administration sur les pouvoirs à elle conférés par la loi que sur des principes constitutifs qui lui sont propres – on serait presque tenté d'employer ici « l'idée d'œuvre » qu'Hauriou place au centre de sa théorie de l'institution. Si Michoud pouvait parler, comme nous l'avons vu, d'une essence de la mission de l'Administration qui comprendrait le pouvoir discrétionnaire, et si cette idée peut encore faire l'objet du plus large accord parmi la doctrine comme parmi la pratique, c'est à condition de déterminer un peu mieux cette essence et d'asseoir un peu mieux ce qui paraîtrait sinon une pure pétition de principe. S'inscrivant (si l'on peut se permettre ce genre de simplifications) dans l'école du service public, Jèze voit dans les notions de bien public ou d'intérêt général tout à la fois le fondement et le but de l'action administrative. Puisque ce but est indépendant des lois particulières qui organisent l'Administration, c'est selon lui une norme du droit public français que « *tout* agent public n'a ***jamais*** de pouvoir que pour atteindre non seulement un but d'intérêt général, mais encore le but particulier pour lequel ce pouvoir lui a été conféré par la loi » (73). Remarquons un étonnant renversement : le but que doit le plus évidemment poursuivre l'agent public n'est pas le but de la loi qui lui donne compétence, mais ce but plus vaste, fondé sur rien d'autre que sur lui-même, qu'est la poursuite de l'intérêt général.

L'Administration a donc pour charge d'agir en vue du bien public, entendu comme « l'amélioration du bien-être matériel, intellectuel, moral de la population ». C'est précisément là le fondement de son pouvoir discrétionnaire : puisqu'elle a la charge de découvrir ce bien public, c'est qu'elle est seule capable d'apprécier l'opportunité des mesures pour y arriver. Ce raisonnement pourrait paraître circulaire, si Jèze n'y ajoutait pas l'élément démocratique : c'est en effet la responsabilité des gouvernants et de leurs agents qui

---

du droit et celle de la capacité à gouverner est développée plus amplement par la suite, not. p. 473, au profit du gouvernement contre le Parlement (« gouverner c'est agir, et non pas délibérer. Or, la place d'un pouvoir dans l'État ne doit pas être déterminée par le fait qu'il constitue une meilleure source du droit, mais par le fait qu'il réalise un meilleur organe de gouvernement, car il vaut mieux pour l'État vivre en utilisant un organe d'action qui est une source de droit inférieure que de succomber pour être resté fidèle à une source de droit supérieure qui n'est pas un organe d'action »). Le cadre de cet article ne permet pas une description assez nuancée ; l'essentiel est pourtant dans cette opposition entre le droit et ce que Hauriou se répugne à nommer ainsi : le fait.

(73) Jèze G., « La jurisprudence du Conseil d'État et le détournement de pouvoir », *op. cit.*, p. 59.

garantit que l'Administration est la mieux placée pour faire ces appréciations d'opportunité. À défaut semble-t-il de pouvoir découvrir quelque autre fondement, ce serait là « un principe traditionnel du droit public français » (74).

La fonction particulière que joue ici l'intérêt général sera peut-être plus visible si l'on revient à la contestation par L. Michoud d'une thèse avancée par F. Tezner en 1911 pour critiquer la conception française du pouvoir discrétionnaire. Selon Tezner, l'action de l'Administration n'est jamais libre puisque, tel que le résume Michoud, « elle est astreinte à toujours agir au mieux de l'intérêt général », ce qui « la soumet à une véritable norme juridique, celle du ***plus grand bien*** de l'État et de la collectivité ». Michoud réfute cette affirmation car elle repose, à ses yeux, sur une mauvaise compréhension de l'intérêt général. Celui-ci n'est pas « un critérium juridique analogue à tout autre », car « lorsque la loi donne à l'Administration l'ordre d'agir dans l'intérêt général, sans préciser davantage sa mission, elle lui donne un blanc-seing, et [...] son ordre équivaut simplement à lui dire : fais ce que ***toi-même*** estimes le plus conforme à l'intérêt général » (75). Cette position est partagée plus tard par M. Waline, qui reprend un raisonnement *ad absurdum* proposé par É. Giraud pour montrer l'impossibilité qu'il y a à faire de l'intérêt général un critère juridique comme un autre : lorsqu'il revient au maire d'édicter l'heure de fermeture des débits de boissons, comment peut-on juger si l'intérêt général veut qu'elle ait lieu à 11 heures plutôt qu'à minuit ? (76) Le concept paraît trop vague, trop éloigné de cas d'applications quant à eux trop concrets, pour pouvoir donner lieu à un raisonnement syllogistique solide.

On voit ici que le désaccord porte sur le statut de l'intérêt général : s'il peut être un concept juridique comme un autre, il n'est pas de raison de ne pas en faire un critère permettant le contrôle juridictionnel de l'Administration. Si, en revanche, il ne peut pas l'être, s'il demeure quelque chose d'extérieur au droit, alors il est précisément le fondement d'un pouvoir discrétionnaire. C'est là une conséquence peut-être inattendue, sinon paradoxale, de la fondation du droit administratif sur un concept qui relève finalement peut-être plus de la philosophie politique que du droit (77) : puisque ce concept dépasse, plutôt précède, le droit, il justifie, à proportion, que l'action de l'Administration soit soustraite au juge. Ce qui limite le pouvoir

---

(74) Jèze G., « Appréciation de l'opportunité d'agir », *op. cit.*, p. 2 à 3.

(75) Michoud L., « Étude sur le pouvoir discrétionnaire... », *op. cit.*, 1914/1, p. 443 à 445.

(76) Giraud É., « Étude sur la notion du pouvoir discrétionnaire », Revue générale d'administration 1924, p. 193 à 212 et 298 à 320, spéc. p. 306. Waline M., « Le pouvoir discrétionnaire de l'Administration... », *op. cit.*, p. 200 à 203, spéc. p. 201 pour la citation de Giraud.

(77) Léon Duguit en offre, sans surprise, un exemple frappant : Duguit L., *Les transformations du droit public*, 1913, Armand Colin, spéc. p. 33 à 72.

de l'Administration, ce n'est pas tant la loi que la nécessité historique qui a fait naître cette même Administration – et qui la détruira si elle la méconnaît. La chose est très claire par exemple chez Waline : « Le pouvoir discrétionnaire n'est jamais absolu, et ne peut pas l'être. Tout pouvoir d'appréciation, si absolu qu'il soit, a au moins une limite en effet : cette limite est dans le but d'intérêt public qui doit toujours animer l'administrateur, car tout pouvoir social se légitime par son but d'intérêt public, et par son but seul ». Dans cette phrase, en effet, on doit remarquer que la limite qui s'impose à l'Administration n'est pas nécessairement d'un ordre juridique : elle relève plutôt de la nature des choses. Si le pouvoir discrétionnaire ne « peut » pas être absolu, ce n'est pas en vertu d'une loi, mais du fait de la nature du pouvoir administratif. Cette interprétation est confortée par la suite du raisonnement, qui donne pour exemple d'une institution morte d'avoir oublié son but la noblesse en France (78).

Pour la doctrine française, au début du XXe siècle comme aujourd'hui, il existe une différence de nature entre la tâche de l'administrateur et la tâche du juge : celui-ci applique le droit, celui-là organise la vie publique en respectant les limites que lui impose le droit. On retrouve là en réalité un lieu commun de la pensée juridique, celui du droit comme cadre, qui permet notamment de justifier les pouvoirs donnés au juge en garantissant que, par la nature des choses, celui-ci ne pourra pas en abuser (79). Il est dès lors si bien admis que le pouvoir discrétionnaire est « un élément fondamental et irréductible de l'action administrative » qu'on peut avoir parfois l'impression que les raisonnements tenus visent d'abord à affermir ce postulat : si la distinction entre qualification juridique des faits et contrôle de l'appréciation (ou de l'adéquation) est si indispensable, c'est parce que l'assimilation entre ces deux contrôles reviendrait à nier, ce qu'on ne peut pas concevoir, ce pouvoir discrétionnaire de l'Administration – et conséquemment, ce qu'on

---

(78) Waline M., « Le pouvoir discrétionnaire de l'Administration... », *op. cit.*, p. 205.

(79) Cette distinction entre le droit, objectif et stable, et la politique, subjective et dynamique, est particulièrement nette dans un mémoire publié par G. Leibholz afin de défendre le caractère juridictionnel, donc l'indépendance, du *Bundesverfassungsgericht* (Leibolhz G., « Bericht des Berichterstatters an das Plenum des Bundesverfassungsgerichts in der sogenannten "Statusfrage" », Jahrbuch des Öffentlichen Rechts neue Folge 1957, n° 6, p. 120 à 137) ; il est intéressant pour notre propos de remarquer que c'est du même genre de dichotomie que se réclame J. Mesmin d'Estienne au moment d'affirmer qu'un juge, s'il contrôle l'opportunité d'une mesure, méconnaît la différence de nature entre lui et l'administrateur : « la démarche du juge est objective et guidée par son idée du droit », tandis que celle de l'administrateur est « empirique et guidée par des considérations d'opportunité » (Mesmin d'Estienne J., « Le refus du contrôle d'opportunité », *op. cit.*, p. 553 à 554 ; citation tirée de Wade H. W. R. et Forsyth C. F., *Administrative Law*, 8e éd., 2000, Oxford, Oxford University Press, p. 41).

ne peut pas plus admettre, qu'il n'existe pas de différence entre les fonctions du juge et de l'administrateur (80). C'est en ce sens que nous avons parlé plus haut d'un tabou : la doctrine donne le plus souvent l'impression, sauf exceptions toujours possibles, de vouloir avant tout protéger ce qu'elle considère comme étant la juste interprétation, pour la France au moins, de la séparation des pouvoirs ; c'est-à-dire empêcher le juge d'entraver l'action de l'Administration.

En Allemagne, nous l'avons vu, l'Administration ne paraît pas bénéficier d'une légitimité propre. Elle tire sa compétence de la loi, et seulement de la loi – l'idée d'un pouvoir réglementaire autonome ne paraît pas y avoir trouvé son chemin. Cela se manifestait dans la manière de traiter les concepts indéterminés : par défaut, puisque l'Administration ne dispose pas par nature de quelque pouvoir d'initiative que ce soit, indétermination ne vaut pas liberté.

Par principe, toute décision administrative peut donc faire l'objet d'un contrôle entier du juge – y compris des décisions d'appréciation, même lorsqu'elles reposent sur des compétences techniques. Le cas des notations de concours ou d'examen, à cet égard, est particulièrement intéressant. En France, la doctrine et la jurisprudence s'accordent pour dire qu'il serait impensable de contester la note obtenue lors d'un concours (81). Si de rares auteurs reconnaissent que la chose est peut-être aussi dictée par des considérations plutôt pratiques que théoriques, ils se rangent sans difficulté aux justifications juridiques qui sont données : ce « serait évidemment une absurdité » pour le juge d'apprécier les notes attribuées par un jury d'examen, car ce serait une manière pour lui de se transformer en examinateur, et là n'est pas son rôle (82). Le juge en effet ne peut trancher que d'après les critères que lui donnent les textes, et ceux qui encadrent les notations d'examen ou de concours sont bien trop vagues pour lui permettre de décider à la place des examinateurs ; cela est rattaché, en général, au cas plus vaste des contentieux

(80) M. Deguergue semble ainsi, dans son article sur le contrôle des faits, appréhender la question non pas tant d'après les éléments du contrôle qu'au regard de ce qui doit être le résultat de l'enquête : la garantie d'un pouvoir discrétionnaire de l'Administration (Deguergue M., « Une controverse doctrinale latente relative au contrôle des motifs de fait », *in Le droit administratif : permanences et convergences. Mélanges Lachaume*, 2007, Dalloz, p. 377 à 397, spéc. p. 388 à 389 ; la citation sur le pouvoir discrétionnaire est faite par M. Deguergue, d'après Chevallier J., « Le droit administratif, droit de privilège ? », Pouvoirs 1988, n° 46, p. 57 à 62).

(81) Même lorsque les appréciations de deux correcteurs sur une même copie ont été si éloignées (l'un lui attribuait 5 sur 20, l'autre 15) qu'on pourrait légitimement attendre qu'un troisième tranche, « il n'appartient pas au juge administratif de contrôler l'appréciation faite par le jury d'un examen de la valeur des copies remises par les candidats » (CE, 20 mars 1987, Gambus : Lebon, p. 100 ; cité au *GAJA*, p. 165).

(82) Jèze G., « La jurisprudence du Conseil d'État et le détournement de pouvoir », *op. cit.*, p. 65 (citant CE, 10 avr. 1942, Bienvenue : Lebon, p. 111).

techniques : le juge ne disposant pas des connaissances nécessaires, il n'est pas en mesure de substituer son appréciation à celle de l'Administration (83).

On retrouve, en somme, l'argument selon lequel la tâche du juge est par nature différente de celle de l'administrateur. La jurisprudence allemande, au contraire, refuse d'exclure par principe le contrôle juridictionnel dans les domaines faisant appel à des compétences techniques. Il en va ainsi, notamment, des résultats d'examen. Ce qui justifie que le contrôle qu'exerce en la matière le juge soit restreint (et non, comme en France, inexistant), c'est que la note attribuée n'est pas une donnée reproductible, mais dépend en grande part du contexte de l'examen en question. Le juge peut donc seulement, mais doit donc, contrôler la justesse des appréciations émises (il vérifie ainsi qu'une opinion soutenue, même par une part minoritaire de la littérature, ne soit pas qualifiée d'opinion indéfendable), sans pour autant pouvoir évaluer lui-même la copie en mettant en rapport le contenu de celle-ci (et ses erreurs) avec la note attribuée. Ce n'est que si la note reposait sur les appréciations objectivement fausses évoquées plus haut qu'elle peut être annulée – il ne revient pas alors au juge d'en attribuer lui-même une nouvelle (84).

Ce n'est donc pas en soi l'évaluation faite par l'Administration qui échappe au contrôle, mais seulement l'évaluation en tant qu'elle ne peut pas être reproduite à l'identique. Si elle peut l'être, il suffira de faire appel à des experts, considérés en réalité comme externes à l'Administration, pour apprécier ensuite le cas dans la même mesure exactement que l'Administration avait pu le faire (85). La Cour administrative fédérale a ainsi considéré que les appellations conférées à des vins sur la base d'évaluations faites par des commissions d'experts ne peuvent pas faire l'objet d'un contrôle entier, mais seulement restreint, par le juge. En effet, d'une part le juge ne pourrait pas évaluer lui-même le vin, mais serait de la même manière que l'Administration contraint de s'en remettre à l'avis d'un expert ou d'une commission d'experts – donc de reproduire exactement la procédure

(83) *GAJA*, p. 165 ; certains n'y voient pas tant un problème de compétence technique que la conséquence de l'absence de critères légaux permettant de déterminer la qualité d'une copie d'examen, au contraire par exemple de ceux qui encadrent la notation des fonctionnaires (Seiller B., *Action administrative, op. cit.*, p. 258). Contestant en revanche que la technicité d'une matière pût empêcher le contrôle du juge : Plessix B., *Droit administratif général, op. cit.*, p. 1435 (notons cependant que le cas des notations paraît échapper selon lui au domaine technique, et relever plutôt de l'absence d'encadrement de l'action administrative par les textes, ainsi p. 1442).

(84) BVerfGE 84, 34, 55-56 (déc. 17 avr. 1991, Contrôle juridictionnel).

(85) Ainsi, dans le cas de la mise à la retraite d'un fonctionnaire pour inaptitude au service, l'expertise technique revient à un médecin, mais c'est l'Administration, à partir de ces éléments, qui décide seule et sans être tenue par l'expertise. Il lui appartient d'apprécier les conséquences à tirer de l'expertise. Cela signifie cependant que le juge lui aussi peut procéder dans la même mesure à cette évaluation, en se fondant sur la même expertise. BVerwG, déc. 16 mai 2015, 2 C 37.13, § 12.

administrative, sans qu'on y voie vraiment ce qu'apporterait son caractère juridictionnel ; d'autre part, le vin évoluant avec le temps, le contrôle de la décision administrative au moment du jugement ne pourrait pas être effectué dans les conditions où elle a d'abord eu lieu : l'objet aura changé entre-temps (86).

La seule nuance qu'on pourrait apporter à cette présentation est l'idée de « limites fonctionnelles » au contrôle du juge, c'est-à-dire de limites qu'on pourrait justement tirer, en dehors de tout texte de loi, de la matière en cause : par nature, le juge ne serait pas à même de décider telle ou telle chose qui relèverait du seul administrateur. Jusqu'à présent, cependant, cette exception n'a pas été formellement reconnue par le juge, et elle est contestée par la doctrine (87).

Si l'on veut faire encore un pas en arrière pour remonter aux présupposés théoriques de la chose, il semble qu'on puisse systématiser cette opposition entre doctrines française et allemande en la rapprochant à la réception qu'a connue le normativisme de l'école de Vienne dans ces deux pays. La manière allemande de concevoir les choses, en concevant tout acte de l'Administration comme application d'une norme supérieure, sans lui reconnaître par principe quelque autorité que ce soit, paraît en effet, sinon une application consciente de la construction du droit par degré, au moins en accord avec elle. La position de la doctrine française nous paraît assez bien illustrée (de manière peut-être un peu radicale, certes) par celle d'André Hauriou. Dans les *Mélanges R. Carré de Malberg*, celui-ci s'oppose décidément aux propositions de Merkl et Kelsen précisément parce qu'elles lui semblent incompatibles avec la manière française de concevoir la fonction de l'Administration : celle-ci, comme tout sujet de droit, a une propre force motrice que le droit vient seulement arrêter de l'extérieur. Cette conviction qu'il existe des sujets de droit

---

(86) BVerwG, déc. 16 mai 2007, 3 C 8.06, § 36.

(87) Dans la décision BVerfGE 129, 1, 23 (§ 76), la CCF mentionne mais ne tranche pas la question, les conditions n'étant de toute manière pas réunies dans l'espèce (« la question peut rester en suspens, de savoir si des marges de jugement soumises à un contrôle juridictionnel seulement restreint peuvent être reconnues à l'Administration, par exception, sans fondement législatif et sans pourtant enfreindre la constitution lorsqu'un contrôle juridictionnel entier se heurterait sans aucun doute possible aux limites fonctionnelles de l'activité juridictionnelle » ; « *Offen bleiben kann, ob gerichtlich nur eingeschränkt nachprüfbare Entscheidungsspielräume der Verwaltung ausnahmsweise auch ohne gesetzliche Grundlage von Verfassungs wegen dann zulässig sind, wenn eine weitergehende gerichtliche Kontrolle zweifelsfrei an die Funktionsgrenzen der Rechtsprechung stieße* »). On notera cependant que le renvoi fait à la décision BVerfGE 84, 34 (17 avr. 1991, Contrôle juridictionnel) n'établit pas, malgré ce que laisse entendre la CCF, la possibilité d'une telle exception sans autorisation explicite du législateur. Les auteurs opposés à cette évolution rappellent au contraire que la raison fonctionnelle peut seulement justifier la restriction législative du contrôle, mais en aucun cas fonder une autolimitation du juge (Kment M., Vorwalter S., « Beurteilungsspielraum und Ermessen », *op. cit.*, p. 197).

indépendamment des règles de droit est ce qui lui paraît à la fois incompatible avec le normativisme viennois et justifier le pouvoir discrétionnaire laissé par principe à l'Administration (88).

Il est tout à fait remarquable, de ce point de vue, que le seul à remettre en cause le postulat du pouvoir discrétionnaire essentiel à l'Administration soit C. Eisenmann. Tout comme la théorie de la construction du droit par degré lui permet de contester le refus du contrôle de constitutionnalité des lois exprimé par le Conseil d'État dans l'arrêt *Arrighi*, de la même façon il ne reconnaît pas de nature particulière à la marge de manœuvre laissée à l'Administration : étant un instrument d'application du droit, elle précise, par nature, un texte plus général en édictant de nouvelles normes sur son fondement. Mais il y a là simplement le même rapport que, par exemple, du législateur au constituant, et cela signifie que le pouvoir discrétionnaire est entièrement déterminé par le droit – droit que peut faire appliquer, de la même manière, le juge (89).

Nous ne voulons pas dire par là, bien sûr, que la différence d'approche qui peut être observée entre les droits administratifs français et allemand découlerait d'une position de principe pour ou contre Kelsen. Ce serait, d'une part, grandement surestimer l'importance de la théorie du droit pour la pratique (et la réception de Kelsen en Allemagne, d'ailleurs, qui concerna longtemps surtout ses écrits de droit international), d'autre part méconnaître les racines, historiques, plus profondes qui peuvent expliquer la conception du droit administratif bâtie par chacun de ces ordres juridiques.

C. — *La « voie particulière » du droit administratif français ?*

Comparer la manière dont s'est constitué le droit administratif en France et dans les pays allemands puis en Allemagne permet d'observer certaines différences qui semblent pouvoir être mises en rapport avec cette appréhension divergente du contrôle juridictionnel exercé sur l'Administration. Il n'y a là qu'une hypothèse, et la vérifier à partir de matériaux plus fournis est une enquête qui reste à faire. Sa force explicative paraît cependant suffisamment ébauchée pour que nous l'exposions.

En France, nous l'avons vu, l'Administration semble pensée, plus ou moins consciemment, comme un élément anté-juridique, et seulement limité de l'extérieur par le droit. Ce caractère un peu particulier se manifeste notamment dans l'institution du recours pour excès de pouvoir, ou au moins dans la

---

(88) Hauriou A., « Le pouvoir discrétionnaire et sa justification », *in Mélanges R. Carré de Malberg*, 1933, Paris, p. 233 à 240, not. p. 235 à 237.

(89) Eisenmann C., *Cours de droit administratif, op. cit.*, p. 300 à 308. Pour la question du contrôle de constitutionnalité : Eisenmann C., note sous CE, 6 nov. 1936, Arrighi, *op. cit.*, p. 531.

présentation qu'en font les premiers administrativistes. La moralité administrative de Hauriou, le bien public de Jèze sont à chaque fois une manière de lui donner une certaine autonomie par rapport au droit. C'est pourquoi sans doute le détournement de pouvoir a une si grande importance dans le développement de ce recours : dans un système fondé sur une simple dévolution de compétence à l'Administration, sans encadrement matériel de l'exercice de cette compétence, c'est le détournement de pouvoir qui peut empêcher que le pouvoir discrétionnaire ne devienne pouvoir arbitraire (90). Le fait que le recours pour excès de pouvoir se soit développé d'abord sur le fondement du détournement de pouvoir (91) nous semble corroborer l'idée que dans la perception des juristes français, au XIXe et au début du XXe siècle, il semble difficile de concevoir l'idée d'une action administrative fondée sur des textes de loi et limitée par eux.

Peut-être le fait que le droit administratif naisse de la pratique et des praticiens n'a-t-il pas été sans conséquence de ce point de vue. On sait en effet que le droit administratif français n'a pas été pensé d'abord comme un système, mais que, exception faite des textes révolutionnaires qui attribuent certaines compétences délimitées aux conseils de préfecture, le contrôle des actes de l'Administration est insensiblement passé, au cours du XIXe siècle, d'un contrôle hiérarchique à un contrôle juridictionnel. Rappelons qu'au début du XXe siècle encore, plusieurs commissaires du gouvernement fondent des solutions paraissant étendre le contrôle juridictionnel de l'Administration sur le caractère de supérieur hiérarchique qu'aurait le Conseil d'État à l'égard de celle-ci (92).

Cette ambiguïté a servi le juge administratif en lui permettant d'abord d'être mieux accepté par l'Administration, mais elle a conduit aussi sans doute plus aisément à ce qu'il reconnaisse dans la tâche de celle-ci certaines spécificités qui ne se laissaient pas réduire à de simples questions de légalité.

Quant à la systémisation du droit administratif qui est effectuée à partir de la fin du XIXe siècle, elle est certes le fait d'une doctrine, pour part, extérieure au Conseil d'État (pour part, car Laferrière publie en tant que praticien son

---

(90) Jèze G., « La jurisprudence du Conseil d'État et le détournement de pouvoir », *op. cit.*, p. 59 ; l'idée du détournement de pouvoir comme garantie d'une distinction entre pouvoirs discrétionnaire et arbitraire se trouve chez Michoud L., « Étude sur le pouvoir discrétionnaire… », *op. cit.*, 1914/1, p. 441.

(91) C'est au moins la présentation qu'en donne Laferrière, signalant les premières décisions qui assimilent excès de pouvoir et incompétence (Laferrière É., *Traité de la juridiction administrative, op. cit.*, p. 406 à 409).

(92) Nous renvoyons ici aux conclusions citées par Réglade M., « Du prétendu contrôle juridictionnel de l'opportunité », *op. cit.*, p. 422 ; Teissier sur CE, 5 avr. 1908, Marc et autres : S. 1909, III, 120 ; Chardenet sur CE, 15 févr. 1909, Abbé Olivier : Lebon, p. 183 ; Corneille sur CE, 10 août 1917 ; Baldy : Lebon, p. 640.

manuel de contentieux), mais elle se fait de toute manière en grande partie dans un mouvement ascendant, des arrêts vers la théorie, plus que descendant, des principes fondamentaux vers des applications concrètes. Nous ne prétendons pas minimiser l'ambition théorique dont font preuve Duguit ou Hauriou, il n'en reste pas moins que, même parmi le corps professoral, on trouve cette idée selon laquelle la doctrine administrative « est née sur les genoux de la jurisprudence » (93).

Au contraire, le droit administratif allemand est né tout entier à l'université, en dehors des administrations quoique pour fournir à celles-ci du personnel qualifié. Au XIXe siècle, dans les pays allemands, et particulièrement dans les deux États les plus puissants, la Prusse et l'Autriche, qui n'ont pas accepté de système constitutionnel, le droit public est regardé avec une certaine méfiance : l'idée même de droit public contient celle de limitation de la puissance publique. Le droit administratif, ainsi, ne naît qu'au milieu du XIXe siècle, et dans des États, tel le Wurtemberg, qui se sont résignés au système constitutionnel (les premiers ouvrages de droit administratif sont ainsi publiés par von Mohl à Tübingen). La difficulté pour ceux qui s'occupent de ces questions réside dans le poids politique qu'on accorde à celles-ci. Depuis les premières revendications d'un État de droit dans les années 1800, les conservateurs sont partisans d'un contrôle interne à l'Administration, alors que les libéraux (en particulier l'Assemblée nationale de 1849-1850) exigent que les actes de l'Administration soient soumis au juge ordinaire, dont l'indépendance est garantie. Ainsi, les premiers administrativistes allemands doivent trouver une voie médiane pour ne pas paraître poursuivre avec leurs écrits de buts politiques. C'est pourquoi, d'après M. Stolleis, le droit public en général et le droit administratif en particulier se sont développés à partir des années 1850 comme un discours scientifique autonome, prétendant à atteindre la pureté et la neutralité du droit civil (94).

On peut mieux comprendre, en tenant compte de ces généalogies différentes, pourquoi les conceptions française et allemande du contrôle juridictionnel s'opposent ainsi. En France, le contrôle juridictionnel de l'Administration naît pour une large part de la pratique, et du fait des praticiens : ceux-ci partent de l'idée que l'Administration préexiste pour ainsi dire au droit, lequel ne peut ensuite que limiter son action. En Allemagne, au contraire, le droit administratif se forme par le haut : ce sont des universitaires qui le pensent – et non

(93) Rivero J., « Jurisprudence et doctrine dans l'élaboration du droit administratif », *Études et documents du Conseil d'État*, 1955, p. 27 à 36, spéc. p. 30 ; cité par Bosvieux C. (*Le service public*, *op. cit.*, p. 128), qui montre dans sa thèse la relation de concurrence qui peut exister entre conseillers d'État et universitaires, au détriment des seconds.

(94) Stolleis M., *Introduction à l'histoire du droit public en Allemagne*, 2018, Garnier, trad. Gaillet A., p. 76 à 81.

pas à partir d'une jurisprudence spécialisée inexistante ou peu s'en faut, mais à partir de réflexions sur l'État.

L'histoire intellectuelle de formation du droit public à partir du droit par excellence qu'était le droit privé a également suivi des chemins opposés en Allemagne et en France, et des directions qui mènent elles aussi aux divergences étudiées dans cet article à propos du contrôle juridictionnel.

O. Jouanjan fait ainsi remarquer une différence décisive dont ont conscience les auteurs eux-mêmes : le droit public a été construit en France à partir de la notion de droit objectif (on sait que c'est un des critères généralement utilisés pour distinguer le recours pour excès de pouvoir), mais à partir des droits subjectifs de l'individu en Allemagne. On le voit particulièrement aujourd'hui, dans le système juridique érigé après la Seconde Guerre mondiale et sa volonté affichée de protéger d'abord les individus : outre les premiers articles de la Loi fondamentale, la jurisprudence des cours suprêmes permet d'affirmer que « la tâche première des tribunaux administratifs est de protéger [...] les droits subjectifs de l'individu contre l'administration publique » (95).

En France, au contraire, et Hauriou déjà expose cette différence fondamentale d'avec la doctrine allemande, c'est justement l'abandon de la perspective subjective qui a permis la formation du droit public, et notamment du droit administratif. Or, cet abandon est nécessaire, selon lui, pour rendre compte des spécificités du droit public, lequel n'est pas premier par rapport à son objet, mais doit au contraire tenir compte des « réalités de l'organisation politique » (96).

Les modulations du contrôle juridictionnel de l'Administration sont donc présentées différemment en France et en Allemagne, différences qui renvoient à des positions théoriques plus profondes, lesquelles sont liées à leur tour aux conditions d'apparition du droit administratif dans ces deux pays. Si la doctrine et le juge français reconnaissent par principe à l'Administration un espace où doit s'exercer son pouvoir discrétionnaire, c'est d'une part parce que cette Administration est en quelque sorte conçue comme anté-juridique, d'autre part parce que la condition d'apparition d'une juridiction administra-

---

(95) Schoch F., « Gerichtliche Verwaltungskontrollen », *in* Hoffmann-Riem W., Schmidt-Aßmann E., Voßkuhle A., *Grundlagen des Verwaltungsrechts*, t. III, 2013, München, C. H. Beck, p. 743 à 1047, spéc. p. 747.

(96) Pour Hauriou, « la notion du "rapport de droit" ne doit pas être introduite partout et [...] la doctrine allemande a eu tort de lui faire jouer un rôle prépondérant dans la technique du droit public, parce qu'elle ne peut pas rendre compte des réalités de l'organisation politique » (Hauriou M., *Principes de droit public*, 2e éd., 1916, Sirey, p. 256). Cette référence est tirée, comme le développement sur la distinction entre perspective subjective et objective, de Jouanjan O., « Vom öffentlich-rechtlichen Rechtsverhältnis her denken: Erste Etappen auf dem "Entwicklungspfad" der deutschen Staatsrechtslehre », *in* Appel I., Hermes G., Schönberger C., *Öffentliches Recht im offenen Staat. Festschrift für Rainer Wahl*, 2011, Berlin, Duncker & Humblot, p. 111 à 119.

tive en tant que telle était, à cause de la prétendue, ou au moins imaginée, « conception française de la séparation des pouvoirs », de garantir que le juge n'empiétât pas sur le domaine réservé de l'Administration.

Le Conseil d'État, en effet, en se faisant juge avait dû abandonner la prétention à être en même temps supérieur hiérarchique. La restriction du contrôle était et demeure un signe de cette séparation des fonctions. Nous pouvons d'ailleurs remarquer que cette assimilation entre contrôle entier et contrôle interne à l'Administration d'une part, contrôle restreint et contrôle juridictionnel d'autre part se retrouve dans d'autres pays : en Suède, par exemple, ainsi qu'en Autriche, les tribunaux administratifs sont nés, comme en France, d'un organe de contrôle interne à l'Administration. Les juridictions administratives véritablement détachées qui ont été créées dans ces systèmes à la fin du XXe siècle et au début du XXIe ont conservé de cette origine le principe d'un contrôle entier exercé sur les actes de l'Administration. Cela ne semble pas devoir invalider les hypothèses que nous avons formulées en étudiant les cas de la France et de l'Allemagne. On peut sans doute expliquer le maintien d'un contrôle entier par-delà l'autonomisation de l'instance de contrôle par le contexte de cette autonomisation. Dans les deux cas, c'est sous la pression de la Cour européenne des droits de l'homme (CEDH) que les États ont mené cette réforme. On peut donc comprendre qu'il n'était pas besoin pour le juge de compenser par la restriction du contrôle cette prise de pouvoir (97).

La comparaison avec le système allemand et l'étude du contexte historique qui a vu apparaître les distinctions apparemment évidentes entre droit et fait, entre compétence liée et pouvoir discrétionnaire permettent donc de penser que ce n'est pas tant par nécessité théorique que du fait de la collision avec d'autres présupposés ou d'autres principes (interprétés d'une certaine manière) que la présentation du contrôle juridictionnel de l'Administration est

---

(97) Pour l'Autriche, v. Bogdany (von) A., Huber P., Cassese S. (dir.), *The Max Planck Handbooks in European Public Law. The Administrative State*, 2017, Oxford, Oxford University Press, p. 158 à 160. La proximité était si forte à l'origine que certains regardaient les juridictions administratives comme une part de l'Administration (Ulbrich, Josef, *Lehrbuch des österreichischen Verwaltungsrechtes*, 1904, Vienne, Manz, p. 22 et s.). Ce n'est qu'en 2014 qu'a été institué un ordre juridictionnel administratif clairement distinct de l'Administration. En Suède, les actes d'administration communale sont soumis à un contrôle restreint. En effet, l'administration communale, du fait d'une conception très poussée de la décentralisation (cf. Kuhlmann S., Wollmann H., *Introduction to Comparative Public Administration. Administrative Systems and Reforms in Europe*, 2014, Cheltenham, Edward Elgar, p. 78 à 82), n'est pas comprise comme une administration déconcentrée qui aurait à rendre des comptes à l'administration centrale. De ce fait, lorsque le contrôle était interne à l'administration, celui des actes d'administration communale était déjà restreint ; il l'est demeuré par-delà la réforme.

si difficile en France. Toute évolution de ce contrôle, et notamment le mouvement général qui tend à un contrôle de plus en plus important, mène, lorsque la doctrine cherche à l'appréhender avec ces outils travaillés de principes contradictoires à ce que M. Deguergue nomme une « cacophonie conceptuelle » : le fait et le droit, la compétence liée et le pouvoir discrétionnaire, la légalité et l'opportunité se mêlent aux concepts de qualification juridique et d'appréciation des faits sans qu'on parvienne à s'y retrouver (98). Cette cacophonie a au moins le mérite de manifester certains présupposés du droit public français ; reconnaître le caractère contingent de certaines distinctions ou de certains principes admis souvent comme nécessaire permettra, peut-être, une reconstruction plus solide.

Antoine CORRE-BASSET

Enseignant-chercheur
à l'université de Rouen Normandie

(98) « La superposition de la qualification juridique et de l'appréciation des faits aboutit en réalité à nier tant la distinction du droit et du fait que la distinction entre compétence liée et pouvoir discrétionnaire, et à mêler subrepticement légalité et opportunité » (Deguergue M., « Une controverse doctrinale latente », *op. cit.*, p. 379, ainsi que la citation précédente).

DOCTRINE

DROIT ADMINISTRATIF

Le collaborateur occasionnel du service public, catégorie d'avenir du droit administratif

par Élise FRAYSSE
Maîtresse de conférences en droit public
à l'Université Lumière Lyon 2

SOMMAIRE

I. — LE COLLABORATEUR OCCASIONNEL DU SERVICE PUBLIC, UNE NOTION RENOUVELÉE

A. — *Une notion traditionnellement élargie*

B. — *Une notion récemment enrichie*

II. — LE COLLABORATEUR OCCASIONNEL DU SERVICE PUBLIC, UN RÉGIME EN CONSTRUCTION

A. — *Des droits déjà précisés*

B. — *Des devoirs à esquisser*

Drôle de destin que celui de la notion de « collaborateur occasionnel du service public » ! À l'origine dégagée pour dédommager des bénévoles blessés après avoir accepté de tirer un feu d'artifice à l'occasion d'une fête locale (1),

(1) CE, ass., 22 nov. 1946, Commune de Saint-Priest-la-Plaine : Lebon, p. 279.

elle fut récemment utilisée à propos du port du voile islamique par les accompagnatrices scolaires. Auparavant connue des seuls juristes, elle est à présent mobilisée avec ardeur au sein des débats politiques. De cette manière, la notion de « collaborateur occasionnel du service public » est amenée à sortir de la zone de confort dans laquelle elle avait été installée depuis plusieurs décennies : elle est non seulement exportée en dehors du champ de la seule responsabilité administrative – en s'intégrant notamment à celui, plus tumultueux, de la laïcité –, mais elle est également arrachée de la sphère juridique – pour rejoindre celle, plus houleuse, de la politique.

Face à cette nouvelle destinée, deux attitudes sont envisageables : on peut, d'une part, considérer que la notion de « collaborateur occasionnel du service public » se réfère en tant que telle à un certain contenu, immuable à travers le temps. Dès lors, il conviendrait de s'en tenir aux seuls contours de la notion telle qu'elle a été dégagée à l'origine et de lutter contre son mésemploi actuel, quand bien même celui-ci proviendrait de la loi. C'est d'ailleurs la position qu'a adoptée le Conseil d'État dans une étude datant de 2013 relative au principe de laïcité. Il y considère en effet que « l'emploi par de nombreux textes des expressions "collaborateur", "collaborateur occasionnel", "participant" ou de leurs synonymes, pour des raisons de commodité, ne révèle pas [...] l'existence d'une catégorie homogène et pertinente de "collaborateurs du service public" », laquelle reste une notion qui a « pour seul objet d'indemniser des personnes qui, en prêtant un concours occasionnel [au service public], ont subi un dommage » (2). En d'autres termes, cette notion comporterait un contenu fixe qu'il conviendrait de ne pas altérer en lui agrégeant de nouvelles manifestations juridiques. À l'inverse de cette conception quelque peu essentialiste du droit, on peut, d'autre part, faire le choix d'attribuer une valeur identique à tous les emplois du terme, sans s'en tenir à son sens originel. En adoptant cette approche nominaliste, laquelle conduit à n'opérer aucun tri dans ses différentes manifestations, la notion de « collaborateur occasionnel du service public » se verrait alors particulièrement enrichie, quitte toutefois à perdre sa cohérence.

C'est une approche médiane qui mérite selon nous d'être adoptée. En effet, d'un côté, toutes les recensions du terme de « collaborateur occasionnel du service public » ne se réfèrent pas à un concept unique. Une telle notion est par exemple utilisée en droit social pour désigner les catégories d'emplois visées par l'article L. 311-3 du Code de la sécurité sociale (3) relatif à l'affiliation au régime général de la sécurité sociale. Y figurent notamment les experts et traducteurs-interprètes près le ministère de la Justice ou encore les médiateurs du

---

(2) CE, *Étude demandée par le Défenseur des droits le 20 septembre 2013*, 2013, Doc. fr., p. 30.

(3) CSS, art. L. 311-3.

procureur de la République (4). Cette catégorie limitative se rapporte en réalité bien souvent au fonctionnement du service public de la justice et ressort de la compétence du juge judiciaire. Elle présente en cela des enjeux étrangers au droit public, et plus précisément au droit administratif, qui interdisent selon nous de les placer sous la même égide.

D'un autre côté, et en sens inverse, on ne saurait admettre que la notion de « collaborateur occasionnel du service public » se rapporte uniquement – et pour toujours – au sens tel qu'il a été dégagé après la Seconde Guerre mondiale, soit il y a plus de 70 ans. Une telle position méconnaîtrait en effet le caractère intrinsèquement évolutif des notions et des catégories juridiques, notamment en droit administratif. Même si « les catégories existantes serv[ent] de filtre à travers lequel le changement sera tamisé », le droit administratif ne peut en effet « manquer d'être sommé de s'adapter aux valeurs et représentations nouvelles qui envahissent l'univers politique » (5). La notion de « collaborateur occasionnel du service public » en est un exemple frappant : sismographe du droit administratif, elle évolue au rythme des mutations qui affectent ce dernier.

Son acte de naissance témoigne déjà d'une certaine conception des rapports entre l'Administration et les administrés. Afin de s'en rendre compte, il convient de rappeler que l'arrêt *Commune de Saint-Priest-la-Plaine*, qui procède à la reconnaissance formelle de cette catégorie, ne constitue qu'un des prolongements de l'arrêt *Cames* (6), rendu quelques décennies plus tôt par le Conseil d'État. L'idée d'« équité » (7), de « justice » (8) ou encore de « solidarité » (9) avait en effet conduit à la fin du XIXe siècle à reconnaître que « l'État soit responsable vis-à-vis de l'ouvrier des dangers que lui fait courir sa coopération au service public » (10). Il y avait là, selon Maurice Hauriou, la consécration de la « théorie du risque professionnel » (11). Cette solution, qui s'explique par les progrès d'un État social mû par l'impératif grandissant de socialisation des risques, ne trouve alors à s'appliquer qu'aux « collaborateurs permanents » (12) de l'Administration, c'est-à-dire à ses agents. Il faudra attendre la Seconde Guerre mondiale pour que cette solution

(4) D. n° 2000-35, 17 janv. 2000 portant rattachement de certaines activités au régime général.

(5) Chevallier J., « Changement politique et droit administratif », *in* CURAPP, *Les usages sociaux du droit*, 1989, PUF, p. 297.

(6) CE, 21 juin 1895, Cames : Lebon, p. 509.

(7) Romieu J., concl. sur CE, 21 juin 1895, Cames : S. 1897, III, p. 35.

(8) *Id.*

(9) Larnaude F., « Séance de la Société générale des prisons du 18 décembre 1895 », Rev. pénit. janv. 1896, p. 15.

(10) Romieu J., concl. sur CE, 21 juin 1895, Cames : S. 1897, III, p. 35.

(11) Hauriou M., note sous CE, 21 juin 1895, Cames : S. 1897, III, p. 33.

(12) *GAJA*, 22e éd., 2019, Dalloz, p. 42.

s'étende aux collaborateurs ***occasionnels*** du service public, d'abord à ceux requis par l'Administration (13) puis à ceux sollicités (14), enfin à ceux uniquement volontaires et bénévoles (15). Si ceux-ci subissent un dommage alors qu'ils apportaient leur aide au fonctionnement du service public, l'État devra les indemniser – même en l'absence de faute de ce dernier – sur le fondement de la responsabilité administrative pour risque.

Bien que la décision issue de l'arrêt *Saint-Priest-la-Plaine* ne soit qu'un prolongement de la solution adoptée par l'arrêt *Cames*, sa formalisation dans le contexte particulier de la Seconde Guerre mondiale ne doit rien au hasard. L'État étant alors considérablement affaibli, l'idée d'une collaboration des administrés est particulièrement encouragée. En effet, en admettant que certains individus puissent collaborer directement à une mission de service public – qu'il s'agisse de tirer un feu d'artifice lors d'une fête locale ou de lutter contre un incendie –, on reconnaît en réalité une certaine défaillance de l'État : c'est parce que l'État a failli à sa tâche que les individus s'y sont risqués. La récente crise sanitaire liée au COVID-19 l'a bien montré : dépassé par l'ampleur de l'épidémie, l'État a ainsi par exemple sollicité l'aide des étudiants en médecine ou des médecins retraités. Incapable de pourvoir seul aux missions de service public et d'assurer leur continuité, il s'en remet aux individus, lesquels peuvent alors être indemnisés s'ils subissent un dommage. En cela, la catégorie des collaborateurs occasionnels du service public peut être rapprochée de celle des « fonctionnaires de fait », laquelle a également été d'un certain secours lors du second conflit mondial. On se souvient notamment de l'arrêt *Marion* (16), rendu en 1948, par lequel le Conseil d'État reconnaissait l'existence d'une « municipalité de fait » constituée par différents habitants de la ville de Saint-Valéry-sur-Somme en 1945, et ce afin « d'assurer le fonctionnement des services publics » notamment par le ravitaillement de la population. Les actes adoptés dans ce cadre ont alors pu être qualifiés par le Conseil d'État d'actes administratifs unilatéraux et les membres de cette municipalité de « fonctionnaires de fait ». C'est précisément ici la défaillance de la commune qu'il fallait combler. Comblant les manquements des personnes publiques dans l'exercice de leurs missions de service public, la catégorie des « fonctionnaires de fait » et celle des « collaborateurs occasionnels du service public » n'ont toutefois pas connu le même destin. Et pour cause, alors que la seconde n'est destinée qu'à combler les défaillances ***occasionnelles*** et ponctuelles des personnes publiques dans l'exercice d'une mission de service public, la première permet de remédier juridiquement à ses défaillances

---

(13) CE, sect., 5 mars 1943, Chavat : Lebon, p. 62.

(14) CE, 15 févr. 1946, Ville de Senlis : S. 1946, III, p. 46 – CE, 28 janv. 1959, Fabre : Lebon T., p. 1095.

(15) Sur ce point, v. Cheramy B., « La réparation des dommages subis par les collaborateurs occasionnels du service public », EDCE 1965, p. 30.

(16) CE, 5 mars 1948, Marion : Lebon, p. 113.

prolongées, lesquelles restent heureusement largement inédites en dehors du contexte de guerre (17).

On recense en revanche encore aujourd'hui de nombreux cas de défaillances ponctuelles des personnes publiques, comme en témoigne la jurisprudence apparemment intarissable relative aux collaborateurs occasionnels du service public, qu'il s'agisse du sauvetage d'un navire en perdition (18), de l'élagage d'arbres (19) ou encore du secours porté à des randonneurs en danger (20). Dans tous ces cas de figure, le collaborateur occasionnel du service public vient toujours *in fine* au secours de l'État : il l'aide à compléter sa mission (21). C'est de cette idée que s'est récemment saisi le législateur, en essaimant la notion de « collaborateur occasionnel du service public » à propos des réservistes citoyens de l'éducation nationale (22) et de la défense nationale (23), des « voisins vigilants » (24) ou encore, plus récemment, des « citoyens sauveteurs » (25). Alors que le juge se contentait de reconnaître la qualité de collaborateur *a posteriori*, le législateur s'en est emparé afin d'en faire une catégorie *a priori*, c'est-à-dire avant qu'un quelconque litige ne naisse. Et pour cause, elle lui permet de distiller une conception renouvelée des rapports entre l'Administration et les administrés, par laquelle les seconds collaborent activement à certaines missions de la première. Il ne s'agit plus seulement de renforcer la participation des administrés aux prises de ***décision*** de l'Administration, mais bien à l'***action*** administrative elle-même. De cette manière, en se voulant non plus seulement « concertée » (26) mais également « collaborative », l'Administration se montre plus démocratique et renforce sa légitimité.

Remodelée à l'aune de ces évolutions, la catégorie de collaborateur occasionnel du service public apparaît vacillante, tant dans ses contours que dans

---

(17) CE, sect., 16 mai 2001, Préfet de Police c/ Mtimet : Lebon, p. 234.

(18) CAA Nantes, 20 juill. 2018, n° 17NT01562, Société d'Armement Porcher.

(19) CAA Douai, 3 févr. 2015, n° 13DA01434, Commune de Laucourt.

(20) CAA Marseille, 12 nov. 2007, n° 06MA00829, Legrand.

(21) Cette idée trouve par exemple un écho dans la réponse faite par le ministre des Transports à une question posée par un parlementaire en 2013 à propos du statut juridique des aides ponctuelles et bénévoles apportées par les exploitants agricoles aux communes. Le ministre a alors eu l'occasion de considérer que « cette participation suppose que l'aide fournie se rapporte à une mission qu'aurait dû remplir l'Administration, mais qu'elle n'a pu assumer puisqu'un administré est intervenu pour la suppléer » (JOAN 14 oct. 2008, p. 8867).

(22) Circ. n° 2015-077, 12 mai 2015 relative à la réserve citoyenne de l'Éducation nationale.

(23) C. défense, art. L. 4211-6.

(24) CSI, art. L. 411-11.

(25) Loi n° 2020-840 du 3 juillet 2020 visant à créer le statut de citoyen sauveteur, lutter contre l'arrêt cardiaque et sensibiliser aux gestes qui sauvent.

(26) Boulouis J., *Cours de droit administratif*, 1969, Les cours de droit, p. 7.

le régime juridique qui lui est applicable ; elle mérite d'être réinterrogée. Bien souvent qualifiée de « catégorie fonctionnelle » (27), elle ne serait employée par le juge qu'à dessein, pour faire « bénéficier de son régime des éléments qui normalement ne lui appartiennent pas » (28). Or, ici comme ailleurs, « rien ne démontre *a priori* que la détermination du contenu de la catégorie serait arbitraire ou insaisissable, conceptuellement ou pratiquement » (29). Il nous faudra donc prendre le contrepied de l'idée selon laquelle la catégorie serait uniquement fonctionnelle, rétive à toute systématisation d'ordre conceptuel. Il nous semble en effet possible, mais également souhaitable, d'esquisser les contours d'une telle catégorie, compte tenu notamment de l'éclairage qu'elle apporte sur les mutations récentes des rapports entre l'Administration et les administrés. Parce qu'elle brouille les frontières de notre imaginaire juridique – entre intérêt général et intérêt privé, usager et agent public –, la catégorie du collaborateur occasionnel du service public témoigne tout particulièrement des mutations actuelles que connaît le droit administratif lui-même, lequel s'émancipe progressivement des logiques binaires sur lesquelles il s'était construit (30). En ce sens, elle constitue certainement une catégorie d'avenir du droit administratif, amenée à y prendre une place plus importante, ce dont témoignent l'usage renouvelé de la notion ces dernières années (I) de même que la mise au jour progressive de son régime juridique (II).

I. — Le collaborateur occasionnel du service public, une notion renouvelée

L'usage récent de la notion de collaborateur occasionnel du service public en dehors du champ jurisprudentiel constitue, à n'en pas douter, un facteur d'extension de la catégorie. Cela ne doit pas être perçu comme le signe d'un

---

(27) Moderne F., note sous CE, ass., 27 nov. 1970, Consorts Appert-Collin : Lebon, p. 709 – CE, *Étude demandée par le Défenseur des droits le 20 septembre 2013*, 2013, Doc. fr., p. 30 ; Hamonic A., « Conséquences et inconséquences du caractère fonctionnel de la théorie du collaborateur occasionnel du service public », Dr. adm. 2013, n° 5, p. 19. Plus largement, sur cette notion de « catégorie fonctionnelle », v. Vedel G., « De l'arrêt *Septfonds* à l'arrêt *Barinstein* (la légalité des actes administratifs devant les tribunaux judiciaires) », JCP G 1948, I, p. 682 ; Waline M., « Empirisme et conceptualisme dans la méthode juridique : faut-il tuer les catégories juridiques ? », *in Mélanges en l'honneur de Jean Dabin*, 1963, Sirey, p. 359 ; Tusseau G., « Critique d'une métanotion fonctionnelle : la notion (trop) fonctionnelle de "notion fonctionnelle" », RFDA 2009, p. 641.

(28) Picard É., « L'émergence des droits fondamentaux en France », AJDA 1998, p. 10.

(29) *Id.*

(30) Truchet D., « La structure du droit administratif peut-elle demeurer binaire ? À propos des catégories juridiques en droit administratif », *in Clés pour le siècle*, 2000, Dalloz, p. 443 et s.

dévoiement de la notion initialement dégagée, laquelle était déjà caractérisée par son appréciation particulièrement extensive (A). Ce renouvellement témoigne en revanche d'un incontestable enrichissement de la notion (B), propre à faire d'elle une catégorie d'avenir du droit administratif.

A. — *Une notion traditionnellement élargie*

Il ne fait pas de doute qu'en reconnaissant la catégorie de collaborateur occasionnel du service public, le Conseil d'État a consenti à ce qu'un individu, en principe mû par son seul intérêt privé, œuvre en vue de l'intérêt général. Loin de reconnaître cette possibilité de façon marginale, le juge administratif a même fait preuve, au fil des décennies, d'une particulière souplesse dans l'appréciation de cette catégorie (31). Fondamentalement, la jurisprudence des collaborateurs occasionnels repose en effet sur « le souci qu'un particulier, cessant un instant d'œuvrer à ses fins personnelles pour se mettre au service de la collectivité, n'ait point éventuellement à pâtir de ce geste de bonne volonté » (32). Dans ce souci d'équité, la notion de « service public » tout comme l'idée de « collaboration occasionnelle » ont fait l'objet d'une interprétation extensive de la part du juge, ce qui ne signifie pas que l'usage de la catégorie soit dépourvu de toute logique juridique.

La notion de « service public », d'abord, est très largement entendue. Il suffit, pour être qualifiée comme telle, que l'activité à laquelle le collaborateur apporte son concours réponde à un intérêt général et soit assurée ou assumée par une personne publique. Il n'a jamais été question de façon explicite, et avant même les arrêts *Ville de Melun* (33) et *APREI* (34), de l'exercice de prérogatives de puissance publique dans l'identification d'une mission de service public. Toute mission d'intérêt général assurée par une personne publique est en effet qualifiée comme telle, qu'il s'agisse par exemple du don du sang (35), de l'accompagnement d'une sortie scolaire (36) ou de l'hypothèse connue des fêtes locales traditionnelles (37) – le critère relatif à la tradition n'étant parfois pas même requis (38). Du fait de cette appréciation extensive,

(31) V. Waline J., « Collaborateurs bénévoles et collaborateurs occasionnels du service public », JCP A 19 nov. 2012, p. 38 et s.

(32) Cheramy B., « La réparation des dommages subis par les collaborateurs occasionnels du service public », EDCE 1965, p. 29.

(33) CE, 20 juill. 1990, Ville de Melun : Lebon, p. 220.

(34) CE, 22 févr. 2007, Association du personnel relevant des établissements pour inadaptés : Lebon, p. 92.

(35) CAA Nantes, 11 juin 1992, n° 90NT00565, Delhommeau : Lebon, p. 539.

(36) CAA Paris, 27 juin 2005, n° 01PA00620, Commune de Jouy-le-Moutier.

(37) CAA Lyon, 9 févr. 2017, n° 15LY00594, Commune de Cranves-Sales.

(38) CAA Marseille, 13 juill. 2016, n° 14MA02062, Commune de Hyères les Palmiers.

le juge administratif a pu récemment reconnaître la qualité de collaborateur occasionnel du service public à une lanceuse d'alerte, laquelle avait dénoncé au service national de douane judiciaire des faits de fraude fiscale au sein de son entreprise. Parce qu'un lanceur d'alerte peut être défini comme « toute personne qui, confrontée à des faits constitutifs de manquement grave à la loi ou porteurs de risques graves, décide librement et en conscience de lancer une alerte dans l'intérêt général » (39), sa contiguïté avec le collaborateur occasionnel du service public apparaît évidente, si bien qu'elle constituera sans doute à l'avenir une source d'extension de ladite catégorie.

Par ailleurs, et dans le même mouvement, le juge ne s'intéresse jamais au but poursuivi personnellement par le collaborateur ; son appréciation de l'existence ou non d'un intérêt général est exempte de toute considération subjective. Dès lors, en sauvant son fils d'une noyade un père de famille est considéré par le Conseil d'État comme participant à une mission d'intérêt général – et ce même si, à l'instant où il tente d'empêcher son fils de se noyer, il est sans aucun doute mû par un intérêt personnel (40). Serviteur de l'intérêt général malgré lui, le père de famille a collaboré occasionnellement à une mission de service public et peut, de ce seul fait, être indemnisé. Manifestement, l'existence d'un service public pendant ce laps de temps, dont le juge appose le label *a posteriori*, permet de recréer virtuellement une réalité qui n'a jamais existé, en vue de réparer cette situation injuste.

D'aucuns considèrent que le caractère « fonctionnel » de la catégorie du collaborateur occasionnel du service public, inventée uniquement pour indemniser le plus largement possible lesdits collaborateurs, explique cette appréciation très large de la notion de « service public » (41). Si l'on ne peut complètement écarter cet argument, il masque toutefois un autre élément à notre sens bien plus crucial pour comprendre l'appréciation extensive du juge : l'exercice direct de l'activité par une personne publique. À l'étude de la jurisprudence relative à la catégorie des collaborateurs occasionnels, on s'aperçoit en effet que les activités en cause sont à de rares exceptions près exercées directement par une personne publique. Or, un certain nombre de conséquences en découlent : on peut non seulement affirmer que toute activité poursuivie par une personne publique répond naturellement à un intérêt public, mais on peut de surcroît considérer que toute personne publique détient naturellement un certain nombre de prérogatives de puissance publique (42). Dès lors, le juge présume logiquement que toute activité d'intérêt public exercée par une personne publique est une mission de service public (43). Son raison-

---

(39) CE, *Le droit d'alerte : signaler, traiter, protéger*, 2016, Doc. fr., p. 55.

(40) CAA Marseille, 20 déc. 2010, n° 09MA00188, Commune de Cassis.

(41) Hamonic A., « Conséquences et inconséquences du caractère fonctionnel de la théorie du collaborateur occasionnel du service public », Dr. adm. 2013, n° 5, p. 19 et s.

(42) Esplugas P., *Le service public*, 3e éd., 2012, Dalloz, p. 56.

(43) *Id.*

nement est alors nécessairement éloigné de celui qu'il adopte lorsque l'activité est exercée par une personne privée, où il se doit de rechercher l'intention du législateur et de l'Administration avant d'examiner, en l'absence de prérogatives de puissance publique, les conditions de création, d'organisation ou de fonctionnement de l'activité en question, de même que le degré de contrôle opéré par la personne publique.

Dans le cadre de la jurisprudence relative au collaborateur occasionnel du service public, le juge administratif n'a, à notre connaissance, reconnu qu'à une unique reprise l'existence d'une mission de « service public » alors que celle-ci était exercée par une personne privée. Dans l'arrêt *Mme Galtié* (44), rendu en 2003, le Conseil d'État a accepté d'indemniser une accompagnatrice scolaire, laquelle s'était blessée durant une sortie organisée par le lycée franco-hellénique à Delphes, en Grèce. Or, ce lycée était géré par l'association franco-hellénique pour l'enseignement, c'est-à-dire une personne privée – de surcroît étrangère. Après un examen minutieux des conditions dans lesquelles l'État français avait entendu confier une mission d'enseignement à l'association ainsi que du fonctionnement de l'établissement scolaire, le Conseil d'État a pu conclure sans largesse à l'existence d'une mission de service public. Parce qu'il s'agissait en l'espèce d'une personne privée, le juge a recouru au faisceau d'indices normalement utilisé pour caractériser l'existence d'une mission de service public. L'association franco-hellénique pour l'enseignement faisait même figure d'association transparente en étant dépourvue en fait d'existence propre (45). Si l'appréciation du juge concernant l'existence d'une mission de service public est donc particulièrement souple lorsque l'activité est exercée (ou censée être exercée) par une personne publique, elle répond aux exigences classiques d'identification lorsqu'elle est exercée par une personne privée. Le fait que le juge ait refusé à plusieurs reprises la qualification de service public lorsqu'un lien suffisant avec une personne publique faisait défaut en témoigne (46). La catégorie du collaborateur du service public apparaît donc à ce stade comme une théorie davantage ***organique*** que fonctionnelle, tant la présence d'une personne publique se veut particulièrement déterminante dans la qualification d'une mission de service public.

L'appréciation généralement extensive de la notion de « service public » peut toutefois s'avérer regrettable : on sait que toute mission d'intérêt général ne peut être assimilée à une activité de service public. Or, le juge administratif a pu sans ambages considérer que la réalisation d'un travail public pouvait donner lieu à une collaboration occasionnelle du service public,

---

(44) CE, sect., 13 janv. 1993, Mme Galtié : Lebon, p. 11.

(45) Bon P., « La responsabilité sans faute de l'État français envers le collaborateur occasionnel d'une personne privée étrangère », RFDA 1994, p. 95.

(46) CE, 22 déc. 1954, Dame Cuvelier : Lebon, p. 688 – CE, 13 juill. 1966, Leygues : Lebon, p. 475.

identifiant de ce fait implicitement les notions de « service public » et de « travail public ». La tentative de fixer plus fermement les buts de football d'une place municipale (47), le nivellement d'un terrain municipal pour l'aménager en terrain de sport (48) ou encore le démontage des plaques de fibrociments constituant le toit d'un garage communal désaffecté (49), ordinairement considérés comme des travaux publics, ont alors pu par exemple être qualifiés de missions de « service public ». On ne peut toutefois véritablement s'en étonner, dans la mesure où les critères de définition du « travail public » et ceux du « service public » se recoupent largement, si bien que le premier a pu être qualifié par René Capitant de « service public immobilier » (50). Lorsqu'une commune confie à l'un de ses habitants la tâche de réparer un toit communal, cette mission peut être tout autant qualifiée de travail public – car il s'agit d'une mission d'intérêt général effectuée pour le compte d'une personne publique – que d'un service public – car il s'agit là encore d'une mission d'intérêt général assumée par une personne publique. Recourir à ce dernier vocable présente toutefois l'avantage d'indemniser certains dommages consécutifs à des travaux qui, du fait de leur caractère mobilier, ne pourraient être qualifiés de travaux publics – et l'on songe par exemple à l'élagage d'arbres communaux (51).

Une assimilation similaire se produit par ailleurs entre les activités de police administrative et celles de service public. La porosité entre ces deux notions n'est toutefois pas propre au contentieux relatif aux collaborateurs occasionnels (52). On sait en effet que de façon générale, pour le Conseil d'État (53), la police n'est qu'un type de service public : elle est une activité d'intérêt général prise en charge par une personne publique. Dès lors, le fait de porter secours en mer à une personne en train de se noyer (54), qui ressort pourtant de l'article L. 2213-23 du Code général des collectivités territoriales selon lequel « le maire exerce la police des baignades », relève d'une mission de service public. De la même façon, le juge a pu considérer que l'individu qui secourait une personne âgée tombée dans une cavité (55) ou qui portait secours à des enfants disparus au sein d'une

(47) CE, 14 déc. 1988, Commune de Catillon-Fumechon : Lebon T., p. 100.

(48) CE, ass., 27 nov. 1970, Consorts Appert-Collin : Lebon, p. 708.

(49) CAA Nantes, 11 janv. 2019, n° 17NT00748, Commune de Sèvremoine.

(50) Capitant R., « La double notion de travail public », RDP 1929, p. 510.

(51) CAA Douai, 3 févr. 2015, Commune de Laucourt, préc. Le juge a refusé le caractère de bien immobilier aux arbres (CAA Marseille, 10 avr. 2017, n° 16MA03776).

(52) Sur ce point, v. not. Petit J., « La police administrative », *in Traité de droit administratif*, 2013, Dalloz, p. 21 ; Rolin F., « Service public et police administrative », *in* AFDA, *Le service public*, 2014, p. 211 et s.

(53) CE, ass., 12 avr. 1957, Mimouni : Lebon, p. 262.

(54) CE, sect., 25 sept. 1970, Commune de Batz-sur-Mer : Lebon, p. 540.

(55) CE, 9 oct. 1970, Gaillard : Lebon, p. 573.

grotte (56) avait bel et bien participé à une mission de service public. Ces différentes missions entrent pourtant indéniablement, de l'aveu du juge lui-même, dans le champ de la police administrative communale prévu à l'article L. 2212-2 du Code général des collectivités territoriales (57). Ainsi, dans le cadre de la jurisprudence relative aux collaborateurs occasionnels, il est indifférent que ceux-ci concourent à une mission de service public à proprement parler ou à une mission de police administrative ce qui, d'un point de vue notionnel, peut s'avérer regrettable – et ce qui montre déjà que le terme de « collaborateur occasionnel d'une ***mission d'intérêt général*** » serait vraisemblablement plus adéquat.

L'idée de « collaboration », ensuite, fait l'objet de la même appréciation extensive que celle de « service public ». Pour que la qualification de collaborateur occasionnel du service public soit reconnue, l'individu doit en effet avoir « collaboré » avec la personne publique chargée du service public en question au moment où son dommage s'est produit (58). Cela implique que l'individu en question soit extérieur à l'Administration, mais que cette dernière ait requis (59), sollicité (60) ou du moins accepté (61) son concours, même en passant par l'intermédiaire d'une autre personne (62). En cas d'urgente nécessité, et alors même qu'aucun lien préalable n'aura été tissé entre le collaborateur et la personne publique responsable, la jurisprudence a également admis la qualification de collaborateur occasionnel du service public (63). Si, là encore, l'appréciation faite par le juge s'avère relativement large, le critère de la collaboration permet d'évincer deux cas principaux. D'un côté, la personne qui n'aurait pas collaboré à la mission d'intérêt général en question ne saurait être qualifiée de collaborateur occasionnel ; ainsi, un homme frappé au visage alors qu'il assistait à une rixe ne peut être indemnisé sur ce fondement s'il n'a pas apporté son secours aux policiers (64). De l'autre, la collaboration qui n'aurait été ni sollicitée ni acceptée – même *a posteriori* – par

---

(56) CAA Douai, 2 déc. 2004, n° 02DA00615, Commune de Monterolier.

(57) CGCT, art. L. 2212-2, 5°.

(58) CAA Nancy, 20 mars 2006, n° 04NC00525, Mme Selezac.

(59) CE, sect., 5 mars 1943, Chavat : Lebon, p. 61.

(60) La forme que peut prendre la sollicitation est entendue souplement par le Conseil d'État : par la voie du tocsin, par exemple (CE, ass., 30 nov. 1945, Faure : Lebon, p. 255) ou par la voie de presse (TA Grenoble, 31 mars 1992, Vemaz : Gaz. Pal. 1993, p. 139).

(61) CAA Bordeaux, 3 mai 2001, n°s 97BX02204 et 97BX02258, Mutuelle assurance Éducation c/ Commune de Naucelle.

(62) CE, sect., 12 oct. 2009, Chevillard et Consorts Bancherelle : Lebon, p. 387.

(63) CAA Marseille, 20 déc. 2010, n° 09MA00188, Commune de Cassis ; CAA Lyon, 17 févr. 2011, n° 09LY01698, CPAM Haute-Savoie.

(64) CE, 3 oct. 1980, Gambini : Lebon, p. 355.

la personne publique responsable ne saurait donner lieu à une quelconque indemnisation (65). Dès lors, la personne qui se blesse alors qu'elle se lance de sa propre initiative à la poursuite d'un taureau lors d'une fête traditionnelle ne peut être qualifiée de collaboratrice occasionnelle du service public dans la mesure où sa participation ne fut ni sollicitée ni requise par une urgente nécessité (66). Il en est de même pour un individu qui utilise son propre bateau afin de procurer à des résidents français du Vanuatu un moyen de quitter le territoire de cet État où leur sécurité apparaissait alors menacée : aucunement sollicité par les autorités françaises, son aide ne saurait être comprise comme une collaboration au service public (67). Dans ces cas, et en l'absence de consentement de la part de la personne publique, on se situe même aux confins du délit d'usurpation d'une fonction publique (68), défini par l'article 433-12 du Code pénal et puni de 3 ans d'emprisonnement, qualification que le juge administratif peut implicitement rejeter en qualifiant *a posteriori* l'existence d'une collaboration consentie avec la personne publique.

Enfin, c'est sur le caractère « occasionnel » de la collaboration que l'appréciation extensive du juge administratif se perçoit. Par « occasionnel », la jurisprudence visait à l'origine le caractère exceptionnel de la collaboration – que l'on songe au sauvetage de personnes en danger ou de l'aide apportée à la commune pour tirer un feu d'artifice. Pour autant, le juge a accepté d'indemniser la personne victime d'une chute alors qu'elle venait en aide de façon hebdomadaire à une personne âgée résidant au sein d'un centre de gériatrie (69). Sa collaboration au service public n'était donc pas exceptionnelle ni occasionnelle ; elle était même régulière. Le même problème s'est également posé pour qualifier de collaborateur occasionnel du service public une personne ayant déjà un lien établi avec la collectivité publique, qu'il s'agisse d'un délégataire de service public (70), d'un élu local (71) voire d'un maire (72). À cet égard, et comme le relève Pascale Idoux, « lorsqu'un lien juridique existe entre la victime et la collectivité publique, la collaboration au service public doit [...] être "détachable" de ce lien juridique » ; elle doit

---

(65) CE, 14 déc. 1981, Guinard : Lebon T., p. 901 – CAA Nantes, 20 déc. 2013, n° 11NT02272, Barbier.

(66) CAA Marseille, 6 juin 2017, n° 15MA03713, Commune d'Aigues-Mortes.

(67) CE, 16 juin 1989, Pantaloni : Lebon, p. 143.

(68) Sur ce point, v. Lavroff D.-G., « Le collaborateur bénévole de l'Administration », AJDA 1959, p. 123.

(69) CE, 31 mars 1999, Hospices civils de Lyon : Lebon T., p. 1006.

(70) CA Saint-Denis de La Réunion, 29 janv. 2007, n° 04-778 ; CAA Paris, 3 mars 2009, n° 07PA03933, Commune de Croissy Beaubourg.

(71) CAA Nantes, 11 janv. 2011, n° 17NT00748, préc.

(72) CE, ass., 27 nov. 1970, Consorts Appert-Collin, préc. ; CAA Nantes, 11 janv. 2019, Commune de Sèvremoine, préc.

se situer en dehors « du cadre normal de ses obligations » (73). C'est le cas, par exemple, d'un maire qui se blesse alors qu'il aidait à réparer le toit d'un bâtiment communal (74) : il peut être qualifié de collaborateur occasionnel du service public dans la mesure où il agissait alors en dehors du cadre strict de ses fonctions.

De façon générale, l'étude de la jurisprudence montre le décalage qui peut exister entre le terme même de « collaborateur occasionnel du service public » et les frontières qui lui sont effectivement attribuées : d'une part, la collaboration est parfois bien plus qu'« occasionnelle » ; d'autre part, elle dépasse souvent le seul « service public ». Sans doute mal nommée, la catégorie n'en est pas pour autant condamnée. Bien au contraire, son usage récent témoigne de sa réelle vivacité.

B. — *Une notion récemment enrichie*

Le succès rencontré depuis quelques années par la notion de collaborateur occasionnel du service public peut *a priori* étonner. La source d'étonnement est double. On peut relever en premier lieu que cette notion n'apparaît plus nécessairement dans le champ spécifique de la responsabilité administrative. Le Conseil d'État a, en effet, eu recours en 2017 à la qualification de collaborateur occasionnel du service public dans le champ voisin de la protection fonctionnelle, à propos d'un aviseur des douanes (75) puis, en 2019, à propos d'un interprète afghan auprès de l'armée française (76). Mais, en second lieu – et c'est là l'évolution la plus importante –, la notion tend de plus en plus à être mobilisée en dehors de la jurisprudence, notamment depuis la fin des années 2000. À bien y regarder, un tel succès n'a toutefois rien de surprenant. Cette catégorie permet en effet de donner un statut juridique à des fonctions traditionnellement à la marge de la fonction publique, qu'il s'agisse par exemple des professeurs émérites ou des aumôniers. Les premiers, dont la création remonte à un décret du 6 juin 1984 (77), jouissaient depuis lors d'un statut juridique relativement flou. Ce n'est qu'à l'occasion d'une réponse ministérielle que le ministre de l'Enseignement supérieur de l'époque a pu rappeler que, s'ils avaient « cessé définitivement d'appartenir à un corps de la fonction publique » et ne pouvaient « percevoir aucune rémunération » – ce

(73) Idoux P., « La responsabilité sans faute de l'État envers un salarié collaborateur occasionnel du service public », JCP G 8 févr. 2010, comm. 162.

(74) CAA Nantes, 11 janv. 2019, Commune de Sèvremoine, préc.

(75) CE, 13 janv. 2017, Fiévet : Lebon, p. 1.

(76) CE, 1er févr. 2019, n° 421694.

(77) D. n° 84-431, 6 juin 1984 fixant les dispositions statutaires communes applicables aux enseignants-chercheurs et portant statut particulier du corps des professeurs des universités et du corps des maîtres de conférences, art. 58.

qui a été confirmé par le Conseil d'État (78) –, ils constituaient en revanche des « collaborateurs occasionnels du service public » (79). La mobilisation de cette catégorie en dehors du contentieux de la responsabilité vaut également pour les aumôniers des hôpitaux, dont la présence découle de l'article R. 1112-46 du Code de la santé publique (80). Par une circulaire du 5 septembre 2011, le ministre de la Santé de l'époque estime que, « si [l'aumônier] est bénévole, il est considéré comme un collaborateur occasionnel du service public » (81). Ces deux premiers exemples, outre qu'ils démontrent le rôle crucial des « petites sources » (82) dans cette évolution, témoignent d'une certaine évolution concernant la catégorie de collaborateur occasionnel du service public.

Si la notion de collaborateur occasionnel du service public a permis de donner un statut juridique à des fonctions traditionnellement à la marge de la fonction publique, elle a également – et surtout – permis d'accompagner un certain nombre d'évolutions juridiques contemporaines. La notion de collaborateur occasionnel du service public s'insère en effet parfaitement dans certaines grandes mutations que connaît l'action publique aujourd'hui, qu'il s'agisse du développement d'un État postmoderne (83) – lequel opère un brouillage des frontières entre la sphère publique et la sphère privée (84) –, de l'essor de la démocratie administrative – qui promeut une plus grande participation des administrés à l'action administrative –, ou encore de l'accroissement des restrictions budgétaires, qui conduit les personnes publiques à recourir davantage à l'externalisation de ses activités, voire au volontariat (85). La notion de collaborateur occasionnel du service public, parce qu'elle cristallise l'ensemble de ces phénomènes, ne pouvait que prospérer. De plus en plus invoquée par les parlementaires (86), elle trouve dans les « réserves civiles » et les « réserves citoyennes », lesquelles permettent à des administrés de participer occasionnellement à une mission d'intérêt général, l'une de ses terres d'élection. Ces dernières sont en effet, depuis quelques années, en pleine

(78) CE, 26 juill. 2011, Prieur : Lebon T., p. 1110.

(79) JO Sénat 12 oct. 2006, p. 2608.

(80) CSP, art. R. 1112-46.

(81) Circ. n° DGOS/RH4/2011/356, 5 sept. 2011 relative à la charte des aumôneries dans les établissements mentionnés à l'article 2 de la loi n° 86-33 du 9 janvier 1986 portant dispositions statutaires relatives à la fonction publique hospitalière.

(82) Gerry-Vernières S., *Les « petites » sources du droit. À propos des sources étatiques non contraignantes*, 2012, Economica.

(83) Chevallier J., *L'État post-moderne*, 2017, LGDJ.

(84) Chevallier J., « Présentation », *in* CURAPP, *Public/privé*, 1995, PUF, p. 12.

(85) Colin F., « Le surnumérariat contemporain : un faux-semblant de l'administration publique ? », AJFP 2019, p. 6.

(86) C'est le cas notamment concernant les sapeurs-pompiers volontaires. V. amendement n° CL38 à la proposition de loi visant à soutenir le fonctionnement des services départementaux d'incendie et de secours et à valoriser la profession de sapeur-pompier professionnel et volontaire, présenté à l'Assemblée nationale le 22 mars 2019.

expansion (87) ; elles viennent s'ajouter aux « réserves opérationnelles », plus anciennes, qui constituent un vivier de réservistes pour l'armée en cas de mobilisation, ceux-ci étant alors soumis au statut des militaires. Pour leur part, les réserves civiles et citoyennes ne sont pas reliées au seul domaine militaire. Si la plupart d'entre elles sont relatives au domaine de la sécurité, comme la réserve civile de la police nationale, la réserve civile pénitentiaire ou la réserve citoyenne de défense et de sécurité par exemple, d'autres touchent à des domaines qui s'en échappent, comme la réserve citoyenne de l'éducation nationale ou la réserve sanitaire. En réalité, chacune répond à une organisation et un fonctionnement spécifique si bien que le paysage qu'elles dépeignent est relativement complexe ; il est difficile de saisir leur toile de fond commune.

La loi du 27 janvier 2017 relative à l'égalité et la citoyenneté a toutefois rassemblé un certain nombre de ces réserves en une « réserve civique », laquelle « offre à toute personne volontaire la possibilité de servir les valeurs de la République en participant, à titre bénévole et occasionnel, à la réalisation de projets d'intérêt général » (88). Elle rassemble cinq réserves thématiques :

– la réserve citoyenne de défense et de sécurité (89) ;
– les réserves communales de sécurité civile (90) ;
– la réserve citoyenne de la police nationale (91) ;
– la réserve citoyenne de l'éducation nationale (92) ;
– enfin, la réserve citoyenne pour la cohésion des territoires (93).

---

(87) V. Waline J., « Collaborateurs bénévoles et collaborateurs occasionnels du service public », JCP A 19 nov. 2012, p. 41.

(88) L. n° 2017-86, 27 janv. 2017 relative à l'égalité et la citoyenneté, art. 1er.

(89) L. n° 99-894, 22 oct. 1999 portant organisation de la réserve militaire et du service de défense, art. 19, codifié au C. défense, art. L. 4241-1. Créée en 1999, elle a pour objet d'« entretenir l'esprit de défense et de renforcer le lien entre la Nation et son armée ».

(90) L. n° 2004-811, 13 août 2004 de modernisation de la sécurité civile, art. 1er. Elles sont créées en 2004 afin d'« appuyer les services concourant à la sécurité civile en cas d'événements excédant leurs moyens habituels ou dans des situations particulières ».

(91) L. n° 2017-86, 27 janv. 2017 relative à l'égalité et à la citoyenneté, art. 6. Instituée en 2017, elle est « destinée, afin de renforcer le lien entre la Nation et la police nationale, à des missions de solidarité, de médiation sociale, d'éducation à la loi et de prévention ».

(92) Issue de la circulaire n° 2015-077 du 12 mai 2015, elle permet aux réservistes de participer à « la transmission des valeurs de la République » à l'école.

(93) Créée par la L. n° 2019-753, 22 juill. 2019 portant création d'une Agence nationale de la cohésion des territoires (ANCT) ; codifiée au CGCT, art. L. 1233-6, elle est intégrée *a posteriori* à la L. n° 2017-86, 27 janv. 2017 relative à l'égalité et à la citoyenneté. Le projet de décret portant création de l'ANCT indique qu'elle est destinée à « favoriser l'implication des habitants des territoires à la réalisation des projets des territoires » (art. 18).

Parce qu'elles s'appuient sur des réservistes bénévoles, ceux-ci sont qualifiés – et à l'exception de la réserve citoyenne pour la cohésion des territoires dont le statut n'a pas encore été fixé définitivement – de « collaborateurs occasionnels du service public » (94). Le critère de la rémunération apparaît en effet déterminant dans cette qualification, puisque les réservistes civils pénitentiaires et les réservistes sanitaires, qui perçoivent pour leur part une indemnisation, ne sont pas qualifiés comme tels. Catégorie supplétive, venant s'insérer dans les zones d'ombre du droit en palliant l'existence d'un véritable statut juridique, la catégorie de collaborateur occasionnel du service public s'est avérée à tout le moins pertinente dans le désir d'instaurer une « République en actes », c'est-à-dire d'une « République qui se manifeste concrètement dans le quotidien des Français » autour de « l'expérimentation concrète de la citoyenneté » (95) – la récente crise sanitaire l'a bien montré.

Renouvelée à l'aune de ce nouvel objectif, la catégorie des collaborateurs occasionnels du service public pourrait, dans un avenir proche, acquérir une place plus importante dans l'étude du droit administratif en intégrant par exemple le chapitre relatif à la démocratie administrative. Une telle évolution n'est toutefois pas sans poser un certain nombre de difficultés : alors que la majorité des réserves sont relatives au domaine de la sécurité, la question de leur articulation avec le principe de l'interdiction de délégation des pouvoirs de police se pose. Si ce principe est d'ores et déjà fragilisé – les prestations « matérielles » de police pouvant être déléguées (96) –, il est d'autant plus menacé par l'exercice de missions de police par les collaborateurs occasionnels du service public. En dehors des seuls réservistes, la création du dispositif des « voisins vigilants », issu d'une circulaire relative à la « participation citoyenne » de 2011 en témoigne. Ce dispositif, qui s'inscrit « dans le cadre d'une sécurité partagée » et entend « développer [...] les actions partenariales susceptibles d'amplifier l'efficacité de la prévention de la délinquance », fait de ces « voisins vigilants » des « collaborateurs occasionnels du service public » (97). Ils ont en effet vocation à devenir des « correspondants locaux des services d'enquête » (98), et ce afin d'« améliorer la prévention et la lutte

---

(94) Pour la réserve citoyenne de défense et de sécurité : C. défense, art. L. 4211-6 ; pour la réserve citoyenne de l'Éducation nationale : circ. n° 2015-077, 12 mai 2015 relative à la réserve citoyenne de l'Éducation nationale, titre IV, art. 3 ; pour les réserves communales de sécurité civile : circ., 12 août 2005 relative aux réserves communales de sécurité civile, art. 4 : JO 15 sept. 2005, p. 14953 ; pour la réserve civile de la police nationale : CSI, art. L. 411-11.

(95) Exposé des motifs du projet de loi n° 3679 « Égalité et citoyenneté » enregistré à la présidence de l'Assemblée nationale le 13 avril 2016.

(96) V. par ex. CE, 21 juin 2000, SARL Plage « Chez Joseph » : Lebon, p. 282.

(97) Circ., 22 juin 2011 relative au dispositif de participation citoyenne.

(98) Rép. min. n° 92710, 26 janv. 2016 : JOAN 12 avr. 2016, p. 3162.

contre la délinquance et de développer ainsi une vigilance citoyenne » (99). Si une circulaire, en date du 30 avril 2019, a eu l'occasion de rappeler que « la participation à ce dispositif ne [...] confère pas de prérogatives de puissance publique » (100) à ses participants – formule que l'on retrouve également à propos des réservistes civils de la police nationale (101) –, certains exemples récents montrent pourtant que la catégorie des collaborateurs occasionnels du service public pourrait constituer une menace à l'encontre du principe issu de la jurisprudence *Commune de Castelnaudary* (102). En témoigne l'affaire relative à la « garde biterroise », du nom de la « garde » créée par le conseil municipal de Béziers, et composée de « citoyens volontaires bénévoles [...] chargés d'assurer des gardes devant les bâtiments publics et des déambulations sur la voie publique » (103). Pour justifier un tel dispositif, le maire de Béziers avait en effet qualifié ces volontaires de « collaborateurs occasionnels du service public », qualification que le tribunal administratif de Montpellier a heureusement évincée en émettant un doute sérieux sur sa légalité. On touche ici, semble-t-il, aux limites de la catégorie qui, si elle permet de saisir juridiquement le désir d'une participation accrue des administrés aux fonctions administratives, ne doit pas conduire à remettre en cause l'existence même de la séparation entre l'État et la société civile.

Contenues dans ces limites, les utilisations nouvelles de la notion de collaborateur occasionnel du service public en dehors de la jurisprudence témoignent d'un renouvellement profond de la catégorie, qui n'est à notre sens pas synonyme d'altération. Qu'il s'agisse des professeurs émérites, des réservistes voire des « voisins vigilants », nous sommes raisonnablement en présence d'individus qui collaborent avec l'assentiment d'une personne publique à une mission d'intérêt général, ce qui s'applique par ailleurs très bien aux accompagnateurs scolaires, également qualifiés comme tels dans une proposition de loi (104). Déjà quelque peu écorché, le principe d'une collaboration

---

(99) Circ., 30 juin 2019 précisant la circulaire du 22 juin 2011 relative au dispositif de participation citoyenne.

(100) *Id.*

(101) L'article L. 411-7 du Code de la sécurité intérieure rappelle par exemple que ses réservistes – qualifiés, à l'exception des retraités de la police, de « collaborateurs occasionnels du service public » – exercent des « missions de soutien aux forces de sécurité intérieure et des missions de solidarité [...] ***à l'exception des missions de maintien et de rétablissement de l'ordre public*** ».

(102) CE, ass., 17 juin 1932, Commune de Castelnaudary : Lebon, p. 595.

(103) TA Montpellier, 19 janv. 2016, n° 1506697, Préfet de l'Hérault.

(104) En dehors du champ de la responsabilité, la catégorie de collaborateur occasionnel du service public est particulièrement mobilisée par les parlementaires à ce propos. V. par ex. le rapport n° 83 fait au nom de la commission de la culture, de l'éducation et de la communication sur la proposition de loi tendant à assurer la neutralité religieuse des personnes concourant au service public de l'éducation, enregistré à la présidence du Sénat le 23 octobre 2019.

occasionnelle n'est, il est vrai, plus entendu au sens d'« exceptionnel » ; la collaboration peut présenter une certaine récurrence, qui n'en reste pas moins occasionnelle, c'est-à-dire non habituelle. Dès lors, seul l'enjeu s'est véritablement déplacé : il ne s'agit plus uniquement de prévoir l'indemnisation du collaborateur par l'engagement de la responsabilité administrative, mais plutôt de mettre à jour une nouvelle forme de relation entre les personnes publiques et les administrés.

II. — Le collaborateur occasionnel du service public, un régime en construction

Dans un article publié en 1998, Didier Truchet distinguait quatre figures de l'individu face à l'Administration : la personne, l'administré, l'usager et le client (105). Le développement récent de la catégorie des collaborateurs occasionnels du service public conduit à s'interroger sur une cinquième figure : celle de l'individu collaborateur, dont le statut juridique oscillerait entre le simple usager et l'agent public. Puisqu'il n'a vocation à ne se confondre ni avec l'un ni avec l'autre, ses droits – déjà précisés – (A) et ses devoirs (B) se doivent d'être déterminés – ce qu'appelait déjà Jean Waline de ses vœux en 2012 (106).

A. — *Des droits déjà précisés*

Le collaborateur occasionnel du service public, qu'il soit identifié comme tel par la jurisprudence, la loi ou une circulaire, jouit d'un certain nombre de droits. Le premier d'entre eux, qui a permis de faire naître cette catégorie, est bien évidemment le droit d'engager la responsabilité pour risque de l'État (ou d'une autre personne publique), devant les juridictions administratives comme devant les juridictions judiciaires – ce fut le cas du fameux arrêt *Giry* (107). Le fondement du risque, s'il paraissait opportun pour indemniser les personnes ayant aidé leur commune à tirer un feu d'artifice, a toutefois tendance selon nous à s'étioler. De nombreuses activités, qui permettent pourtant d'ouvrir un droit à l'indemnisation, ne présentent en effet pas véritablement un « risque particulier supérieur à ceux encourus dans le cadre de la

---

(105) Truchet D., « Le point de vue du juriste : personnes, administrés, usagers, clients ? », *in* IFSA, *Administration : droits et attentes du citoyen*, 1998, Doc. fr., p. 34.

(106) Waline J., « Collaborateurs bénévoles et collaborateurs occasionnels du service public », JCP A 19 nov. 2012, p. 42.

(107) En effet, la Cour de cassation a jugé, dans la célèbre affaire *Giry* (Cass. 2e civ., 23 nov. 1956, Giry : Bull. civ. II, n° 626), que le juge judiciaire avait l'obligation d'appliquer les règles du droit administratif relatives aux requis et collaborateurs bénévoles. Cette obligation a été réaffirmée par la première chambre civile (Cass. 1re civ., 6 févr. 2007, Mme de Panafieu : Bull. civ. I, n° 49).

vie quotidienne » (108) : c'est le cas de l'accompagnement des sorties scolaires (109) ou encore de l'aide à la prise de repas d'un pensionnaire d'un hôpital (110). Si la présence d'un risque laisse donc perplexe, la nécessité de réparer une situation inéquitable ne fait quant à elle pas de doute. L'équité, dont on connaît l'importance dans le champ de la responsabilité administrative, exige en effet que « la personne publique à laquelle [les collaborateurs] prêtent un concours altruiste répare les dommages qu'ils subissent de ce fait » (111). Elle semble être un fondement plus adéquat pour saisir le raisonnement du juge, qu'il s'agisse de son interprétation extensive de la catégorie de collaborateur occasionnel du service public ou, à l'inverse, de sa grande réserve dans l'appréciation des causes exonératoires. À cet égard, et alors que l'Administration peut habituellement être exonérée en cas de force majeure, de fait du tiers ou de faute de la victime, seule la dernière est réellement opérante concernant l'indemnisation des collaborateurs occasionnels du service public. Ainsi, il n'est pas rare que le juge administratif invoque l'imprudence du collaborateur pour atténuer, voire écarter, la responsabilité de la personne publique. Ce fut le cas d'un homme qui, souhaitant secourir des enfants coincés dans une grotte, y pénètre sans appareil respiratoire isolant alors qu'il avait connaissance de la présence persistante de monoxyde de carbone et de la dangerosité des lieux (112). De la même façon, un homme qui, ayant chaviré de son canoë après avoir emprunté une écluse pourtant interdite à la circulation, se noie alors qu'il tâchait de récupérer sa propre embarcation, commet une imprudence de nature à exonérer totalement la commune de sa responsabilité (113). De telles solutions peuvent faire douter de la pertinence du fondement du risque : en effet, n'est-il pas paradoxal de reconnaître que l'État a fait courir un risque au collaborateur tout en exigeant une certaine prudence de sa part, et ainsi de ne l'indemniser qu'en cas de prudente témérité ? Le fondement de l'équité nous semble de ce fait bien plus pertinent que celui du risque : il ne serait en effet pas équitable qu'une personne puisse être intégralement indemnisée par la collectivité alors qu'elle s'est conduite de façon manifestement imprudente. La prégnance de l'équité explique également que la force majeure n'ait jamais été considérée concrètement comme une cause exonératoire : on voit en effet mal quel fait extérieur, imprévisible et irrésistible pourrait empêcher l'indemnisation du collaborateur et la résorption de l'iniquité qu'il a subie.

---

(108) Hamonic A., « Conséquences et inconséquences du caractère fonctionnel de la théorie du collaborateur occasionnel du service public », Dr. adm. 2013, n° 5, p. 19.
(109) CAA Paris, 27 juin 2005, Commune de Jouy-le-Moutier, préc.
(110) CE, 31 mars 1999, Hospices civils de Lyon, préc.
(111) Truchet D., *Droit administratif*, 7e éd., 2017, PUF, p. 456.
(112) CAA Douai, 2 déc. 2004, Commune de Monterolier, préc.
(113) CAA Nantes, 18 févr. 2016, n° 14NT01505, Commune de Chisseaux.

Il y a là sans doute la marque d'une logique finaliste de la part du juge administratif : ce n'est pas parce que la personne en question est un collaborateur occasionnel du service public qu'il l'indemnise, c'est parce qu'il souhaite l'indemniser qu'il la rattache à cette catégorie. Ce raisonnement, qui n'a rien d'étonnant ni d'exceptionnel, ne revient toutefois pas selon nous à dire que la catégorie des collaborateurs occasionnels du service public est une catégorie « fonctionnelle », dépourvue de toute logique conceptuelle. L'ensemble des collaborateurs occasionnels du service public que nous avons pu identifier auparavant, qu'il s'agisse des donneurs de sang, des professeurs émérites, des participants à l'organisation d'une fête locale traditionnelle ou des réservistes peuvent donc engager la responsabilité de la personne publique à laquelle ils sont rattachés s'ils ont subi un dommage au cours de leur collaboration. Cela dit quelque chose de leur statut : bien que la solution issue de l'arrêt *Cames* ne soit aujourd'hui plus applicable aux agents publics (114), on peut toutefois y voir, pour l'heure, un certain alignement du régime du collaborateur sur celui de l'agent public.

Le second droit dont jouit le collaborateur occasionnel du service public s'inscrit dans le prolongement du premier : il s'agit de la protection fonctionnelle. Initialement, son bénéfice était réservé aux fonctionnaires (115) avant d'être étendu à l'ensemble des agents publics (116) et aux intérimaires (117). Mais, depuis l'arrêt *Fiévet* (118) de 2017, le principe général du droit selon lequel « lorsqu'un agent public est mis en cause par un tiers à raison de ses fonctions, il incombe à la collectivité publique dont il dépend de le couvrir des condamnations civiles prononcées contre lui, [...] de lui accorder sa protection dans le cas où il fait l'objet de poursuites pénales, [...] de le protéger contre les menaces, violences, voies de fait, injures, diffamations ou outrages dont il est l'objet » (119) a également vocation à s'appliquer aux collaborateurs occasionnels du service public. Une telle avancée a pu s'appliquer à un aviseur des douanes (120) et à un interprète afghan auprès de l'armée fran-

---

(114) Leur protection est aujourd'hui prévue par des textes réglementaires ou législatifs (D. n° 2003-1306, 26 déc. 2003 relatif au régime de retraite des fonctionnaires affiliés à la Caisse nationale de retraites des agents des collectivités locales). Sur ce point, v. not. Rouault M.-C., « Le collaborateur occasionnel et la protection fonctionnelle », LPA 4 avr. 2017, p. 6.

(115) L. n° 83-634, 13 juill. 1983 portant droits et obligations des fonctionnaires, art. 11.

(116) L. n° 96-1093, 16 déc. 1996 relative à l'emploi dans la fonction publique et à diverses mesures d'ordre statutaire, art. 50.

(117) C. trav., art. L. 1251-61, issu de la L. n° 2009-972, 3 août 2009 relative à la mobilité et aux parcours professionnels dans la fonction publique, art. 21.

(118) CE, 13 janv. 2017, Fiévet, préc.

(119) CE, sect., 8 juin 2011, M. Farré : Lebon, p. 270.

(120) CE, 13 janv. 2017, Fiévet, préc.

çaise (121). Cette protection fonctionnelle peut d'ailleurs prendre des formes multiples, qu'il s'agisse de couvrir les condamnations civiles du collaborateur ou encore de délivrer un visa ou un titre de séjour à l'intéressé ; elle ne peut donc « s'apparenter à un équivalent du droit à indemnisation » (122). De cette manière, et ainsi que l'a remarqué Charles Froger, en reconnaissant ce nouveau droit au collaborateur occasionnel qu'est la protection fonctionnelle, « le Conseil d'État détache [la notion de collaborateur occasionnel du service public] de sa fonction purement indemnitaire » (123). Il contribue ainsi à l'émanciper de son utilisation originelle, laquelle permettait au juge de réécrire *a posteriori* une histoire permettant l'indemnisation du collaborateur. Désormais mobilisable *a priori*, la catégorie renouvelée du collaborateur occasionnel du service public peut acquérir une dimension conceptuelle, ses droits tendant par ailleurs à s'aligner sur ceux de l'agent public. Pour autant, il ne faut pas s'y tromper : cet alignement est loin d'être complet tant le principal droit dont les agents publics jouissent, à savoir celui d'une rémunération (124), n'est pas reconnu aux collaborateurs occasionnels du service public. De la même façon, et compte tenu du caractère occasionnel de leur mission, le droit aux congés ne leur est logiquement pas attribué. L'esquisse de ce régime hybride se voit d'ailleurs confirmée à l'étude des devoirs qui leur incombent.

B. — *Des devoirs à esquisser*

L'ensemble des collaborateurs occasionnels du service public, qu'ils soient qualifiés comme tels par la jurisprudence ou la loi, jouissent de droits communs : le droit à l'indemnisation et le droit à la protection fonctionnelle. Mais la polémique récente autour de la question de la laïcité des accompagnatrices scolaires conduit à s'interroger sur une question jusqu'alors peu abordée : les collaborateurs occasionnels du service public sont-ils soumis aux mêmes devoirs que les agents publics ? Il faut bien voir ici l'enjeu de la question. Si l'on répond par la positive, alors on reconnaît que les collaborateurs occasionnels du service public ne sont en réalité que des agents publics ***de fait***. Si l'on estime à l'inverse qu'ils ne sont soumis à aucun devoir, cela sous-entend que le fait même de participer au service public peut s'opérer en dehors de toute contrainte, le collaborateur étant sur ce point assimilé à un usager du service public. Mais la réponse à cette question, en réalité, se veut médiane : parce que le collaborateur occasionnel du service public a vocation à remettre

(121) CE, 1er févr. 2019, préc.

(122) Froger C., « Protection fonctionnelle et collaborateur occasionnel du service public : une nouvelle extension », AJDA 2017, p. 1077.

(123) *Id.*

(124) L. n° 83-634, 13 juill. 1983 portant droits et obligations des fonctionnaires, art. 20.

en cause les catégories binaires – notamment entre usager et agent public –, son régime est logiquement hybride. Le développement récent de la notion en dehors de la jurisprudence constitue à cet égard une chance pour savoir si les devoirs qui sont dégagés à cette occasion, notamment par les circulaires qui y sont afférentes, pourraient l'être pour l'ensemble des collaborateurs.

Il est vrai, d'une part, que sa participation à une mission de service public emporte bien à notre sens un certain nombre de devoirs : parce qu'il n'est plus mû par son intérêt privé, mais principalement pour satisfaire l'intérêt général, il apparaît normal de lui imposer quelques règles de conduite. Cela ne semble toutefois raisonnablement pas valable pour les collaborateurs ayant apporté un concours à la fois exceptionnel et spontané à une mission de service public – et l'on songe notamment aux missions de sauvetage. Du fait de la brièveté et du caractère impromptu de leur collaboration, aucune obligation ne s'impose logiquement à eux. Pour tous les autres, dont la participation peut être purement exceptionnelle ou présenter une certaine récurrence – sans que celle-ci confine à l'habitude –, il serait envisageable de leur imposer certaines obligations.

Mais il convient de noter, d'autre part, que l'entièreté des devoirs imposés aux agents publics permanents n'a pas vocation à s'appliquer aux collaborateurs occasionnels du service public. Rappelons à cet égard que les fonctionnaires, tout comme les agents publics contractuels (125), sont soumis à un certain nombre d'obligations prévues par la loi du 13 juillet 1983 au titre desquels figurent les obligations d'impartialité et de neutralité (art. 25), d'exclusivité (art. 25 *septies*), de secret et de discrétion professionnels (art. 26) ainsi que d'obéissance hiérarchique (art. 28). D'emblée, certains de ces principes n'apparaissent pas pertinents à l'égard des collaborateurs. Le principe d'exclusivité, selon lequel l'agent public doit consacrer « l'intégralité de son activité professionnelle aux tâches qui lui sont confiées » (126) et interdit le cumul d'emplois, semble inapplicable au collaborateur occasionnel du service public, lequel poursuit nécessairement une autre activité en dehors de sa collaboration avec la personne publique. La question reste toutefois ouverte concernant les autres devoirs applicables aux agents publics. À cet égard, la réponse que l'on se propose d'y donner n'est pas uniquement prospective : à l'examen des textes qui régissent de façon disparate les collaborateurs occasionnels du service public, que l'on songe aux réservistes citoyens, aux accompagnateurs scolaires ou encore aux aumôniers, il est possible de poser quelques jalons de leur régime, lequel aurait vocation à s'appliquer à l'ensemble des collaborateurs – et ainsi même à ceux qui ont été reconnus comme tels par la jurisprudence – dont la participation au service public n'est pas spontanée. Pour l'heure, certains devoirs semblent pleinement applicables, d'autres de façon parcellaire, certains de façon indéterminée.

---

(125) L. n° 83-634, 13 juill. 1983 préc., art. 32.

(126) L. n° 83-634, 13 juill. 1983 préc., art. 25 *septies*.

Le premier devoir qui s'impose assurément aux collaborateurs occasionnels du service public est celui de l'obéissance hiérarchique : le collaborateur, dans le cadre de sa mission, est tenu d'obéir aux ordres donnés par la personne responsable de l'exécution du service public. Il existe à n'en pas douter entre eux un « lien de préposition » (127) voire de subordination. Cela est particulièrement visible quand le collaborateur est directement ***requis*** par la personne publique, mais cela vaut également quand le collaborateur se porte volontaire. Dans un cas comme dans l'autre, « une fois la demande acceptée, l'autorité commande clairement le tiers, devenu préposé, en lui donnant des instructions quant au but à atteindre et aux moyens nécessaires pour y parvenir » (128). Preuve en est : le fait pour un collaborateur de s'émanciper des ordres donnés par la collectivité constitue une cause d'exonération, comme ce fut le cas des sauveteurs partis à la recherche d'enfants coincés dans une grotte alors que les pompiers les en avaient fortement dissuadé (129). En dehors du champ jurisprudentiel, la marque du principe d'obéissance hiérarchique est également présente. On la trouve par exemple concernant les aumôniers, qualifiés de collaborateurs occasionnels du service public, et dont la circulaire du 5 septembre 2011 précise qu'il est, au sein de l'hôpital, « soumis à l'autorité du directeur et au règlement intérieur de l'établissement » (130). On la trouve également dans le domaine voisin des réservistes citoyens. La Charte de la réserve civique, annexée au décret du 9 mai 2017 relatif à la réserve civique, impose à toute personne réserviste d'« accomplir la mission pour laquelle elle est mobilisée selon les instructions données par le responsable de l'organisme au sein duquel elle effectue sa mission – ou par toute personne que ce responsable a désignée – en tenant compte des règles de service et de fonctionnement » (131). On pourrait encore trouver des dispositions similaires à propos des accompagnateurs scolaires. En effet, à en suivre la « charte de l'accompagnateur scolaire » telle qu'elle est énoncée par l'Union des délégués départementaux de l'Éducation nationale et relayée par les différentes académies scolaires, « l'accompagnateur est sous l'autorité de l'enseignant et doit respecter impérativement toutes ses consignes » (132). Le caractère occasionnel de la collaboration au service public n'a donc pas pour effet de soustraire le collaborateur volontaire au devoir d'obéissance.

---

(127) Gaté J., « Le lien de préposition révélé : collaborateur occasionnel du service public et responsabilité », RDLC 1er juill. 2008, n° 51.

(128) *Id.*

(129) CAA Douai, 2 déc. 2004, Commune de Monterolier, préc.

(130) Circ. n° DGOS/RH4/2011/356, 5 sept. 2011 relative à la charte des aumôneries dans les établissements mentionnés à l'article 2 de la loi 86-33 du 9 janvier 1986 portant dispositions statutaires relatives à la fonction publique hospitalière.

(131) D. n° 2017-930, 9 mai 2017 relatif à la réserve civique, ann.

(132) Charte de l'accompagnateur du point de vue des délégués départementaux de l'Éducation nationale, en ligne : http://www.dden-fed.org/la-charte-de-laccompagnateur/

Et pour cause, l'obéissance du collaborateur semble être la condition *sine qua non* de la responsabilité de la personne publique en cas de dommage : c'est justement parce que le collaborateur lui a obéi qu'il peut être indemnisé.

Le deuxième devoir, qui s'impose de façon parcellaire aux collaborateurs occasionnels du service public, est celui de discrétion professionnelle, lequel est relatif à « tous les faits, informations ou documents dont ils ont connaissance dans l'exercice ou à l'occasion de l'exercice de leurs fonctions » (133). Cette obligation semble, il est vrai, peu pertinente pour l'ensemble des collaborations « matérielles » au service public, que l'on songe à l'élagage d'un arbre ou à la restauration d'un toit communal. Il semble en revanche pertinent pour toute collaboration « administrative » au service public, dans laquelle le collaborateur a accès à un certain nombre d'informations. D'ailleurs, là encore, la Charte de la réserve civique, dont on rappelle qu'elle englobe cinq réserves différentes, impose au réserviste d'« observer un devoir de [...] discrétion [...] pendant l'exercice de sa mission » (134). Ce devoir s'avère même exacerbé pour les réservistes de l'armée et de la sécurité, puisqu'il confine au devoir de secret professionnel. La Charte du réserviste citoyen de l'Armée de terre prévoit en effet par exemple que le réserviste « ne peut faire état d'informations dont il aurait eu connaissance dans le cadre de ses activités au sein de l'Armée de terre sans l'autorisation de son autorité militaire de rattachement » (135). Pour tous les autres types de réservistes, seule la discrétion est exigée. Adapté au milieu hospitalier dans lequel il intervient, l'aumônier est quant à lui « tenu à la plus stricte confidentialité en ce qui concerne la vie personnelle et familiale des personnes rencontrées » (136). On voit ainsi à quel point les devoirs des collaborateurs s'adaptent au milieu dans lequel ils interviennent et au type de service public dont ils assument occasionnellement la charge.

Le troisième devoir, dont l'application aux collaborateurs occasionnels du service public semble pour sa part incertaine, est celui relatif à l'impartialité et à la neutralité, notamment religieuse. Son application est différenciée en fonction du type de collaborateur occasionnel du service public. S'il ne fait pas de doute que l'aumônier n'est pas soumis au principe de neutralité religieuse, tel n'est pas le cas du réserviste citoyen, lequel doit « observer un devoir de [...] neutralité pendant l'exercice de sa mission » (137). Dans le domaine plus spécifique de l'éducation, singulièrement affecté par ces questions, la circulaire du 12 mai 2015 précise que « l'intervention d'un réserviste

---

(133) L. n° 83-634, 13 juill. 1983 portant droits et obligations des fonctionnaires, art. 26.

(134) D. n° 2017-930, 9 mai 2017 relatif à la réserve civique, ann.

(135) Charte du réserviste citoyen de l'Armée de terre, en ligne : www.rc-terre.fr/ressources/10178/99/20180403_np_cdec-prat_charte_du_rcit-validee_cemat.pdf

(136) Circ. n° DGOS/RH4/2011/356, 5 sept. 2011 relative à la charte des aumôneries, préc.

(137) D. n° 2017-930, 9 mai 2017 relatif à la réserve civique, ann.

dans le cadre d'un enseignement s'inscrivant dans les programmes d'enseignement du service public d'éducation ou dans le cadre d'une action éducative implique qu'il veille à la nature de ses propos et qu'il s'abstienne de toute forme de prosélytisme et de tout comportement de nature à perturber le bon fonctionnement du service et que cette intervention respecte le principe de neutralité, politique et religieuse ». D'aucuns souhaitent d'ailleurs que ce principe s'applique également aux accompagnatrices scolaires, qualifiées de collaboratrices occasionnelles du service public par le Sénat (138), par l'interdiction du port du voile islamique pendant les sorties scolaires. Cette question, on le sait, fait l'objet d'un âpre débat politique et juridique. D'un côté, on a pu considérer que le principe de neutralité s'appliquait pleinement aux accompagnatrices lors de sorties scolaires. Une circulaire du 27 mars 2012 préconisait alors « d'empêcher que les parents d'élèves ou tout autre intervenant manifestent, par leur tenue ou leurs propos, leurs convictions religieuses, politiques ou philosophiques lorsqu'ils accompagnent les élèves lors des sorties et voyages scolaires » (139). Dans la droite lignée de cette instruction, le tribunal administratif de Montreuil rendait quelques mois plus tard un jugement à la portée identique (140), assimilant ainsi les obligations des collaborateurs occasionnels du service public à celles des agents publics (141). Dans son jugement, le tribunal administratif employait toutefois le terme de « participant » et non celui de « collaborateur » au service public, et ce sans doute afin de ne pas confondre la théorie traditionnelle du collaborateur occasionnel du service public – relative à l'engagement de la responsabilité administrative –, avec ses nouvelles manifestations – propres à l'application du principe de neutralité religieuse. Les accompagnatrices scolaires ne feraient donc que ***participer*** au service public, sans y ***collaborer***. Par cette distinction sémantiquement fragile, sans doute le tribunal administratif de Montreuil souhaitait-il éviter d'imposer à tout collaborateur occasionnel du service public, et singulièrement à ceux qui agissent dans l'urgence (sauveteurs, etc.), l'application du principe de neutralité. Bien qu'elle parvienne à esquiver cette situation ubuesque, la solution rendue donne toutefois aux « principes de laïcité/neutralité du service public [une] portée démesurément étendue, alors que le concept

(138) Brisson M., rapport n° 83 (2019-2020) fait sur la proposition de loi tendant à assurer la neutralité religieuse des personnes participant au service public de l'éducation, déposé le 23 octobre 2019. On peut également déduire cette qualification de la jurisprudence administrative, laquelle a déjà pu indemniser des accompagnatrices scolaires d'un dommage subi en recourant à la qualification de collaborateur occasionnel du service public (v. *supra*).

(139) Circ. n° 2012-056, 27 mars 2012 relative aux orientations et instructions pour la préparation de la rentrée 2012.

(140) TA Montreuil, 22 nov. 2011, n° 1012015, Osman.

(141) Girard A.-L., « Le voile jeté sur les convictions des accompagnateurs scolaires », D. 2012, p. 73.

de discrimination – et notamment de discrimination indirecte – est une nouvelle fois privé de sens » (142).

Le Conseil d'État vint toutefois, l'année suivante, remettre en cause ce raisonnement dans une étude consacrée à la laïcité. Il y considère en effet qu'« entre l'agent et l'usager, la loi et la jurisprudence n'ont pas identifié de troisième catégorie de "collaborateurs" ou "participants", qui serait soumise en tant que telle à l'exigence de neutralité religieuse » (143), déniant par là toute portée jurisprudentielle au jugement rendu par le tribunal administratif de Montreuil. Rompant par là même avec la distinction spécieuse entre « participation » et « collaboration » au service public (144), particulièrement délicate à manier pour les tribunaux et praticiens (145), le Conseil d'État assimile les accompagnateurs scolaires à des usagers du service public, lesquels ont le droit d'exprimer leurs convictions religieuses. Ce raisonnement sera repris par la ministre de l'Éducation Najat Vallaut-Belkacem en 2014 (146) avant d'être adopté par le tribunal administratif de Nice dans un jugement du 9 juin 2015 par lequel il considère que « les parents d'élèves autorisés à accompagner une sortie scolaire à laquelle participe leur enfant doivent être regardés, comme les élèves, comme des usagers du service public de l'éducation » (147). Ce jugement a le mérite de ne pas donner une extension trop grande au principe de neutralité, qui n'a vocation à s'appliquer qu'aux agents publics dans la mesure où ils représentent directement l'État – celui-ci devant être absolument laïque. Pour autant, le raisonnement binaire adopté par le juge administratif entre usager et agent ne semble pas juridiquement satisfaisant. Il conduit en effet à nier toute spécificité au collaborateur occasionnel du service public dont le propre est pourtant de n'être ni un usager du service public, en ce qu'il ne reçoit « aucune prestation du service public de l'enseignement en encadrant les enfants » (148), ni un agent public, puisqu'il ne jouit pas exactement des mêmes droits et obligations (149).

---

(142) Elle permettrait pourtant de sanctionner la discrimination « lorsqu'une disposition, un critère ou une pratique apparemment neutre est susceptible d'entraîner un désavantage particulier pour des personnes d'une race ou d'une origine ethnique donnée par rapport à d'autres personnes » (dir. 2000/43/CE sur l'égalité raciale, art. 2).

(143) CE, *Étude demandée par le Défenseur des droits le 20 septembre 2013*, 2013, Doc. fr., p. 30.

(144) Pauliat H., « La réponse du Conseil d'État au Défenseur des droits : il n'existe pas de "participants au service public" », JCP A 13 janv. 2014, p. 44 et s.

(145) Dans le même sens, v. Girard A.-L., « Le voile jeté sur les convictions des accompagnateurs scolaires », D. 2012, p. 72.

(146) Vallaud-Belkacem N., discours lors de son audition par l'Observatoire de la laïcité, 21 oct. 2014.

(147) TA Nice, 9 juin 2015, n° 1305386.

(148) Froger C., « Protection fonctionnelle et collaborateur occasionnel du service public : une nouvelle extension », AJDA 2017, p. 1078.

(149) Pauliat H., « La réponse du Conseil d'État au Défenseur des droits : il n'existe pas de "participants au service public" », JCP A 13 janv. 2014, p. 45.

La loi pourra bien évidemment, et c'est le sens d'une proposition de loi adoptée par le Sénat le 29 octobre 2019 (150), décider de soumettre les accompagnatrices scolaires au strict principe de neutralité. Cela n'interdit pas, quoi qu'il en soit, de s'interroger sur la portée de la laïcité vis-à-vis de la catégorie hybride des collaborateurs occasionnels du service public. Or, il est selon nous possible de saisir l'étendue du principe de neutralité en se référant à l'***apparence***, à laquelle il est inextricablement lié. Si le principe de neutralité existe, c'est en effet parce qu'un usager ne doit pas être ***amené à penser*** que les décisions prises par un agent public le seraient en vertu de considérations religieuses, politiques, etc. étrangères à l'intérêt général (151). Un tel principe ne peut donc être applicable qu'aux personnes dont on peut raisonnablement croire qu'elles représentent l'Administration – et l'État par-delà elle. Dès lors, pour appliquer ou non le principe de neutralité, il faudrait se poser les questions suivantes : la mère d'élève qui accompagne une sortie scolaire est-elle perçue par les enfants comme une représentante du service public de l'Éducation nationale et de l'État ? Le réserviste qui participe à une campagne promouvant les possibilités d'insertion professionnelle dans l'armée est-il perçu comme un représentant officiel de l'armée et de l'État ? Derrière ces questions empreintes de subjectivité se cache une méthode juridique qui permet sans doute de démêler cet épineux débat. C'est d'ailleurs, semble-t-il, le raisonnement qu'a récemment adopté le rapporteur public Samuel Deliancourt à propos de l'application du principe de neutralité à des mères d'élèves participant à des activités pédagogiques organisées dans les classes d'école. À titre préliminaire, il apparaît, selon lui, que la solution à donner au litige ne peut pas être identique à celle de l'accompagnement des sorties scolaires. Dans ce dernier cas, et conformément aux lignes dégagées par le Conseil d'État, le principe de neutralité ne s'applique pas « car l'activité est celle d'accompagnant en dehors de l'enceinte scolaire et ***les enfants font alors naturellement la différence*** » (152). En revanche, « lorsque les parents interviennent dans le cadre d'activités récréatives au sein même de l'établissement scolaire, ils sont vus comme des enseignants, la qualité de tiers comme celle d'usager ne correspondent plus, ni à la réalité, ***ni d'ailleurs à la perception éventuelle des enfants*** » (153). Plus que le critère de la « participation » au service public, c'est à notre sens la théorie de l'apparence, laquelle « permet de se fonder sur l'apparence d'une situation pour lui faire produire des

(150) Proposition de loi tendant à assurer la neutralité religieuse des personnes participant au service public de l'éducation, Sénat, 29 oct. 2019.

(151) Koubi G., « Le principe de neutralité des services publics un principe corollaire à la modernisation de l'État », Rev. adm. 1993, n° 271, p. 494.

(152) Deliancourt S., concl. sur CAA Lyon, 23 juill. 2019, n° 17LY04351, JCP A 28 oct. 2019, p. 50. Nous soulignons.

(153) *Id.* Nous soulignons.

effets juridiques » (154), qui est ici savamment mise en œuvre. En effet, lorsqu'une mère de famille accompagne une sortie scolaire, il ne fait pas de doute aux yeux des enfants usagers du service public que celle-ci n'exerce pas un rôle pédagogique ; elle n'est pas perçue comme une enseignante représentant l'État. En revanche, lorsqu'une mère de famille intervient en classe et participe activement à une mission pédagogique, elle peut être vue par les enfants comme une enseignante chargée de l'éducation nationale au nom de l'État. Le principe de neutralité, qu'il soit religieux ou politique, doit alors lui être appliqué. Il rejoint alors les principes qui peuvent être imposés dans une certaine mesure au collaborateur occasionnel du service public, au titre desquels figurent les devoirs de discrétion et d'obéissance hiérarchique, et auxquels on pourrait sans doute ajouter ceux d'intégrité et de probité (155).

Si l'étude de la catégorie de collaborateur occasionnel du service public laisse sans doute quelques zones d'ombre, qu'elles concernent sa notion ou son régime, plusieurs caractères peuvent en revanche lui être attribués : assurément originale et indomptable en se jouant perpétuellement des catégories préétablies, elle se montre également incroyablement vivace en se réinventant au fil des décennies. Insoupçonnée, la catégorie de collaborateur occasionnel du service public gagnerait sans doute à quitter le champ de la responsabilité sans faute dans laquelle elle a été longtemps enfermée. Elle attendait sans doute pour éclore qu'un brouillage plus intense se fît entre la sphère publique et la sphère privée. En s'insérant au creux de l'intérêt général et de l'intérêt privé, à mi-chemin entre l'usager et l'agent public, le collaborateur occasionnel du service public fait donc selon nous figure de catégorie d'avenir du droit administratif.

Élise FRAYSSE

Maîtresse de conférences
à l'Université Lumière Lyon 2

---

(154) Crouzatier-Durand F., « Le fonctionnaire de fait ou quand le juge sauve les apparences », *in* Jacquinot N., *Juge et Apparence(s)*, 2010, Presses de l'Université Toulouse 1 Capitole, p. 205.

(155) CAA Versailles, 13 mars 2018, n° 15VE02790.

DOCTRINE

DROIT ADMINISTRATIF

L'évolution des fonctions de la responsabilité administrative en matière environnementale

par Isabelle HASQUENOPH
Maître de conférences en droit public
à l'Université Paris I

SOMMAIRE

I. — DES FONCTIONS TRADITIONNELLES À RÉÉVALUER

A. — *Les insuffisances de la fonction de réparation*

1. *Les insuffisances liées à l'absence de reconnaissance du préjudice écologique pur*

2. *Les insuffisances liées aux modalités de réparation*

B. — *La revalorisation de la fonction normative*

1. *La revalorisation de la fonction sanctionnatrice*

2. *La revalorisation de la fonction préventive*

II. — DES FONCTIONS TRADITIONNELLES À COMPLÉTER

A. — *L'émergence d'une nouvelle fonction : la responsabilité-participation*

1. *Les contours de cette nouvelle fonction*

2. *Les limites de cette nouvelle fonction*

B. — *L'hypothèse d'une socialisation des risques*

1. *Les apports d'un fonds d'indemnisation du préjudice écologique pur à la responsabilité administrative*

2. *Les modalités de l'instauration d'un fonds d'indemnisation du préjudice écologique pur*

« Philosophes trompés qui criez "Tout est bien" / Accourez, contemplez ces ruines affreuses / Ces débris, ces lambeaux, ces cendres malheureuses / Ces femmes, ces enfants l'un sur l'autre entassés / Sous ces marbres rompus ces membres dispersés / Cent mille infortunés que la terre dévore » (1). C'est en ces termes que Voltaire réagit, dans son *Poème sur le désastre de Lisbonne*, au tremblement de terre qui, suivi d'un tsunami et d'un incendie de plusieurs jours, dévasta la ville de Lisbonne en 1755. L'événement fut à l'époque l'occasion d'engager le débat sur les conséquences des catastrophes naturelles sur les populations humaines (2). Loin de se tarir, le débat a traversé les siècles, et s'est enrichi de nouvelles problématiques : à la prise en compte des dommages causés aux personnes et aux biens par l'intermédiaire du milieu naturel (dommage écologique indirect), s'est adjoint un questionnement relatif à la réparation de « l'atteinte causée au milieu naturel lui-même, indépendamment de ses conséquences sur les personnes et les biens », c'est-à-dire du dommage écologique pur (3).

Cette problématique se trouve précisément au cœur du récent procès climatique engagé en France et connu sous le nom de « l'Affaire du siècle ». Quatre associations ont, le 14 mars 2019, déposé une requête devant le tribunal administratif de Paris visant à engager la responsabilité de l'État en raison de sa carence dans la lutte contre le changement climatique, ayant selon elles causé un préjudice à l'environnement lui-même. Le droit administratif se trouve ainsi appelé à contribuer à l'appréhension des dommages ou risques de dommages à l'environnement, et est amené à prendre part aux réflexions

(1) Rousseau J.-J., « Lettre à Monsieur de Voltaire sur ses deux poèmes sur "La Loi naturelle" et sur le "Désastre de Lisbonne" », Écologie & Politique 2005/1, n° 30, p. 141.

(2) *Ibid.* (« Présentation », par Deleage J.-P.).

(3) Van Lang A., *Droit de l'environnement*, 4e éd., 2016, PUF, n° 302, p. 292 ; Thunis X., « Fonctions et fondements de la responsabilité en matière environnementale. Rapport belge », *in* Viney G., Dubuisson B. (dir.), *Les responsabilités environnementales, point de vue franco-belge,* 2006, Bruxelles, Bruylant, p. 25 ; Girod P., *La réparation du dommage écologique*, 1974, LGDJ et Caballero F., *Essai sur la notion juridique de nuisance*, 1981, LGDJ. Il faut se garder de confondre « dommage » et « préjudice », le premier désignant l'atteinte factuelle, le second en étant la traduction juridique (Lucas M., « Pour l'introduction légale du préjudice écologique dans le droit de la responsabilité administrative », Environnement avr. 2014, n° 4, étude 6).

relatives à la lutte contre le changement climatique. Ceci n'a rien de surprenant dans la mesure où « la régulation des risques, dans notre société, s'enracine dans le droit public » qui fournit, à cet effet, des outils tels que la police administrative ou la responsabilité de la puissance publique (4). Seule cette dernière nous intéressera ici : d'une part, parce qu'elle est sollicitée en France et dans le monde en matière climatique et présente une actualité manifeste ; d'autre part, parce que la confrontation du droit de la responsabilité administrative au dommage écologique pur offre un nouveau champ d'investigation à l'administrativiste. Il faut souligner que le sujet comporte nécessairement une dimension prospective, dans la mesure où le juge administratif n'a pas (encore) admis la réparation du préjudice écologique pur.

Les « imperfections » du droit de la responsabilité administrative face à la prise en compte du dommage écologique pur ont été soulignées par la doctrine à partir des difficultés propres aux conditions d'engagement de la responsabilité que sont le fait générateur, le préjudice et le lien de causalité entre les deux (5). En revanche, une question n'a pas été soulevée : celle des fonctions de cette responsabilité.

Quelles sont les fonctions de la responsabilité administrative sollicitées dans le cadre des recours en responsabilité contre l'État du fait de dommages écologiques purs ? La nécessité de protéger l'environnement en lui-même assigne-t-elle à la responsabilité administrative de nouvelles fonctions ? Conduit-elle à réévaluer le poids de chacune des fonctions de la responsabilité en accordant la préséance à l'une d'elles ? Ce sont ces interrogations que l'on se propose d'explorer plus avant, ce qui nécessite au préalable quelques précisions terminologiques.

Si la responsabilité administrative, instrument de « limitation de l'État par le droit » (6), a « ses règles propres » depuis l'arrêt *Blanco*, elle n'en reste pas moins une responsabilité civile par opposition à la responsabilité pénale (7). C'est donc à partir des fonctions de la responsabilité civile que l'analyse peut être menée. La fonction permet de déterminer « le “ce à quoi sert” une chose » (8). En droit de la responsabilité, elle renvoie à la question des « fins,

---

(4) Auby J.-B., « Le droit administratif dans la société du risque », EDCE 2005, p. 351.

(5) Deguergue M., « Les imperfections de la responsabilité administrative environnementale », AJDA 2018, p. 2077 ; Van Lang A., « L'hypothèse d'une action en responsabilité contre l'État », RFDA 2019, p. 652 ; Aguila Y., « Petite typologie des actions climatiques contre l'État », AJDA 2019, p. 1853.

(6) Deguergue M., « Responsabilité administrative », *in* Rials S. et Alland D. (dir.), *Dictionnaire de la culture juridique*, 2002, PUF.

(7) Chapus R., *Droit administratif général*, 15e éd., 2001, Montchrestien, t. 1, n° 1408.

(8) Béchillon (de) D., *Hiérarchie des normes et hiérarchie des fonctions normatives de l'État*, 1996, Economica, p. 44.

des vues poursuivies par le législateur lorsqu'il impose une obligation de réparer à des sujets » (9).

En droit administratif comme en droit civil, un consensus s'élève aujourd'hui autour des trois grandes fonctions de la responsabilité : la *réparation* du dommage, la *sanction* de son auteur, et la *prévention* par la dissuasion (10). Ces fonctions ont fait l'objet de classifications diverses selon les auteurs et les périodes (11). En droit privé, une distinction a été faite entre une fonction « indemnitaire » jouant à l'égard des victimes et destinée à assurer la compensation des dommages, et une fonction « normative » ou « prophylactique », vis-à-vis de l'auteur, concentrant « les objectifs de prévention et de punition » (12). Cette dernière classification a trouvé un écho en droit administratif (13), et l'on s'en inspirera ici en distinguant deux grandes fonctions de la responsabilité administrative : la fonction de réparation (qui se réduit le plus souvent, en droit administratif, à l'indemnisation) et la fonction normative, cette dernière recouvrant les fonctions préventive et sanctionnatrice.

Notre propos est le suivant : les fonctions de la responsabilité administrative méritent d'être réexaminées à l'aune des dommages écologiques purs (14). En effet, alors que l'évolution historique du droit de la responsabilité administrative a conduit à mettre l'accent sur l'indemnisation des victimes, la prise en compte des préoccupations environnementales induit à l'inverse une revalorisation des fonctions préventive et sanctionnatrice de la responsabilité administrative, et pourrait même mener à l'émergence de nouvelles fonctions. Confrontées à ces nouveaux enjeux, les fonctions traditionnelles de la responsabilité administrative méritent donc d'être réévaluées (I), voire complétées (II).

---

(9) Gastines (de) L., « La responsabilité extracontractuelle des personnes morales de droit public », RDP 1992, p. 134.

(10) Frier P.-L., Petit J., *Droit administratif*, 12e éd., 2018, LGDJ, Précis Domat droit public.

(11) V. not. l'évolution entre Eisenmann C., « Le degré d'originalité du régime de la responsabilité extracontractuelle des personnes morales de droit public », JCP 1949, I, n° 742 et Lochak D., « Réflexions sur les fonctions sociales de la responsabilité administrative », *in Le droit administratif en mutation*, 1993, PUF, p. 275. En droit privé, une distinction a été faite entre les fonctions de garantie et de peine privée : Starck B., *Essai d'une théorie générale de la responsabilité civile, considérée dans sa double fonction de garantie et de peine privée*, thèse Paris, 1947.

(12) Grare C., *Recherche sur la cohérence de la responsabilité délictuelle. L'influence des fondements de la responsabilité sur la réparation*, 2005, Dalloz, spéc. p. IX et p. 87.

(13) Frank A., *Le droit français de la responsabilité administrative à l'épreuve des fonds d'indemnisation*, 2008, L'Harmattan.

(14) Pour une réflexion sur les fonctions de la responsabilité environnementale : Trébulle F.-G., « Les fonctions de la responsabilité environnementale : réparer, prévenir, punir », *in* Cans C., Viney G. (dir.), *La responsabilité environnementale, prévention, imputation, réparation*, 2009, Dalloz, p. 17.

I. — Des fonctions traditionnelles à réévaluer

Alors que la multiplication des risques et leur prise en charge par le biais de régimes de responsabilité sans faute ont valorisé la fonction indemnitaire de la responsabilité administrative au détriment de sa fonction normative, la problématique du dommage écologique pur conduit à réévaluer cet ordre de préséance. Elle met en effet en lumière les insuffisances de la fonction de réparation (A) et appelle une revalorisation de la fonction normative (B) de la responsabilité administrative.

A. — *Les insuffisances de la fonction de réparation*

Face au dommage écologique pur, la fonction de réparation de la responsabilité administrative s'avère « incomplète » ou « impossible » (15). À cela deux raisons principales, tenant à l'absence de reconnaissance du préjudice écologique pur par le juge administratif (1) et aux modalités de réparation (2).

1. *Les insuffisances liées à l'absence de reconnaissance du préjudice écologique pur*

Le juge administratif ne reconnaît pas le préjudice écologique pur (16) : il n'admet pour l'heure que l'indemnisation de préjudices écologiques *indirects*, c'est-à-dire causés aux personnes et aux biens par l'intermédiaire du milieu naturel. Historiquement, c'est dans le cadre d'un régime de responsabilité sans faute, celui des dommages de travaux publics causés aux tiers, que le juge administratif a pu réparer les conséquences, sur les personnes ou les biens, de préjudices liés à l'existence d'un ouvrage public ou à l'exécution d'un travail public. C'est ainsi que des restaurateurs, patrons de pêche, loueurs de bateaux, héritiers d'établissements de bains, ont pu être indemnisés de leur préjudice, matériel ou moral, lié à la pollution de la Seine à la suite du déversement des eaux usées de Paris (17). De la même manière, des riverains ont pu être indemnisés d'inondations causées par la construction d'un ouvrage public (18) ou l'épandage des eaux de la ville de Paris (19), ou des nuisances sonores résultant de la proximité d'un aéroport (20) ou d'une centrale nucléaire (21).

---

(15) Trébulle F.-G., préc.

(16) Lucas M., préc.

(17) CE, 18 mars 1904, Ville de Paris [4e esp.] : Lebon, p. 249 – CE, 14 juin 1907, Ville de Paris c/ Dame Talon : Lebon, p. 565 – CE, 4 mars 1914, Ville de Paris [2e esp.] : Lebon, p. 298.

(18) CE, 1er juin 1932, Péress : Lebon, p. 537.

(19) CE, 16 mars 1906, Commune de Ségur-Lamoignon : Lebon, p. 292.

(20) CE, 20 oct. 1992, n° 84223, Commune de Saint-Victoret.

(21) CE, 2 oct. 1987, n° 68894, EDF c/ Spire.

S'il admet de la sorte la réparation du préjudice écologique indirect, et s'il reconnaît le préjudice moral (22), d'anxiété (23) ou la perte de chance, le juge administratif reste toutefois rétif à la réparation du dommage causé au milieu naturel en tant que tel. C'est là une conséquence de l'exigence d'un préjudice « personnel » comme condition d'engagement de la responsabilité administrative. Le droit privé, à l'inverse, admet la réparation du préjudice écologique pur : sa reconnaissance a d'abord été l'œuvre du juge judiciaire (24), avant que la loi biodiversité de 2016 ne procède à son introduction dans le Code civil. Il y est défini comme « l'atteinte non négligeable aux éléments ou aux fonctions des écosystèmes et aux bénéfices collectifs tirés par l'homme de l'environnement » (art. 1247). La question de la reconnaissance du préjudice écologique pur par le juge administratif se pose tout particulièrement à propos des recours climatiques récemment engagés, dans la mesure où le réchauffement climatique entraîne, en dehors des atteintes aux biens et aux personnes, des dommages à l'environnement en tant que tel. L'argument est d'ailleurs invoqué dans le cadre de « l'Affaire du siècle ». Le refus du juge de le reconnaître à l'heure actuelle révèle les limites de la fonction réparatrice de la responsabilité administrative : la responsabilité administrative s'avère impuissante à réparer les dommages portés à la nature, indépendamment de toute atteinte aux biens ou aux personnes.

Il n'est toutefois pas exclu que la jurisprudence évolue et que le juge reconnaisse ce préjudice : soit en appliquant directement le Code civil, si tant est que le préjudice écologique pur défini à l'article 1247 puisse être considéré comme correspondant aux problématiques de pollution et de réchauffement climatique (25) ; soit en se référant aux « principes dont s'inspire le Code civil », méthode plus souple et éprouvée par ailleurs ; soit, enfin, en faisant œuvre créatrice, la responsabilité administrative étant d'ailleurs, depuis 1873, un terrain de prédilection du déploiement du pouvoir normatif du juge.

2. *Les insuffisances liées aux modalités de réparation*

La seconde raison des insuffisances de la fonction réparatrice de la responsabilité administrative en matière environnementale tient aux modalités de réparation. Même si le préjudice écologique pur était reconnu en droit administratif, sa réparation par le biais de la responsabilité administrative serait pour le moins inadaptée, dans la mesure où le juge administratif ne peut qu'allouer des dommages et intérêts. En effet, il ne peut, sauf

(22) CE, 24 nov. 1961, Letisserand : Lebon, p. 661.

(23) CE, 17 mai 2015, n° 371697, M. A. – CE, 3 mars 2017, n° 401395, Ministre de la Défense.

(24) Cass. crim., 25 sept. 2012, n° 10-82938, Erika.

(25) Deguergue M., « Pollution de l'air et responsabilité de l'État », Énergie – Env. – Infrastr. n° 8-9, août 2018, dossier 23.

dans certains cas particuliers, prononcer une réparation en nature (26). Or, seule une réparation en nature paraît adéquate face aux dommages causés à l'environnement en lui-même, ce qu'ont consacré le droit de l'Union européenne, par le biais de la directive 2004/35/CE du 21 avril 2004, et le Code civil (art. 1249). L'octroi de dommages et intérêts, qui a pour objet de « replacer la victime autant que possible dans la même situation que si le dommage ne s'était pas produit » (27), pose un certain nombre de difficultés lorsqu'est en cause un dommage écologique pur. Outre le problème de l'évaluation monétaire de l'atteinte au milieu naturel (28), l'indemnisation reste inapte à assurer la restauration du milieu affecté, d'autant plus que le principe de non-affectation ne garantit nullement que le requérant affecte effectivement la somme à la remise en l'état du site. On peut ajouter que l'admission de la réparation en nature par le juge administratif ne résoudrait pas tous les problèmes en raison de l'irréversibilité de certains dommages. La réparation arrive en réalité trop tard : comment remettre en l'état un glacier fondu ?

Parce que la réparation consiste, en droit administratif, en une indemnisation, le mécanisme de la responsabilité administrative paraît inadapté à la réparation du préjudice écologique pur. Les limites auxquelles se heurte la fonction indemnitaire de la responsabilité administrative appellent une revalorisation de sa fonction normative.

B. — *La revalorisation de la fonction normative*

La confrontation du droit de la responsabilité administrative au dommage écologique pur appelle, en réalité, une revalorisation de sa fonction normative, c'est-à-dire sanctionnatrice (1) et préventive (2).

1. *La revalorisation de la fonction sanctionnatrice*

Les recours en responsabilité contre l'État du fait des dommages causés à l'environnement en tant que tel sollicitent-ils au premier chef la fonction sanctionnatrice de la responsabilité ? Cette fonction de la responsabilité, éminemment liée à l'identification d'une *faute*, a pris de l'ampleur sous l'influence de l'Église : alors que le droit romain voyait dans la responsabilité un moyen d'assurer la restauration d'un ordre antérieur, un « juste équilibre » (*suum cuique tribuere*), l'accent a été mis, avec le développement du christianisme,

---

(26) CE, 2 nov. 1963, Dame Barthélemy : Lebon, p. 548.

(27) Tunc A., « La fonction d'indemnisation de la responsabilité civile », *in Mélanges Dorhout Mees*, 1974, Kluwer, p. 143.

(28) Ravit V., Sutterlin O., « Réflexions sur le destin du préjudice écologique pur », D. 2012, p. 2675.

sur l'idée de péché et son expiation (29). La responsabilité présente ici une dimension rétrospective : « on est responsable de ce qu'on a fait » (30).

Même en matière administrative, la faute présente une dimension subjective et morale : c'est un instrument de discipline de l'administration (31). Comme le note Benoît Plessix, en retenant la faute de l'administration, le juge cherche parfois davantage à sanctionner fermement un dysfonctionnement qu'à réparer le préjudice d'une victime, dessinant ainsi « en creux le portrait d'une administration idéale » (32). Fondée sur la *faute*, la responsabilité administrative a donc une fonction non seulement indemnitaire, mais aussi expiatoire. Pourtant, l'émergence de régimes de responsabilité *sans faute*, dans un contexte de multiplication des risques et d'une demande croissante de sécurité de la part des citoyens, a conduit à occulter cette fonction sanctionnatrice au profit de l'indemnisation des victimes. L'histoire du droit de la responsabilité administrative est celle d'une valorisation de sa fonction réparatrice.

Néanmoins, le domaine de l'environnement conduit à raviver la fonction « punitive et expiatoire » de la responsabilité administrative (33). Ce phénomène s'illustre tout particulièrement à travers l'identification de carences fautives de l'État. Cette notion, reconnue par le juge dès le début du XXe siècle (34), lui a permis historiquement d'engager la responsabilité de l'administration en raison de son abstention ou de ses insuffisances dans la prévention des risques (35). Plus près de nous, la carence fautive de l'État a été reconnue en matière de pollution de l'eau (36), de pollution de l'air (37) ou de pollution lumineuse (38), en matière de protection de la santé face aux risques liés à l'amiante (39) ou encore dans le domaine de la protection des espèces (40). La motivation des décisions permet parfois au juge de « stigmatiser l'importance et la gravité des

---

(29) Dupuy P.-M., « Responsabilité », in Rials S. et Alland D. (dir.), *Dictionnaire de la culture juridique*, 2002, PUF.

(30) Ricœur P., « Le concept de responsabilité, essai d'une analyse sémantique », Esprit nov. 1994, n° 206, p. 28.

(31) Delaunay B., *La faute de l'administration*, 2008, LGDJ, t. 252.

(32) Plessix B., *Droit administratif général*, 2e éd., 2018, LexisNexis, n° 1265, p. 1539.

(33) Frank A., *op. cit.*, p. 18.

(34) CE, 26 avr. 1918, Gaillard : Lebon, p. 395 ; S. 1920, 3, p. 49, note Hauriou M.

(35) Jèze G., « Essai sur une théorie générale de l'abstention en droit public », RDP 1905, p. 764.

(36) CAA Nantes, 1er déc. 2009, n° 07NT03775, Ministre d'État, ministre de l'Écologie, de l'Énergie, du Développement durable et de la Mer c/ Association Halte aux marées vertes.

(37) CE, 12 juill. 2017, n° 394254, Association Les Amis de la Terre. Il s'agissait d'un recours pour excès de pouvoir, mais l'idée de carence fautive apparaît.

(38) CE, 28 mars 2018, n° 408974, France Nature Environnement, *id.*

(39) CE, 3 mars 2004, n° 241151, Ministre de l'Emploi et de la Solidarité c/ Consorts Botella.

(40) TA Toulouse, 6 mars 2018, n° 1501887, Association Pays de l'Ours-ADET.

fautes » (41). Il faut toutefois préciser que la reconnaissance de la responsabilité de l'État n'a permis, dans ces cas, que la réparation de préjudices écologiques indirects. Même dans les cas où le lien de causalité a fait obstacle à l'engagement de la responsabilité, ce qui était le cas dans un récent jugement en matière de pollution de l'air (42), la reconnaissance d'une carence fautive permet une « condamnation symbolique » de l'État (43). Et, lorsque dans l'affaire *AZF*, le Conseil d'État a censuré l'arrêt du juge d'appel identifiant la carence fautive de l'État dans son contrôle de l'exploitation de l'usine, la doctrine a pu regretter ce refus du juge de se saisir de la dimension sanctionnatrice de la responsabilité (44). Cette fonction sanctionnatrice peut également s'illustrer à travers le prononcé de dommages et intérêts symboliques. Comme le notait Paul Duez en 1938, « l'arrêt de condamnation revêt alors, dans le plan moral, le caractère d'une censure doctrinale de l'attitude administrative » (45). Dans « l'Affaire du siècle », les requérants demandent justement le versement de dommages et intérêts symboliques : ces demandes témoignent de ce que l'obtention d'une indemnisation n'est pas la préoccupation première des requérants.

La circonstance que les requérants se situent, dans le cadre de « l'Affaire du siècle », sur le terrain de la carence fautive en matière de lutte contre le réchauffement climatique, ayant entraîné (entre autres) un préjudice écologique pur, nous semble révélatrice d'un certain attachement à la fonction sanctionnatrice de la responsabilité administrative (46). L'identification d'une carence fautive dans cette affaire permettrait de stigmatiser la négligence de l'État, de condamner son inaction ou sa lenteur dans un domaine qui pourtant impose des réactions urgentes. Sur quels fondements reposerait la faute de l'État en matière climatique ? Si l'on se reporte à la définition de Planiol, du reste parfaitement applicable en droit administratif, la faute est un « manquement à une obligation préexistante ». Or, il faut bien admettre que des normes s'imposent à l'État en ce domaine (47). Ces normes sont constitutionnelles, à travers par exemple les

---

(41) Van Lang A., « Le juge administratif, l'État et les algues vertes », AJDA 2010, p. 900.

(42) TA Montreuil, 25 juin 2019, n° 1802202, Mme T.

(43) Aguila Y., « Petite typologie des actions climatiques contre l'État », préc.

(44) Jacquemet-Gauché A., « AZF : une décision explosive ? », AJDA 2015, p. 592 (CE, 17 déc. 2014, n° 367202, Ministre de l'Écologie, du Développement durable et de l'Énergie).

(45) Duez P., *La responsabilité de la puissance publique (en dehors du contrat)*, 1938, Dalloz, p. 107.

(46) En matière climatique, la responsabilité de l'État pourrait également être engagée sans faute.

(47) V. Aguila Y., « Petite typologie des actions climatiques contre l'État », AJDA 2019, p. 1853 ; Van Lang A., « L'hypothèse d'un recours en responsabilité contre l'État », RFDA 2019, p. 652 ; Moliner-Dubost M., « Les obligations de l'État dans la lutte contre le changement climatique », RFDA 2019, p. 629.

articles 1 et 2 de la Charte de l'environnement, desquels le Conseil constitutionnel a déduit que « chacun est tenu à une obligation de vigilance à l'égard des atteintes à l'environnement qui pourraient résulter de son activité » (48). Elles sont également européennes, et internationales, en dépit des incertitudes entourant le caractère contraignant ou non de l'accord de Paris (49).

Les préoccupations environnementales pourraient par ailleurs mener à la découverte de « nouveaux gisements de faute » (50). Dans « l'Affaire du siècle » par exemple, les requérants invoquent un nouveau principe général du droit : le « droit de vivre dans un système climatique soutenable ». Les contentieux étrangers sont également révélateurs de l'interprétation, par le juge, des obligations s'imposant aux États en matière climatique. L'affaire *Juliana* (51) rendue aux États-Unis a donné l'occasion au juge de dégager un droit constitutionnel à un « système climatique stable permettant de préserver la vie humaine » et d'invoquer la doctrine du *Public Trust* selon laquelle le gouvernement détient en fiducie les ressources naturelles pour le bénéfice des générations futures, et doit par conséquent les protéger des destructions ou les restaurer en cas de destruction. Dans l'emblématique affaire *Urgenda* (52), la Cour de district de La Haye, confirmée en appel, a dégagé, sur le fondement des articles 2 et 8 de la Convention européenne des droits de l'homme, respectivement relatifs au droit à la vie et au droit à la vie privée et familiale, un « devoir de vigilance » (*duty of care*) à la charge de l'État concernant la viabilité et la protection de l'environnement (53). La reconnaissance d'un tel devoir lui a permis de reconnaître la « négligence fautive » de l'État et de lui enjoindre d'adopter des mesures adéquates pour réduire les émissions de gaz à effet de serre. C'est encore l'invocation d'une violation des articles 2 et 8 de la Convention européenne des droits de l'homme qui a conduit le juge à reconnaître la responsabilité de l'État pour insuffisance de son action en matière de lutte contre le changement climatique, et au prononcé d'injonctions à son égard, dans l'affaire *Leghari v. Pakistan* (54). Devant le juge de

---

(48) Cons. const., 8 avr. 2011, n° 2011-116 QPC, Michel Z. et a.

(49) Rochfeld J., *Justice pour le climat !*, 2019, Odile Jacob, p. 29 : « tout l'enjeu des actions menées devant les tribunaux contre les États aujourd'hui est précisément de rendre juridiquement contraignants ces engagements ».

(50) Lochak D., « Réflexions sur les fonctions sociales de la responsabilité administrative », préc.

(51) N° 6:15-CV-01517 TC, Kelsey Cascade Rose Juliana v. The United States of America.

(52) C. district La Haye, 14 juin 2015, Urgenda c/ Government of the Nederlands ; CA La Haye, 9 oct. 2018, n° 200.178. 245/01, Pays-Bas c/ Fondation Urgenda.

(53) Petrinko E., « De la décision *Urgenda* aux perspectives d'un nouveau contentieux climatique », *in* Cournil C., Varison L. (dir.), *Les procès climatiques, entre le national et l'international*, 2018, Pedone, p. 113.

(54) Haute Cour Lahore, 4 sept. 2015, WP n° 25501, Leghari c/ Pakistan.

l'Union, des arguments relatifs à l'atteinte portée à la liberté d'entreprendre et au droit de propriété des requérants par la réduction insuffisante des émissions de gaz à effet de serre ont été invoqués (55).

Le déplacement de l'argumentaire sur le terrain des droits fondamentaux renforce la dimension symbolique et moralisatrice de la faute : la responsabilité de l'État, lorsqu'elle est admise, permet au juge de rappeler ce dernier à son obligation de protection des valeurs essentielles de l'humanité. L'argument des droits fondamentaux a toutefois ceci de particulier qu'il ne permet de saisir la nature, le climat, qu'« en relation avec les droits des personnes dont il assure la survie » : dans une conception anthropocentrée, l'environnement est placé dans la « dépendance des personnes vivantes aptes à le défendre » (56). Faudrait-il alors, pour protéger l'environnement en tant que tel, reconnaître à la nature la qualité de sujet de droit en France ? La question n'est pas aberrante : des fleuves d'Inde ou de Nouvelle-Zélande, de même que la forêt Amazonienne, la Pachamama dans la Constitution de l'Équateur ou la Terre-Mère en Bolivie se sont vus dotés de droits. Néanmoins, il est admis qu'une telle reconnaissance, éloignée des « constructions culturelles » occidentales, ne garantirait en outre pas à elle seule la protection effective de l'environnement (57).

La fonction préventive de la responsabilité administrative a également vocation à occuper une place de choix en matière environnementale.

2. *La revalorisation de la fonction préventive*

Les préoccupations environnementales conduisent à exacerber des fonctions de la responsabilité administrative jusqu'ici considérées comme secondaires : tel est particulièrement le cas de la fonction préventive de la responsabilité. Sa place mérite d'être revalorisée au sein d'une responsabilité pourtant traditionnellement tournée vers la réparation du dommage *réalisé*.

Il est intéressant de relever que la prévention est la fonction principale que les tenants de l'analyse économique du droit assignent à la responsabilité (58). Les économistes conçoivent en effet les règles de droit de la responsabilité civile comme fondées sur une approche *ex ante* (59) : elles visent à inciter les agents à adopter un comportement efficient afin de « minimiser les coûts

---

(55) Trib. UE, 23 mai 2018, n° T-330/18, Carvhalo e.a. c/ Parlement et Conseil.

(56) Rochfeld J., *op. cit.*, p. 78 et s.

(57) *Ibid.*, p. 150 et s.

(58) Faure M., « L'analyse économique du droit civil français : le cas de la responsabilité », *in* Deffains B. (dir.), *L'analyse économique dans les pays de droit civil*, 2000, Cujas, p. 113.

(59) Faure M., *L'analyse économique du droit de l'environnement*, 2007, Bruxelles, Bruylant, p. 89.

sociaux des accidents » (60). Si l'intervention du *droit* de la responsabilité est indispensable, c'est parce que le théorème de Coase (61) ne peut pas jouer : l'existence de coûts de transaction empêche l'établissement d'une solution efficiente par le biais d'une négociation directe entre les victimes potentielles et l'auteur potentiel du dommage, qui permettrait aux premières d'imposer au second l'adoption de mesures de précaution adéquates pour éviter la réalisation du dommage. C'est alors sur les règles de droit que repose l'incitation à prévenir le dommage : le droit de la responsabilité doit fixer des règles permettant d'atteindre un niveau de prévention optimal, et l'analyse économique du droit se donne pour mission de contribuer à la détermination de ce dernier (62). Dans cette optique, l'indemnisation est un *moyen* d'inciter l'auteur d'un potentiel dommage à prendre les mesures de précaution nécessaires. Il s'agit, autrement dit, de *prévenir* les comportements antisociaux (63) en permettant aux agents d'anticiper le coût de leurs actions. Et, s'il est certain que le modèle de l'*homo economicus* rationnel et calculateur sied mal à l'administration, la fonction dissuasive de la responsabilité administrative n'en joue pas moins à l'égard des personnes publiques.

En droit, ce sont toutefois principalement les juristes privatistes qui se sont intéressés à cette fonction préventive de la responsabilité. Comme le souligne Mathilde Boutonnet dans sa thèse, les catastrophes écologiques « rappellent subitement les limites de la fonction réparatrice » (64), et l'apparition de la notion d'irréversibilité des dommages, c'est-à-dire de « dégâts auxquels il est impossible de remédier » (65), exacerbe l'utilité de la fonction préventive de la responsabilité. Catherine Thibierge (66) a même proposé d'élaborer, aux côtés des responsabilités pénale et civile, une responsabilité « universelle », fondée non pas sur la faute ou le risque, mais sur la menace de risques majeurs, et centrée non pas sur l'auteur du dommage ou la victime, mais sur les généra-

---

(60) Calabresi G., *The Cost of Accidents. A Legal and Economic Analysis*, 1970, New Haven-London, Yale University Press.

(61) Coase R., « The Problem of Social Cost », 3 J. L. & Econ. 1 (1960). Les explications sont, en substance, de Faure M., « L'analyse économique du droit civil français : le cas de la responsabilité… », préc.

(62) Faure M., *L'analyse économique du droit de l'environnement, op. cit.*, p. 92 et s. La solution efficace est donnée par une formule destinée à minimiser le coût social des accidents (composé de la somme des coûts des accidents et des coûts de leur prévention).

(63) Faure M., « L'analyse économique du droit civil français : le cas de la responsabilité… », préc.

(64) Boutonnet M., *Le principe de précaution en droit de la responsabilité civile*, 2005, LGDJ, Bibliothèque de droit privé, t. 444, n° 33, p. 18.

(65) Prieur M., « L'irréversibilité et la gestion des déchets radioactifs dans la loi du 30 décembre 1990 », Rev. jur. env. 1999, n° spécial, p. 125.

(66) Thibierge C., « Avenir de la responsabilité, responsabilité de l'avenir », D. 2004, p. 577.

tions actuelles et futures et le vivant. Cette responsabilité ne poursuivrait pas la sanction ou l'indemnisation, mais l'anticipation. L'accent ainsi mis sur la fonction préventive de la responsabilité rejoint un mouvement philosophique porté notamment par Hans Jonas, qui se propose d'établir une « éthique de la prévention et de la responsabilité » en ajoutant à la dimension essentiellement rétrospective du concept philosophique de responsabilité, une dimension prospective, tournée vers le futur et la prévention des dommages (67).

Il est vrai que l'administrativiste, qui restreint souvent la responsabilité à l'indemnisation, n'est pas familier de cette approche préventive (68). Son intérêt en matière environnementale a toutefois été récemment souligné par la doctrine publiciste (69). Mais le droit de la responsabilité administrative a-t-il les moyens de cette ambition, qui semble indispensable face aux dommages écologiques purs ?

Le droit administratif connaît des mécanismes qui lui permettent d'appréhender l'avenir. Il accepte par exemple d'indemniser le préjudice futur, à condition qu'il soit certain (70), qu'il présente « des “chances sérieuses” de réalisation » (71). Il reconnaît également la perte de chance, préjudice actuel né de la disparition avérée des chances objectives qu'avait la victime d'obtenir un avantage (72). Dans les deux cas, le juge administratif est aux prises avec l'aléa, et doit se tourner vers les données de la science ou les probabilités pour établir le caractère *certain* du préjudice futur ou la *vraisemblance* de l'obtention de l'avantage en l'absence du fait générateur (73). Dans le domaine de l'environnement, où une part d'incertitude scientifique subsiste (74), les potentialités du principe de précaution pour le juge administratif ont également été soulignées (75). Le principe de précaution, érigé au rang

---

(67) Jonas H., *Le principe de responsabilité, une éthique pour la civilisation technologique*, 1998, Flammarion, Champs ; Ricœur P., « Le concept de responsabilité... », préc.

(68) Jacquemet-Gauché A., *La responsabilité de la puissance publique en France et en Allemagne, étude de droit comparé*, 2013, LGDJ, t. 275, n° 1241, p. 455.

(69) Van Lang A., « L'hypothèse d'un recours en responsabilité contre l'État », préc. ; Lavorel S., « L'émergence d'une responsabilité climatique des États ? », *in* Torre-Schaub M., Cournil C., Lavorel S., Moliner-Dubost M., *Quel(s) droit(s) pour le changement climatique*, 2019, Mare & Martin, p. 157.

(70) CE, 5 mai 1982, Hospices civils de Lyon c/ Époux Hombourger : Lebon, p. 170.

(71) Gaudemet Y., *Traité de droit administratif*, t. 1, 16e éd., 2001, LGDJ, p. 829, n° 1721.

(72) Minet A., *La perte de chance en droit administratif*, 2014, LGDJ, Bibliothèque de droit public, t. 282, p. 343.

(73) *Ibid.*, p. 146.

(74) Cournil C., Varison L., « Introduction », *in* Cournil C., Varison L. (dir.), *Les procès climatiques, du national à l'international,* 2018, Pedone, p. 19 ; Waisman H., « Quelle base scientifique pour la justice climatique », Énergie – Env. – Infrastr. mai 2019, n° 5, dossier 15.

(75) Van Lang A., « L'hypothèse d'un recours en responsabilité contre l'État », préc.

constitutionnel, impose aux autorités publiques d'agir « lorsque la réalisation d'un dommage, bien qu'incertaine en l'état des connaissances scientifiques, pourrait affecter de manière grave et irréversible l'environnement » (Charte de l'environnement, art. 5). Une thèse de droit privé a d'ailleurs proposé de faire du principe de précaution un nouveau principe du droit de la responsabilité civile, permettant de compléter la nature réparatrice de la responsabilité (76). Ce principe, tourné vers l'évitement des risques, refléterait le « souci d'une responsabilité pour l'avenir », incarnerait une certaine « éthique du futur » et permettrait de tisser un lien de solidarité entre les générations (77). En droit administratif, ce principe pourrait conduire à retenir la responsabilité de l'État qui n'a pas suffisamment anticipé les risques (78), ou n'a pas agi face à un risque de réalisation d'un dommage grave.

Il a été relevé que l'usage du pouvoir d'injonction par le juge administratif permettrait utilement de compléter le « volet préventif » (79) de l'action en responsabilité. Dans les récents contentieux étrangers en matière climatique, les juges n'ont pas hésité à enjoindre à l'administration de prendre un certain nombre de mesures (80). En France, la requête déposée devant le tribunal administratif de Paris dans le cadre de « l'Affaire du siècle » tend également à ce que le juge enjoigne à l'État de prendre des mesures appropriées de lutte contre le changement climatique. Alors que la réticence du juge administratif à user de son pouvoir d'injonction est souvent soulignée, une décision récente retenant la carence fautive de l'administration en matière de pollution atmosphérique l'a conduit à enjoindre à l'administration de prendre « toutes les mesures nécessaires pour que soient élaborés et mis en œuvre les plans relatifs à la qualité de l'air » (81). Il faut toutefois relever que le prononcé d'injonctions dans « l'Affaire du siècle » serait subordonné à l'engagement effectif de la responsabilité de l'État, c'est-à-dire à l'identification d'une faute, d'un préjudice et d'un lien de causalité entre les deux, ce qui, on l'a dit, n'est pas évident en l'état actuel du droit positif. La reconnaissance du préjudice écologique pur ainsi que l'assouplissement de l'appréciation de la causalité apparaissent nécessaires pour donner à cette responsabilité préventive toute sa portée.

De manière générale, l'efficacité de cette fonction préventive de la responsabilité appelle une adaptation des conditions d'engagement de la responsabi-

---

(76) Boutonnet M., *op. cit.*, p. 305 et s.

(77) Préface de Thibierge C. à la thèse de Boutonnet M., p. VII.

(78) Van Lang A., « L'hypothèse d'un recours en responsabilité contre l'État », préc.

(79) *Ibid.*

(80) C'était le cas, entre autres, dans les affaires *Urgenda* et *Leghari*. V. Cournil C., « Les droits fondamentaux au service de l'émergence d'un contentieux climatique contre l'État. Des stratégies contentieuses des requérants à l'activisme des juges », *in Quel(s) droit(s) pour le changement climatique*, préc., p. 185.

(81) CE, 12 juill. 2017, Association les Amis de la Terre, préc.

lité administrative : l'État ne sera incité à œuvrer en faveur de la protection de l'environnement et de la prévention des atteintes qui lui sont portées que si sa responsabilité peut effectivement être engagée en réparation du préjudice écologique pur.

Il faut par ailleurs relever que l'idée d'une responsabilité préventive peut faire l'objet de critiques. La mobilisation du principe de précaution en droit de la responsabilité administrative a ainsi été critiquée au motif qu'elle conduirait a engager trop largement la responsabilité de l'administration (82), risquerait de mener à des « excès [...] de précaution » (83), rendrait l'administration « pusillanime » là où la construction du régime de responsabilité administrative visait à la rendre « courageuse, efficace et responsable » (84), voire déresponsabiliserait les opérateurs (85). Mais, en matière de protection environnementale et de lutte contre le changement climatique, la logique préventive imposerait justement à l'administration de se conduire de manière « courageuse, efficace et responsable » en prenant les mesures adéquates dans des délais appropriés.

La confrontation du droit de la responsabilité administrative au dommage écologique conduit donc à réévaluer ses fonctions traditionnelles, et ouvre également une réflexion sur la possibilité de les compléter.

II — Des fonctions traditionnelles à compléter

Il semble qu'une nouvelle fonction de la responsabilité puisse être identifiée en matière environnementale : la responsabilité-participation (A). La question de l'instauration d'un fonds d'indemnisation du préjudice écologique pur mérite également d'être posée, car elle est susceptible de rejaillir sur les fonctions de la responsabilité administrative (B).

A. — *L'émergence d'une nouvelle fonction : la responsabilité-participation*

Les contours (1) et les limites (2) de cette fonction méritent d'être présentés.

1. *Les contours de cette nouvelle fonction*

Les observateurs des recours climatiques récemment engagés dans le monde l'ont relevé : si la société civile se saisit de l'arme du droit, ce n'est

(82) Auby J.-B., « Le droit administratif dans la société du risque », préc.

(83) Broyelle C., « Illégalité et faute », RDP 2010, n° 3, p. 807.

(84) CE, *Responsabilité et socialisation des risques*, 2005, Doc. fr., n° 56, p. 338.

(85) Dubreuil C.-A., « La déresponsabilisation des opérateurs du fait de la reconnaissance d'une responsabilité publique », *in* Cans C., Viney G. (dir.), *La responsabilité environnementale*, 2009, Dalloz, p. 237.

pas tant pour obtenir la réparation d'un préjudice que pour « faire connaître l'urgence à adopter des mesures efficaces » en matière climatique (86). Il semble que les citoyens se considèrent désormais, comme l'appelait de ses vœux Michel Prieur en 1988 (87), comme les « gardiens d'une richesse collective et d'un patrimoine commun » et souhaitent voir se concrétiser leur droit à participer aux politiques environnementales. Les recours climatiques jouent un « rôle crucial d'épouvantail, d'aiguillon ou de révélateur » (88), font figure de « méthode alternative pour encourager le changement sociétal » (89). L'emploi du terme « *public interest litigation* » dans les pays anglophones souligne que les actions sont mises en œuvre « dans l'intérêt du public » largement entendu (90), incluant les générations futures, permettant de se faire porte-parole de ceux qui en sont privés et d'agir en représentation de la nature. Ce rôle est d'ailleurs précisément celui que s'attribuent les requérants eux-mêmes : sur le site relatif à l'affaire belge *Klimatzaak*, les requérants expliquent que leur action en responsabilité contre l'État n'est pas une « attaque contre le gouvernement » ; il s'agit au contraire, selon eux, d'un « activateur de changement sociétal et politique durable » (91).

Illustration de la théorie du réseau chère à François Ost et Michel Van de Kerchove (92), la société civile devient ici un foyer normatif, appelant, par l'intermédiaire du juge, au perfectionnement des politiques publiques en matière de lutte contre le changement climatique.

Le droit de la responsabilité administrative paraît appelé à jouer un nouveau rôle en matière environnementale : il est sollicité pour alerter, donner corps au principe de participation citoyenne. Il nous semble dès lors possible de considérer que les récentes actions en justice sont révélatrices d'une nouvelle fonction du droit de la responsabilité administrative, que l'on pourrait appeler « fonction participative ». C'est à François Ost (93) que l'on doit l'idée selon laquelle il existerait, en droit de l'environnement, une « responsabilité-participation qui vise à assurer l'implication de tous dans la gestion

---

(86) Lavorel S., « L'émergence d'une responsabilité climatique des États ? », préc.

(87) Prieur M., « Le droit à l'environnement et les citoyens : la participation », Rev. jur. env. 1988, n° 4, p. 401.

(88) Waisman H., préc.

(89) Van Geel O., « *Urgenda* and Beyond: The past, present and future of climate change public interest litigation », Maastricht University Journal of Sustainability Studies 2017, vol. 3.

(90) *Ibid.*

(91) Cf. http://affaire-climat.be.

(92) Ost F., Van de Kerchove F., *De la pyramide au réseau ? Pour une théorie dialectique du droit*, 2002, Bruxelles, Facultés universitaires Saint-Louis.

(93) Ost F., « La responsabilité, fil d'Ariane du droit de l'environnement », Dr. et sociétés 1995, n° 30/31, p. 281.

et le contrôle des milieux naturels ». Comme l'explique l'auteur, le droit de l'homme à l'environnement se manifeste notamment par la reconnaissance de droits procéduraux au bénéfice des citoyens, qui donnent corps à une démocratie participative et qui recouvrent, entre autres, le droit d'agir en justice. Le prétoire devient le « lieu de discussion publique de prétentions relatives à la légitimité écologique » (94), peu important que les prétentions soient finalement rejetées.

Cette responsabilité-participation peut être perçue comme une concrétisation de l'article 7 de la Charte de l'environnement relatif au principe de participation ; mais également de normes internationales promouvant l'ouverture des prétoires nationaux aux actions en défense du droit à un environnement sain (95). Il en va ainsi de l'article 9, § 3 de la convention d'Aarhus, qui consacre un droit d'accès à la justice afin de « contester les actes ou omissions des particuliers ou autorités publiques », ou du récent projet de Pacte mondial pour l'environnement, toutefois dépourvu de valeur contraignante, consacrant un droit d'accès à la justice.

Cette responsabilité-participation mérite toutefois d'être questionnée.

2. *Les limites de cette nouvelle fonction*

Le premier problème est celui de savoir s'il appartient vraiment au juge de se prononcer sur les politiques publiques à mettre en œuvre dans le domaine environnemental, et plus particulièrement en matière climatique. La difficulté tient au risque d'atteinte au principe de séparation des pouvoirs : c'est la crainte du gouvernement des juges qui se trouve ravivée, d'un juge dictant aux élus, pourtant seuls investis de la légitimité démocratique, les politiques publiques à mettre en œuvre. L'inquiétude, si elle est légitime, n'est toutefois nullement déterminante : il est permis de considérer que le risque pour la démocratie ne vient pas des juges. C'est d'ailleurs en ce sens que l'argument de l'atteinte à la séparation des pouvoirs a été écarté dans la décision *Urgenda*, au motif que l'évaluation des politiques publiques par un juge indépendant est un « élément essentiel de l'État de droit » (96).

La seconde difficulté tient à la « temporalité » des recours : alors que la protection de l'environnement et la lutte contre le changement climatique constituent des défis urgents, les recours en justice peuvent durer des années (97), ce qui peut faire douter du caractère adapté des actions en justice pour lutter contre les atteintes à l'environnement. Ces limites sont bien réelles, mais n'empêchent pas que les actions en justice présentent une certaine efficacité :

---

(94) *Ibid.*

(95) Rochfeld J., *op. cit.*, p. 78.

(96) Petrinko E., préc.

(97) Waisman H., préc.

leur médiatisation s'accompagne d'une prise de conscience de la population, et, même rejetés, les procès créent une pression sur les pouvoirs publics qui peut aller jusqu'à provoquer des changements d'agenda gouvernementaux (98).

Ces limites n'empêchent donc pas de relever l'émergence, en matière environnementale, d'une nouvelle fonction de la responsabilité administrative : la fonction participative.

La question des incidences de la mise en place d'un fonds d'indemnisation sur les fonctions de la responsabilité administrative mérite également d'être posée.

B. — *L'hypothèse d'une socialisation des risques*

Il y a socialisation des risques lorsque « l'indemnisation des conséquences dommageables d'un risque est sans lien avec la responsabilité » (99). Cette indemnisation passe par l'instauration, à l'initiative du législateur, d'un fonds d'indemnisation. L'institution d'un fonds d'indemnisation des préjudices écologiques purs, liés ou non au réchauffement climatique, a été envisagée par la doctrine (100). Par le passé, des fonds d'indemnisation ont d'ailleurs été créés suite à l'engagement de la responsabilité de l'État pour carence fautive, ce qui était le cas du fonds d'indemnisation des victimes du sida.

Les fonds permettent d'indemniser les victimes lorsque les caractères du dommage ne permettent pas de l'imputer précisément à un responsable. Leur intérêt en matière environnementale semble évident : les préjudices causés à l'environnement ont généralement des causes multiples et ne surviennent parfois qu'au terme d'un temps long qui a pour effet de diluer ou d'effacer ces causes (101). Le recours à un fonds permettrait en outre de garantir l'affectation de l'indemnisation à la « réhabilitation » ou à la « compensation » du préjudice (102). L'instauration d'un fonds d'indemnisation des préjudices écologiques purs est donc séduisante et mérite d'être explorée, par l'analyse des apports d'un tel fonds au droit de la responsabilité

---

(98) Rochfeld J., *op. cit.,* p. 179.

(99) CE, *Responsabilité et socialisation du risque*, préc.

(100) Bacache M., « Changement climatique, responsabilité civile et incertitude », Énergie – Env. – Infrastr. août 2018, n° 8-9, dossier 30 ; Van Lang A., « L'hypothèse d'une action en responsabilité contre l'État », préc. ; Deguergue M., « Les imperfections de la responsabilité administrative environnementale », préc. ; Fuchs O., *Responsabilité administrative extracontractuelle et atteinte environnementale*, thèse Nantes, 2007, p. 359, n° 675 et s.

(101) Deguergue M., préc.

(102) Lucas M., *Étude juridique de la compensation écologique*, 2015, LGDJ, Bibliothèque de droit de l'urbanisme et de l'environnement, t. 11.

administrative (1) et la présentation des modalités de son éventuelle mise en œuvre (2).

1. *Les apports d'un fonds d'indemnisation du préjudice écologique pur à la responsabilité administrative*

Ainsi que l'a montré Alexis Frank (103), les fonds jouent, vis-à-vis de la responsabilité administrative, un rôle à la fois supplétif et correctif.

Supplétif d'abord, lorsque la responsabilité administrative s'avère difficile ou impossible à engager. Or, justement, les dommages causés à l'environnement en tant que tel se heurtent aux conditions d'engagement de la responsabilité, et tout particulièrement à l'identification d'un lien de causalité. En effet, même dans l'hypothèse où le juge administratif accepterait de reconnaître le préjudice écologique pur, encore faudrait-il qu'un lien de causalité entre le fait générateur et ce préjudice puisse être identifié, ce qui fait figure d'obstacle dirimant à l'engagement de la responsabilité publique. Plusieurs théories de la causalité peuvent être mobilisées par le juge administratif (104) : celle de l'équivalence des conditions, en vertu de laquelle « toutes les conditions nécessaires à la réalisation du dommage sont considérées comme en étant les causes » ; la théorie de la causalité adéquate, qui consiste à ne retenir, parmi plusieurs facteurs, que celui qui « d'après l'expérience que l'on a du "cours normal des choses", […] avait une vocation particulière à provoquer ce dommage » (105), c'est-à-dire le fait sans lequel le dommage ne serait pas survenu. Cette idée de normalité se rattache à celle de probabilité : « apparaît comme normal […] ce qui a […] une probabilité d'occurrence élevée » (106). La doctrine a souvent relevé l'attachement du juge administratif à la théorie de la causalité adéquate (107) : or, l'application stricte de cette théorie peut le conduire à ne pas reconnaître la responsabilité de l'administration lorsque sa carence n'est pas la seule cause du dommage, ce qui est particulièrement problématique lorsqu'est recherchée sa responsabilité du fait de dommages écologiques. En matière climatique par exemple, l'incertitude entoure la relation de cause à effet entre les carences de l'État et le réchauffement climatique, entre ce dernier et les événements climatiques tels que les catastrophes naturelles, et entre ces dernières et les préjudices allégués par les victimes (108). À cet égard, l'instauration d'un

---

(103) Frank A., *op. cit.*

(104) Chapus R., *op. cit.,* p. 1220 à 1221.

(105) *Ibid.*, p. 1245.

(106) Pouillaude H.-B., *Le lien de causalité en droit de la responsabilité administrative*, thèse Paris II, 2011, dactyl., n° 153, p. 76.

(107) *Ibid.*, n° 154, p. 77.

(108) Bacache M., « Changement climatique, responsabilité civile et incertitude », préc.

fonds d'indemnisation présenterait un avantage indéniable : il permettrait d'établir une présomption de causalité entre la carence étatique et le dommage. Ce recours à la présomption marque l'acceptation de l'incertitude entourant la causalité : les présomptions ont pour fonction « la systématisation du probable » (109). Bien que réfragable, une telle présomption faciliterait l'indemnisation des victimes.

Toutefois, il faut relever que l'assouplissement du lien de causalité en matière environnementale ne passe pas forcément par la mise en place d'un fonds d'indemnisation : il pourrait parfaitement être le fait du juge administratif lui-même. Le juge administratif dispose à cet effet de plusieurs outils : la théorie de l'équivalence des conditions, dont il a parfois fait usage (110), l'appréciation souple de la théorie de la causalité adéquate (111), le recours au faisceau d'indices (112) ou aux présomptions de cause (113).

Les fonds jouent également, vis-à-vis de la responsabilité administrative, un rôle correctif : ils permettent à la responsabilité administrative de « retrouver certaines de ses règles initiales » (114). En prenant en charge la fonction indemnitaire, les fonds permettent de recentrer la responsabilité administrative sur sa fonction normative, c'est-à-dire à la fois sanctionnatrice et préventive. Là où les fonds valorisent la situation de la victime en socialisant l'indemnisation de leur préjudice, la responsabilité administrative peut se recentrer sur le comportement de l'auteur du dommage. Les fonds apparaissent ainsi comme le vecteur de « rénovation » de la responsabilité administrative, en lui restituant sa fonction régulatrice des comportements (115). La mise en place d'un fonds d'indemnisation du préjudice écologique pur prendrait donc acte de la rénovation des fonctions de la responsabilité administrative en matière environnementale.

Ce fonds ne lèverait pas pour autant toutes les difficultés. Tout d'abord, il ne permettrait qu'une *indemnisation*, qui pourrait certes être affectée à des actions de réparation en nature, mais qui reste inutile en cas de dommages irréversibles. En réalité, le fonds intervient trop tard : mis en place suite à une carence des pouvoirs publics, il n'est d'aucune aide dans la prévention des dommages, dont on a vu pourtant la nécessité. Toutefois, le financement mixte du fonds pourrait être de nature à sensibiliser les différents contributeurs

(109) Rivero J., « Fictions et présomptions dans le droit public français », *in Les présomptions et les fictions en droit*, 1974, Bruxelles, Bruylant, p. 112.

(110) Frank A., *op. cit.*, n° 73 et s., p. 66.

(111) Van Lang A., « Le juge administratif, l'État et les algues vertes », préc.

(112) CE, 3 mars 2004, n° 241151, Ministre de l'Emploi et de la Solidarité c/ Consorts Botella (en matière d'amiante).

(113) CE, 9 mars 2007, n° 267635, Nadine Schwartz (à propos du lien de causalité entre la vaccination contre l'hépatite B et l'apparition de la sclérose en plaques).

(114) Frank A., *op. cit.,* p. 38.

(115) *Ibid.*, p. 331 et s.

et à les inciter à adopter une conduite plus respectueuse de l'environnement. Par ailleurs, la mise en place du fonds ne saurait remplacer l'engagement de la responsabilité administrative : comme l'a relevé un auteur, « l'effet thérapeutique du procès disparaît dans le cadre de l'indemnisation » (116). En recherchant la responsabilité de l'administration devant le juge, les requérants restent attachés à l'idée de stigmatisation d'une conduite. On peut alors imaginer la concomitance d'un fonds d'indemnisation et de l'engagement de la responsabilité administrative : le premier n'ayant pour fonction que l'indemnisation, la seconde pourrait se recentrer sur sa fonction normative.

2. *Les modalités de l'instauration d'un fonds d'indemnisation du préjudice écologique pur*

Quelles seraient les modalités de l'instauration d'un tel fonds d'indemnisation ? Pour l'heure, des fonds permettent l'indemnisation des dommages causés aux biens ou aux personnes par des aléas climatiques exceptionnels ou des catastrophes naturelles (117). Mais aucun de ces fonds ne prend en compte le préjudice écologique pur. Maryse Deguergue relevait en 2018 qu'un fonds d'indemnisation d'un tel préjudice pourrait être abondé par le biais d'un système mixte impliquant l'État, les entreprises polluantes mais également les contribuables, « grâce à un prélèvement sur leurs assurances obligatoires » : la solidarité marquerait ainsi « non seulement l'origine collective des pollutions, mais aussi l'indemnisation socialement répartie entre tous » (118). Ce financement d'origine à la fois publique et privée s'avérerait pertinent face aux limites d'un financement uniquement public, dans la mesure où « l'État ne peut jouer le rôle d'assureur multirisque de la population » (119). Il s'inscrirait par ailleurs dans la logique du principe pollueur-payeur, qui consiste à « imputer au pollueur le coût social de la pollution qu'il engendre » (120). À l'heure actuelle, ce fonds pourrait être géré par l'Office français pour la biodiversité, créé par la loi n° 2019-773 du 24 juillet 2019 qui procède à la fusion de l'Agence française pour la biodiversité et de l'Office national de la chasse et de la faune sauvage. L'article 13 de cette loi prévoit d'ailleurs l'existence d'un « fonds dédié à la protection et à la reconquête de la biodiversité »

---

(116) Jacquemet-Gauché A., *op. cit.*, n° 1211, p. 442.

(117) Par exemple le Fonds national de gestion des risques en agriculture (FNGRA) ; le régime d'indemnisation des catastrophes naturelles datant de 1982 ; le Fonds Barnier de 1995 permettant d'indemniser les propriétaires de biens expropriés en raison de risques majeurs.

(118) Deguergue M., « Les imperfections de la responsabilité administrative environnementale », préc.

(119) Denoix de Saint Marc R., « Vers une socialisation raisonnée du risque ? », AJDA 2005, p. 2201.

(120) Prieur M., *Droit de l'environnement*, 7e éd., 2016, Dalloz, n° 186.

(C. envir., art. L. 421-14), abondé à la fois par les chasseurs et par l'État ou l'Office français pour la biodiversité.

***

L'homme est-il encore « la mesure de toute chose » ? Les préoccupations environnementales permettent d'en douter, tant la mesure de toute chose « s'élargit à l'univers tout entier » (121). Le droit administratif peine encore à se dégager d'une conception anthropocentrée des victimes d'éventuels dommages écologiques. Les récents procès climatiques sollicitent toutefois son évolution : en recherchant la responsabilité de l'État du fait de son inaction en matière de lutte contre le changement climatique, ayant causé un préjudice écologique pur, les requérants incitent le juge administratif à contribuer au débat public. Ces recours révèlent une évolution des fonctions de la responsabilité administrative : alors que l'accent avait progressivement été mis sur la fonction réparatrice à travers la multiplication des régimes de responsabilité sans faute en droit administratif, les récents recours révèlent que la responsabilité n'est pas recherchée principalement dans une optique d'indemnisation. La matière environnementale conduit en réalité à valoriser la fonction normative de la responsabilité administrative, c'est-à-dire sanctionnatrice et préventive. Elle semble même avoir permis l'émergence d'une nouvelle fonction : une fonction de participation des citoyens à la défense de l'environnement. Peu importe l'issue du procès : l'arène judiciaire devient un lieu de débat relatif à l'efficacité des politiques publiques menées. Finalement, derrière les récents procès climatiques, c'est « notre constitution politique qui se remodèle ; nos places respectives, humains et non humains, qui se redéfinissent » (122).

Isabelle HASQUENOPH
Maître de conférences en droit public
à l'Université Paris I

---

(121) Ost F., *La nature hors la loi : l'écologie à l'épreuve du droit*, 2003, La Découverte, p. 270.

(122) Rochfeld J., *op. cit.,* p. 181.

DOCTRINE

DROIT CONSTITUTIONNEL

La contribution de la Commission nationale du débat public à la démocratie environnementale

par Chloë GEYNET-DUSSAUZE
Docteure en droit public qualifiée aux fonctions de Maître de conférences

SOMMAIRE

I. — UNE GARANTIE LIMITÉE DE LA DÉMOCRATIE ENVIRONNEMENTALE

A. — *L'institutionnalisation réussie de la mission de garant*

B. — *Le manque d'effectivité des nouvelles compétences de la Commission nationale du débat public*

II. — UNE FORCE DE PROPOSITION POUR LA DÉMOCRATIE ENVIRONNEMENTALE

A. — *La clarification des procédures environnementales existantes*

B. — *La rationalisation des structures environnementales existantes*

« Nous, citoyens, sommes prêts pour sauver le climat et la nature. Élus, aidez-nous ! » ; « Donnez aux citoyens les moyens de s'exprimer sur la sauvegarde de la planète ! ». Ces slogans, repris à plusieurs reprises lors de la marche mondiale pour le climat du 21 septembre 2019, illustrent pleinement les attentes des citoyens en matière environnementale. Comme en attestent les récentes mobilisations pour le climat – tant à l'échelle nationale qu'internationale –, les sociétés modernes sont aujourd'hui confrontées à une forte et croissante demande de l'opinion publique qui souhaite être intégrée à la prise de décision environnementale : le défi écologique est, avant tout, un défi démocratique.

Désormais largement répandu (1), le concept de *démocratie environnementale* apparaît comme l'une des manifestations les plus abouties de la démocratie administrative (2), plaçant la « participation » (3) des citoyens au cœur de ses réflexions (4). Il ne s'agit pas d'« une nouvelle forme de la démocratie, ni dans ses pratiques, ni dans ses inspirations : c'est la conséquence de l'extension de l'aspiration démocratique dans ce domaine » (5). En ce sens, le « droit de l'environnement » (6) a pu être qualifié de « nouvelle école de la démocratie » (7). L'objectif de développement écologique durable est « devenu un

---

(1) V. not. : CE, *La démocratie environnementale. Un cycle de conférences du Conseil d'État*, 2013, Doc. fr. ; Boutelet M., Olivier J. (dir.), *La démocratie environnementale. Participation du public aux décisions et politiques environnementales*, 2009, Éd. universitaires de Dijon ; Fleury M. (dir.), *La démocratie environnementale, nouvelle expérimentation démocratique ?, Colloque CEJEP, La Rochelle*, à paraître ; Moliner-Dubost M., « Démocratie environnementale et participation des citoyens », AJDA 2011, p. 259 à 263 ; Pastor J.-M., « La démocratie environnementale revisitée », Dalloz actualité 16 févr. 2018 ; Pancher B., *La concertation au service de la démocratie environnementale. Pour une définition d'un cadre général de la gouvernance environnementale*, Rapport au président de la République française, oct. 2011 ; Struillou J.-F., Huten N., « Démocratie environnementale », Rev. jur. env. 2018/1, vol. 43, p. 147 à 165.

(2) Selon le vice-président Jean-Marc Sauvé, la démocratie environnementale s'inscrit « dans une évolution plus globale d'approfondissement de la démocratie dite *administrative* » (Sauvé J.-M., « Introduction », *in* CE, *La démocratie environnementale. Un cycle de conférences du Conseil d'État, op. cit.*, p. 19). V. Daugeron B., « La démocratie administrative dans la théorie du droit public : retour sur la naissance d'un concept », RF adm. publ. 2011/1-2, n° 137-138, p. 21 à 37.

(3) La participation est ici entendue comme « une forme d'association et d'intervention des citoyens à la préparation et à la prise de décision administrative » (Prieur M., « Le droit à l'environnement et les citoyens : la participation », Rev. jur. env. 1988, p. 398).

(4) Van Lang A., « Le principe de participation : un succès inattendu », N3C 2014/2, n° 43, p. 27.

(5) Schnapper D., *in* CE, *La démocratie environnementale. Un cycle de conférences du Conseil d'État, op. cit.*, p. 51.

(6) Pour une définition du droit de l'environnement, v. Prieur M. *et al.*, *Droit de l'environnement*, 2016, Dalloz, Précis, p. 6 à 14.

(7) De Sadeleer N., *Les principes du pollueur-payeur, de prévention et de précaution. Essai sur la genèse et la portée juridique de quelques principes du droit de l'environnement*, 1999, Bruxelles, Bruylant, Universités francophones, p. 343.

enjeu de démocratie : il est désormais acquis que l'atteindre requiert une participation du public aussi étroite et directe que possible » (8). La promotion du développement durable constitue ainsi le « terreau » de la gouvernance, celle-ci se caractérisant par « l'élargissement du cercle des acteurs associés aux processus décisionnels et la recherche systématique de solutions de type consensuel » (9). La démocratie environnementale s'insère pleinement dans le processus d'extension de la participation démocratique (10), dès lors qu'elle invite à consulter et à associer les populations sur des projets qui engagent leur avenir et celui de la planète. Elle ne s'oppose pas à la démocratie représentative mais tend, plutôt, à la compléter ou à la corriger (11). Si participer n'est pas décider, la décision est néanmoins discutée, jaugée, dans un cadre collectif qui conduit à instaurer un processus délibératif soumis, par la suite, à la décision de celui habilité à la prendre (12). La démocratie environnementale s'affirme donc « comme un processus d'implication, d'intéressement des citoyens à la chose publique » et s'avère « liée à l'idée d'association à la délibération, à l'information, à la reddition de comptes de la part des gouvernants. Dans cette mesure, on peut dire qu'il s'agit d'une démocratie interactive qui oblige en permanence le pouvoir à s'expliquer, à rendre des comptes et à informer » (13). La démocratie environnementale véhicule donc une conception positive des individus ; parce que la sauvegarde ainsi que la protection de l'environnement constituent un devoir pour chacun (14), la philosophie

---

(8) Schrameck O., « Avant-propos », *in* CE, *La démocratie environnementale. Un cycle de conférences du Conseil d'État*, *op. cit.*, p. 5.

(9) Chevallier J., « La gouvernance et le droit », *Mélanges Amselek*, 2005, Bruxelles, Bruylant, p. 189, cité *in* Van Lang A., « Le principe de participation : un succès inattendu », art. préc., p. 26.

(10) Schnapper D., *in* CE, *La démocratie environnementale. Un cycle de conférences du Conseil d'État*, *op. cit.*, p. 40.

(11) Comme le souligne Thomas Bertrand, il s'agit plutôt de « répondre aux aspirations de démocratie participative et [de] désarmer les méfiances de la démocratie représentative ; prendre conscience ainsi de leur nécessaire complémentarité » (Bertrand T. et Marguin J., « La notion de participation à l'aune de la protection de l'environnement et de la procédure de débat public », Rev. jur. env. 2017/3, vol. 42, p. 458). V. également Cabanel H. et Bonnecarrère P., *Rapport d'information fait au nom de la mission d'information sur la démocratie représentative, démocratie participative, démocratie paritaire : comment décider avec efficacité et légitimité en France en 2017*, Doc. Sénat, 17 mai 2017, n° 556, p. 12.

(12) V. CE, rapport public *Consulter autrement, participer effectivement*, 2011, Doc. fr., p. 17. Tandis que délibérer correspond à une liberté de peser le pour et le contre en vue d'une prise de décision, décider revient à trancher définitivement une question.

(13) Rosanvallon P., interview, Le Monde 4 mai 2009.

(14) Selon l'article L. 110-2 du Code de l'environnement, « il est du devoir de chacun de veiller à la sauvegarde et de contribuer à la protection de l'environnement ».

politique qui s'y attache implique que les citoyens soient actifs (15). La participation environnementale ne concerne, dès lors, plus seulement l'administré « en tant qu'atteint dans ses droits propres, mais le citoyen en tant que garant et protecteur d'une valeur collective supérieure » (16). Il apparaît alors une nouvelle forme de citoyenneté : la « citoyenneté environnementale » (17). Pour s'exercer à bien, celle-ci suppose non seulement une participation des citoyens à l'élaboration des décisions susceptibles d'avoir une incidence sur l'environnement, mais également la garantie, pour ces derniers, qu'une information complète (concernant à la fois l'état de l'environnement et les projets qui risquent d'y porter atteinte) leur soit communiquée. L'information et la participation forment ainsi « un cercle vertueux » (18), dès lors que la participation des citoyens est elle-même mise en œuvre afin d'améliorer et de diversifier l'information environnementale.

Si le droit à l'information et à la participation du public n'est pas spécifique au domaine de l'environnement, la nature particulière de ce droit a cependant entraîné son développement significatif dans ce domaine. Relativement ancien, ce droit transparaît, dès 1972, dans plusieurs conventions internationales (19), avant d'être largement consacré par la convention d'Aarhus du 25 juin 1998, qui impose aux États parties de garantir l'accès à l'information sur l'environnement, la participation du public au processus décisionnel et l'accès à la justice en matière d'environnement (20). Par la suite, le droit européen traduit

---

L'information et la participation ne constituent donc pas seulement un droit, mais également une modalité d'exercice du devoir de chacun de contribuer à la protection de l'environnement.

(15) Prieur M. *et al.*, *Droit de l'environnement*, *op. cit.*, p. 156.

(16) Prieur M., « Le droit à l'environnement et les citoyens », Rev. jur. env. 1988, n° 4, p. 399.

(17) Moliner-Dubost M., « La citoyenneté environnementale », AJDA 2016, n° 12, p. 646 à 651.

(18) Bertrand T. et Marguin J., « La notion de participation à l'aune de la protection de l'environnement et de la procédure de débat public », art. préc., p. 480.

(19) Dès 1972, la déclaration de Stockholm affirme le droit de l'homme à un environnement de qualité et indique la nécessité d'éclairer l'opinion publique (principes 1 et 19). Ensuite, en 1992, le principe 10 de la déclaration de Rio précise que « La meilleure façon de traiter les questions d'environnement est d'assurer la participation de tous les citoyens concernés. Chaque individu doit avoir dûment accès aux informations relatives à l'environnement que détiennent les autorités publiques [...] et la possibilité de participer au processus de prise de décision ».

(20) La convention est ratifiée par la France par la loi n° 2002-285 du 28 février 2002 autorisant l'approbation de la convention sur l'accès à l'information, la participation du public au processus décisionnel et l'accès à la justice en matière d'environnement et publiée par le décret n° 2002-1187 du 12 septembre 2002 portant publication de la convention sur l'accès à l'information, la participation du public au processus décisionnel et l'accès à la justice en matière d'environnement (ensemble deux annexes),

les exigences de cette convention par l'adoption de directives (21), puis, le droit français consacre le droit à l'information et à la participation du public, en 1995, à l'article L. 110-1, II, 5° du Code de l'environnement. En 2004, ce droit est finalement promu au rang constitutionnel par l'article 7 de la Charte de l'environnement, selon lequel : « Toute personne a le droit, dans les conditions et les limites définies par la loi, d'accéder aux informations relatives à l'environnement détenues par les autorités publiques et de participer à l'élaboration des décisions publiques ayant une incidence sur l'environnement ». Un temps ravalé au rang de symbole, cet article rencontre, dès 2011 (22), « un succès inattendu » (23) et demeure, à ce jour, l'article de la charte le plus invoqué devant les juges administratif, judiciaire et constitutionnel (24), attestant ainsi de l'attachement des justiciables à ces principes.

Depuis 1995 (25), le droit français prévoit que l'application du droit à l'information et à la participation des citoyens à l'élaboration des décisions susceptibles d'avoir une incidence sur l'environnement est garantie par une autorité administrative indépendante : la Commission nationale du débat public (CNDP). Installée en 1997 (26), celle-ci a, en effet, pour objectif de veiller au respect de l'information et de la participation du public au processus d'élaboration des projets, plans et programmes qui ont un impact sur l'environnement et qui présentent de forts enjeux socio-économiques (27).

---

faite à Aarhus le 25 juin 1998. Cette convention est essentielle pour l'information et la participation, car elle « introduit la démocratie dans le processus de décision publique » (Prieur M., « La convention d'Aarhus, instrument universel de la démocratie environnementale », Rev. jur. env. 1999, numéro spécial, p. 9).

(21) Par l'adoption des directives du 28 janvier et du 26 mai 2003 relatives à l'accès du public à l'information en matière d'environnement et de participation. Le 17 février 2005, l'Union européenne adhère à la convention d'Aarhus, faisant de ses dispositions du droit communautaire.

(22) Cons const., 14 oct. 2011,. n° 2011-182 QPC, M. Pierre T. [Servitude administrative de passage et d'aménagement en matière de lutte contre l'incendie] : JO 15 oct. 2011, p. 17465, cons. 6.

(23) Van Lang A., « Le principe de participation : un succès inattendu », art. préc., p. 25 à 41.

(24) Cohendet M.-A. et Fleury M., « Chronique de droit constitutionnel sur la Charte de l'environnement », Rev. jur. env. 2018/4, vol. 43, p. 755 à 756 ; Jolivet S. et Malet-Vigneaux J., « La Charte de l'environnement devant les juges administratif et judiciaire (juillet 2017-juin 2018) », Rev. jur. env. 2018/4, vol. 43, p. 769 ; Prieur M., « Promesses et réalisations de la Charte de l'environnement », N3C 2014, n° 43, p. 19.

(25) L. n° 95-101, 2 févr. 1995 relative au renforcement de la protection de l'environnement, art. 2.

(26) D. d'application n° 96-388, 10 mai 1996 relatif à la consultation du public et des associations en amont des décisions d'aménagement.

(27) À ce titre, la devise de la CNDP est : « Vous donner la parole et la faire entendre ».

À l'origine, son dispositif est inspiré des méthodes du Bureau d'audiences publiques sur l'environnement (BAPE) du Québec, créé en 1978 (28). Cet « organisme gouvernemental impartial » (29) permet aux citoyens de s'informer et d'exercer leur droit de participation sur des projets et sur toute question relative à l'environnement. À partir de ce modèle et au fil des réformes successives (30), le champ de compétence de la CNDP n'a cessé d'être renforcé, jusqu'en novembre 2014, où, à la suite du décès d'un militant écologiste sur le site du barrage de Sivens, le président de la République, François Hollande, a engagé une importante réforme du dialogue environnemental (31). Le processus aboutit, en 2016, à l'adoption de plusieurs ordonnances (32) et d'une Charte de la participation du public (33), puis, en 2017, à la publication du décret n° 2017-626 fixant les règles d'application de l'ordonnance du 3 août 2016. L'ensemble des dispositions adoptées confère des compétences nouvelles à la CNDP et élargit ses conditions de saisine, tendant ainsi à conforter les procédures destinées à l'information et à la participation du public à l'élaboration des décisions ayant une incidence sur l'environnement.

Parce que la CNDP garantit le droit à l'information et à la participation du public dans le domaine environnemental, son évolution est étroitement liée à celle de la démocratie environnementale. La refonte de la démocratie environnementale française est constamment envisagée à travers un accroissement du champ de compétences de la CNDP. L'enjeu démocratique déterminant qui s'attache aux missions qui lui sont conférées soulève la question du rôle

(28) Lors de la révision de la loi sur la qualité de l'environnement.

(29) V. « Le rôle du BAPE », www.bape.gouv.qc.ca/fr/bape/. Cet organisme relève du ministère de l'Environnement et de la Lutte contre les changements climatiques.

(30) V. not. : L. n° 2002-276, 27 févr. 2002 relative à la démocratie de proximité ; L. n° 2009-967, 3 août 2009 de programmation relative à la mise en œuvre de l'environnement ; L. n° 2010-788, 12 juill. 2010 portant engagement national pour l'environnement.

(31) V. not. en ce sens : Richard A., *Démocratie environnementale : débattre et décider*, Rapport de la Commission spécialisée du Conseil national de la transition écologique sur la démocratisation du dialogue environnemental, 3 juin 2015 ; Duport J.-P., Rapport *Accélérer les projets de construction. Simplifier les procédures environnementales. Moderniser la participation du public*, 3 juin 2015.

(32) Ord. n° 2016-488, 21 avr. 2016 relative à la consultation locale sur les projets susceptibles d'avoir une incidence sur l'environnement, ord. n° 2016-1058, 3 août 2016 relative à la modification des règles applicables à l'évaluation environnementale des projets, plans et programmes et ord. n° 2016-1060, 3 août 2016 portant réforme des procédures destinées à assurer l'information et la participation du public à l'élaboration de certaines décisions susceptibles d'avoir une incidence sur l'environnement, ratifiées par la L. n° 2018-148, 2 mars 2018. Pour ce faire, le gouvernement avait été habilité par la L. n° 2015-990, 6 août 2015 pour la croissance, l'activité et l'égalité des chances économiques.

(33) Publiée le 11 octobre 2016.

de cette dernière au sein de la démocratie environnementale française. Paradoxalement, l'attribution de prérogatives croissantes à la CNDP ne semble pas pour autant susciter un intérêt manifeste de la part de la littérature scientifique juridique. Elle est, pourtant, au cœur des enjeux environnementaux et démocratiques, dès lors qu'elle conditionne le fonctionnement de la démocratie environnementale, en même temps qu'elle constitue un laboratoire de réflexion pour cette dernière. En veillant à l'effectivité du droit à l'information et à la participation des citoyens dans le domaine environnemental, la CNDP apparaît, en effet, en premier lieu, comme une institution garante de la démocratie environnementale. Néanmoins, si la récente réforme sur la modernisation du dialogue environnemental avait pour principal objectif de renforcer ce rôle de garante, l'analyse des dispositions adoptées met en évidence les nombreuses limites à son exercice (I). En second lieu, la CNDP fait également figure « d'institution expérimentale par excellence » (34), dans la mesure où elle expérimente à grande échelle des modalités de participation et de délibération du public (35). Forte de son expérience, elle a, très récemment, rendu public un rapport s'intitulant *Une nouvelle ambition pour la démocratie environnementale* (36), qui identifie les dysfonctionnements de l'offre de participation institutionnelle dans le domaine de l'environnement et émet une série de propositions tendant à améliorer le fonctionnement de la démocratie environnementale. Novatrice, la CNDP constitue également une institution réflexive pour cette dernière (II). Ce faisant, l'ensemble des développements menés permettra de saisir l'étendue du rôle de la CNDP au sein de la démocratie environnementale française, dont l'essor véritable sera ainsi indirectement évalué.

I. — UNE GARANTIE LIMITÉE DE LA DÉMOCRATIE ENVIRONNEMENTALE

Pour garantir le droit à l'information et à la participation du public à l'élaboration des décisions susceptibles d'avoir une incidence sur l'environnement, la CNDP veille à la bonne information du public durant la phase de réalisation de tous les projets dont elle a été saisie jusqu'à la réception des équipements et travaux ou la mise en œuvre du plan ou programme. Elle veille également au respect de la participation du public par la détermination des modalités de

---

(34) Revel M. *et al.*, « Introduction », *in* Blatrix C. *et al.*, *Le débat public : une expérience française de démocratie participative*, 2007, La Découverte, p. 10.

(35) À ce titre, elle a notamment accompagné la réforme du dialogue environnemental de 2016 et émet fréquemment des propositions tendant à renforcer la démocratie environnementale.

(36) Jouanno C., Casillo I., Augagneur F., « Une nouvelle ambition pour la démocratie environnementale », CNDP 18 juin 2019, www.debatpublic.fr/sites/cndp.portail/files/documents/cndp_democratie-envir_v2.pdf.

participation de ce dernier et l'organisation de débats publics et de concertations préalables (37). L'ordonnance du 3 août 2016 et le décret du 27 avril 2017 contribuent essentiellement à renforcer ces deux procédures en matière environnementale. Ces dernières sont destinées à assurer l'information et la participation du public à l'élaboration des décisions susceptibles d'avoir une incidence sur l'environnement, celles-ci permettant au public de participer à l'élaboration des projets, plans ou programmes en amont de l'enquête publique. Elles constituent donc des moments clés dans l'exercice de la démocratie environnementale.

Leur réforme était ainsi supposée accroître le rôle de garante de la démocratie environnementale de la CNDP, par une extension du champ de ses compétences en la matière. Alors que l'institutionnalisation de l'intervention d'un tiers garant tend à renforcer ce rôle (A), l'analyse des nouvelles compétences conférées à la CNDP révèle cependant leur manque d'effectivité, mettant ainsi en lumière les difficultés de la Commission à s'affirmer pleinement comme une institution garante de la démocratie environnementale française (B).

A. — *L'institutionnalisation réussie de la mission de garant*

Lorsque la CNDP décide d'organiser une concertation ou un débat public, celle-ci dispose de divers moyens lui permettant d'assurer sa mission au plus près du public. Si elle décide, par exemple, de l'organisation d'un débat public, elle en délègue l'animation à une Commission particulière du débat public (CPDP) dont les membres sont désignés par la CNDP (38). Ces derniers préparent et animent le débat, veillant, de la sorte, directement à l'impartialité de son organisation. Pour la CNDP, cette possibilité est un moyen de s'assurer concrètement du respect du droit à l'information et à la participation du public dans le domaine environnemental. Sur ce modèle de proximité permettant à la

---

(37) Comme l'indique l'article L. 121-1 du Code de l'environnement, la CNDP « peut décider d'organiser un débat public ou une concertation préalable permettant de débattre de l'opportunité, des objectifs et des caractéristiques principales du projet ou des objectifs et des principales orientations du plan ou programme, des enjeux socio-économiques qui s'y attachent ainsi que de leurs impacts significatifs sur l'environnement et l'aménagement du territoire. Ce débat ou cette concertation permet, le cas échéant, de débattre de solutions alternatives, y compris, pour un projet, son absence de mise en œuvre. Ce débat ou cette concertation porte également sur les modalités d'information et de participation du public après sa clôture ».

(38) Ces membres sont choisis « pour la diversité de leurs profils, la variété de leur expérience et leur capacité à appréhender les principes et les règles du débat public. Les membres d'une CPDP peuvent n'avoir aucune expérience préalable en matière de débat public, de même qu'ils peuvent n'avoir aucune compétence dans le domaine du projet soumis au débat. Les qualités requises sont la disponibilité, la capacité d'adaptation, un tempérament sociable et ouvert, une bonne aptitude à l'écoute et le sens de l'équité » (CNDP, *Rapport annuel de 2017*, p. 19).

CNDP de garantir davantage l'effectivité de sa mission au sein de la démocratie environnementale, la réforme sur la modernisation du dialogue environnemental a entendu institutionnaliser la mission de garant.

L'ordonnance du 3 août 2016 systématise ainsi l'intervention d'un tiers garant qui a pour mission de veiller « à la qualité, à la sincérité et à l'intelligibilité des informations diffusées au public, au bon déroulement de la concertation préalable et à la possibilité pour le public de formuler des questions, et de présenter des observations et propositions » (39). La généralisation de cette fonction – qui avait déjà été consacrée, en 2010, dans le cadre des concertations lorsque le maître d'ouvrage en faisait la demande (40) – a pour objectif de créer un *continuum* dans les démarches de participation du public en matière environnementale. Assurer la cohérence de l'ensemble des débats permet, en premier lieu, au garant, de prévenir les risques de confusions entre les étapes en amont et en aval et de réduire le nombre de demandes multiples d'un même document aux porteurs de projet. Cet acteur a, par conséquent, vocation à lutter contre la tendance qui consistait jusqu'alors à considérer les enquêtes publiques comme une forme de *procédure d'appel* de la concertation, ce qui ne correspondait pas à leurs objectifs. Par un accompagnement systématique du dialogue après un débat public, le garant a, en deuxième lieu, pour but d'empêcher d'éventuelles ruptures dans le processus participatif environnemental, en particulier lorsque l'enquête publique débute plusieurs années après. Un délai important étant susceptible de séparer la phase amont de la phase aval, l'objectif du garant est de mieux gérer ces « temps faibles » (41) de la participation du public, mais aussi d'éviter que des oppositions n'émergent au moment de la construction dudit projet (42).

---

(39) C. envir., art. L. 121-1-1. Ces dispositions s'appliquent aux garants désignés par la CNDP (concertation préalable organisée à la demande de la CNDP, de l'autorité compétente pour autoriser, par le maître d'ouvrage ou la personne publique responsable, à la suite de la mise en œuvre du droit d'initiative, après un débat public ou une concertation préalable décidée par elle, ou mission de conseil et d'appui méthodologique). Sa mission lui impose de garantir la qualité et la sincérité des informations diffusées, le contenu et la qualité des outils d'information, le respect des principes de base d'une démarche d'implication du public (inclusion, accessibilité, intelligibilité des documents, liberté d'expression, etc.), mais aussi le bon déroulement de la concertation, en veillant au respect du Code de l'environnement. Il doit garantir à l'ensemble des interlocuteurs « la même qualité d'écoute » et peut, en accord avec le porteur du projet, animer lui-même les réunions publiques ou les ateliers (CNDP, « Garants de concertation. Notice de présentation jointe à l'appel à candidatures », p. 3, www.debatpublic.fr/devenez-garant).

(40) V. L. n° 2010-788, 12 juill. 2010, art. 246 ; C. envir., art. L. 121-9 (version en vigueur en 2010).

(41) Cabanel H. et Bonnecarrère P., *Rapport d'information fait au nom de la mission d'information sur la démocratie représentative*..., Doc. Sénat, n° 556, *op. cit.*, p. 122.

(42) Il constitue ainsi un recours possible en cas de désaccord sur le déroulement du processus de participation.

En troisième lieu, la systématisation de l'intervention d'un garant a pour visée de clarifier la responsabilité de chacun des acteurs : à la différence des commissaires-enquêteurs, cet « acteur à part entière et actif » du processus participatif n'intervient pas pour émettre un jugement final sur le projet, mais pour « rectifier, infléchir ou améliorer » (43) ce dernier. Le rôle du garant « n'est ni celui d'un arbitre ni celui d'un conciliateur. C'est celui d'un observateur vigilant », chargé de veiller au respect des règles de la concertation et des débats « qui donnent à chacun un égal droit à s'exprimer sur la base d'une information sincère et la plus complète possible » (44). Véritable *ambassadeur* de la CNDP, le garant est ainsi en mesure d'influer la qualité de la concertation ou du débat durant son déroulement et bénéficie, à ce titre, d'une large marge de manœuvre : du suivi critique à l'animation des démarches de participation ou à la co-élaboration de la concertation avec le maître d'ouvrage (45).

Afin d'assurer l'indépendance des garants (aussi bien de l'administration de l'État que des maîtres d'ouvrage privés (46)), leur désignation appartient à la CNDP. Cette dernière a donc pour mission de constituer et de gérer la liste nationale des garants de la participation pour un mandat de 4 ans (47). Constituée le 5 juillet 2017 à la suite d'un appel à candidatures lancé par la CNDP, en 2016, la première liste regroupe 251 garants. En pratique, cette première désignation a néanmoins révélé deux principaux écueils, qui ont, par la suite,

---

(43) CNDP, « Garants de concertation. Notice de présentation jointe à l'appel à candidatures », *op. cit.*, p. 2.

(44) CNDP, *Rapport annuel de 2015*, p. 72.

(45) En dehors du processus de concertation, le garant peut rencontrer – de manière confidentielle ou publique – autant de fois qu'il le considère comme nécessaire une ou plusieurs parties prenantes afin de mieux les associer à la démarche ou de cerner davantage le contexte. Durant sa mission, celui-ci peut demander à la CNDP, qui en supporte le coût, une étude technique ou une expertise complémentaire. Cette possibilité rend « la participation moins factice » (Struillou J.-F., « La participation du public en matière d'environnement : le changement dans la continuité », art. préc., p. 1392), les informations fournies par le maître d'ouvrage étant parfois incomplètes ou tronquées. À l'issue de la concertation, les garants établissent un bilan comportant une synthèse des observations et des propositions présentées. Le bilan est rendu public sur le site de la CNDP et est joint au dossier de l'enquête publique.

(46) C. envir., art. L. 121-1-1. Le garant est tenu à une obligation de neutralité et d'impartialité qui concerne à la fois le projet débattu et les relations avec toutes les parties prenantes. Au début de chaque mission, il doit signer la *charte d'éthique et de déontologie des membres des commissions particulières du débat public et des garants*, souscrivant ainsi aux clauses qui encadrent son engagement en faveur de la concertation, et qui assurent son indépendance, son impartialité, sa neutralité ainsi que son devoir de réserve (CNDP, « Garants de concertation. Notice de présentation jointe à l'appel à candidature », *op. cit.*, p. 6).

(47) Cette liste est intitulée « L'annuaire des garants », v. site officiel de la CNDP, www.debatpublic.fr/garants/.

été dépassés. Le premier a trait à la formation des garants. Ces derniers ne sauraient garantir efficacement les principes d'information et de participation du public en matière environnementale s'ils n'ont pas, au préalable, bénéficié d'une formation adéquate. Après avoir témoigné « de leur grand intérêt pour les questions relatives à la démocratie environnementale » (48), ces derniers ont donc suivi une formation en ligne sur la participation du public dans le champ environnemental, élaborée par le ministère de la Transition écologique et solidaire, la CNDP et le Centre national de la fonction publique territoriale, et complétée par un séminaire de formation en présentiel (49). Cependant, les techniques de débat public et de participation évoluant en permanence, la CNDP doit régulièrement enrichir la formation pour accompagner, au mieux, les garants dans leurs nouvelles missions. Dès 2018, tous les garants nommés sur de nouveaux dossiers ont, dès lors, suivi « une formation de *prise en main* dans les trois semaines suivant leur nomination » (50) et ont reçu des lettres de mission clarifiant leur rôle ainsi que les attentes de la CNDP. La Commission tente ainsi continuellement d'adapter cette formation aux évolutions des dispositifs participatifs environnementaux et nomme régulièrement, lors de leurs premières missions, des garants en binôme avec un autre garant plus expérimenté afin de favoriser la co-formation (51).

Plus délicat, le second écueil est relatif à la teneur du lien qui unit le garant à la CNDP. Si un « lien continu » (52) est essentiel entre le garant et la Commission (53), la connaissance des garants par la CNDP se révèle

---

(48) *Ibid.* Il est précisé que les candidats doivent avoir des connaissances dans les domaines suivants : les procédures relatives à la participation du public prévues par le Code de l'environnement ; les fondamentaux de la démocratie participative (méthodes de mobilisation du public, place de l'expertise dans une démarche de participation, articulation avec la prise de décision) ; fonctionnement de la CNDP.

(49) Il s'agissait d'un « MOOC » (*massive open online course*) organisé en cinq séances. La première séance portait sur l'ordonnance de 2016, sa genèse et ses dispositions innovantes ; la deuxième traitait du processus de participation et des acteurs durant la phase *amont* ; la troisième concernait le processus de participation et ses acteurs durant la phase *aval et indifférenciée* ; la quatrième traitait des garants de la participation ; et la cinquième et dernière séance analysait la charte de la participation du public lors de sa mise en pratique. Chaque séance comprenait des vidéos explicatives, des témoignages, des fiches de connaissance, une fiche de synthèse, une bibliographie et un QCM (v. CNDP, *Rapport annuel de 2017*, p. 23).

(50) CNDP, *Rapport annuel de 2018*, p. 6.

(51) Cette nomination en binôme peut également avoir lieu en cours de mission, si la CNDP le décide ou si les acteurs du territoire en font la requête motivée et que la CNDP y donne suite (CNDP, « Garants de concertation. Notice de présentation jointe à l'appel à candidature », *op. cit.*, p. 6).

(52) *Ibid.*

(53) Celui-ci doit l'informer de manière régulière (mensuelle) de la tenue de ses missions et des difficultés rencontrées.

cependant, en pratique, quelque peu délicate. Dans son rapport annuel de 2018, la Commission confie avoir besoin de « mieux connaître » (54) ses garants. Il lui aura fallu un peu plus d'un an pour rencontrer, par groupes régionaux, l'intégralité des 251 garants. Il est alors délicat, pour elle, d'entretenir un lien étroit avec ces acteurs pourtant essentiels à l'exercice effectif de sa mission (55). Afin de pallier cette difficulté, il est prévu que la CNDP désigne des délégués régionaux chargés de l'animation du réseau des garants dans chacune des régions administratives et de la diffusion des bonnes pratiques (56). Le décret du 27 avril 2017 officialise ainsi une pratique récente de la CNDP consistant à nommer dans chaque région un *correspondant*. Ces délégués sont en lien avec les garants et sont, plus largement, chargés d'apporter « appui et conseil » (57) aux collectivités territoriales ainsi qu'aux acteurs locaux dans le domaine de la participation du public en matière environnementale (58). Le lien entre la Commission et les garants se révèle d'autant plus essentiel que, durant l'intégralité du processus, ces derniers représentent la CNDP face aux différents interlocuteurs : s'ils viennent à manquer à l'une de leurs obligations, ils peuvent être radiés de la liste par la Commission. Le garant incarne ainsi le rôle d'un véritable *ambassadeur* de celle-ci et lui permet d'être davantage présente sur le terrain afin de s'assurer, concrètement, du respect du droit à l'information et à la participation du public dans le domaine environnemental.

En institutionnalisant le rôle du garant, l'ordonnance du 3 août 2016 offre donc un moyen supplémentaire à la CNDP d'assurer au plus près sa mission, de renforcer le *continuum* de la participation et de garantir davantage l'effectivité des procédés participatifs environnementaux, confortant, de la sorte, son rôle au sein de la démocratie environnementale. Par ailleurs, la réforme sur la modernisation du dialogue environnemental prévoyait également de renforcer ce rôle par l'attribution de nouvelles compétences à la CNDP. L'analyse des dispositions adoptées et de la pratique qui en a découlé révèle cependant un manque d'effectivité de ces dernières, mettant ainsi en lumière les limites actuelles au plein développement de la démocratie environnementale française.

---

(54) CNDP, *Rapport annuel de 2018*, p. 6.

(55) Les garants ont généralement des interlocuteurs au sein de la CNDP « qui veillent à ne pas les laisser seuls sur les territoires, et qui s'appliquent à tisser des relations de confiance avec eux », dans la mesure du possible (CNDP, « Garants de concertation. Notice de présentation jointe à l'appel à candidature », *op. cit.*, p. 6).

(56) C. envir., art. R. 121-15. Ces délégués régionaux bénéficient également d'une indemnité, v. A., 29 juill. 2019 relatif aux frais et indemnités des membres de la Commission nationale du débat public et des commissions particulières, des délégués régionaux et des garants désignés par la CNDP : JO 2 août 2019, n° 0178.

(57) Struillou J.-F., Huten N., « Chronique. Démocratie environnementale », art. préc., p. 117.

(58) En faisant notamment connaître la Commission aux administrations publiques, aux maîtres d'ouvrage, aux associations ou au grand public.

B. — *Le manque d'effectivité des nouvelles compétences de la Commission nationale du débat public*

L'extension du champ de compétences de la CNDP est double : non seulement la Commission peut désormais être saisie pour une mission de conciliation en cas de risque de conflits ou de différends, mais sa saisine est également élargie dans le cadre du débat public et de la concertation préalable à de nouveaux projets ainsi qu'à de nouveaux acteurs. L'ensemble de ces éléments devait lui permettre d'asseoir davantage son rôle de garante au sein de la démocratie environnementale française.

En premier lieu, la CNDP bénéficie désormais d'une mission de conciliation en cas de risque de conflits ou de différends, en vertu de l'article L. 121-2 du Code de l'environnement. Cette nouvelle compétence a vocation à s'appliquer lorsque les situations « se détériorent mais que les parties prenantes souhaitent poursuivre le dialogue et saisir conjointement la CNDP pour aboutir à un accord entre elles sur les modalités de participation du public au processus décisionnel » (59). Lorsque la Commission est saisie par les parties d'une demande commune et motivée de conciliation en vue d'aboutir à une reprise du dialogue, celle-ci dispose d'un large pouvoir d'appréciation pour décider de l'opportunité de conduire une procédure de conciliation (60). Par ce mécanisme, la CNDP est en mesure de jouer un rôle déterminant dans la prévention des conflits et des différends ayant trait à la participation du public au processus décisionnel environnemental. Cette nouvelle faculté est supposée conforter son rôle de garante de la démocratie environnementale en lui permettant de s'assurer de la poursuite du dialogue entre les parties prenantes (61), par la recherche de compromis, et de veiller aux modalités des procédures destinées

---

(59) Zulesi J.-M., *Rapport fait au nom de la commission du Développement durable et de l'Aménagement du territoire sur le projet de loi ratifiant l'ordonnance n° 2016-1058 du 3 août 2016 relative à la modification des règles applicables à l'évaluation environnementale des projets, plans et programmes et l'ordonnance n° 2016-1060 du 3 août 2016 portant réforme des procédures destinées à assurer l'information et la participation du public à l'élaboration de certaines décisions susceptibles d'avoir une incidence sur l'environnement*, Doc. AN, 11 juill. 2017, n° 91, p. 21.

(60) C. envir., art. R. 121-18. Si elle décide de faire droit à une telle demande, sa décision doit être motivée et il lui appartient alors de désigner un conciliateur parmi ses membres, ce dernier pouvant faire appel à des experts extérieurs. Dans le cas où la conciliation aboutit à un accord, un document indiquant les termes de la solution de compromis retenue et les modalités de suivi de l'accord par les parties prenantes est établi. Dès sa signature par le maître d'ouvrage ou la personne publique responsable et toutes les parties prenantes ayant participé à la conciliation, ce document est rendu public.

(61) Les parties prenantes comprennent au moins le maître d'ouvrage et une association agréée au niveau national ou deux associations ou une fédération d'associations agréées.

à l'information et à la participation du public à l'élaboration des décisions susceptibles d'avoir une incidence sur l'environnement. En pratique, la CNDP n'a, jusqu'à présent, cependant jamais été saisie d'une telle demande de conciliation (62). Les parties prenantes aux divers projets semblent quelque peu frileuses, en particulier les maîtres d'ouvrage, craignant essentiellement que la procédure ne prolonge les délais impartis aux projets, déjà soumis à de nombreux retards. Il est, au demeurant, fréquent que « les responsables politiques et les chefs d'entreprise » rechignent à solliciter la CNDP lorsque sa saisine n'est pas obligatoire, estimant que celle-ci « va faire perdre du temps et retarder les projets » (63). Pourtant, qu'il s'agisse du dialogue avec le public ou de la procédure de conciliation, l'ensemble des dispositifs consacrés a pour finalité le gain de temps : parce qu'une décision plus concertée apparaît plus légitime, elle est aussi mieux acceptée. Étant donné que ces procédures permettent d'éviter les blocages et les conflits, la décision finale aura tendance à être mise en œuvre plus rapidement (64). Cette nouvelle mission de conciliation ne peut donc être effective tant que les réticences de ces parties au projet ne seront pas dépassées.

En second lieu, l'extension de la saisine de la CNDP dans le cadre du débat public et de la concertation préalable a, elle aussi, pour objectif de conforter le rôle de la Commission au sein de la démocratie environnementale. La réforme sur la modernisation du dialogue environnemental a, en effet, introduit de nouvelles dispositions qui étendent le champ du débat public et de la concertation préalable en matière environnementale.

Outre l'extension de la saisine de la CNDP aux plans et programmes de niveau national faisant l'objet d'une évaluation environnementale (65), il est, à présent, prévu que la CNDP puisse être saisie de l'organisation d'un débat

---

(62) Information fournie directement par la CNDP. V. également Cabanel H. et Bonnecarrère P., *Rapport d'information fait au nom de la mission d'information sur la démocratie représentative...*, Doc. Sénat, n° 556, *op. cit.*, p. 109.

(63) Leyrit C., « Intervention lors des premières rencontres de la participation », Bordeaux, 26 janv. 2017, https://www.debatpublic.fr/1res-rencontres-participation

(64) Leyrit C., « Débats publics : démocratiser et légitimer les décisions », Annales des Mines 2016/1, n° 81, p. 29.

(65) C. envir., art. L. 121-8, IV. Le décret du 27 avril 2017 fixe la liste des onze plans et programmes concernés par ces dispositions (C. envir., art. R. 121-1-1). Il s'agit notamment de la programmation pluriannuelle de l'énergie, du plan de prévention des déchets, du schéma décennal de développement du réseau ou encore de la stratégie nationale de mobilisation de la biomasse. Ces documents définissant « le cadre dans lequel des projets susceptibles d'avoir des incidences notables sur l'environnement ou la santé humaine pourront être autorisés, il a paru nécessaire de soumettre lesdits documents à saisine obligatoire de la CNDP » (Struillou J.-F., « La participation du public en matière d'environnement : le changement dans la continuité », AJDA 2018, n° 24, p. 1392). Une fois saisie, cette dernière décide d'organiser un débat public, une concertation préalable, ou de ne pas donner suite.

public national sur l'élaboration d'un projet de réforme relatif à une politique publique ayant un effet important sur l'environnement ou l'aménagement du territoire (66). Les projets visés proposent « une évolution substantielle d'une politique publique ou des nouvelles options générales, et qui se matérialisent par un document émanant d'une autorité publique ou rédigé à sa demande préalablement, le cas échéant, à une décision du gouvernement ou à une proposition de loi » (67). Cette saisine est ouverte au gouvernement, à 60 députés ou 60 sénateurs et à 500 000 ressortissants majeurs de l'Union européenne résidant en France. Une fois saisie, la Commission informe le ou les ministres concernés par le projet de réforme qui, en réponse, lui adressent un dossier présentant les objectifs et les principales caractéristiques, les enjeux socio-économiques, l'identification des impacts significatifs du projet de réforme sur l'environnement, ainsi que les solutions alternatives. La CNDP établit, ensuite, le calendrier de déroulement du débat public et organise ce dernier selon les conditions prévues aux articles L. 121-8 à L. 121-15 du Code de l'environnement. Dès lors que le débat est clos, le ou les ministres principalement intéressés, le président de l'Assemblée nationale, le président du Sénat ou la personne publique responsable de la politique visée publient les enseignements et les suites tirés de celui-ci.

Si l'introduction de ces dispositions apparaît séduisante, il est néanmoins possible de douter de leur mise en œuvre. D'une part, le seuil des 500 000 ressortissants majeurs de l'Union européenne résidant en France s'avère particulièrement élevé, notamment par comparaison à celui fixé pour l'exercice de « l'initiative citoyenne européenne », qui permet, *a minima*, à un million de citoyens européens issus d'au moins 7 des 28 pays de l'Union d'inviter la Commission européenne à présenter une proposition législative. En ce sens, le rapporteur du texte à l'Assemblée nationale, Jean-Marc Zulesi, a suggéré au gouvernement d'abaisser le seuil des 500 000 ressortissants de l'Union (68), mais cette proposition est, jusqu'à présent, restée lettre morte.

D'autre part, il semble qu'en pratique, la sollicitation de la CNDP par le gouvernement et les parlementaires n'aille pas de soi. À titre d'exemple, le 14 décembre 2018, le Premier ministre, Édouard Philippe, a saisi la Commission, la chargeant de préparer l'organisation du Grand Débat national, traitant notamment de la transition écologique. Du point de vue de la CNDP, cette expérience ne s'est cependant pas révélée très productive : alors que le gouvernement a limité le rôle de la Commission à une « mission de conseil et d'expertise » (69) pour l'accompagner dans la préparation du Grand Débat,

(66) C. envir., art. L. 121-10.

(67) CNDP, *Rapport annuel de 2017*, p. 15.

(68) V. Zulesi J.-M., *Rapport fait au nom de la commission du Développement durable et de l'Aménagement du territoire sur le projet de loi ratifiant les ordonnances…*, Doc. AN, n° 91, *op. cit.*, p. 22.

(69) CNDP, *Rapport annuel de 2018*, p. 6.

la présidente de la CNDP, Chantal Jouanno, s'est rapidement retirée du projet (70) et la Commission n'a finalement pas souhaité poursuivre sa mission au-delà de la phase de préparation, « constatant que celle-ci ne pouvait être exercée en toute indépendance » (71). Selon elle, les conditions d'indépendance du débat public n'étaient pas réunies, dans la mesure où le gouvernement souhaitait limiter les prises de parole à seulement quatre thèmes précis, la Commission estimant ce choix « contraire à la philosophie du débat public qui autorise le public à s'exprimer sur tous les thèmes qu'il souhaite » (72), et que les méthodes retenues par le président de la République ne permettaient pas de recueillir effectivement la parole citoyenne (73). *In fine*, le budget de fonctionnement de 2019 de la CNDP a été amputé de 20 % pour financer le Grand Débat, ce que sa présidente a vivement regretté, soulignant que « dans un contexte où le public exige d'être plus étroitement associé aux décisions qui le concernent, il semblerait paradoxal d'affaiblir l'autorité qui garantit le droit de participation » (74). En outre, la sollicitation de la CNDP sur ce débat a entraîné de nombreuses critiques de la part de la classe politique. Alors que des députés du groupe LR ont déposé une proposition de loi visant à supprimer la Commission (75), François Bayrou a dénoncé la « légitimité nulle » de la CNDP, formée, selon lui, « de personnes qui n'ont pas été élues et dont on peut douter de l'expérience » (76). Ces événements démontrent la difficulté

---

(70) V. déc. n° 2019/13/GDN/2 et communiqué de la séance plénière, 9 janv. 2019, www.debatpublic.fr/communique-decisions-du-9-janvier-2019.

(71) CNDP, *Rapport annuel de 2018*, p. 7.

(72) Jouanno C., *in* Philippe B., « Chantal Jouanno répond aux critiques : "Je ne reste pas pour l'argent, mais par principe !" », Capital 25 janv. 2019, www.capital.fr. Dans un rapport publié le 14 janvier 2019, la CNDP fait référence à ce que le président de la République a qualifié de « *lignes rouges*, c'est-à-dire les décisions sur lesquelles il ne reviendra pas », rappelant que « par son expérience du débat public, la CNDP a déconseillé ce positionnement qui est systématiquement assimilé à un signal de fermeture, quel qu'en soit le bien-fondé » (CNDP, Rapport *Mission d'accompagnement et de conseil pour le Grand Débat national*, 14 janv. 2019, p. 9).

(73) Pour Chantal Jouanno, lorsqu'un responsable politique participe à une réunion de débat public, « il s'assoit dans un coin, écoute les citoyens et prend des notes », tandis qu'Emmanuel Macron « passe son temps à faire de la pédagogie autour de sa politique, à justifier ses choix. C'est un exercice de communication » (*ibid.*).

(74) CNDP, *Rapport annuel de 2018*, p. 7.

(75) Maquet E., Sermier J.-M., Hetzel P., Louwagie V., Parigi J.-F., Le Fur M., Di Filippo F., Lacroute V., Taugourdeau J.-C., Bony J.-Y., Aubert J., Bazin-Malgras V., *Proposition de loi visant à supprimer la Commission nationale du débat public, instance de pseudo-démocratie participative inefficace et coûteuse*, Doc. AN, 21 mars 2018, n° 790.

(76) Zennou A., « Pour Bayrou, la "légitimité" de la Commission nationale du débat public est nulle », Le Figaro 11 janv. 2019, www.lefigaro.fr ; « François Bayrou dénonce la "légitimité nulle" de la Commission nationale du débat public », France Info 10 janv. 2019, www.francetvinfo.fr.

qui est celle de certains acteurs de la politique nationale environnementale de s'en remettre à une autorité administrative indépendante, extérieure à leurs habitudes (77). Malgré ses 20 ans d'expérience, l'un des principaux enjeux pour la CNDP tient encore à sa capacité « à s'imposer et à se faire reconnaître dans l'ordre politico-administratif » (78). À l'instar de nombreuses autorités administratives indépendantes, la CNDP doit sans cesse apporter la preuve de sa légitimité, qui procède, à l'origine, d'une délégation de pouvoir consentie par le législateur. Si, pour d'aucuns, cette forme de légitimité n'est pas suffisante (79), l'idée même d'autorité administrative indépendante apparaissant « aux antipodes de la vision jacobine d'une souveraineté une et indivisible » (80), la CNDP est créée par la loi et semble, du même coup, bénéficier d'une forme de légitimité dérivée. Face à la persistance de la critique, la Commission choisit de cultiver une « légitimité d'impartialité » (81) qui s'appuie sur son indépendance (82) (supposée lui garantir « la possibilité d'agir en toute liberté, à l'abri de toute instruction et de toute pression » (83)), mais aussi sur les qualités de ses membres (qu'ils soient parlementaires, élus locaux, magistrats, représentants d'association, de syndicats, d'entreprise ou d'usagers, ces derniers détiennent des compétences techniques, une capacité

---

(77) Dans son retour d'expérience relatif au Grand Débat national, Chantal Jouanno rappelle que l'objectif premier du débat public est « de garantir la confiance de toutes les parties prenantes. Sans confiance, aucun débat sincère, aucune construction éclairée n'est possible » (CNDP, *Rapport annuel de 2018*, p. 7). D'ailleurs, si avant cette réforme le ministre de l'Environnement disposait déjà d'une possibilité de saisine pour débattre d'options générales d'intérêt national en matière d'environnement, de développement durable ou d'aménagement ; le législateur a souhaité modifier cette disposition car la notion « d'*options générales d'intérêt national* était floue » (*Rapport fait au nom de la commission du Développement durable et de l'Aménagement du territoire sur le projet de loi ratifiant les ordonnances…*, Zulesi J.-M., Doc. AN, n° 91, *op. cit.*, p. 22), le gouvernement n'avait saisi la CNDP que 3 fois en 10 ans : pour le débat public sur la gestion des déchets radioactifs de haute activité et de moyenne activité à vie longue (sept. 2005-janv. 2006), pour le débat public sur les transports dans la vallée du Rhône et sur l'arc languedocien (mars 2006-juill. 2006) et pour le débat public sur le développement et la régulation des nanotechnologies (oct. 2009-févr. 2010).

(78) Revel M. *et al.*, « Introduction », art. préc., p. 13.

(79) Cabanel H. et Bonnecarrère P., *Rapport d'information fait au nom de la mission d'information sur la démocratie représentative…*, Doc. Sénat, n° 556, *op. cit.*, p. 117.

(80) Rosanvallon P., *La légitimité démocratique. Impartialité, réflexivité, proximité*, 2008, Seuil, p. 134.

(81) *Ibid.*, p. 119.

(82) C. envir., art. L. 121-6. La Présidente Chantal Jouanno souligne ainsi que « l'indépendance et l'impartialité de la CNDP sont le fondement même de sa légitimité » (*Compte rendu de la commission du Développement durable et de l'Aménagement du territoire*, 7 mars 2018, séance de 16 h 30, Doc. AN, n° 38, p. 16).

(83) CJUE, 9 mars 2010, n° C-518/07, Commission européenne c/ République fédérale, cons. 18.

d'expertise ou une autorité morale (84)), sur les garanties procédurales qui entourent les processus décisionnels (dont la collégialité (85)) et sur les principes de fonctionnement qu'elle retient (neutralité, transparence, égalité de traitement et argumentation (86)). Contrairement aux critiques émises, cette forme de légitimité lui permet de s'affirmer comme un garant impartial qui contribue effectivement à la garantie de la démocratie environnementale. Les réticences politiques doivent donc être dépassées pour une concrétisation effective des principes d'information et de participation à la prise de décision environnementale.

Par ailleurs, la réforme sur la modernisation du dialogue environnemental introduit également un droit d'initiative citoyenne (87). De manière générale, le droit d'initiative permet à des tiers qui estiment que les modalités de participation du public envisagées par la personne publique responsable du projet ou le maître d'ouvrage sont insuffisantes au regard des enjeux socio-économiques et des impacts sur l'environnement induits par le projet, plan ou programme, de saisir la CNDP ou le préfet territorialement compétent.

L'initiative s'exerce ainsi directement auprès de la CNDP pour les projets dont le coût prévisionnel est compris entre 150 et 300 millions d'euros et pour lesquels la saisine de la Commission est donc facultative (88). Cette initiative citoyenne peut désormais émaner de 10 000 ressortissants majeurs de l'Union européenne résidant en France, ce qui constitue un net progrès en termes de participation citoyenne (89). Elle peut également résulter d'une saisine par dix parlementaires, par un conseil départemental, un conseil municipal ou un

---

(84) Chevallier J., « Autorités administratives indépendantes et État de droit », Civitas Europa 2016/2, n° 37, p. 147. La CNDP est aujourd'hui composée de 25 membres au profil varié : 1 président, 2 vice-présidents, des élus (2 parlementaires et 6 élus locaux), des magistrats, 2 personnes qualifiées, 2 représentants d'associations, 2 représentants des consommateurs et des usagers, 2 représentants des syndicats de salariés et 2 représentants des entreprises ou chambres consulaires (dont 1 représentant des entreprises agricoles).

(85) Tandis que la CNDP est « une institution délibérative-pluraliste », le pouvoir exécutif national ou local est « un décideur souverain » (Rosanvallon P., *La légitimité démocratique. Impartialité, réflexivité, proximité*, *op. cit.*, p. 147).

(86) Site officiel de la CNDP, www.debatpublic.fr.

(87) L'ensemble des saisines de la CNDP sur le fondement de l'initiative citoyenne s'exerce sur la base d'une pétition rédigée en français et présentée dans les mêmes termes à tous les signataires, ceux-ci ne pouvant soutenir qu'une seule fois la pétition (C. envir., art. R. 121-28). Les signatures sont recueillies par voie électronique et sont accompagnées d'informations certifiant la nationalité des signataires. Une fois saisie, la CNDP est tenue de vérifier la recevabilité de la demande.

(88) C. envir., art. L. 121-8, II.

(89) Zulesi J.-M., *Rapport fait au nom de la commission du Développement durable et de l'Aménagement du territoire sur le projet de loi ratifiant les ordonnances…*, Doc. AN, n° 91, *op. cit.*, p. 77.

établissement public de coopération intercommunal ayant une compétence en matière d'aménagement de l'espace, territorialement intéressés, ou encore par une association agréée au niveau national.

Le droit d'initiative citoyenne peut également s'exercer auprès du représentant de l'État. Les citoyens lui demandent ainsi l'organisation d'une concertation préalable du public sur un projet, plan ou programme soumis à évaluation environnementale, lorsqu'aucune concertation préalable n'est organisée par la CNDP, le maître d'ouvrage ou l'autorité compétente (90). Cette initiative peut émaner d'un nombre de ressortissants majeurs de l'Union européenne résidant dans le périmètre de la déclaration d'intention du porteur du projet égal à 20 % de la population recensée dans les communes du même périmètre, ou à 10 % de la population recensée dans la ou les régions où se trouve tout ou partie du territoire mentionné dans la déclaration d'intention. L'initiative peut également émaner des collectivités locales (91) ou d'associations de protection de l'environnement (92). La concertation peut alors être organisée sous l'égide d'un garant. Si l'exercice de ce droit permet de dépasser l'inaction des porteurs de projet quant à l'organisation d'une concertation préalable, il présente, néanmoins, plusieurs inconvénients : outre son degré de formalisme élevé, il demeure conditionné par l'accord du préfet, qui apprécie la recevabilité de la demande au regard du territoire affecté par le projet et de ses principaux impacts environnementaux. Il décide de l'opportunité d'organiser une concertation préalable et, le cas échéant, fixe la durée ainsi que l'échelle territoriale de la participation. En l'absence de décision explicite de sa part dans un délai d'un mois, le représentant de l'État est réputé avoir rejeté la demande. Selon ces modalités, ce dernier est « impliqué de manière effective et directe dans le processus de décision et par conséquent il peut être perçu comme étant en situation de *juge et partie* » (93). Cette situation apparaît d'autant plus problématique qu'il est amené à statuer sur la soumission d'un projet à une formalité de nature à provoquer des retards, voire une remise en question dudit projet. En outre, le champ d'application du droit d'initiative se révèle relativement restreint, dans la mesure où celui-ci ne concerne pas tous les projets d'aménagement relevant de l'évaluation environnementale, mais est subordonné à

---

(90) C. envir., art. L. 121-15-1, L. 121-17 et L. 121-19.

(91) Il peut s'agir d'un conseil régional, départemental ou municipal ou l'organe délibérant d'un établissement public de coopération intercommunal dont le territoire est compris en tout ou partie dans celui défini dans la déclaration d'intention (C. envir., art. L. 121-19, I, 2°).

(92) Il s'agit d'une association de protection de l'environnement agréée au niveau national, ou de deux associations ou d'une fédération d'associations agréées dans le cadre de la région ou du département dont le territoire est compris en tout ou partie dans celui défini dans la déclaration d'intention (C. envir., art. L. 121-19, I, 3°).

(93) Struillou J.-F., « La participation du public en matière d'environnement : le changement dans la continuité », art. préc., p. 1392.

un critère financier. Les projets visés sont uniquement ceux dont le montant des dépenses publiques excède un seuil fixé par décret en Conseil d'État et ne peut être supérieur à cinq millions d'euros. Cette condition peut surprendre, « l'incidence d'un projet sur l'environnement n'étant pas obligatoirement proportionnée à son coût » (94). De tels inconvénients sont ainsi susceptibles de freiner l'exercice potentiel de ce nouveau droit.

Ainsi, l'attribution d'une nouvelle mission et l'élargissement de sa saisine à de nouveaux projets et acteurs doivent permettre à la CNDP de s'affirmer davantage comme une institution garante de la démocratie environnementale française. Si cette extension constitue un réel progrès en matière de démocratisation du dialogue environnemental, celui-ci est cependant freiné par un formalisme parfois excessif et, en pratique, par les réticences persistantes de certains responsables politiques ou des parties prenantes au projet. En limitant la concrétisation effective des principes de participation et d'information du public à la prise de décision environnementale, ces éléments empêchent la CNDP de jouer pleinement son rôle de garante de la démocratie environnementale française. Plus encore, dans ces conditions, c'est, *in fine*, le véritable développement de la démocratie environnementale qui est entravé.

En outre, la réforme sur la modernisation du dialogue environnemental ayant ainsi étendu le champ de compétences de la CNDP en matière environnementale, il en découle une sollicitation accrue de la Commission qui est confrontée à un « accroissement du volume des procédures » (95), entraînant fréquemment des « tentatives d'instrumentalisation de la participation » (96). Pour lutter contre ce risque, la CNDP veille à ne pas « se transformer en organisme administratif de gestion de la participation » (97) et multiplie les manifestations visant à diffuser une véritable « culture de la participation » (98). Elle tente notamment de professionnaliser la préparation des débats publics et des concertations, tout en cherchant à capitaliser son expérience « en fonction des territoires et des thèmes » (99). C'est la raison pour laquelle elle s'est récemment réorganisée en quatre pôles, l'un d'entre eux étant spécifiquement dédié *à la gestion et à l'analyse des données*, autrement dit à l'accumulation et à l'évaluation des débats publics et des concertations. Si la CNDP apparaît comme un acteur majeur du fonctionnement de la démocratie environnementale, elle est également une institution dont l'expérience et les réflexions qui en découlent se révèlent particulièrement utiles au développement de cette dernière.

---

(94) *Ibid.*

(95) CNDP, *Rapport annuel de 2018*, p. 6. Alors que la CNDP a historiquement concentré son expertise sur le débat public, elle a récemment été confrontée à « une augmentation considérable du nombre de concertations préalables » (*ibid.*, p. 23).

(96) *Ibid.*, p. 6.

(97) *Ibid.*

(98) CNDP, *Rapport annuel de 2017*, p. 3.

(99) CNDP, *Rapport annuel de 2018*, p. 6.

II. — UNE FORCE DE PROPOSITION POUR LA DÉMOCRATIE ENVIRONNEMENTALE

La médiatisation des activités de la CNDP participe « à la construction d'un modèle de réflexivité » (100) pour la démocratie environnementale. Au-delà de la densité des informations fournies par son site Internet, la CNDP établit chaque année un rapport rendant compte de son activité (101). Ce dernier fournit un bilan de l'exercice de ses missions et de ses moyens pour l'année écoulée, tout en dressant les perspectives envisagées pour l'année à venir. En tirant les conséquences des activités menées et en recherchant des solutions qui permettent d'améliorer les points négatifs soulevés, les rapports annuels de la CNDP nourrissent la réflexion tendant à améliorer l'effectivité et l'efficacité de la démocratie environnementale. En outre, les discours et les prises de position de la présidence de la CNDP et de ses deux vice-présidences y participent également (102). Lors des travaux de *modernisation du droit de l'environnement* engagés en 2014, le Président Christian Leyrit a, par exemple, présenté devant la Commission spécialisée du Conseil national de la transition écologique sur la démocratisation du dialogue environnemental des propositions, tant législatives que réglementaires, tendant à rénover le débat public en la matière (103). Celles-ci ont largement été reprises par l'ordonnance du 3 août 2016 et le décret du 27 avril 2017 (104).

Le rôle moteur de la CNDP dans la réflexion pour la démocratie environnementale s'est notamment manifesté, à l'occasion de la réforme des institutions, par la publication, le 18 juin 2019, d'un rapport intitulé *Une nouvelle ambition pour la démocratie environnementale*. Ce rapport tire les enseignements de la pratique de la participation environnementale à travers un retour sur les 20 ans d'expérience de la CNDP, en vue de formuler des propositions « pour renforcer la démocratie environnementale » (105). Rappelant le lien étroit qui unit la question de la transition écologique et de la justice environnementale à celle de la refonte

(100) Bertrand T. et Marguin J., « La notion de participation à l'aune de la protection de l'environnement et de la procédure de débat public », art. préc., p. 483.

(101) Ce rapport est remis au gouvernement et au Parlement, avant d'être rendu public (C. envir., art. L. 121-7).

(102) V. Leyrit C., « Débats publics : démocratiser et légitimer les décisions », Annales des Mines 2016/1, n° 81, p. 23 à 29.

(103) V. Richard A., *Rapport de la Commission spécialisée du Conseil national de la transition écologique sur la démocratisation du dialogue environnemental*, 3 juin 2015, p. 7.

(104) Parmi les propositions émises par le Président Christian Leyrit et reprises par la réforme, on retrouve le droit d'initiative citoyenne, la systématisation de l'intervention des garants ou encore la mission de conciliation (v. CNDP, *Rapport annuel de 2015*, p. 87).

(105) CNDP, « Une nouvelle ambition pour la démocratie environnementale », *op. cit.*, p. 2.

démocratique, le rapport met en évidence les lacunes actuelles de la démocratie environnementale française. Le renforcement de cette dernière suppose des réformes urgentes tenant, d'une part, à une clarification du droit à l'information et à la participation du public en matière environnementale (A) et, d'autre part, à une rationalisation des structures environnementales existantes (B).

A. — *La clarification des procédures environnementales existantes*

Le Code de l'environnement comprend aujourd'hui un arsenal législatif et réglementaire important, qui comporte, au titre de l'information et de la participation du public, six chapitres (106). Il convient d'ajouter à ces dispositions celles du Code de l'urbanisme prévoyant que ces opérations sont soumises à la participation du public dans des conditions fixées par délibération de la collectivité maître d'ouvrage. La prolifération des procédures participatives au sein de la législation française entraîne un véritable *millefeuille participatif* qui forme un ensemble d'une particulière complexité et engendre des confusions. La multiplicité des instances qui interviennent dans le processus de prise de décision environnementale (CNDP, commissaire-enquêteur, autorité étatique compétente en matière environnementale, etc.) est souvent « illisible » (107) pour les porteurs des projets. Plus encore, si la participation effective en amont était supposée éviter un accroissement du nombre de recours au juge en aval, c'est, à l'inverse, une « prolifération d'un contentieux favorisé par la complexité des procédures » (108) qui est constatée (109). Ces

---

(106) Le chapitre I est relatif à la participation du public et à l'élaboration des plans, programmes et projets ayant une incidence sur l'environnement (art. L. 121-1-A à L. 121-23) ; le chapitre II a trait à l'évaluation environnementale, et plus spécifiquement au rôle de l'autorité environnementale (art. L. 121-1 à L. 121-14) ; le chapitre III porte sur la participation du public aux décisions ayant une incidence sur l'environnement qui traite principalement de l'enquête publique (art. L. 123-1-A à L. 123-19-8) ; le chapitre III *bis* traite des consultations locales susceptibles d'avoir une incidence sur l'environnement (art. L. 123-20 à L. 123-33) ; le chapitre IV concerne le droit d'accès à l'information relative à l'environnement (art. L. 124-1 à L. 124-8) ; le chapitre V est relatif aux autres modes d'information (art. L. 125-1 à L. 125-40).

(107) Cabanel H. et Bonnecarrère P., *Rapport d'information fait au nom de la mission d'information sur la démocratie représentative...*, Doc. Sénat, n° 556, *op. cit.*, p. 111.

(108) Jégouzo Y., « La démocratie participative en question », AJDA 2014, p. 2385.

(109) Cabanel H. et Bonnecarrère P., *Rapport d'information fait au nom de la mission d'information sur la démocratie représentative...*, Doc. Sénat, n° 556, *op. cit.*, p. 111. Sachant qu'un même projet peut nécessiter jusqu'à 37 démarches administratives différentes (*ibid.*, p. 215 à 218), les citoyens attaquent généralement plusieurs actes. Comme le précise le rapport d'information sénatorial, s'agissant du projet relatif à l'élargissement de l'autoroute A85 entre Tours et Vierzon, un citoyen a successivement attaqué les 17 actes faisant grief (Audition de Nathalie Boivin, directeur juridique de Vinci Autoroutes, Sénat, 8 mars 2017, www.senat.fr).

dispositions législatives et réglementaires méritent donc « une rationalisation et un approfondissement, non une extension de leur champ » (110).

Le champ d'application du droit à l'information et à la participation du public dans le domaine environnemental apparaît, en effet, complexe, voire, parfois, incohérent. La multiplication des régimes juridiques ainsi que la superposition des dispositifs compliquent l'exercice de la participation du public en matière environnementale. À titre d'exemple, le plan local d'urbanisme (PLU) n'est pas soumis à la participation du public au titre du Code de l'environnement, mais au titre du Code de l'urbanisme. En revanche, la procédure de mise en compatibilité du PLU en vue de la réalisation d'un projet touristique ou d'aménagement est, quant à elle, soumise à la participation au titre du Code de l'environnement. De même, « la superposition de procédures telles que la circulaire *Fontaine* entre parties prenantes et la concertation préalable avec le grand public ne manque pas de susciter de l'incompréhension et de la frustration » (111) auprès des citoyens. Dans une optique identique, l'article L. 121-15-1 du Code de l'environnement dispense les porteurs de projet de concertation au titre du Code de l'environnement lorsque la tenue d'une concertation au titre du Code de l'urbanisme est obligatoire (création d'une zone d'aménagement concerté, projets de renouvellement urbain, etc. (112)). À l'inverse, les maîtres d'ouvrage ne bénéficient pas de cette dispense lorsqu'ils prennent volontairement l'initiative d'organiser une concertation sur le fondement du Code de l'urbanisme (113). Les exemples de ce type abondent et multiplient le sentiment de confusion tendant à freiner le public dans sa dynamique de participation. Par ailleurs, la complexification de la norme a également tendance à ralentir la réalisation des projets environnementaux et à remettre en cause leur sécurité juridique. La direction générale des Infrastructures, des Transports et de la Mer (DGITM) indique, par exemple, que « pour les projets ferroviaires, le délai moyen entre la fin du débat public et la mise en service des équipements est de 20 ans ; en moyenne, 11 ans séparent la fin du débat public de l'obtention de la déclaration d'utilité publique (DUP), après quoi il faut encore 9 ans jusqu'à la mise en service ». Pour les projets routiers, « il se passe en moyenne 16 ans entre la fin du débat public et la mise en service, dont 9 ans entre le débat public et la DUP » (114). De tels délais remettent parfois en cause la viabilité desdits projets. La juxtaposition des outils ainsi que la sédimentation des régimes

---

(110) CNDP, « Une nouvelle ambition pour la démocratie environnementale », *op. cit.*, p. 5.

(111) *Ibid.*

(112) C. urb., art. L. 103-2.

(113) C. urb., art. L. 300-2.

(114) Audition de Michel Hersemul, sous-directeur de l'aménagement routier national au sein de la DGITM, du ministère de l'Environnement, de l'Énergie et de la Mer, Sénat, 8 mars 2017, www.senat.fr. V. également Cabanel H. et Bonnecarrère P.,

juridiques en matière environnementale préjudicient ainsi à la qualité du dialogue environnemental.

Ce constat est d'autant plus paradoxal que la loi du 6 août 2015, l'ordonnance du 3 août 2016 et le décret du 25 avril 2017 avaient précisément pour objectif de simplifier les procédures en vigueur en matière d'élaboration des décisions susceptibles d'avoir une incidence sur l'environnement. La réforme adoptée ayant échoué à améliorer leur lisibilité et leur accessibilité, la CNDP estime que cet arsenal mériterait « une mise en cohérence par souci de simplicité et de sécurité juridique » (115). Cet effort de simplification bénéficierait à tous, aussi bien aux maîtres d'ouvrage qu'aux citoyens, et se révèle particulièrement urgent en un temps où les procédures environnementales institutionnalisées subissent une importante et constante concurrence des réseaux sociaux, « trop souvent instruments de manipulation plus que de participation » (116).

Forte de son expérience, la Commission plaide donc en faveur d'une simplification des procédures environnementales existantes pour renforcer l'effectivité des droits à l'information et à la participation des citoyens et ainsi préserver l'exercice de la démocratie environnementale française. Dans ce même objectif, elle préconise également la précision de certaines de ces procédures. La CNDP indique que la portée du droit à l'information et à la participation en matière environnementale « reste à approfondir » (117). Pour la Commission, il existe un décalage entre le champ particulièrement étendu du principe de participation et la définition du contenu de ce principe, « juridiquement faible » (118).

Le principe de participation suppose deux obligations au maître d'ouvrage. D'une part, celui-ci doit organiser une procédure de participation du public lorsqu'elle est requise. Le rapport fait cependant état d'une jurisprudence sur

---

Rapport d'information fait au nom de la mission d'information sur la démocratie représentative..., Doc. Sénat, n° 556, *op. cit.*, p. 211 à 213.

(115) CNDP, « Une nouvelle ambition pour la démocratie environnementale », *op. cit.*, p. 5.

(116) Jégouzo Y., « La démocratie participative en question », art. préc., p. 2385. Cette concurrence est problématique car les réseaux sociaux véhiculent avec force des « discours schématiques et réducteurs » (Audition de Jean-Denis Combrexelle, président de la section sociale du Conseil d'État, Sénat, 25 janv. 2017, www.senat.fr). Ils « entretiennent l'illusion d'une démocratie participative de substitution obligeant à légiférer » (Hourquebie F., « Le fil rouge », Constitutions 2018, n° 4, p. 473) et sont de plus en plus sujets à une propagation des *fake news*. V. Fassassi I., « Les effets des réseaux sociaux dans les campagnes électorales américaines », N3C 2017/4, n° 57, p. 69 à 86 ; Richaud C., « Les réseaux sociaux : nouveaux espaces de contestation et de reconstruction de la politique ? », N3C 2017/4, n° 57, p. 29 à 44.

(117) CNDP, « Une nouvelle ambition pour la démocratie environnementale », *op. cit.*, p. 8.

(118) *Ibid.*

les conséquences du non-respect des dispositions du Code de l'environnement afférentes à la participation du public relativement rare. Ainsi que l'illustre la décision de la cour administrative d'appel de Bordeaux du 3 décembre 2008, le juge « use de son pouvoir d'appréciation pour mesurer l'impact du non-respect des procédures participatives sur la décision prise » (119), seul un « vice procédural *substantiel* » (120) étant susceptible d'entacher cette dernière de nullité. D'autre part, le maître d'ouvrage doit publier les enseignements tirés du débat public ou de la concertation (121). Néanmoins, le Code de l'environnement lui impose seulement d'indiquer les principales modifications apportées à son projet et les mesures qu'il estime nécessaires pour répondre aux enseignements de la procédure participative. Il n'existe pas de critère de prise en compte des observations du public. Il est alors possible que le maître d'ouvrage ignore certains arguments du public qui, malgré leur pertinence, peuvent ainsi demeurer sans réponse. Dans ce cas, la Commission ne dispose d'aucun moyen lui permettant de « rappeler au décideur son obligation de répondre de manière argumentée, dans le respect du droit à la participation » (122), celle-ci n'étant pas autorisée à porter une appréciation sur la qualité de la réponse ou sur sa complétude. À l'inverse, l'autorité environnementale québécoise (le BAPE), qui a inspiré la création et les méthodes de la CNDP, rend aujourd'hui des recommandations sur les projets qu'elle a organisés, lui permettant ainsi de garantir que des réponses soient bel et bien apportées aux arguments du public.

Cette lacune française participe, aujourd'hui, aux questionnements du public quant à l'utilité des dispositifs participatifs environnementaux et présente le risque d'un délaissement de l'offre institutionnelle. Si la participation est strictement encadrée dans ses aspects procéduraux, elle reste cependant faiblement définie quant à l'appréciation de sa prise en compte dans la décision finale environnementale : « le législateur ne lie d'aucune façon la décision aux conclusions de la participation » (123). Pour lui, la participation n'est qu'une manifestation de la délibération, qui ne saurait être confondue avec la décision. Alors que, d'un côté, la délibération est de plus en plus ouverte au public, de l'autre, la décision demeure réservée à ses représentants. Parce qu'il apparaît urgent de rendre visible l'influence des citoyens sur la prise de décision environnementale, la Commission plaide pour une inscription dans la loi de « l'obligation pour le maître d'ouvrage de répondre de manière motivée à tous les arguments et propositions du public repris dans le rapport établi par l'autorité administrative indépendante à l'issue de la procédure de participation et à

(119) *Ibid.*

(120) CAA Bordeaux, 3 déc. 2008, n° 07BX00912.

(121) C. envir., art. L. 121-13.

(122) CNDP, « Une nouvelle ambition pour la démocratie environnementale », *op. cit.*, p. 8.

(123) *Ibid.*

ses demandes de précisions » (124). Cette mention garantirait non seulement que des réponses soient apportées au public, celles-ci étant nécessaires à la visibilité de la prise en compte du débat public ou de la concertation par le maître d'ouvrage (125), mais elle constituerait également une forme de garantie, pour ce dernier, en cas de recours.

Confortée par 20 ans de pratique, la CNDP prône donc la consécration d'une obligation de réponse dans le cadre des procédures participatives, afin de garantir davantage l'effectivité du droit à l'information et à la participation du public au sein de la démocratie environnementale. La Commission utilise ainsi son expérience au service de cette dernière. Plus qu'une actrice, la CNDP se fait également créatrice du modèle qu'elle représente. C'est pourquoi elle préconise également une rationalisation des structures environnementales existantes.

B. — *La rationalisation des structures environnementales existantes*

Depuis 2011, des propositions convergentes sont formulées dans l'objectif de renforcer le droit à l'information et à la participation du public en matière environnementale par une rationalisation des structures existantes. Dans son rapport au président de la République, Bertrand Pancher proposait, en ce sens, de regrouper les instances d'information environnementale, de concertation et d'évaluation des politiques publiques existantes au sein d'un organisme unique : l'*Agence indépendante*. Sa création devait lutter contre l'éclatement des entités distinctes et peu coordonnées, et participer à une meilleure mise en œuvre des politiques environnementales (126). Par la suite, en 2013, le rapport *Pour la réparation du préjudice écologique*, issu des travaux impulsés par la garde des Sceaux, Christiane Taubira, suggérait la mise en place d'une *Haute Autorité environnementale* ayant une « mission générale de gardienne de l'environnement » (127), par le regroupement de l'évaluation scientifique ainsi que l'information et la participation du public aux décisions environnementales. Une nouvelle fois, cette proposition n'a pas été retenue. Comme le souligne la CNDP, l'unification des missions d'évaluation, d'information et de participation auprès d'une seule institution apparaît pourtant « comme le

---

(124) *Ibid.*, p. 14.

(125) Pour la Commission, il est essentiel de penser le droit individuel de participer non seulement comme le droit de s'exprimer mais également comme le droit d'être entendu, c'est-à-dire le droit de recevoir de la part du décideur une réponse argumentée ou motivée.

(126) Pancher B., Rapport au président de la République française sur *La concertation au service de la démocratie environnementale. Pour une définition d'un cadre général de la gouvernance environnementale*, *op. cit.*, p. 38.

(127) Jégouzo Y., *Pour la réparation du préjudice écologique*, 17 sept. 2013, p. 25, http://www.justice.gouv.fr/art_pix/1_rapport_prejudice_ecologique_20130914.pdf

gage d'une simplification et d'une amélioration des droits du public » (128). Aujourd'hui éclatées entre plusieurs institutions, ces trois missions perdent à la fois en efficacité et en visibilité.

Des structures similaires ont, au demeurant, prouvé leur efficacité à l'étranger, comme en témoigne le BAPE au Québec. Lorsque des projets ayant un impact sur l'environnement lui sont soumis, celui-ci a pour mission d'informer et de consulter les citoyens, d'enquêter grâce à d'importants pouvoirs d'expertise et d'aviser le gouvernement afin d'éclairer sa décision finale. Depuis sa création, en 1978, le BAPE a réalisé plus de 1 000 dossiers, dont 663 périodes d'information, 260 audiences publiques, 56 médiations et 32 enquêtes (129). Avec cet ensemble de missions imparties, ses observateurs affirment, qu'au fil des ans, les projets « se sont grandement améliorés, du point de vue environnemental, [...] ils sont bonifiés, parfois même au-delà des exigences légales » (130). Cette configuration offre une visibilité accrue à la structure et garantit un progrès des droits permettant de conforter la démocratie environnementale québécoise. Sur ce fondement, la CNDP recommande une rationalisation des structures françaises existantes.

Elle souligne, en premier lieu, les inquiétudes majeures des citoyens à propos des enjeux environnementaux qui méritent « un éclairage approprié afin d'être bien posés dès l'ouverture des procédures participatives » et regrette que « l'état actuel des procédures et des ressources internes à la CNDP ne lui permet pas de garantir correctement le droit à l'information des citoyens » (131). La CNDP ne dispose pas d'un droit de saisine de l'Autorité environnementale et n'a droit qu'à recourir à des expertises complémentaires durant la procédure de participation, sur des questions précises. L'étude d'impact ainsi que l'appréciation de sa qualité et des impacts environnementaux des projets par l'Autorité environnementale n'interviennent qu'une fois la procédure de débat public ou de concertation préalable terminée. Une collaboration plus étroite entre l'institution garante des processus d'information et de participation et celle évaluatrice de la prise en compte des impacts environnementaux apparaît donc nécessaire. L'article R. 122-4 du Code de l'environnement prévoit, par exemple, qu'à la demande du maître d'ouvrage, l'Autorité environnementale puisse intervenir en amont des procédures de participation pour rendre un avis sur-le-champ et le degré de précision des informations à fournir dans l'étude d'impact. Lors de la concertation préalable sur le développement de l'aéroport

---

(128) CNDP, « Une nouvelle ambition pour la démocratie environnementale », *op. cit.*, p. 9.

(129) « Historique et présentation », www.bape.gouv.qc.ca/fr/bape/.

(130) Gauthier M., Simard L., « Le BAPE et l'institutionnalisation du débat public au Québec : mise en œuvre et effets », *in* Blatrix C. *et al.*, *Le débat public : une expérience française de démocratie participative*, *op. cit.*, p. 87.

(131) CNDP, « Une nouvelle ambition pour la démocratie environnementale », *op. cit.*, p. 10.

Paris-Charles de Gaulle, le recours au cadrage de l'Autorité environnementale a permis « de mieux identifier les impacts du projet et donc de prévoir un dispositif de concertation plus adapté » (132), le périmètre de la concertation étant notamment passé de 168 à 480 communes. Si cet exemple est conditionné par la demande du maître d'ouvrage, il démontre néanmoins l'importance d'un rapprochement entre la participation et l'expertise environnementale qui constituerait un progrès dans l'effectivité du droit à l'information et, ce faisant, dans l'effectivité de la participation du public. Cette nouvelle institution résulterait donc d'une fusion entre la CNDP et l'Autorité environnementale, tout en conservant le statut d'autorité administrative indépendante que possède déjà la CNDP (133). La nouvelle institution ainsi consacrée serait alors « saisie en amont des projets soumis à l'évaluation environnementale » et se prononcerait « sur les procédures participatives et/ou environnementales auxquelles le projet est soumis au titre du Code de l'environnement » (134). Outre la sécurisation juridique pour les maîtres d'ouvrage, cette fusion serait gage de simplicité : une institution unique et indépendante mènerait à bien les phases d'information, de participation et d'évaluation environnementale (135).

En second lieu, la CNDP insiste sur le manque de confiance des citoyens vis-à-vis du politique et de l'expertise publique, constatant une crise de légitimité globale des décisions politiques. Il ressort de son expérience que l'organisation de la participation en matière environnementale n'a pas pour objectif premier de résoudre les conflits, mais de donner à voir leur substance et leurs raisons, en somme, d'affronter les difficultés. L'analyse de l'ensemble des débats menés démontre que les projets retardés ou suspendus sont, d'une part, les projets pour lesquels les décideurs n'ont que faiblement tenu compte des résultats obtenus par les démarches participatives et, d'autre part, les projets pour lesquels la prise de décision politique a été tardive, à l'instar de Notre-Dame-des-Landes. S'ils fragilisent la réalisation des projets, ces deux écueils affaiblissent également la confiance des citoyens dans les procédures participatives supposées garantir leurs droits et protéger l'environnement. La Commission estime donc primordial de rétablir la confiance dans l'efficacité de la participation environnementale citoyenne, « dans sa capacité à influencer la décision publique et à l'améliorer » (136). Cette nécessité est d'autant plus

---

(132) *Ibid.*

(133) Cette unification permettrait de clarifier la situation de l'Autorité environnementale, dont l'indépendance n'est aujourd'hui pas garantie par le statut d'autorité administrative indépendante.

(134) CNDP, « Une nouvelle ambition pour la démocratie environnementale », *op. cit.*, p. 11.

(135) Deux principaux services seraient ainsi créés : d'un côté, un service d'évaluation et d'expertise, et, de l'autre, un service de participation du public.

(136) CNDP, « Une nouvelle ambition pour la démocratie environnementale », *op. cit.*, p. 12.

forte pour la CNDP que l'évaluation des 91 débats publics organisés depuis sa création atteste très majoritairement d'une inflexion ou d'une modification des projets à l'issue du débat, aucun projet n'ayant été poursuivi sans aucune modification et seuls 3 d'entre eux ayant été abandonnés. En outre, sur les 88 projets infléchis ou modifiés à la suite du débat public, 59 ont modifié leurs caractéristiques et/ou leurs objectifs et 29 ne les ont pas modifiés, mais ont subi une inflexion sur les modalités de conduite du projet (concertation, périmètre, etc.) (137).

Pour rétablir la confiance du public dans la participation environnementale, il est impératif que les procédures participatives soient institutionnellement irréprochables et demeurent donc confiées à un « tiers-garant impartial » (138). Tous les projets soumis à l'évaluation environnementale devant passer par la nouvelle institution, la Commission propose que cette autorité administrative indépendante soit dotée « du pouvoir de certifier à chaque étape le respect par le maître d'ouvrage de l'ensemble des procédures participatives et d'évaluations environnementales, au moins jusqu'à la phase d'enquête publique » (139). La nouvelle autorité serait ainsi en mesure de garantir si, sur chacun des projets étudiés, l'ensemble des procédures environnementales a été respecté. Seul un avis positif sans réserve de sa part permettrait au décideur de délivrer l'autorisation ou d'adopter l'acte faisant l'objet de la procédure. Plus encore, il est fréquent que les maîtres d'ouvrage se contentent d'une concertation entre parties prenantes ou avec des *mini-publics* tirés au sort, sans prendre le temps de s'adresser à un public plus large et de l'informer. Dans ce cas, malgré la présence des garants, la CNDP n'a que très peu de marge de manœuvre pour qu'un minimum d'inclusion soit appliqué. La Commission souhaite donc défendre la qualité des procédures qui concernent la démocratie environnementale en permettant à la nouvelle institution de réellement garantir ou défendre le respect des formes procédurales de la participation, une nouvelle fois, sans jamais se prononcer sur le fond du projet.

Cette nouvelle institution doit donc non seulement conserver le statut d'autorité indépendante – qui garantit le plus haut degré d'impartialité dans l'accomplissement de ses missions – mais aussi être dotée de nouvelles prérogatives lui permettant d'assurer au mieux ses missions. La fusion des structures existantes est, par conséquent, accompagnée d'un renforcement du droit à l'information du public et des garanties du respect des procédures participatives environnementales. Ainsi que le souligne le rapport de la CNDP, l'ensemble des propositions avancées a « le mérite d'assurer aux citoyens le

(137) *Ibid.*, p. 5 à 6.

(138) CE, Rapport public *Consulter autrement, participer effectivement*, *op. cit.*, p. 87.

(139) CNDP, « Une nouvelle ambition pour la démocratie environnementale », *op. cit.*, p. 13.

strict respect des procédures, de simplifier la chaîne procédurale pour le maître d'ouvrage et de sécuriser les procédures » (140). Si une telle réforme suppose un travail approfondi qui dépasse naturellement le cadre de ce rapport (141), elle illustre néanmoins pleinement le rôle moteur de la CNDP dans la production de normes et d'instruments relatifs à la démocratie environnementale.

Par ailleurs, si son expertise lui permet ainsi d'encourager et d'accompagner les réformes liées à la démocratie environnementale, elle constitue également un moyen de militer pour la sauvegarde de prérogatives qui lui sont propres et qui sont fréquemment menacées de transfert auprès d'autres instances : alors que la première réforme constitutionnelle *pour une démocratie plus représentative, plus responsable et efficace* envisagée par le président de la République, Emmanuel Macron, prévoyait un transfert des compétences relatives à la participation citoyenne de la CNDP au Conseil économique, social et environnemental (142), ce point a finalement évolué et le dernier projet de loi constitutionnelle *pour un renouveau de la vie démocratique* prévoit désormais qu'un Conseil de la participation citoyenne – ex-Conseil économique, social et environnemental (CESE) – assure la participation du public au processus d'élaboration des projets d'aménagement ou d'équipement d'intérêt national, compétence qui appartient jusqu'à présent à la CNDP (143).

*
**

Malgré les progrès réalisés par la réforme sur la modernisation du dialogue environnemental, la présente analyse démontre combien il demeure urgent d'améliorer le fonctionnement de la démocratie environnementale française. Encore trop sujette aux réticences et à l'autoritarisme de certains acteurs environnementaux, elle est également confrontée à un manque de confiance persistant de la part des citoyens. Le formalisme excessif de certains dispositifs, la complexité de ses normes et la multiplicité de ses instances fragilisent le processus de prise de décision environnementale. Face à ces difficultés, la CNDP a un rôle déterminant à jouer. À la fois actrice et créatrice d'une démocratie environnementale en quête d'effectivité et d'efficacité, elle est en mesure de garantir le respect des procédures en vigueur, tout en ne cessant d'émettre des propositions tendant à leur amélioration.

---

(140) *Ibid.*, p. 14.

(141) Ce rapport a été remis au président de la République, au Premier ministre, au ministre de la Transition écologique et à ses secrétaires d'État, ainsi qu'à la garde des Sceaux. L'adoption d'une loi ordinaire serait suffisante pour mettre en œuvre cette réforme.

(142) V. not. : *Compte rendu de la commission du Développement durable et de l'Aménagement du territoire*, 7 mars 2018, séance de 16 h 30, Doc. AN, *op. cit.*, p. 2.

(143) V. CE, 20 juin 2019, n° 397908, avis sur le projet de loi constitutionnelle pour un renouveau de la vie démocratique, p. 11.

Si l'ensemble des développements menés a permis de saisir l'étendue de son rôle au sein de la démocratie environnementale française, ces derniers démontrent également combien la CNDP tend à constituer un modèle type dans la mise en œuvre de l'information et de la participation du public. En institutionnalisant une véritable « culture du débat » (144), elle apporte une visibilité croissante aux formes alternatives de participation démocratique et contribue à la construction d'un modèle de réflexivité désormais susceptible de dépasser la question environnementale.

Chloë GEYNET-DUSSAUZE

Docteure en droit public
qualifiée aux fonctions
de Maître de conférences

(144) CNDP, *Rapport annuel de 2017*, p. 1.

DOCTRINE

DROIT CONSTITUTIONNEL

Promesses et limites du contrôle citoyen sur Internet

par Jade MEYRIEU

Doctorante contractuelle à l'Université de Montpellier
Centre d'études et de recherches comparatives constitutionnelles et politiques (CERCOP)

SOMMAIRE

I. — DE NOUVELLES MODALITÉS NUMÉRIQUES DE CONTRÔLE DES GOUVERNANTS

A. — *L'organisation de veilles citoyennes sur Internet*

1. *L'éclosion d'un contrôle connecté*

2. *L'établissement de nouveaux « sites de rencontre »*

B. — *La résurgence d'une défiance citoyenne sur Internet*

1. *Un renouvellement de la contestation*

2. *De nouvelles voies de mobilisation*

II. — DES EFFETS CONTROVERSÉS DU CONTRÔLE NUMÉRIQUE DES GOUVERNANTS

A. — *Une effectivité limitée du contrôle numérique des gouvernants*

1. *Une diversité défavorable à l'effectivité du contrôle*

2. *Une institutionnalisation utile à l'effectivité du contrôle*

B. — *Une effectivité pervertie du contrôle numérique des gouvernants*

1. *Un outil numérique disruptif*

2. *Un outil numérique populiste*

« Depuis plusieurs années, des interrogations profondes se font jour, dans tous les pays occidentaux, sur le fonctionnement de la démocratie représentative. [...] Elles correspondent à une évolution de nos sociétés dans lesquelles le rapport à la politique, à l'autorité et à la citoyenneté a changé. De nouveaux modes d'expression directe, à travers notamment les réseaux sociaux, sont apparus. Une forme de défiance vis-à-vis de l'idée même de représentation s'est développée. » (1) Tel est le constat ayant guidé le projet de loi constitutionnelle pour un renouveau de la vie démocratique enregistré à l'Assemblée nationale le 29 août 2019. Cette prise de conscience révèle les enjeux démocratiques du numérique dans la relation gouvernants/gouvernés, en France comme ailleurs.

La défiance citoyenne envers les représentants, conséquence de la « crise de la représentation », exprime la volonté de redéfinition de la fonction des gouvernés dans le système représentatif. La seule année 2019 fait état de cette défiance envers les gouvernants dans le monde entier. Pendant plus de 6 mois, le gouvernement de Hong Kong a fait face aux manifestants réclamant des réformes démocratiques (2). Tout comme le mouvement français des Gilets jaunes, la population iranienne est sortie dans la rue au mois de novembre, pour dénoncer la hausse du prix du carburant. Enfin, ce même mois de novembre 2019 a connu la démission du président bolivien Evo Morales face à la ferveur populaire qui incriminait la légitimité de son élection. La légitimité électorale des gouvernants ne suffit plus. Les représentés exigent ainsi la confirmation tout au long du mandat d'une légitimité désormais qualifiée de « démocratique », voire « processuelle ». Le mutisme quasi total des représentés inter-élections n'a plus lieu d'être. C'est ainsi que le Professeur Dominique Rousseau distingue la tant critiquée représentation-fusion – où le citoyen est totalement absent de la relation –, et la représentation-écart – au sein de laquelle le citoyen parle et agit. Les gouvernés sont ainsi partis à la conquête d'une « démocratie d'exercice », n'étant plus satisfaits de la « démocratie d'autorisation », laquelle « se borne à une délégation de pouvoir par mandat sur une durée donnée [...] » (3). Et cette reconquête passe inévitablement par un réveil du contrôle des gouvernants. Le système représentatif naît d'une délégation de l'exercice de la souveraineté aux représentants, dans une logique d'effectivité de l'activité de l'État. Ce transfert de l'exercice de souveraineté n'exclut pas nécessairement un contrôle du gouverné pendant l'exercice du mandat. Au contraire, l'article 14 de la Déclaration des droits de l'homme et du citoyen du 26 août 1789 consacre ce contrôle en précisant

(1) Projet de loi constitutionnelle pour un renouveau de la vie démocratique n° 2203, enregistré à la présidence de l'Assemblée nationale le 29 août 2019.

(2) Le mouvement « *Anti-Extradition Bill Protest* » a débuté le 15 mars 2019 contre l'amendement de la loi d'extradition adoptée par le gouvernement de Hong Kong.

(3) Rosanvallon P., *Le bon gouvernement*, 2016, Seuil, Les Livres du Nouveau Monde.

que « Tous les citoyens ont le droit de constater, par eux-mêmes ou par leurs représentants, la nécessité de la contribution publique, de la consentir librement, d'en suivre l'emploi, et d'en déterminer la quotité, l'assiette, le recouvrement et la durée. » Plus largement, l'article 15 énonce que « La société a le droit de demander compte à tout agent public de son administration. » L'enjeu est grand puisqu'il est question du rétablissement de la confiance entre les citoyens et leurs dirigeants, dans la conduite de l'État. Ainsi, et tel que le souligne le philosophe Alain dans ses célèbres *Propos,* la démocratie est essentiellement « un pouvoir de contrôle et de résistance » (4). C'est au sein de cette reconquête que le numérique semble avoir trouvé place. Ce dernier transperce le mur qui s'est progressivement érigé entre les deux cocontractants du système représentatif.

Sous l'effet du numérique, le fonctionnement de nos démocraties représentatives aurait changé. Les technologies de l'information et de la communication laissent entrevoir des relations renouvelées. Armant le citoyen de nouveaux outils, le numérique « crée un sentiment de démocratie permanente » aligné sur le modèle de réactivité permanente vécue dans le monde numérique (5). Par les fonctions qu'il est censé remplir (« permettre l'information et le débat ; assurer la mobilisation et le contrôle citoyen ; inciter à la participation active à la vie politique » (6)), Internet touche à l'ensemble des modalités affectant la communication entre gouvernants et gouvernés. Paradoxalement, s'il recrée l'écart entre représentants et représentés, il rétablit le contact. Contrairement aux instruments institutionnels traditionnels des systèmes représentatifs actuels, l'outil numérique est aux mains des représentés autant qu'à celles des représentants, affaiblissant la domination des seconds sur les premiers. Il est ainsi devenu « un instrument de contrôle démocratique, un nouvel espace d'expression publique […] » (7). Pierre Rosanvallon va jusqu'à dire que « loin de constituer un simple "instrument" il est la fonction même de surveillance » (8). Internet encourage le réveil de l'ensemble des éléments constitutifs du contrôle citoyen : la surveillance des élus et la contestation des politiques publiques qui

---

(4) Alain, *Propos de politique*, 1934, Paris, p. 264, cité par Rosanvallon P., *La contre-démocratie. La politique à l'âge de la défiance*, 2006, Seuil, Les Livres du Nouveau Monde, p. 65.

(5) Brochet F., *La démocratie smartphone. Le populisme numérique, de Trump à Macron*, 2017, Éd. François Bourin, p. 190.

(6) Rousseau D., « Propos introductifs », *in* Arlettaz J., Le Bot O., *La démocratie en un clic ? Réflexion autour de la notion d'e-démocratie*, 2010, L'Harmattan.

(7) Roques-Bonnet M.-C., « La démocratie participative électronique : une contribution réelle du citoyen-internaute à la vie politique française ? La France face aux modèles étrangers », *in* Forey E., Geslot C. (dir.), *Internet, machines à voter et démocratie,* 2011, L'Harmattan, p. 163.

(8) Rosanvallon P., *La contre-démocratie, La politique à l'âge de la défiance, op. cit.*, spéc. p. 75.

en découle. Dès lors, il est aujourd'hui admis que « le rôle d'Internet comme instrument de veille, de diffusion et de mobilisation [...] est, en effet, de plus en plus central dans le fonctionnement démocratique » (9).

Pourtant, la promesse offerte par ces nouveaux moyens mérite encore de mûrir. Comme tout outil, l'effet réel d'Internet dépend finalement de l'usage qui en est fait. Instrument caractérisé par son ambivalence et sa maniabilité complexe, son impact sur la relation gouvernants/gouvernés dépend finalement de ses utilisations et de son appréhension. Plus encore, à défaut d'être un remède aux maux de la démocratie représentative, Internet semble parfois s'ériger tel un symptôme supplémentaire de son dysfonctionnement. Aux espérances démocratiques tant escomptées de ces nouvelles modalités de contrôle des gouvernants, s'est substituée la crainte d'une redéfinition totale du système représentatif. *In fine,* si le monde numérique est vecteur de nouveaux mécanismes de contrôle citoyen considérables (I), leur effectivité peut parfois paraître limitée, voire dangereuse (II).

I. — De nouvelles modalités numériques de contrôle des gouvernants

L'éloignement progressif des gouvernants vis-à-vis des gouvernés a conduit ces derniers à instituer eux-mêmes de nouveaux contrôles. Ainsi, Internet a vu éclore en son sein diverses structures construites par la société civile afin de renouveler la surveillance des gouvernants (A). Au-delà, l'insuffisance de ces structures, associée aux carences des modalités traditionnelles de contrôle conduit au renforcement d'une défiance citoyenne, qui prend forme et s'agrège sur Internet (B).

A. — *L'organisation de veilles citoyennes sur Internet*

Depuis les années 2000, et dans de nombreux pays, la volonté de renouer avec le contrôle citoyen des gouvernants a conduit les gouvernés à s'organiser sur le Web. Plusieurs sites Internet ont éclos, guidés par l'objectif de transparence de l'activité des dirigeants (1). Ils deviennent alors le lieu de rencontre privilégié gouvernants/gouvernés, hors périodes électorales (2).

1. *L'éclosion d'un contrôle connecté*

Très tôt, les États-Unis ont vu apparaître de nombreux sites ayant pour objectif la lutte contre les fausses promesses électorales. Suite aux élections de 1996, le *Center for responsive politics* a lancé le site OpenSecrets.org afin de lever le voile

(9) Haegel F., « La démocratie et ses nouveaux fonctionnements », Cahiers français mai-juin 2009, « La science politique », p. 52.

sur les dépenses et contributions des membres du Congrès. Aujourd'hui encore, il permet à tous les citoyens américains de vérifier les déclarations faites par les candidats lors des campagnes, en les passant au « *truth-o-meter* », autrement dit au « véritomètre » (10). En décembre 2003, le site FactCheck.org voyait le jour sous la plume du journaliste Brooks Jackson. Instrument de « veille citoyenne », il a, aujourd'hui encore, pour mission de surveiller « l'exactitude factuelle de ce que disent les principaux acteurs politiques américains sous forme d'annonces télévisées, dans les débats, dans les discours dans les interviews et les communiqués de presse » (11). Dès lors, ce site s'inscrit dans une recherche de responsabilisation des gouvernants en les confrontant à leurs promesses électorales. En 2007, il franchit un pas supplémentaire et devient interactif : le lancement du *Ask FactCheck* permet désormais aux visiteurs de solliciter les «*fact-checkers* » sur des sujets spécifiques (12). Dans cette même logique de transparence, la liste des *fact-checkers* est publiée. Elle dévoile une absence totale des dirigeants, étant simplement composée de membres de la société civile (13). C'est une véritable réussite puisqu'en 2008, le site enregistre entre 20 000 et 30 000 visiteurs par jour. Afin de développer son fonctionnement, il décide d'accepter les donations à partir de 2010. Et en décembre 2016, FactCheck.org rejoint Facebook dans la lutte contre les *fake news*. La plateforme poursuit donc sur son *credo* initial : la vérification des faits. Enfin, et pour ne citer que les plus connus, l'organisation Sunlight Fondation créée par Ellen S. Miller en 2006 forme la consécration de cette volonté citoyenne d'une transparence de l'action des représentants. La première page du site en révèle l'objectif : « Rendre le gouvernement et la politique plus responsables et transparents » (14). La même année, au Royaume-Uni est

---

(10) V. en ce sens, Roques-Bonnet M.-C., art. préc., spéc. p. 145.

(11) Cf. http://factcheck.org.

(12) Cet espace d'échange est notamment intéressant pour lutter contre les *fake news*. Les internautes peuvent ainsi poser des questions relatives aux informations issues des réseaux sociaux. À titre d'illustration, en juin 2019 un internaute posa la question suivante : « Les membres du Congrès ont-ils approuvé une augmentation de salaire pour eux-mêmes et nié une augmentation des prestations de sécurité sociale ? ». Il est également un lieu de pédagogie législative. En février 2019, une question fut posée relative à la nouvelle loi sur l'avortement à New York.

(13) Pour une analyse critique du phénomène du *fact-checking,* v. l'article de Dérosier J.-P., « Le numérique comme outil de contrôle des gouvernants », *in* Bardin M., Fatin-Rouge Stefanini M., Jensel-Monge P., Severino C. (dir.), *La démocratie connectée : ambitions, enjeux, réalité*, 2018, Aix-en-Provence, Droits international, comparé et européen (DICE), Confluence des droits, p. 40 à 41, http://dice.univ-amu.fr/fr/dice/dice/publications/confluence-droits.

(14) Le site se présente ainsi : « La Sunlight Foundation est une organisation nationale, non partisane et à but non lucratif, qui utilise les outils de la technologie civique, des données ouvertes, de l'analyse des politiques et du journalisme pour rendre notre gouvernement et nos politiques plus responsables et transparents pour tous. Notre vision est que la technologie moderne permette une participation démocratique plus

lancé le site TheyWorkForYou.com. Fondée par l'ONG mySociety (15), cette plateforme offre la possibilité à tout citoyen de suivre l'activité des responsables politiques, dans tous les domaines de la vie étatique. Le slogan d'accueil est là encore très révélateur puisqu'il pose une question essentielle : « *Does your MP represent you?* » (16). Tout aussi intéressante est sa présentation : « La démocratie : c'est pour tout le monde. Vous ne devriez pas être un expert pour comprendre ce qui se passe au Parlement. Vos politiciens vous représentent... mais que font-ils exactement en votre nom ? ». Tout comme le site américain FactCheck, l'organisation anglaise associe droit de regard et droit de parole. Tout internaute peut y poser des questions. Mais outre-Manche, les questions sont directement posées aux représentants, elles sont alors justement nommées « questions parlementaires ». Plus encore, l'ensemble des internautes a la possibilité de juger du caractère adéquat des réponses données, ils ne restent donc pas passifs, allant jusqu'au bout de la logique d'évaluation des gouvernants. L'expérience française de « contrôle 2.0 » n'est pas en reste. Le pionnier français de l'observation parlementaire, Olivier Solan, crée en 2002 avec succès le site mon-depute.fr. Ce dernier permettait à tout citoyen de suivre les votes de chaque député sur les scrutins publics. Ce site a eu un véritable succès puisqu'en 2008, il recevait en moyenne 800 000 visites mensuelles. S'il ne semble plus actif depuis 2016, il a laissé place, en 2009, au site phare du contrôle parlementaire français, nosdeputes.fr. Créée par Regards Citoyens (17), cette interface se présente comme un véritable « observatoire citoyen de l'activité parlementaire » (18). Elle affiche alors la teneur de sa mission : « Conçu comme une plateforme de médiation entre citoyens et députés, le site propose à chacun de participer et de s'exprimer sur les débats parlementaires. Au travers de leurs commentaires, les utilisateurs sont invités à créer le débat en partageant leur expertise lorsque cela leur semble utile. Peut-être pourront-ils ainsi nourrir le travail de leurs élus ? » (19) Si ce site favorise la surveillance citoyenne, il ouvre également la voie à sa propre utilisation

---

complète, équitable et efficace. Notre objectif principal est de modifier la loi pour exiger une transparence en ligne et en temps réel des informations du gouvernement » (cf. https://sunlightfoundation.com).

(15) Association caritative créée en 2004.

(16) « Votre député vous représente-t-il ? », www.theyworkforyou.com.

(17) « Le collectif Regards Citoyens est une association constituée de citoyens de tous âges et régions, tous bénévoles, qui se sont rencontrés sur Internet dans un désir commun de proposer un accès simplifié au fonctionnement de nos institutions démocratiques à partir des infirmations publiques », www.nosdeputes.fr.

(18) Wojcik S., « Prendre au sérieux la démocratie électronique. De quelques enjeux et controverses sur la participation politique en ligne », *in* Forey E., Geslot C. (dir.), *Internet, machines à voter et démocratie,* 2011, L'Harmattan, p. 120.

(19) Le site est créé le 14 septembre 2009, il comptabilise aujourd'hui 8 025 citoyens inscrits. 5 370 signatures sont recensées depuis le début de la législature le 21 juin 2017, www.nosdeputes.fr.

pour incorporer de la participation citoyenne dans le travail parlementaire. Enfin, tout comme l'outil numérique lui-même, le contrôle citoyen ne s'arrête pas aux frontières des États. Le site VoteWatch.eu créé en 2009 permet ainsi aux citoyens européens de contrôler l'activité des membres du Parlement européen et du Conseil de l'Union européenne (20).

La société civile s'est donc saisie de ce nouvel instrument afin d'instaurer une « surveillance citoyenne » des représentants qui faisait défaut. Ces sites permettent alors de reconnecter les représentés à leurs représentants.

2. *L'établissement de nouveaux « sites de rencontre »*

Ces sites nationaux soulignent la volonté citoyenne de contrôler davantage les gouvernants. Ils présentent des particularités communes, révélatrices d'un contrôle nouveau. Tout d'abord, ces plateformes sont à l'initiative de la société civile que ce soit par le biais de collectifs – tel que Regards citoyens –, d'ONG – comme mySociety –, ou encore d'individus seuls – à l'instar d'Olivier Solan ou encore de Brooks Jackson. Leur organisation et leur fonctionnement sont entièrement indépendants des pouvoirs publics qu'ils surveillent. Ces interfaces sont également financièrement indépendantes, que ce soit *via* des dons – tel que le prévoit la plateforme FactCheck.org – ou grâce au bénévolat de leurs gérants. Dès lors, l'ensemble des modalités de création, de fonctionnement et de financement indique un contrôle fondamentalement issu d'un mouvement ascendant. Plus encore, ces sites permettent aux citoyens de se réapproprier leurs institutions en leur ouvrant les portes de leur gestion et de leur fonctionnement. La grande majorité de ces structures virtuelles utilise des informations issues de sites institutionnels, offrant certaines garanties des informations fournies. C'est ainsi que les fondateurs du site français nosdeputes.fr, « opèrent un travail de collecte et de mise en visibilité de telles données à travers divers procédés et techniques de visualisation afin de les rendre disponibles à l'interprétation politique » (21). Il ressort clairement du rapport sur l'e-Parlement de 2018 que cette transparence est une priorité des représentants. En effet, le rapport souligne trois améliorations principales dans l'activité numérique des parlements depuis le rapport de 2016 : « Plus d'informations et de document disponibles sur les sites Internet », une « amélioration de la capacité de diffuser l'information et la documentation » et une « présentation plus accessible

(20) Le site se présente ainsi : « VoteWatch est la principale organisation non partisane spécialisée dans la combinaison de grands ensembles de données politiques de l'UE avec une expertise de pointe afin de fournir les meilleurs aperçus de la politique de l'UE. Nous fournissons une cartographie complète des positions des gouvernements de l'UE et des parlementaires de l'UE sur tout sujet clé en fonction de faits confirmés. Nous fournissons également des prévisions sur les résultats de différentes législations européennes. », www.votewatch.eu.

(21) Wojcik S., art. préc., spéc. p. 120.

des documents disponibles en ligne » (22). C'est le fameux *open data* (23). Le mouvement ascendant précédemment révélé rencontre alors la volonté institutionnelle des dirigeants d'être davantage transparents quant à leurs activités. Ainsi, « grâce à l'accès à l'information diffusée par les gouvernants, les gouvernés peuvent mieux contrôler les premiers, en menant des enquêtes à leur égard [...] » (24). Les gouvernants contribuent au dialogue communicationnel et informationnel avec les représentés. En conséquence, ces sites favorisent la synergie entre un mouvement ascendant – la volonté des citoyens de contrôler davantage leurs élus – et un mouvement descendant – une volonté des élus d'être plus transparents sur leurs activités. Ils accueillent les retrouvailles du « citoyen vigilant » et du dirigeant transparent.

En qualité d'outil à la portée de la société civile, Internet permet aux gouvernés de s'organiser au sein de structures communes et citoyennes, afin de répondre à leurs exigences de transparence et de contrôle des gouvernants. Toutefois, lorsque ce contrôle « traditionnel » ne suffit plus et que la surveillance met en lumière un désaccord citoyen, Internet devient le vecteur de contestations et de mobilisations majeures.

B. — *La résurgence d'une défiance citoyenne sur Internet*

L'absence de moyens institutionnels de contrôle des gouvernants conduit les citoyens à se faire entendre sur la Toile. Le Web vient ainsi combler l'absence de conflictualité au sein du système représentatif. Il renouvelle les modalités de contestation (1) et favorise sa modélisation par la voie de la mobilisation (2).

1. *Un renouvellement de la contestation*

Internet, s'érige aujourd'hui tel un « mégaphone » de la contestation citoyenne. Les carences initiales des modalités de contrôle dans le système représentatif débouchent sur un renforcement de la contestation. C'est parce que les modalités institutionnelles de contrôle citoyen sont insuffisantes, voire effectivement absentes, que la contestation trouve à se renforcer. Selon le Professeur Henri Oberdorff, il semblerait que « l'apport le plus novateur d'Internet [soit] la possibilité pour les internautes, que Joël de Rosnay appelle les "pronétaires", au moins d'évaluer la pertinence d'une politique publique, au plus de la remettre en cause » (25). Dès lors, de nouveaux mécanismes de contestation émergent favorisant, non seulement l'expression contradictoire

(22) Union interparlementaire, *Rapport mondial 2018 sur l'e-Parlement*, 2018, p. 23.

(23) Pour davantage de développements sur l'ouverture des données par les pouvoirs publics, v. Wojcik S., art. préc., spéc. p. 112.

(24) Dérosier J.-P., art. préc., spéc. p. 37.

(25) Oberdorff H., *La démocratie à l'ère numérique,* 2010, Presses universitaires de Grenoble, p. 95 à 96.

au sein des débats politiques institutionnalisés, mais plus largement le développement de dispositifs d'« alerte éthique ». *A minima,* Internet permet l'expression des voix dissidentes souvent absentes des médias traditionnels et du débat politique organisé. C'est ainsi que les partisans du « non » au Traité établissant une constitution pour l'Europe ont trouvé une place dans le débat en 2005. Comme a pu le soulever le Professeur Patrice Flichy, « il faut en effet noter qu'alors que les promoteurs du oui ont eu largement accès aux médias classiques, les partisans du non qui dans l'ensemble n'appartenaient pas aux organisations politiques dominantes ont amplement utilisé le Web pour présenter leur opinion » (26). Une scission s'est alors affichée entre partisans du « oui », représentés par les médias traditionnels, et ceux du « non » déployés sur les réseaux sociaux. Dans cette hypothèse, « le Web est apparu comme le moyen de communication de ceux qui étaient mal représentés dans les médias classiques » (27). En conséquence, de nombreux auteurs parlent de « renouvellement de l'espace public ». Mais surtout, une réapparition essentielle de la contradiction devient visible au sein de nos démocraties. Si le numérique ne crée pas la contestation, il offre à cette dernière une voix et surtout un débouché. Dans un second temps, cette réintégration numérique de la contestation trouve l'une de ses manifestations les plus importantes au sein de dispositifs d'« alerte éthique » (28). Ce mécanisme de dénonciation se traduit notamment par la naissance et l'évolution des désormais bien connus lanceurs d'alertes. Internet joue alors un rôle majeur au sein de deux étapes de l'alerte éthique. En amont, des plateformes de signalement sont mises en ligne dans de nombreux domaines afin de regrouper et d'identifier des violations caractérisées du cadre légal ou réglementaire. En aval, Internet offre des moyens de diffusion de l'alerte, au-delà des circuits institutionnels. L'évolution juridique des lanceurs d'alerte, associée à l'enrichissement numérique de leurs armes, en fait peut-être le contrôle citoyen le plus abouti. La mondialement connue « affaire *Snowden* » relative à la surveillance massive des citoyens par la National Security Agency (NSA), ou encore la publication sur WikiLeaks en 2010 de documents et de vidéos dénonçant la gestion des guerres américaines en Irak et en Afghanistan par Julian Assange, sont autant d'illustrations de la force de ces mécanismes. En définitive, que ce soit au sein de débats

---

(26) Flichy P., « La démocratie 2.0 », Études 2010/5, vol. 412, p. 617 à 626.

(27) Flichy P., art. préc., spéc. p. 617 à 626. En ce sens, v. également Fouetillo G., « Le Web et le traité constitutionnel européen. Écologie d'une localité thématique compétitive », Réseaux 2007, n° 144 ; Oberdorff H., *op. cit.*, spéc. p. 96.

(28) CE, Rapport public *Le droit d'alerte : signaler, traiter, protéger*, Doc. fr., 25 févr. 2016, p. 55 : « L'alerte éthique, quel que soit son objet, est lancée par une personne qui, confrontée à un risque grave, notamment pour la santé ou l'environnement, ou à des manquements graves à des lois ou règlements, décide librement et en conscience d'y procéder. Cette personne agit dans l'intérêt général, elle ne recherche pas son intérêt ni ne cherche à nuire à autrui. »

ciblés, ou dans le cadre d'une dénonciation plus globale, Internet consacre une « cyber-résistance » (29) et « révèle une forme de défiance à l'égard de tous les pouvoirs » (30). Ces nouveaux indicateurs des défaillances institutionnelles de contrôle, érigent le numérique au rang de « véhicule » de la fameuse « contre-démocratie » chère à Pierre Rosanvallon (31).

Le Web donne de nouvelles armes aux citoyens permettant l'expression de la contradiction, dans le cadre de débats organisés, mais également en faveur de dispositifs de dénonciation, dont les lanceurs d'alerte sont les acteurs essentiels. La défiance prend parfois une ampleur plus importante, au travers de manifestations qui naissent et s'agrègent tout particulièrement sur les réseaux sociaux.

2. *De nouvelles voies de mobilisation*

Au-delà d'un simple effet de projecteur, les réseaux sociaux tout particulièrement, permettent l'agrégation du mécontentement citoyen ne trouvant pas sa place dans l'espace public traditionnel. Les réseaux sociaux rendent visible la conflictualité effacée de l'espace public. Désormais, ces réseaux sont le tableau de la diversité des opinions et des expressions politiques et sociales. Ils rendent visible la conflictualité originaire de la société (32). Les réseaux sociaux ont vu se développer en leur sein des révolutions et manifestations majeures. C'est en ces termes que le Professeur Fabien Granjon parle du concept d'« Internet militant ». Internet modélise ainsi des mobilisations en faveur d'une remise en cause de la responsabilité des gouvernants, ou plus largement pour incriminer une politique générale. En effet, le mandat impératif étant exclu dans la grande majorité des systèmes représentatifs (33) et la responsabilité des dirigeants se trouvant souvent difficile à mettre en cause au sein des mécanismes institutionnels, les réseaux sociaux sont ainsi de nouveaux systèmes de mise en cause de la responsabilité des gouvernants. Tel fut par exemple le cas en 2009, de la manifestation NoBDay ou NoBerlusconiDay, organisée sur Facebook, lors de laquelle 350 000 personnes s'étaient rendues dans la rue pour réclamer la

---

(29) Oberdorff H., *op. cit.*, spéc. p. 95.

(30) Oberdorff H., « Contribution sur la notion d'alerte éthique », *in* CE, Rapport *Le droit d'alerte : signaler, traiter, protéger*, Doc. fr., 25 févr. 2016, p. 111.

(31) Rosanvallon P., *La contre-démocratie, La politique à l'âge de la défiance*, *op. cit.*

(32) Rousseau D., *Radicaliser la démocratie. Propositions pour une refondation*, 2017, Points, Essais, p. 113. « Évidemment, et contrairement à une représentation qui en est souvent donnée, l'espace public n'est pas un lieu angélique où la discussion sur la transformation des exigences sociales en propositions normatives se ferait calmement, à l'abri de la mauvaise foi ou de pratiques manipulatrices. Il est un espace social, c'est-à-dire un espace de luttes, de controverses pour la formation, sur un sujet donné, d'une volonté normative. »

(33) Const. française, 4 oct. 1958, art. 27 : « Tout mandat impératif est nul. [...] ».

démission de Silvio Berlusconi. Le Web a également vu naître en son sein des manifestations de grandes ampleurs dénonçant la mise en œuvre de politiques publiques. C'est ainsi que la fameuse « révolution Jasmin » de 2011 en Tunisie s'est vue attribuer le nom de « Révolution 2.0 ». La naissance du « mouvement des parapluies » de Hong Kong, d'octobre et novembre 2014, qui réclamait l'application du suffrage universel pour le chef de l'exécutif de Hong Kong en est une autre illustration. Cette dernière est particulièrement éclairante quant au mécanisme de contournement et de remise en question des institutions représentatives. Le mouvement s'est propagé sur un réseau parallèle, nommé FireChat, imaginé pour éviter une potentielle censure d'Internet par les pouvoirs en place (34). Ainsi, ces réseaux permettent l'émancipation de la société face à la répression étatique. Particulièrement vif, le mouvement français des Gilets jaunes a représenté un nouvel exemple de défiance organisée des réseaux sociaux. La mobilisation est née de l'initiative d'Éric Drouet créant un « évènement » sur Facebook nommé « Tous ensemble le 17 novembre 2018 pour le blocage national face à la hausse du carburant » (35). En février 2019, il sera baptisé « La France en colère ! » et comptera plus de 310 000 membres. Mais ce groupe n'est pas le seul puisqu'un nombre indéterminé de groupes a été créé pour le mouvement. Un deuxième groupe, « Fly Rider infos blocages », géré par Maxime Nicolle ne compte pas moins de 170 000 membres. Enfin, le groupe « Compteur officiel de Gilets jaunes » rassemble aujourd'hui presque 1,8 million de membres. Grâce aux réseaux sociaux, l'indignation française s'est modelée dans la rue et perdurera pendant plus d'un an (36). La force des réseaux a alors conduit le gouvernement à adopter le projet de loi constitutionnelle pour un renouveau de la vie démocratique, résultat d'une consultation nationale en partie établie sur Internet, « Le Grand Débat national » (37). Tout comme l'instrument lui-même, les réseaux sociaux offrent également aux manifestations un rayonnement planétaire. Certaines d'entre elles se diffusent mondialement. Le mouvement des Indignés, né du *15 de Mayo,* s'est ensuite propagé dans le

(34) 100 000 Hongkongais auraient téléchargé FireChat en 24 heures. Lancée en mars 2014, l'application aurait déjà servi au mouvement « Tournesol » des étudiants de Taiwan.

(35) Le mouvement trouve cependant son origine dans une pétition inscrite sur le site Change.org contre la réforme sur la hausse du carburant.

(36) Sur le mouvement des Gilets jaunes, v. not. Grumbery G., « Les "Gilets jaunes" et la crise de la démocratie représentative », Le Débat n° 2019/2, n° 204, p. 95 à 103 ; Duhamel A., « Que nous disent les "Gilets jaunes" sur notre République ? », Le Débat n° 2019/2, n° 204, p. 104 à 109 ; Pinon S., « Révolution numérique, "Gilets jaunes" et réformes constitutionnelles », Constitutions 2018, p. 515.

(37) Plus précisément, le « Grand Débat national » a permis de développer et d'améliorer le projet de loi constitutionnelle pour une démocratie plus représentative, responsable et efficace de 2018. De nombreuses propositions ont ainsi été reconduites dans le projet de loi constitutionnelle pour un renouveau de la vie démocratique de 2019.

monde, consacré le 15 octobre 2011 par la « Journée mondiale des Indignés ». Aux États-Unis, ce mouvement sera poursuivi sous le label « *Occupy* », relatif à l'occupation de Wall Street. Somme toute, Internet est un incubateur du militantisme citoyen et de la défiance envers les gouvernants. Si les réseaux ne créent pas les manifestations, ils favorisent leur naissance comme leur réalisation.

Internet fournit donc aux gouvernés de nouvelles modalités de contrôle de leurs gouvernants. Il est devenu le terrain fertile de nouveaux foyers de veilles citoyennes, consacrant un contrôle continu des élus. Il est également utile à la défiance citoyenne, conséquence directe de cette surveillance, en offrant de nouveaux moyens de résistance. Mais si les modalités de contrôle se renouvellent, les effets escomptés peuvent souvent paraître décevants. De surcroît, l'instrumentalisation populiste de ces mécanismes novateurs peut finalement conduire à faire d'Internet un instrument dangereux pour la démocratie.

II. — Des effets controversés du contrôle numérique des gouvernants

Les conséquences du contrôle citoyen sur Internet peuvent être nuancées. Ici, c'est bien le caractère contraignant du « contrôle 2.0 » qui est discuté. L'effectivité démocratique du « contrôle 2.0 » est mise à mal par le manque de lisibilité de ces nouvelles modalités (A). Plus encore, l'outil numérique lui-même conduit parfois à une perversion de ce contrôle. L'analyse de l'outil Internet dévoile alors une tout autre utilisation aux effets nuisibles à la démocratie (B).

A. — *Une effectivité limitée du contrôle numérique des gouvernants*

La diversité et la multitude des modalités affaiblissent le caractère contraignant du contrôle des gouvernants (1). Pour parfaire l'évolution, il semblerait donc que l'institutionnalisation de ces modalités éparses soit essentielle à leur effectivité (2).

1. *Une diversité défavorable à l'effectivité du contrôle*

Ce qui fait finalement la force d'Internet fait aussi sa plus grande faiblesse. En effet, la prolifération des revendications, leur multitude, le caractère épars des nouvelles modalités de contrôle rendent sa lisibilité difficile. Dispersé et imprécis, c'est le caractère audible de ce contrôle qui est remis en cause. Les illustrations précédemment évoquées dévoilent la multitude de sites ayant vocation à contrôler l'activité des gouvernants. Ils sont nombreux, et rendent difficile l'élévation du contrôle d'une seule et unique voix. Au sein d'un même pays, ce contrôle est fracturé. Dresser un tableau de l'ensemble des sites citoyens qui répondent à l'objectif de contrôle des gouvernants relève de l'impossible. Plus encore, sur les réseaux sociaux le contrôle ou la contestation peut se faire de manière individuelle comme collective. Il existe alors autant de contestations que d'individus. Les groupes qui rassemblent la contestation sont eux aussi multiples. S'ils sont issus d'un même mouvement, ils présentent parfois des revendications distinctes, ne permettant pas de saisir la teneur réelle de la mobilisation. L'illustration du mouvement des Gilets jaunes en est un modèle. On ne compte pas moins d'une dizaine de groupes Facebook ayant eu une influence particulière sur le mouvement. Ainsi, et tel qu'a pu le soulever le Professeur Jean-Philippe Dérosier, « la multiplication des actions tend à les diluer, tandis que des actions ciblées et choisies peuvent davantage prospérer » (38). Le Professeur Flichy parle, lui, « d'espace public morcelé » issu des réseaux sociaux. Et ce que le contrôle gagne en extension par le biais du numérique, il le perd en compréhension au sein des institutions démocratiques. Si Internet est un outil favorable à la renaissance du contrôle citoyen, une sur-utilisation peut ainsi venir en sa défaveur.

Le résultat de cette illisibilité est que la voix citoyenne accède difficilement à la sphère du pouvoir. Le contrôle citoyen sur le Web peine à s'ériger jusqu'aux institutions étatiques qui en sont, pourtant, le destinataire initial. Dès lors, l'absence de réception étatique incite à nuancer l'effectivité de ces nouvelles modalités de contrôle, et surtout de leur caractère contraignant. Si Internet offre aux gouvernés une « faculté d'agir » – au-delà du pouvoir d'élire –, il ne leur garantit pas la « faculté d'empêcher », pour reprendre la célèbre distinction de Montesquieu (39). Le caractère contraignant reste ici difficile à mesurer. Ces sites ont très probablement une influence sur le comportement des représentants. Certains parlent d'« un nouveau mécanisme d'évaluation de [leur] action en tant que représentant » au sein du *Rapport mondial 2018 sur l'e-Parlement*. En effet, le rapport souligne que « certains des répondants sont conscients du fait que leurs propos et leur comportement en ligne ont des conséquences sur la manière dont ils sont appréciés et jugés [...] » (40). Mais l'évaluation n'implique ni la sanction ni la contrainte. Ainsi, la demande massive de la démission d'Emmanuel Macron par les Gilets jaunes a finalement été ignorée. De la même manière, malgré l'importance de la manifestation de 2009 « NoBerlusconiDay », Silvio Berlusconi ne quittera le pouvoir qu'en 2011. Par conséquent, « le contrôle 2.0 » doit être analysé tel un « thermomètre » ou « baromètre » (41) de l'opinion publique, à la disposition des gouvernants.

---

(38) Dérosier J.-P., art. préc., spéc. p. 39.

(39) Montesquieu, *De l'esprit des lois*, 1748, Barillo & Fils.

(40) Union interparlementaire, *Rapport mondial 2018 sur l'e-Parlement*, préc., p. 35 à 36.

(41) Richaud C., « Les réseaux sociaux : nouveaux espaces de contestation et de reconstruction de la politique ? », N3C 2018, n° 57, p. 43 ; v. en ce sens : Boyadjian J., « Twitter, nouveau baromètre de l'opinion publique ? », Participations 2014/1, n° 8, p. 55 et « Le Web et les réseaux sociaux, de bons thermomètres de l'opinion publique », Libération 19 janv. 2017.

Pour rendre effectif ce contrôle numérique, il semblerait qu'une rationalisation par le droit s'impose. L'institutionnalisation de ces modalités permettrait dès lors leur effectivité au sein des institutions de l'État.

2. *Une institutionnalisation utile à l'effectivité du contrôle*

Comme le rappelle Montesquieu, « les plus belles idées meurent de ne pas trouver leur véhicule » (42). L'effectivité du contrôle citoyen sur Internet dépend finalement d'un canal de communication entre la sphère numérique et la sphère étatique. Ainsi, et tel que l'indique Francis Brochet, « la révolution numérique est un fait, elle doit maintenant être complétée par une révolution démocratique, l'invention de nouvelles pratiques et la création de nouvelles institutions, qui permettront d'en tirer le meilleur » (43). L'institutionnalisation permettrait une rationalisation vitale au contrôle citoyen. Elle répondrait ainsi à la carence institutionnelle du contrôle. Le cas français est particulièrement éclairant à cet égard : il présente tout d'abord une carence pratique au sein des institutions. En effet, si l'alinéa 1er de l'article 24 de la Constitution française dispose que le Parlement « contrôle l'action du gouvernement », l'idéal de cette règle est loin d'être acquis en pratique dans la mesure où le fait majoritaire a rendu ce contrôle inefficace. Mais surtout, le cas français présente une carence textuelle quant au contrôle citoyen dans les mécanismes institutionnels. En effet, aucune modalité de contrôle n'est offerte aux citoyens dans la Constitution, et ce, tout au long du mandat parlementaire comme présidentiel. Pourtant, l'horizon du contrôle citoyen français pourrait s'éclaircir. Le projet de loi constitutionnelle pour un renouveau de la vie démocratique prévoit effectivement la création d'un « Conseil de la participation citoyenne » composé de représentants de la société civile. Ce Conseil aurait notamment pour compétence l'organisation de consultations publiques sur des sujets variés ou sur des projets et propositions de loi dans un domaine déterminé, ou encore le recueil de pétitions par voie électronique (44). Si ces derniers éléments présentent de nouvelles modalités de participation citoyenne, il est possible d'imaginer quelle serait l'influence d'une telle institution sur le contrôle citoyen. Ainsi, l'indignation qui naît sur les sites de contrôle citoyen pourrait trouver une issue politique concrète au sein du Conseil. Les sites Internet de contrôle resteraient ainsi « l'œil » du citoyen vigilant et l'institution deviendrait « sa main ». En effet, « pour que ces forces vives deviennent visibles, il faut une assemblée qui les présente, qui les fasse monter sur la scène publique

(42) Montesquieu, cité par Rousseau D., *op. cit.,* spéc. p. 148.

(43) Brochet F., *La démocratie Smartphone. Le populisme numérique, de Trump à Macron*, 2017, Éd. François Bourin, p. 185.

(44) Projet de loi constitutionnelle pour un renouveau de la vie démocratique n° 2203, enregistré à la présidence de l'Assemblée nationale le 29 août 2019, art. 70, 70-1, 70-2 et 71.

et qui leur donne une voix délibérative dans le débat politique concourant à l'expression de l'intérêt général » (45). Encore faut-il que ce Conseil se voie offrir de véritables compétences en matière de délibération et de contrainte. Il est permis d'en douter en l'état du projet actuel, qui fait davantage du Conseil un organe consultatif qu'un véritable contre-pouvoir (46).

Au-delà de la prospective et des espoirs que fait naître un tel projet, l'analyse du contrôle citoyen sur Internet indique plus globalement que la contrainte se fait essentiellement par l'instrument du droit. Finalement, pour acquérir un caractère contraignant, le contrôle nécessite une mise en scène juridique et institutionnelle. L'institutionnalisation offre au contrôle une visibilité car il l'inscrit dans le jeu des institutions représentatives. Aussi, l'institutionnalisation progressive et la reconnaissance juridique française des lanceurs d'alerte ont profondément contribué au renforcement de leur efficacité. La loi du 9 décembre 2016 (47), qui prévoit leur statut, offre une voie juridique à la contestation. L'effectivité requiert alors un sacrifice du « contrôle 2.0 » : il s'agit de sortir du monde numérique pour accéder au monde institutionnel. Cela semble cependant nécessaire pour « que la révolution numérique entraîne une révolution politique » (48).

Il semblerait donc que l'institutionnalisation des modalités numériques de contrôle soit essentielle à leur effectivité. Pourtant, cette institutionnalisation pourrait paraître difficile, dans la mesure où la finalité de l'outil connecté est tout autre. En effet, Internet s'inscrit davantage dans une volonté de dépasser la relation gouvernants/gouvernés, au-delà du simple renouvellement du contrôle du second sur le premier.

B. — *Une effectivité pervertie du contrôle numérique des gouvernants*

L'effectivité du contrôle numérique est dépendante de l'outil numérique lui-même. La difficile élévation du contrôle citoyen est, en définitive, entravée par la nature disruptive d'Internet (1) qui déforme le contrôle et peut conduire vers une certaine forme de dérive populiste (2).

---

(45) Rousseau D., *op. cit.*, spéc. p. 149.

(46) Pour une autre proposition de « Chambre législative » de la société civile proposée par le Professeur Stéphane Pinon, v. Pinon S., « Révolution numérique, "Gilets jaunes" et réformes constitutionnelles », Constitutions 2018. Cette chambre serait notamment dotée d'un droit de *veto* dans la procédure législative. Mais v. également la proposition d'une Chambre citoyenne par le Professeur Dominique Rousseau, pour l'accomplissement de la démocratie continue. « Le principe de la démocratie continue est de porter l'énergie et l'intelligence collective des citoyens au sein des institutions pour qu'elles deviennent un dispositif d'émancipation et de réalisation du bien commun », Rousseau D., *op. cit.*, spéc. p. 259 à 260.

(47) L. n° 2016-1691, 9 déc. 2016 relative à la transparence, à la lutte contre la corruption et à la modernisation de la vie économique : JO 10 déc. 2016, n° 0287.

(48) Brochet F., *op. cit.*, spéc. p. 201 à 202.

1. *Un outil numérique disruptif*

Le numérique est « disruptif ». En d'autres termes, « il entraîne de brutales remises en question de situations acquises » (49). Le phénomène n'a donc pas vocation à s'inscrire dans la relation gouvernants/gouvernés, mais bien à la dépasser. Afin de comprendre pleinement le contrôle citoyen sur Internet, nul ne peut éluder l'étude de l'instrument qui l'accueille et le déploie. En tant qu'outil issu d'un libéralisme radical, Internet naît d'une aspiration anti-institutionnelle et anti-étatique, voire même d'un élan hostile à toute régulation juridique. Finalement, et tel qu'a pu le signaler Francis Brochet, le libéralisme radical d'Internet se traduit par une pensée libertarienne, et « l'ennemi du libertarien, c'est l'État » (50). Le contrôle et la contestation qu'Internet permet n'ont alors pas vocation à s'ériger au niveau étatique, créant un phénomène de *feedback* au sein duquel l'interlocuteur n'est plus le gouvernant, mais bien l'ensemble des gouvernés. Telle est toute l'ambiguïté du numérique : l'espoir de nouvelles modalités de contrôle des gouvernants par les gouvernés face à la pratique d'un contrôle de l'institution étatique dans son intégralité. À bien des égards, l'organisation politique promue sur Internet s'éloigne des fondements politiques sur lesquels se sont fondés les régimes représentatifs. Ce dernier favorise l'autonomie de chacun, consacrant le caractère instantané de la parole et de l'opinion citoyenne. Des voix s'élèvent alors, dénonçant un appauvrissement du débat, allant dans le sens contraire de la délibération et de la formation de la « volonté générale », pourtant fondamentale au système démocratique. Somme toute, « Internet est naturellement entré en politique par la porte de la contestation des pouvoirs établis » (51). Il se présente tel un système autonome qui aurait pour vocation de se substituer au système représentatif tant décrié. Il n'est pas question, dans le monde virtuel, de restructuration, mais bien de refondation.

En tant qu'outil « disruptif », Internet complexifie le rétablissement de la confiance des gouvernés envers les gouvernants puisqu'il enrichit la méfiance, offrant un terrain fertile au populisme.

2. *Un outil numérique populiste*

« Le monde numérique est populiste » (52). Le risque majeur de dérive populiste s'explique tout d'abord par la nature du langage sur Internet. Il se présente comme un espace polémique où l'émotion prend le pas sur la raison. Les réseaux sociaux seraient donc, selon les termes de Coralie

(49) Brochet F., *op. cit.*, spéc. p. 24.

(50) *Ibid.*, spéc. p. 69.

(51) *Ibid.*, spéc. p. 25.

(52) Brochet F., *op. cit.*, spéc. p. 23 à 24.

Richaud, de simples « réceptacles d'une parole polémique et anarchisante qui se heurte à la verticalité du pouvoir » (53). Le populisme se nourrit du sentiment d'impuissance, lui-même instigateur du « contrôle 2.0 ». Les partis extrémistes font donc une utilisation massive de l'outil numérique, contournant les médias traditionnels au sein desquels ils sont décriés ou exclus. Ce « populisme 2.0 » a notamment conduit Donald Trump à la Maison-Blanche en 2016. L'influence de la plateforme Twitter sur l'élection de l'actuel président américain est aujourd'hui bien connue. Le cas italien est lui aussi très démonstratif. En 2005, l'humoriste Beppe Grillo crée son blog BeppeGrillo.it. En quelques années, celui-ci devient un lieu de débats, d'information, de communication, de propagande et de mobilisation. Sa critique de l'ensemble des pouvoirs publics italiens va prendre de l'ampleur et se transformer en véritable mouvement politique nommé « Le mouvement 5 étoiles ». En 2013, le parti fait son entrée au Parlement, et suite aux élections législatives de 2018, il devient la première formation politique italienne (54). Ainsi, si le blog de Beppe Grillo pouvait initialement être perçu comme un site citoyen de contrôle des gouvernants, c'est bien le populisme qui s'est, à travers lui, érigé dans la sphère étatique. L'émergence du parti d'extrême droite Vox aux dernières élections législatives espagnoles du 30 avril 2019 actualise à nouveau ce constat. Vox acquiert ainsi plus de voix que le mouvement Podemos, lui-même issu du Web. Il devient la troisième force politique en Espagne. Le parti, délaissé par les médias traditionnels, s'est progressivement imposé sur les réseaux sociaux. En ce sens, suite aux élections, le leader du mouvement Santiago Abascal proclame à la radio espagnole : « Nous avons opté pour une stratégie de communication directe à travers les réseaux sociaux et des meetings très fréquentés ». Il ajoute que « cela a été une clé du succès […] comme dans d'autres lieux du monde ». Il ne s'agit pas ici de réduire Internet à la mouvance populiste. En effet, l'outil numérique a également permis l'émergence de « partis pirates », véritables alternatives aux partis politiques traditionnels (55). Cependant, ces divers exemples éclairent quant à l'instrumentalisation qui peut être faite de cet outil éminemment ambivalent. *In fine,* « l'outil, malgré sa vocation

(53) Richaud C., art. préc., spéc. p. 42.

(54) « Italie : Qu'est-ce que le Mouvement 5 étoiles ? », Le Monde 5 mars 2018.

(55) La progression des partis pirates s'est notamment manifestée lors des dernières élections européennes du 26 mai 2019. Le nouveau Parlement européen s'est vu attribuer quatre élus issus du Parti pirate. Il s'agit ici de souligner que la liste du Parti pirate a obtenu 13,95 % des suffrages en République tchèque, soit 3 élus. Le parti détient en effet une place non négligeable au sein du Parlement national de République tchèque, puisque 22 députés du parti y siègent. Cette représentation politique s'explique notamment par l'engagement du parti en faveur de la lutte contre la corruption. V. en ce sens « Élections européennes 2019 : les "Pirates" et les défenseurs des libertés numériques renforcés au Parlement », Le Monde 27 mai 2019.

pédagogique, peut alors rapidement se révéler démagogique, d'autant plus si les gouvernants eux-mêmes se posent en relais de cette démagogie. » (56)

Si Internet est perçu tel un remède aux maux de la démocratie représentative, il en est parfois un symptôme supplémentaire. La volonté de dépassement a supplanté celle de la restructuration. Et si Internet dévoile de nouveaux outils de contrôle des gouvernants par les gouvernés, il offre également de nouvelles possibilités d'instrumentalisation des gouvernés par les gouvernants. C'est ce qu'a malheureusement illustré la fameuse affaire *Cambridge Analytica* (57), révélant au grand jour l'utilisation des données personnelles de millions d'utilisateurs de Facebook pour influencer les intentions de vote dans diverses élections, telle celle de Donald Trump, ou encore dans l'adoption du controversé Brexit. « Tel est pris qui croyait prendre » (58), c'est ainsi que le contrôleur est finalement devenu le contrôlé.

Jade MEYRIEU

Doctorante contractuelle à l'Université de Montpellier
Centre d'études et de recherches comparatives
constitutionnelles et politiques (CERCOP)

---

(56) Dérosier J.-P., art. préc., spéc. p. 39.

(57) V. en ce sens « Cambridge Analytica : 87 millions de comptes Facebook concernés », Le Monde 4 avr. 2018.

(58) La Fontaine (de) J., « Le Rat et l'Huître », *Fables,* livre VIII, fable 9.

DOCTRINE

DROIT CONSTITUTIONNEL

Trois cinquièmes au Congrès Réflexions sur la majorité qualifiée requise par l'article 89, alinéa 3 de la Constitution de 1958

par Pierre NÉGREL
Doctorant contractuel en droit public
Centre Jean Bodin, Université d'Angers

SOMMAIRE

I. — LA SÉLECTION INITIALE
A. — *Un nombre peu discuté*
B. — *Les données extra-discursives*

II. — L'APPLICATION SUBSÉQUENTE
A. — *L'arithmétique saisie par la politique*
B. — *Un seuil pertinent ?*

Depuis ses origines, la Constitution du 4 octobre 1958 est passée à la loupe. Les commentateurs, année après année, anniversaire après anniversaire (1), ne cessent d'en disséquer les dispositions – à la lumière toujours renouvelée de la pratique institutionnelle et de l'interprétation juridictionnelle. Un angle de recherche en particulier semble toutefois avoir été peu privilégié : celui des nombres. Qu'il s'agisse de déterminer des effectifs, des durées, des délais, des seuils, des plafonds, ou tout bonnement de numéroter titres et articles, la numération est un outil indispensable au constituant pour borner les compétences, ajuster les mécanismes constitutionnels, articuler les rapports entre les organes et, au bout du compte, faire tenir le système institutionnel. Il ne peut surprendre, par suite, que le texte de 1958 regorge de nombres (2). Ces derniers ont néanmoins été l'objet d'une attention très mince, et le constat selon lequel les nombres du droit restent un « phénomène mal connu » (3) vaut spécialement pour les nombres du droit constitutionnel (4). La plupart d'entre

---

(1) V., pour se limiter à la littérature la plus récente : Blachèr P. (dir.), *La Constitution de la Ve République. 60 ans d'application (1958-2018)*, 2018, LGDJ ; Chagnollaud D., Montay B. (dir.), *Les soixante ans de la Constitution. 1958-2018*, 2018, Dalloz ; Pouvoirs 2018, n° 166, « La Ve République. Nouveaux regards » ; RFD const. 2018, n° 116, « Les dix ans de la révision constitutionnelle de 2008 ».

(2) On peut y répertorier près de 88 nombres, si l'on se focalise sur les adjectifs numéraux – grammaticalement, les mots qui expriment des nombres –, qu'ils soient ordinaux (premier, deuxième, etc.) ou cardinaux (un, deux, etc.). Ont été exclus du comptage : l'adjectif numéral ordinal « premier » s'agissant des fonctions de Premier ministre, premier président de la Cour de cassation, premier président de cour d'appel ; l'adjectif numéral ordinal « dernier » lorsqu'il était employé dans les syntagmes « ce dernier », et « dernier ressort » ; tous les adjectifs numéraux ordinaux répétés (par ex. le « premier tour » de scrutin, visé quatre fois par l'article 7) ; les adjectifs numéraux ordinaux et cardinaux ou les nombres en chiffres arabes/romains lorsqu'ils indiquent simplement des numéros d'alinéa, d'article, de titre ; l'adjectif numéral cardinal « un », qui se distingue parfois très mal d'un simple déterminant ; les adjectifs numéraux cardinaux lorsqu'ils sont purement recognitifs (par ex., les « deux assemblées » visées à l'article 31) ; enfin, les dates. C'est dire si ce recensement n'a qu'une vertu indicative, sans compter qu'il se concentre sur les adjectifs numéraux, alors même que certaines dispositions ont clairement un lien avec les nombres sans pour autant employer de tels adjectifs. Par exemple, l'article 24, alinéa 2, qui dispose que le Parlement « comprend l'Assemblée nationale et le Sénat » et instaure ainsi le bicamérisme, prévoit bien *deux* assemblées. Mais, à ce compte, c'est en réalité toute la Constitution qui pourrait être relue d'un point de vue numérique – faisant perdre toute valeur heuristique au comptage.

(3) Gautier P.-Y., entrée « Nombres du droit », *in* Alland D., Rials S. (dir.), *Dictionnaire de la culture juridique*, 2003, PUF, p. 1069.

(4) V. cependant : Regourd C., « La gouvernance par les nombres à l'épreuve du droit constitutionnel », RDP 2019, p. 721 ; et, de manière beaucoup plus générale, Timsit G., « Mathématiques et droit », RDP 1983, p. 631. Est paru tout récemment un ouvrage portant sur les liens entre nombre et droit, dans lequel Pierre Mouzet note

eux demeurent comme tapis dans le texte suprême, échappant à tout réel coup de projecteur : c'est le cas en particulier de certaines fractions.

La Constitution de 1958 *stricto sensu* (5) en mentionne exactement neuf (6). Bien qu'une étude de chacune d'entre elles soit envisageable – mais un article n'y suffirait alors pas –, c'est à l'examen plus modeste de la fraction renfermée par l'article 89 que nous nous attacherons dans cette étude.

L'article 89, relatif à la procédure de révision constitutionnelle, distingue comme on le sait deux voies procédurales selon qu'il s'agit d'un projet – initiative présidentielle sur proposition du Premier ministre – ou d'une proposition – initiative parlementaire – de révision. Projet ou proposition, le texte doit d'abord être adopté en termes identiques – et à la majorité simple – par

---

l'intérêt qu'il y a pour les juristes à « parcourir toute la question des *majorités* » : Mouzet P., « Ouverture », *in* Brosset Briand M., Crinon A., Delacoure E., Delcher E. (dir.), *Le Nombre et le Droit*, 2020, L'Harmattan, p. 13. Nous soulignons.

(5) La Déclaration de 1789, le préambule de la Constitution de 1946 et la Charte de l'environnement de 2004, relatifs aux droits et libertés, ne mentionnent aucun chiffre ou nombre (si l'on applique les mêmes modalités de comptage que pour le texte de 1958), signe que la numération trouve davantage sa terre d'élection dans ce qui touche à ce qu'il est convenu d'appeler le « droit constitutionnel institutionnel ».

(6) L'article 11 en contient deux : il indique qu'un référendum portant sur un objet mentionné au premier alinéa de cet article peut être organisé sur initiative d'*un cinquième* des membres du Parlement, avec le soutien d'*un dixième* des électeurs inscrits sur les listes électorales ; l'article 13 dispose que le président de la République ne peut procéder à une nomination lorsque celle-ci recueille au moins *trois cinquièmes* de suffrages négatifs exprimés au sein des deux commissions permanentes compétentes dans chaque assemblée ; l'article 33 autorise chaque assemblée à siéger en comité secret, sur demande du Premier ministre ou d'*un dixième* de ses membres ; l'article 49 subordonne la recevabilité d'une motion de censure spontanée à la condition d'être signée par *un dixième* au moins des membres de l'Assemblée nationale ; l'article 56 prévoit que le Conseil constitutionnel se renouvelle par *tiers* tous les 3 ans ; l'article 68 dispose que la proposition de réunion de la Haute Cour, votée dans chaque assemblée, ainsi que les décisions de la Haute Cour elle-même sont prises à la majorité des *deux tiers* des membres composant l'assemblée concernée ou la Haute Cour ; l'article 88-5 prévoit que le Parlement peut autoriser l'adoption d'un projet de loi prévoyant la ratification d'un traité relatif à l'adhésion d'un État à l'Union européenne selon la procédure prévue au troisième alinéa de l'article 89 (c'est-à-dire sans soumission dudit projet au référendum), par le vote d'une motion adoptée en termes identiques par chaque assemblée à la majorité des *trois cinquièmes* ; enfin, l'article 89 indique qu'un projet de révision de la Constitution peut ne pas être présenté au référendum si le président de la République décide de le soumettre au Parlement réuni en Congrès : alors, le projet n'est approuvé que s'il réunit la majorité des *trois cinquièmes* des suffrages exprimés. N'ont pas été répertoriées dans ce comptage, les six mentions d'une « majorité » autre que qualifiée, à savoir, pour trois cas, les mentions d'une « majorité » simple (art. 28, 29 et 49) et, pour trois cas, les mentions d'une « majorité absolue » (art. 7 et 46), quand bien même ces termes traduisent bel et bien une fraction (un demi).

les deux assemblées, ce qui veut dire qu'en la matière le gouvernement ne peut donner le dernier mot à l'Assemblée nationale. Ce n'est qu'ensuite que se présente l'alternative. Dans le cas d'une proposition de révision, le texte doit être soumis au référendum. Mais dans le cas d'un projet de révision, le président de la République dispose du choix de présenter le texte au référendum, ou de le soumettre à l'approbation du Parlement réuni en Congrès. En cette hypothèse, le projet ne sera approuvé que s'il réunit la majorité des *trois cinquièmes* (60 %) *des suffrages exprimés*, ce qui signifie que les abstentions, bulletins blancs ou nuls ne sont pas comptabilisés (7).

Ce seuil des trois cinquièmes des suffrages exprimés à atteindre est classiquement désigné comme une majorité « qualifiée » (8). La majorité qualifiée, aussi appelée majorité « renforcée » ou « super-majorité » (9), se définit comme l'une des variantes possibles de la majorité – ici entendue comme technique de décision (10) – consistant en la fixation d'un seuil de voix à franchir plus important que la majorité simple ou que la majorité absolue. Cette majorité qualifiée s'envisage, selon ce qui est requis par les constitutions, par rapport au nombre de suffrages exprimés, ou au nombre de membres de l'organe considéré.

Cette exigence des trois cinquièmes des suffrages exprimés au Congrès, dans l'article 89, n'a pas fait l'objet d'une analyse ciblée. D'une part, alors que le nombre d'études sur la notion de majorité au sens organique, désignant une majorité de parlementaires soutenant l'exécutif, est allé croissant – apparition du « fait majoritaire » sous la Ve République oblige (11) –, les

---

(7) Ce qui permet de remarquer au passage que le recours à l'écriture fractionnaire s'avère commode pour le constituant lorsqu'il s'agit pour lui de fixer une part d'une quantité variable (le nombre total de suffrages exprimés est fluctuant).

(8) Tout comme les fractions des articles 13, 68 et 88-5.

(9) Les trois expressions seront prises pour synonymes.

(10) Le terme de « majorité », en droit constitutionnel, est susceptible de recevoir deux sens principaux. Dans un sens arithmétique, la majorité désigne une pluralité de voix à l'occasion d'un vote. Elle peut être simple, absolue ou qualifiée. Dans un sens organique ou politique, la majorité désigne l'ensemble des parlementaires qui soutiennent un gouvernement. Sur ces deux acceptions, que nous devrons envisager l'une en lien avec l'autre, voir : Avril P., Gicquel J., *Lexique de droit constitutionnel*, 4e éd., 2013, PUF, p. 75 ; Duhamel O., Mény Y. (dir.), *Dictionnaire constitutionnel*, 1992, PUF, p. 615.

(11) V. par ex. : Parodi J.-L., « Les difficultés du parlementarisme majoritaire », RF sc. pol. 1967, p. 928 ; Avril P., « Les chefs de l'État et la notion de majorité présidentielle », RF sc. pol. 1984, p. 752 ; « La majorité parlementaire ? », Pouvoirs 1994, n° 68, p. 45 ; Denquin J.-M., « Recherche sur la notion de majorité en droit constitutionnel », RDP 1993, p. 957 ; François B., « La question de la majorité parlementaire sous la Ve République », *in Mélanges Pierre Avril*, 2001, LGDJ, p. 319 ; Benetti J., « L'impact du fait majoritaire sur la nature du régime. Réflexions sur le régime parlementaire de la Ve République », LPA 2008, n° 138, p. 20.

constitutionnalistes ne se sont guère intéressés à la majorité comme technique de décision, abandonnant cette thématique à la théorie politique (12). Partant de ce constat, plusieurs articles récents ont cherché à remédier à cette carence et à arrimer aux constitutions une analyse de la majorité comme technique de décision (13). Mais, sauf erreur, on ne peut recenser d'étude autonome sur la notion de majorité qualifiée en droit constitutionnel (14), du moins français (15). D'autre part, alors que la procédure de révision de la Constitution de 1958 prévue par son article 89 fit l'objet de commentaires innombrables, à l'instar des révisions elles-mêmes, très peu de choses ont été dites dans ce cadre de la majorité qualifiée renfermée par cet article. Les commentaires faisant l'exégèse de la disposition en question sont peu diserts sur les trois cinquièmes exigés au Congrès, quand ils ne sont pas purement recognitifs ; ils s'attachent bien davantage aux autres étapes de la procédure de révision.

Au total et en schématisant, soit la doctrine s'est intéressée à la notion de majorité qualifiée, mais incidemment, au travers d'études portant sur la notion de majorité en général et sans focalisation sur la super-majorité de l'article 89 ; soit elle s'est penchée sur l'article 89 de la Constitution, mais sans interroger spécifiquement la majorité qualifiée qu'il recèle. Les deux prismes de recherche ne se sont pas recoupés, laissant la majorité qualifiée de l'article 89 dans un angle mort.

À l'origine de ces lignes, donc, il n'y a ni plus ni moins que le pur étonnement, teinté de curiosité : la maigreur du discours tenu à l'égard de cette

---

(12) Denis Baranger relève bien en ce sens qu'« il y a aujourd'hui beaucoup plus d'études consacrées au principe de majorité en théorie politique qu'en droit constitutionnel », cf. Baranger D., « Théorie et pratique du principe de majorité dans les droits constitutionnels européens », Jus Politicum 2016, n° 15. Pour des exemples d'approches contemporaines de théorie ou philosophie politique, v. Leclerq C., *Le principe de la majorité*, 1971, Armand Colin ; Novak S., Elster J., *Majority decision: Principles and practices*, 2014, Cambridge, Cambridge University Press ; *Décider à la majorité. Pourquoi ?,* Raisons politiques 2014/1, n° 53 ; Pasquino P., « Le principe de majorité : nature et limites », La Vie des idées 14 déc. 2010, https://laviedesidees.fr/Le-principe-de-majorite-nature-et-limites.html.

(13) Baranger D., « Théorie et pratique du principe de majorité dans les droits constitutionnels européens », art. cit. ; Beaud O., « Le principe majoritaire dans la théorie constitutionnelle des formes politiques », Jus politicum 2016, n° 15.

(14) La notion de majorité qualifiée a été davantage travaillée par les spécialistes de droit de l'Union européenne. V. Picod F. (dir.), *Le principe majoritaire en droit de l'Union européenne*, 2016, Bruxelles, Bruylant, et spéc. Brunessen B., « Majorité simple, majorité absolue, majorité qualifiée », p. 81 ; Novak S., *La prise de décision au Conseil de l'Union européenne. Pratiques du vote et du consensus*, 2011, Dalloz.

(15) V., pour une monographie étrangère : Schwartzberg M., *Counting the many. The origins and limits of supermajority rule*, 2014, Cambridge, Cambridge University Press.

super-majorité n'est-elle pas en soi suspecte ? Pourquoi presque rien n'a-t-il été dit d'un seuil dont le franchissement conditionne, tout de même, le succès d'une révision de la norme suprême ? Quelle analyse peut-on espérer faire de cet objet dont la teneur numérale marque la singularité ? Il nous faut mener l'enquête à partir du choix initial de la majorité qualifiée (I) pour interroger ensuite, en sens inverse, son application dans la pratique des révisions (II).

I. — La sélection initiale

Pourquoi les constituants ont-ils retenu l'exigence d'une super-majorité de trois cinquièmes des suffrages exprimés au Congrès dans le cadre de la procédure de révision ? Cette question mène évidemment aux travaux préparatoires, sans que l'on puisse ignorer les difficultés relatives à la connaissance de l'intention des auteurs d'un texte normatif en général (16), ni celles relatives à l'élaboration de la Constitution de 1958 en particulier. Atypique, on sait en effet que la procédure de rédaction retenue a dérogé à la tradition républicaine des assemblées constituantes, si bien que les travaux n'ont pu hélas, en dépit d'un important travail de publication, être intégralement reproduits (17). En tout état de cause, le choix du nombre fut peu débattu (A), et il est nécessaire de raisonner aussi à l'appui de données qui ne ressortent pas explicitement des débats, pour tenter d'éclairer cette sélection (B).

A. — *Un nombre peu discuté*

C'est le 9 juillet 1958 qu'est présenté au « groupe de travail », chargé de définir l'ébauche du projet de Constitution et présidé par le garde des Sceaux Michel Debré, le premier projet d'article relatif à la révision constitutionnelle.

---

(16) Difficultés résumées par Michel Troper : « tous ceux qui ont voté pour l'adoption du texte ne se sont pas exprimés au cours du débat et ceux qui l'ont fait ont pu mentir sur leurs intentions. Même si elles ont été exposées sincèrement, ces intentions peuvent être multiples et même contradictoires. Ceux qui ont voté pour le texte, sans s'être exprimés, ont pu le faire avec les mêmes intentions que certains des orateurs, mais parfois avec des intentions toutes différentes. Ils ont pu être animés par toutes sortes de raisons : la paresse, l'ignorance, l'imitation de leurs collègues, le souci de respecter la discipline du parti » (Troper M., « Une théorie réaliste de l'interprétation », *in La théorie du droit, le droit, l'État*, 2001, PUF, p. 72 à 73).

(17) On se référera aux trois volumes des *Documents pour servir à l'histoire de l'élaboration de la Constitution du 4 octobre 1958*, 1987-1991, Doc. fr. : 1987 pour le premier volume (ci-après « DPS I »), 1988 pour le deuxième (ci-après « DPS II ») et 1991 pour le troisième (ci-après « DPS III »).

Ce projet, qui est l'œuvre de Jérôme Solal-Céligny (18), est rédigé dans les termes suivants :

> « Chaque Assemblée a le droit de déclarer, à la majorité absolue de ses membres, qu'il y a lieu de réviser la Constitution en précisant les articles qui doivent être abrogés ou modifiés.
>
> Lorsqu'une résolution a été ainsi adoptée par les deux Assemblées, un projet de révision conforme à cette résolution peut être voté dans les conditions prévues pour les lois ordinaires.
>
> Le Projet voté par le Parlement est soumis par le président de la République soit aux deux Assemblées réunies en Congrès, soit au référendum. Il n'est définitivement adopté que s'il est voté par le congrès du Parlement à la majorité des *trois cinquièmes des suffrages exprimés* ou accepté par le peuple.
>
> La loi de révision est promulguée par le président de la République dans les 15 jours de son adoption définitive.
>
> Aucune procédure de révision ne peut être engagée ou poursuivie en cas d'occupation de tout ou partie du territoire métropolitain par des forces étrangères.
>
> La forme républicaine du gouvernement ne peut faire l'objet d'une proposition de révision. » (19)

Ce premier projet consacrait donc déjà l'alternative pour le président de la République : il peut choisir de soumettre un projet de révision à l'approbation référendaire ou au vote d'un organe *ad hoc*, le Congrès, qui doit dans ce cas se prononcer à la majorité des trois cinquièmes des suffrages exprimés. La fraction qui nous intéresse est présente dès l'origine, assortie de sa base de calcul (les suffrages exprimés) ; elle ne résulte pas d'un amendement ultérieur en cours de discussion. À ce stade, aucun commentaire de la part de M. Solal-Céligny ne permettant d'éclairer ses intentions quant à la sélection précise d'une fraction plutôt qu'une autre, on doit se reporter à la suite des débats en espérant y trouver des éléments d'explication.

Mais il faut d'abord exposer le contexte global de discussion de la nouvelle procédure de révision. De manière générale, comme le relève Jean Laporte, « le trait le plus marquant de l'écriture des articles de la Constitution relatifs à la procédure législative est le climat de consensus qui préside à leur élaboration » (20). Plus spécifiquement, pour ce qui concerne l'actuel article 89, les discussions furent, sur le plan quantitatif, très réduites. Formellement,

---

(18) Jérôme Solal-Céligny était maître des requêtes au Conseil d'État et membre du cabinet du garde des Sceaux Michel Debré. V. Gurrey B., « Jérôme Solal-Céligny, l'inconnu de la rédaction de la Constitution de 1958 », Le Monde 27 sept. 2018.

(19) DPS I, p. 393 à 394. Nous soulignons.

(20) Laporte J., « La procédure législative », *in* Maus D., Favoreu L., Parodi J.-L. (dir.), *L'écriture de la Constitution de 1958*, 1999, Economica, p. 384. L'article 89 n'est certes pas relatif à la procédure législative *stricto sensu* ; l'auteur ne le comptait

l'architecture du projet de M. Solal-Céligny ne fut pas remise en cause – ce qui suggère qu'elle a su se faire accepter d'emblée dans ses grandes lignes – moyennant tout de même un ajout et une suppression : l'initiative de la révision a été confiée à l'exécutif, tandis que la phase initiale, à savoir la nécessité pour les deux assemblées d'adopter une résolution indiquant qu'il y a lieu de réviser la Constitution, a disparu. L'avant-projet de Constitution, dans sa version du 15 juillet, fait état de ces deux modifications (21), et « il n'est plus guère procédé par la suite qu'à des améliorations rédactionnelles » (22). Malgré cela, l'essentiel des discussions concernant la révision a eu lieu postérieurement, devant le Comité consultatif constitutionnel, le 5 août, et devant le Conseil d'État, les 27 et 28 août. Dans le cadre de ces discussions « fort peu nourries » (23), la fraction des trois cinquièmes n'est que faiblement évoquée. Devant le Comité consultatif constitutionnel, les débats portent davantage sur l'articulation de la voie référendaire et de la voie du Congrès, plus exactement sur le point de savoir s'il est possible pour le président de la République de recourir au référendum en cas d'échec au Congrès (24), ainsi que sur l'interdiction de réviser lorsqu'il est porté atteinte à l'intégrité du territoire (25). Devant le Conseil d'État, le débat est toujours alimenté par la question du rapport référendum/Congrès, mais c'est à ce moment que la majorité qualifiée attire plus franchement l'attention des rédacteurs. Le premier enseignement à tirer des travaux préparatoires est donc que la super-majorité a été éclipsée au profit d'autres aspects de la procédure jugés plus épineux. Elle n'a suscité dès lors qu'une mince discussion. Cela dit, la question de sa juste quantification a tout de même retenu un temps l'attention des constituants.

Dès la présentation du projet de M. Solal-Céligny, le 9 juillet, une voix s'élève et met à l'index la trop grande rigidité de la procédure de révision : le compte rendu de la réunion du groupe de travail du 9 juillet rapporte que « M. Guldner estime que ce texte est trop rigide puisqu'il contient une procédure de révision en trois phases » (26), à quoi M. Solal-Céligny répond que l'on pourrait effectivement supprimer la première phase de la procédure – ce qui fut fait dans l'avant-projet dès sa version du 15 juillet, comme on l'a vu. La discussion est, par conséquent, logiquement placée dès l'origine sous le signe du degré de rigidité de la procédure de révision. Lorsqu'enfin, devant

---

pas moins dans les articles relatifs à la procédure législative, envisagée comme procédure normative.

(21) DPS I, p. 440.

(22) Laporte J., art. cit., p. 382.

(23) Hubrecht H.-G., « Réviser la Constitution… Comment faire ? Le verrou de l'article 89 », LPA 1992, n° 54, p. 45.

(24) DPS II, p. 185 à 186. Ce point, qui met en tension suffrage universel et représentation parlementaire, a constitué un serpent de mer dans les débats.

(25) *Id.*

(26) DPS I, p. 394. Le compte rendu a été établi par François Luchaire.

le Conseil d'État, les débats « se focalisent plutôt sur la majorité à retenir au Congrès et non sur le reste de la procédure » (27), cet enjeu se fait plus prégnant encore. C'est M. Delvolvé qui pose la question cruciale : « Cette majorité des trois cinquièmes est-elle satisfaisante et n'est-elle pas de nature à faire échouer la plupart des projets qui pourront être présentés ? » (28). Il suggère alors une « diminution de la majorité des trois cinquièmes » (29) et concrètement « la substitution des deux tiers aux trois cinquièmes » (30). Si l'erreur de calcul ne peut manquer de faire sourire – d'autant qu'elle ne fut pas relevée dans les débats –, cette suggestion n'en traduit pas moins la préoccupation de ne pas verrouiller outre mesure la procédure de révision. Le premier impératif émerge : ne pas retenir une majorité qualifiée trop élevée. M. Delvolvé renchérit en ce sens, et estime finalement qu'une « majorité absolue [lui] paraît suffisante. » M. Solal-Céligny défend alors la majorité qualifiée des trois cinquièmes dans des termes qui méritent d'être cités intégralement :

« Cette majorité des trois cinquièmes des suffrages exprimés n'est, en réalité, pas beaucoup plus difficile à obtenir que la majorité absolue des députés composant l'Assemblée. Comme difficulté, c'est à peu près la même chose parce que le mode de calcul n'est pas le même. C'est à peu près la même chose et c'est tout de même un petit peu supérieur. Je crois que le gouvernement avait estimé que la majorité absolue c'était vraiment un peu trop faible comme barrière. Je précise que l'on pourra, d'avance, à peu près prévoir quelle sera la répartition des voix au Congrès, puisqu'il y aura déjà eu sur le texte un vote dans chacune des deux Assemblées. Et peut-être le président de la République tiendra-t-il compte, dans son choix, des perspectives de répartition des voix qu'il aura. » (31)

Les intentions initiales de M. Solal-Céligny, et derrière lui du gouvernement, se dévoilent. D'un côté, et comme on pouvait s'y attendre, il s'agit de ne pas retenir une majorité trop souple, autrement dit d'instituer une véritable « barrière » – il est question tout de même de la révision de la Constitution. De l'autre, la super-majorité est présentée comme guère plus ardue à obtenir qu'une majorité absolue (32) des députés composant l'Assemblée – on a toutes les raisons de penser que M. Solal-Céligny visait bien ici les parlementaires composant le Congrès, députés et sénateurs confondus –, puisqu'il ne s'agit que d'une majorité qualifiée des suffrages exprimés, et non des parlementaires composant le Congrès. On aura l'occasion de voir dans la pratique des révisions

(27) Lascombes M., « Faut-il réviser les dispositions relatives à la révision ? », *in* Chagnollaud D., Montay B. (dir.), *op. cit.*, p. 345.

(28) DPS III, p. 434.

(29) *Id.*

(30) *Id.*

(31) *Id.*

(32) Option de la majorité absolue qui, visiblement, a fait l'objet de discussions (informelles ?) avec le gouvernement, sans que l'on en puisse retrouver la trace.

successives les effets de cette différence, mais, pour le moment, cette ligne de défense illustre la volonté simultanée de ne pas rendre la « barrière » infranchissable, ce que craignait M. Delvolvé. Sans surprise, c'est bien le souci d'un juste milieu qui a motivé le choix des trois cinquièmes des suffrages. Enfin, M. Solal-Céligny évoque le pronostic sur les chances de réussite au Congrès qui pourra être fait à partir des résultats du vote préalable en termes identiques du projet de révision par les deux chambres – suggérant par là l'idée que la majorité qualifiée, en elle-même, pourrait s'avérer dissuasive pour l'initiateur de la révision. Malgré ce plaidoyer, deux constituants (MM. Seligman et Reinach) ont rejoint M. Delvolvé en se ralliant à l'idée de la majorité absolue, sans parvenir pourtant à emporter la conviction de leurs collègues. Il n'y aura par la suite plus de discussion relative à la majorité qualifiée (33) – en tout cas de discussion retranscrite.

La volonté des constituants ne peut être exhumée complètement de ces quelques échanges, tenus entre une poignée d'intervenants. Toutefois, les discussions sont explicites sur un point. La sélection du nombre était bel et bien dominée par un enjeu qui imprègne l'élaboration de la procédure de révision tout entière : trouver un point d'équilibre, protégeant à la fois la stabilité du texte suprême tout en n'entravant pas sa nécessaire adaptation politique et sociale. L'exposé des motifs de l'avant-projet du 29 juillet en témoigne qui indique que « la procédure doit [...] éviter aussi bien l'excès de facilité que l'excès de rigidité » (34). Mais s'il est sûr que les constituants étaient ce faisant acculés au compromis, gage d'équilibre, qu'est-ce que cela pouvait bien signifier quant au calibrage d'une fraction ? On aperçoit la difficulté de l'exercice auquel ils étaient confrontés. Choisir une majorité qualifiée conduit nécessairement à parier sur l'avenir et, quand bien même on se déterminerait par rapport à l'expérience passée, la démarche reste par définition largement *a priori*. Retenir une majorité renforcée plutôt qu'une autre revient à projeter dans un nombre une signification politique supposée, et pourtant soumise aux vicissitudes du régime à venir. Le simple impératif d'équilibre ne joue presque que théoriquement, à blanc : il ne débouche sur aucune fraction précise et ne resserre que très lâchement l'éventail des possibles. L'injonction n'a probablement pas d'autre portée que d'exclure des super-majorités qui voisinent de trop près l'unanimité. Au plan strictement mathématique, le panel

(33) Le Président René Coty contesta ultérieurement la majorité qualifiée des trois cinquièmes, qu'il jugeait trop élevée, au travers d'observations dont on ne sait pas si elles furent véritablement débattues : « lorsque le président de la République et son gouvernement sont d'accord sur le texte voté à la majorité simple par les deux Chambres, il serait tout à fait excessif d'exiger de surcroît la majorité des trois cinquièmes » (DPS III, p. 562).

(34) DPS I, p. 527. Cet exposé des motifs fut mis au point par Michel Debré, sur la base d'un projet rédigé par Jérôme Solal-Céligny.

des possibilités, entre ces solutions extrêmes et la majorité simple, demeurait pour les constituants étendu ou, plus exactement, infini.

D'autres données, qui elles ne ressortent pas explicitement du discours des acteurs, doivent alors être intégrées au raisonnement pour espérer, sinon expliquer entièrement le choix du nombre, à tout le moins le mettre en perspective, l'inscrire dans un registre d'intelligibilité.

B. — *Les données extra-discursives*

Les éléments qui semblent à même d'éclairer le choix des trois cinquièmes, par-delà les discussions qui se tinrent durant l'été 1958, appartiennent à des registres divers, mais doivent être envisagés simultanément.

En premier lieu, si l'on parcourt les solutions étrangères, il est remarquable qu'elles dessinent une gamme de solutions finalement très réduite par rapport à ce qui est numériquement possible. Aussi, dans les différentes constitutions, récentes ou non, les procédures de révisions qui recourent, au-delà de la majorité absolue, à des majorités qualifiées, ne s'écartent qu'exceptionnellement des trois options suivantes : trois cinquièmes, deux tiers – c'est la fraction aujourd'hui la plus utilisée (35) – ou, plus rarement, trois quarts. Si ces nombres sont insérés dans des procédures très variées d'un État à l'autre (36), il est significatif que les fractions les plus prisées soient aussi, numériquement, les plus rudimentaires. Dotées d'un faible dénominateur, elles sont plus simples à concevoir intellectuellement que des fractions sophistiquées : une majorité qualifiée de cinq huitièmes, ou de sept onzièmes est fort proche des trois cinquièmes ; mais qui y penserait ? Est-ce à dire que le maniement des chiffres par les constituants n'échappe pas à une forme d'automatisme de pensée, ramenant spontanément aux solutions les plus familières, parce qu'élémentaires (37) ? La limitation des possibles ne résulte-t-elle pas également d'un mimétisme institutionnel, conscient celui-ci, entraînant une circulation des fractions entre constitutions ? À ce dernier titre, il semblerait que les constitutions étrangères, en 1958, sollicitaient déjà prioritairement la règle des deux tiers (38). Il s'en

(35) Sans qu'il soit utile ici de dresser la liste exhaustive de ces constitutions, une recherche avec les termes « *two-thirds* » sur le site Constitute le confirme ; cf. www.constituteproject.org.

(36) Sur cette variété, v. Le Pillouer A., « Le pouvoir de révision », *in* Chagnollaud D., Troper M. (dir.), *Traité international de droit constitutionnel. Suprématie de la Constitution*, t. 3, 2012, Dalloz, p. 34.

(37) V. sur cet aspect, relevant de la psychologie cognitive : Dehaene S., « Psychologie cognitive expérimentale », L'annuaire du Collège de France 2008, n° 108, 24 juin 2010, https://journals.openedition.org/annuaire-cdf/114#quotation.

(38) Pour ne les citer qu'elles, v. Const. américaine, 17 sept. 1787, art. V ; Const. italienne, 27 déc. 1947, art. 138 ; ou Const. allemande, L. fondamentale, 23 mai 1949, art. 79.

faudrait cependant de beaucoup pour y voir une quelconque volonté des constituants français de se singulariser par le choix des trois cinquièmes. En toute hypothèse, ce que le droit comparé enseigne, c'est que la sélection des majorités qualifiées s'opère dans un éventail très restreint de possibilités. Il n'est, de ce point de vue, pas étonnant que le débat se soit resserré en 1958, comme on vient de le voir, autour d'options peu nombreuses et relativement démarquées les unes des autres : majorité absolue, trois cinquièmes, deux tiers.

Les traits de la vie parlementaire sous la IVe République doivent, en deuxième lieu, être pris en compte. Les constituants durent raisonner à partir de leur expérience vécue ; et on sait qu'une majorité parlementaire durable et fidèle au gouvernement n'a jamais existé sous la IVe République. À l'été 1958, on n'avait en fait jamais connu ce phénomène majoritaire (39) dont la permanence allait bouleverser le fonctionnement de la Ve République. Dans ce contexte, exiger une majorité qualifiée trop élevée pouvait passer pour irréaliste. Voilà qui excluait certainement le choix des trois quarts. D'autant plus qu'en ce qui concerne spécialement la révision constitutionnelle, la procédure prévue par l'article 90 de la Constitution de 1946 s'était avérée beaucoup trop lourde à mettre en œuvre : la disposition, en raison de ses étapes multiples (40), était si contraignante qu'une seule révision a été laborieusement

---

(39) Comme le relève H.-G. Hubrecht, art. cit., « les hommes de 1958 ne pouvaient pas raisonner dans le cadre d'un mécanisme majoritaire qu'ils ne soupçonnaient pas ». Cf. l'exclamation célèbre de Michel Debré dans son allocution du 27 août devant le Conseil d'État : « Ah ! Si nous avions la possibilité de faire surgir demain une majorité nette et constante » (DPS III, p. 261).

(40) L'article était ainsi libellé :

« La révision a lieu dans les formes suivantes.

La révision doit être décidée par une résolution adoptée à la majorité absolue des membres composant l'Assemblée nationale.

La résolution précise l'objet de la révision.

Elle est soumise, dans le délai minimum de 3 mois, à une deuxième lecture, à laquelle il doit être procédé dans les mêmes conditions qu'à la première, à moins que le Conseil de la République, saisi par l'Assemblée nationale, n'ait adopté à la majorité absolue la même résolution.

Après cette seconde lecture, l'Assemblée nationale élabore un projet de loi portant révision de la Constitution. Ce projet est soumis au Parlement et voté à la majorité et dans les mêmes formes prévues pour la loi ordinaire.

Il est soumis au référendum, sauf s'il a été adopté en seconde lecture par l'Assemblée nationale à la majorité des deux tiers ou s'il a été voté à la majorité des trois cinquièmes par chacune des deux assemblées.

Le projet est promulgué comme loi constitutionnelle par le président de la République dans les 8 jours de son adoption.

Aucune révision constitutionnelle relative à l'existence du Conseil de la République ne pourra être réalisée sans l'accord de ce Conseil ou le recours à la procédure de référendum. »

adoptée durant les 12 années du régime, et plus de 4 années furent nécessaires à son aboutissement (41). Il fallait tirer les leçons de ce précédent et ne pas cadenasser exagérément la nouvelle procédure de révision.

On remarquera en troisième lieu que cet article 90 était, à l'époque, le seul de notre histoire constitutionnelle à faire mention d'une majorité qualifiée de trois cinquièmes – tous mécanismes confondus, les constitutions antérieures étaient en règle générale plus adeptes de la règle des deux tiers (42). La répétition des trois cinquièmes, en 1958, en dépit du sentiment de répulsion qu'inspirait visiblement l'article 90 de la Constitution de 1946 aux constituants de 1958 (43), ne peut ainsi manquer d'interpeller. Cet article, précité, prévoyait en son 6e alinéa qu'après le vote du projet de révision par le Parlement, le texte est « soumis au référendum, sauf s'il a été adopté en seconde lecture par l'Assemblée nationale à la majorité des deux tiers ou s'il a été voté à la majorité des trois cinquièmes par chacune des deux assemblées » ; tandis que l'article 89 de la Constitution de 1958, dans sa version finale, prévoit en son alinéa 3 qu'un projet de révision « n'est pas présenté au référendum lorsque le président de la République décide de le soumettre au Parlement convoqué en Congrès ; dans ce cas, le projet de révision n'est approuvé que s'il réunit la majorité des trois cinquièmes des suffrages exprimés ». Dans une disposition comme dans l'autre, une alternative parlementaire permet de se passer du référendum, les deux textes prévoyant le vote éventuel de la révision à une majorité des trois cinquièmes : dans chaque chambre en 1946, au sein du Congrès réunissant les deux chambres en 1958. Certes, l'article 90 de la Constitution de 1946 mentionne aussi une majorité qualifiée des deux tiers, valant pour la seule Assemblée nationale (44), concurrente de celle des trois cinquièmes qui prévaut pour chaque chambre. De plus, l'alinéa du premier texte rédigé par M. Solal-Céligny où figurent les trois cinquièmes (45) rappelle beaucoup moins, sur le plan strictement formel, l'alinéa 6 de la disposition de 1946 que ne le fait l'alinéa 3 de l'article 89 final. On évitera donc

---

(41) Sur cet épisode, v. Chapsal J., *La vie politique en France de 1940 à 1958*, 3e éd., 1993, PUF, p. 398 et s.

(42) V. Const. 1791, art. 2 (chap. IV) ; Const. 1795, art. 56 ; Const. 1799, art. 90 ; Const. 1848, art. 97 ; Const. 1852, art. 26 ; Const. 1946, art. 67, 83, 90 et 101.

(43) René Coty résumait bien le sentiment de l'époque : « tous ceux qui souhaitaient une révision profonde de cette Constitution se sont élevés contre les barrières pratiquement infranchissables que cet article 90 opposait à toute réforme » (DPS III, p. 559).

(44) C'est par ce biais que fut adoptée l'unique révision constitutionnelle, la loi constitutionnelle du 7 décembre 1954 (421 voix « pour », 141 « contre » et 58 abstentions).

(45) « Le Projet voté par le Parlement est soumis par le président de la République soit aux deux Assemblées réunies en Congrès, soit au référendum. Il n'est définitivement adopté que s'il est voté par le congrès du Parlement à la majorité des trois cinquièmes des suffrages exprimés ou accepté par le peuple » (DPS I, p. 393).

ici aussi toute conclusion hâtive, consistant à expliquer le choix de départ du nombre en 1958 par sa présence dans le texte de 1946. Toujours est-il que la réitération ne laisse pas indifférent (46), les constituants ayant raisonné de manière évidente à partir de la procédure de révision antérieure (47).

En quatrième lieu, une clé de lecture doit être recherchée, précisément, dans l'articulation de la voie du Congrès avec la voie référendaire. Le nombre ne saurait être analysé sans tenir compte de cette concurrence ; les procédures de révision combinent généralement plusieurs mécanismes et, quand elles usent de majorités qualifiées, ces dernières ne constituent qu'une étape parmi d'autres de la procédure, avec lesquelles elles forment un tout. C'est dire que le dosage de ces majorités qualifiées dépend étroitement de l'économie globale de la procédure de révision. En 1958, les rédacteurs de la Constitution avaient en vue de faire du référendum, s'agissant des projets de loi de révision, la solution de principe et du Congrès l'exception (48). Michel Debré, devant le Comité consultatif constitutionnel, affirmait sans détour que « le référendum est la voie normale de révision » (49), tandis que le général de Gaulle, plus directement encore, tenait que « pour une révision sérieuse de la Constitution, il faut le référendum… Le Congrès, c'est bon pour les réformettes » (50). La procédure concurrente du Congrès n'a été prévue que comme une précaution, « presque à regret » (51), valable pour de simples révisions techniques qui ne nécessiteraient pas de solliciter le corps électoral (52) – et dont on voulait que

---

(46) J. Laporte note bien que, dans sa globalité, « le premier texte, élaboré par Solal-Céligny, est un compromis entre l'article 90 de la Constitution de 1946 et l'article 24 du projet de révision préparé par Michel Debré en 1948 » (Laporte J., *op. cit.*, p. 382).

(47) Le même schéma se retrouve dans les travaux préparatoires la Constitution du 27 octobre 1946 : les allusions à la procédure de révision prévue par les lois constitutionnelles de 1875 y sont cette fois explicites et nombreuses. V. JO, Débats de l'Assemblée nationale constituante, 2e séance du 28 sept. 1946, p. 4215 à 4219.

(48) La priorité référendaire était aussi, lors de l'élaboration de la Constitution de 1946, l'intention des rédacteurs. Selon André Philip, président de la Commission de la Constitution, si le référendum est le « principe », les révisions qui porteraient sur des « points de détail » devraient suivre l'alternative parlementaire, afin de ne pas « fatiguer l'opinion publique » (JO, Débats de l'Assemblée nationale constituante, 2e Séance du 28 sept. 1946, p. 4217).

(49) DPS II, p. 186.

(50) Citation rapportée par Gicquel J., « Le Congrès du Parlement », *in Mélanges Pierre Avril*, *op. cit.*, p. 449, se référant lui-même à Peyrefitte A., *C'était de Gaulle*, t. 2, 1997, Fayard, p. 146.

(51) Carcassonne G., « Surprises, surprises… Les révisions de la Constitution », RDP 1998, p. 1489.

(52) La rédaction de l'article 89 elle-même, par l'emploi de l'adverbe « toutefois », traduit explicitement cette préséance référendaire : « La révision est définitive après avoir été approuvée par référendum. *Toutefois*, le projet de révision n'est pas présenté au référendum lorsque le président de la République décide de le soumettre au Par-

l'adoption soit « rapide » (53). Dès lors, à quoi bon requérir un accord massif, politiquement difficile à obtenir et contraire à l'objectif de célérité, pour des « réformettes » ? Un consensus minime pouvait, aux yeux des rédacteurs, sembler pour ce cas de figure convenir. L'exigence de solennité, inhérente à l'exercice de révision, n'aura de ce point de vue (54) été que minimalement satisfaite, d'autant qu'il fut choisi de calculer la majorité qualifiée à partir des seuls suffrages exprimés, facilitant l'adoption du texte. L'exposé des motifs de l'avant-projet de Constitution du 29 juillet 1958 est, du reste, éclairant quant au sentiment éprouvé d'une hiérarchie des difficultés entre la voie du référendum et celle du Congrès : « la révision sera ainsi relativement difficile *sauf* lorsqu'elle résultera d'un accord du président de la République, du gouvernement et d'une large fraction de chaque Assemblée » (55).

L'addition de ces éléments ne saurait passer pour un raisonnement rigoureusement causal. Il est certain que le choix d'une majorité qualifiée obéit chez les constituants à une incompressible « part d'arbitraire » (56). Dans leur combinaison, toutefois, ces données convergent vers une super-majorité qui, tout en symbolisant par définition un consensus, ne pouvait qu'être « un peu supérieur[e] » (57) à la majorité absolue. Le choix des trois cinquièmes des suffrages exprimés – la super-majorité la plus faible de celles qui se rencontrent usuellement dans les constitutions –, au regard de l'absence de majorité parlementaire sous la IVe République, du précédent textuel de l'article 90 de la Constitution de 1946 et de la priorité référendaire escomptée, n'apparaît *in fine* pas surprenant, sans que l'on puisse pour autant l'inscrire sous le sceau de la nécessité. La décision de choisir une super-majorité plutôt qu'une autre est une décision humaine – qui plus est collégiale –, phénomène dont l'entière explication est probablement chimérique (58). Quand elle cherche à comprendre le comportement des acteurs juridiques, la science du droit « est une forme d'histoire ou une forme de sociologie » (59) et, dès lors, se confronte aux obstacles épistémiques rencontrés par les sciences sociales.

---

lement convoqué en Congrès [...] ». Nous soulignons. L'adverbe était acquis dès la version de l'avant-projet gouvernemental du 15 juillet 1958 (DPS I, p. 440).

(53) Selon le mot de Michel Debré (DPS II, p. 186).

(54) Du point de vue strictement institutionnel, et si l'on considère l'ensemble de la procédure, la solennité est bien marquée par l'accord nécessaire du président de la République, du gouvernement, des deux assemblées – et du peuple, le cas échéant.

(55) DPS I, p. 527. Nous soulignons.

(56) Baranger D., art. cit.

(57) Pour reprendre les termes précités de M. Solal-Céligny (DPS III, p. 434).

(58) Comme l'écrit Georges Vedel, « aucun événement qui met en scène l'homme, à le supposer même déterminé, ne peut être, et de loin, totalement expliqué » (Vedel G., « Le hasard et la nécessité », Pouvoirs 1989, n° 50, p. 29).

(59) Troper M., « La contrainte en droit », *in Le droit et la nécessité*, 2011, PUF, p. 18.

II. — L'APPLICATION SUBSÉQUENTE

En pratique, chacun sait qu'en dépit des intentions constituantes, la voie du Congrès a totalement surclassé celle du référendum, plus longue, plus coûteuse et surtout plus risquée politiquement. Sur les vingt-quatre révisions menées à bien à ce jour, vingt-deux l'ont été en vertu de l'article 89 (60), au sein desquelles on dénombre vingt-et-une révisions adoptées par le Congrès, contre une seule approuvée par référendum : la réduction du mandat présidentiel à 5 ans, en 2000. On dispose aujourd'hui par conséquent d'un échantillon important de procédures suivies au Congrès, celles-ci s'échelonnant sur toute la durée du régime et s'inscrivant dans des contextes variés (61). Une typologie des succès au Congrès, révélant l'intrication du numérique et du politique, doit être esquissée (A). On pourra alors s'interroger sur la pertinence d'une majorité qualifiée des trois cinquièmes (B).

A. — *L'arithmétique saisie par la politique*

Un premier point frappe : toujours, lors d'un vote au Congrès, la super-majorité fut atteinte. On doit pourtant se garder de porter un jugement hâtif, revenant à considérer le seuil peu contraignant, car systématiquement franchi. S'il n'y a eu aucun échec lorsque le Congrès s'est prononcé, cela tient d'abord à ceci que, comme l'avait bien vu M. Solal-Céligny devant le Conseil d'État, il est naturel que l'on se compte avant le scrutin ; autrement dit, le président de la République n'emprunte la voie du Congrès qu'avec des certitudes – le vote séparé du texte au préalable par les deux assemblées donnant une image nette des forces en présence (62). Et il y a bien eu des projets de révision,

---

(60) Les dispositions relatives à la Communauté (ancien titre XII de la Constitution) furent modifiées en 1960 (L. const. n° 60-525, 4 juin 1960) via l'ancien article 85 ; la réforme de l'élection du président de la République au suffrage universel direct a été acquise de manière sulfureuse en 1962 (L. const. n° 62-1292, 6 nov. 1962) via l'article 11. À la faveur de la primauté de l'exécutif, on sait par ailleurs qu'aucune proposition de révision n'a pu aboutir. De telles propositions furent néanmoins nombreuses (plusieurs centaines). Pour un recensement exhaustif jusqu'à l'année 2000, v. Bigaut C., *Le réformisme constitutionnel en France (1789-2000)*, 2000, Doc. fr., p. 71 et s.

(61) Les résultats de chaque scrutin au Congrès sont disponibles, jusqu'en 2000, dans l'ouvrage de Bigaut C., *Les révisions de la Constitution de 1958*, 2000, Doc. fr. Pour l'ensemble des scrutins, v. le site de l'Assemblée nationale : www2.assemblee-nationale.fr/decouvrir-l-assemblee/histoire/la-ve-republique/les-reformes-constitutionnelles-depuis-1958/les-revisions-de-la-constitution-realisees-en-application-de-l-article-89-de-la-constitution-adoption-par-le-congres ; avec, pour tous les votes hormis les plus anciens, le détail du scrutin public et donc les votes par groupe.

(62) De plus, la réunion du Congrès ne peut donner lieu à amendement du projet : l'organe doit simplement approuver ou rejeter le texte adopté préalablement par les chambres ; le pronostic présidentiel n'a donc pas à intégrer de tels aléas.

votés en termes identiques, qui n'ont pu aboutir en raison du caractère alors dissuasif que prenait la super-majorité.

L'exemple le plus célèbre est celui du quinquennat, en 1973 (63). Le Président Pompidou, après un vote du projet de révision par les deux assemblées qui, ne traduisant qu'un fragile soutien parlementaire, n'augurait rien de bon pour un éventuel vote à Versailles (64), a finalement décidé de mettre un terme à la procédure de révision – ranimant à cette occasion la controverse autour de la possibilité pour le chef de l'État de stopper le processus de révision, entraperçue dans les débats (65). La gauche s'était montrée hostile à la réforme tandis que les gaullistes historiques n'admettaient pas que l'on se mette à défaire l'édifice conçu par le général. On peut recenser deux autres projets ayant connu le même sort pour des raisons analogues. En 1974, un projet de révision, à l'initiative du Président Giscard d'Estaing, relatif à la suppléance des parlementaires, franchit l'étape de l'adoption en termes identiques par les chambres ; mais, comme pour le quinquennat l'année précédente, les résultats des votes dans les deux assemblées étaient loin de présager un succès à l'étape suivante, et le projet n'a pas été mis à l'ordre du jour du Congrès tenu le 21 octobre de cette année pour approuver la réforme de la saisine du Conseil constitutionnel (66), dont le vote était par contre assuré. En 1998, enfin, une réforme constitutionnelle de la Justice fut adoptée par les deux assemblées, massivement, ce qui autorisait l'optimisme. Le Congrès fut convoqué par le Président Chirac pour le 24 janvier 2000 mais, en raison d'un revirement de l'opposition parlementaire dans l'intervalle (assez long), la super-majorité des trois cinquièmes ne semblait plus atteignable : « faute d'avoir battu le fer tant qu'il était chaud, celui-ci a plus que tiédi » (67). La convocation fut, de manière inédite, annulée par décret (68).

---

(63) V. Duhamel O., *Le quinquennat*, 3e éd., 2008, Presses de Sciences Po, p. 15 et s. ; Chevallier J.-J., Carcassonne G., Duhamel O., Benetti J., *Histoire de la Ve République (1958-2017)*, 16e éd., 2017, Dalloz, p. 205 et s.

(64) Certes, la voie du référendum restait possible, mais l'abstention (39 %) à l'occasion du référendum sur l'entrée du Royaume-Uni dans les Communautés européennes, tenu le 23 avril 1972, a joué en défaveur de cette option.

(65) Sur cette controverse, v. par ex. Branchet B., *La révision de la Constitution sous la Ve République*, 1994, LGDJ, p. 68 et s.

(66) Sur cet épisode, v. Morin G., « Un exemple de résistance au changement constitutionnel : l'impossible réforme du statut des suppléants parlementaires », RDP 1979, p. 1559.

(67) Chevallier J.-J., Carcassonne G., Duhamel O., Benetti J., *Histoire de la Ve République (1958-2017)*, *op. cit.*, p. 458.

(68) Trois autres projets furent votés par les chambres mais non présentés au Congrès, mais pour d'autres raisons qu'un pronostic défavorable : deux projets votés en termes identiques en 1999, relatifs à la Nouvelle-Calédonie et à la Polynésie, joints à la réforme de la justice votée l'année précédente (et qui devaient être soumis à l'approbation du Congrès initialement convoqué le 24 janvier 2000) ont été entraînés dans sa

Ces différents exemples prouvent bien que le recours au Congrès n'échappe pas au plus élémentaire calcul tactique, la récapitulation des soutiens conduisant à poursuivre ou non la procédure. La bataille des trois cinquièmes, en réalité, a déjà lieu lors du vote en termes identiques : il n'est pas question qu'au Congrès se tienne une délibération propre à ce que les protagonistes puissent abandonner leurs positions préconstituées. Il est, à l'instar des chambres, un lieu « d'enregistrement des stratégies partisanes » (69) ; les seules explications de vote par les présidents de groupe avant le scrutin ne sont pas, du reste, de nature à penser qu'il puisse en être autrement. Aussi le pari des trois cinquièmes n'est-il pas tenté en cas d'incertitude, ce qui explique finalement le succès renouvelé du vote au Congrès (70). Ce point précisé, et sur la base des scrutins qui se tinrent effectivement à Versailles, quatre cas de figure peuvent être dégagés.

Il y eut premièrement les cas, peu nombreux, où droite et gauche firent éclater le clivage partisan pour s'unir dans la révision, traduisant alors un consensus politique, mais sans pour autant que l'association de la minorité se soit avérée numériquement nécessaire au franchissement du seuil de voix requis : elle eut voté contre le texte que le camp majoritaire pouvait malgré tout faire à lui seul la décision. De cette manière, en 2007, le projet de loi constitutionnelle relatif à l'interdiction de la peine de mort n'avait numériquement nul besoin de recueillir l'approbation massive des parlementaires de gauche ; la majorité de droite augmentée des centristes eût suffi. Le même constat peut être dressé à propos de la loi constitutionnelle relative au mandat d'arrêt européen, en 2003, ou de la révision intervenue en 2005, préalable à la ratification du Traité établissant une constitution pour l'Europe, qui a recueilli le soutien d'une grande partie des socialistes. On relèvera que le fond de ces révisions présentait un caractère consensuel, propice au dépassement du clivage bipartisan.

Se sont rencontrés deuxièmement les cas où le camp de la majorité parlementaire n'avait pas les effectifs suffisants pour atteindre à lui seul la super-majorité (71). L'association de la minorité, même réduite, fut alors nécessaire,

---

chute ; un projet de révision relatif à l'équilibre des finances publiques, voté par les chambres en 2011, n'a pas été soumis à l'approbation du Congrès, la réforme n'étant plus nécessaire.

(69) François B., *op. cit.*, p. 319.

(70) Il n'y a à cette constante dans la prudence qu'une seule exception : en 2008, le Président Sarkozy convoqua le Congrès sans être sûr d'obtenir la précieuse super-majorité ; et pour cause, la loi constitutionnelle du 23 juillet 2008, relative à la modernisation des institutions de la Ve République, ne fut adoptée qu'à une voix de majorité ; on va y revenir.

(71) Mais, comme on l'a vu, cette situation n'est pas synonyme pour autant de tentative inconsciente au Congrès ; le vote en termes identiques par les chambres a déjà rendu compte des soutiens apportés par les groupes minoritaires, sur lesquels le camp majoritaire peut s'appuyer.

symbolisant à nouveau, même dans son expression la plus limitée, une forme de consensus. Cette hypothèse a valu spécialement pour la gauche au pouvoir, ne pouvant compter sur un Sénat traditionnellement à droite. Ainsi, en période de cohabitation, de la révision constitutionnelle de 1998 relative au statut de la Nouvelle-Calédonie, marquée par l'assentiment massif des parlementaires du RPR et de l'UDF. Ainsi également de la révision constitutionnelle de 1999 modifiant les articles 88-2 et 88-4 de la Constitution en vue de la ratification du traité d'Amsterdam, qui, elle aussi, n'a pu être adoptée qu'avec le ralliement de la droite aux socialistes. Il en a été de même – en raison de la similitude du contexte parlementaire – pour la révision insérant au titre VI de la Constitution l'article 53-2 relatif à la Cour pénale internationale, datant également de 1999. La révision du 23 juillet 2008, acquise de justesse, peut aussi être rangée dans cette catégorie. Elle a été votée avec 539 voix favorables quand 538 étaient requises. Au début de son discours devant le Congrès, le Premier ministre François Fillon, connaissant l'opposition à gauche, déclarait que « réunir les trois cinquièmes du Congrès est un défi, et la majorité ne dispose pas des moyens de le relever à elle seule » (72). Il lui fallait donc agréger des soutiens venus de l'opposition, ce qui fut fait au strict minimum, en l'absence de coopération socialiste (73), avec le concours prêté par les radicaux de gauche (74).

Il y eut troisièmement les cas où l'essentiel de la minorité s'est opposé au projet (75), sans que cela empêche le camp majoritaire d'atteindre la super-

---

(72) Et le Premier ministre de poursuivre : « la prudence aurait sans doute milité en faveur de l'esquive. Les voix n'ont d'ailleurs pas manqué pour conseiller au président de la République comme à moi-même de temporiser, voire de renoncer. Mais ce défi, je le relève avec vous, dans l'espoir de voir le sens du mouvement et de l'intérêt général prendre le pas sur la frilosité et les logiques d'appareil » (*Compte rendu intégral de la séance au Congrès du 21 juillet 2008*).

(73) Seul Jack Lang, côté socialiste, vota la révision.

(74) Jean-Michel Baylet, au nom des radicaux de gauche du Sénat, s'en est expliqué en ces termes : « Les radicaux de gauche *sont dans l'opposition* et ils s'y tiennent fermement. Vous avez pu, monsieur le Premier ministre, comme plusieurs membres du gouvernement, éprouver cette fermeté dans le débat depuis plus d'un an : les radicaux de gauche s'opposent sans réserve à votre politique, et notamment à ses effets sociaux. Ils ne seront pas moins déterminés demain qu'hier, soyez en assuré. *Mais pour aujourd'hui, nous avons à nous prononcer sur un sujet qui dépasse l'opposition habituelle entre la droite et la gauche*. Voulons-nous, oui ou non, faire un pas significatif dans le sens de la modernisation et de la démocratisation de notre Constitution ? Pour les radicaux de gauche, pour le RDSE, la réponse est oui, clairement oui ! » (*Compte rendu intégral de la séance au Congrès du 21 juillet 2008* ; nous soulignons).

(75) Comme le résume Philippe Ardant, « une révision réussie est un succès pour l'exécutif, l'opposition n'est pas disposée à le lui offrir » (Ardant P., « La révision constitutionnelle en France. Problématique générale », *in La révision de la Constitution*, 1992, Economica-PUAM, p. 88).

majorité nécessaire. Les exemples pourraient être multipliés, mais on s'en tiendra à trois révisions seulement, qui comptent parmi les plus importantes. En 1974, la réforme de la saisine du Conseil constitutionnel fut votée en dépit de l'opposition franche et nette de la gauche. Quand fut adoptée la révision constitutionnelle de 1995, portant notamment extension du champ d'application du référendum, la droite disposait alors d'une majorité pléthorique à l'Assemblée et dominait le Sénat. Il y eut 852 suffrages exprimés au Congrès, portant la majorité renforcée requise à 512 voix. Il y eut 674 voix « pour », 178 « contre ». Les socialistes et communistes se sont opposés fermement au texte, ne changeant rien à l'issue du vote. Plus encore, si l'on convertit toutes les voix « pour », agrégées à celles des parlementaires du RPR et de l'UDF, en voix « contre », alors 535 voix auraient malgré tout été totalisées, ce qui était amplement suffisant ; la droite parlementaire avait numériquement la maîtrise du processus de révision. On peut évoquer enfin la révision du 28 mars 2003, opérée elle aussi dans un contexte d'écrasante majorité parlementaire de droite (76) et relative, entre autres, à l'organisation décentralisée de la République. Il y eut 862 suffrages exprimés, la super-majorité requise était de 518 voix. La révision fut adoptée avec 584 voix « pour » et 278 voix « contre ». L'opposition socialiste et communiste vota contre le texte. Si l'on inverse le sens de toutes les voix « pour » qui se sont jointes à celles des députés et sénateurs UMP (c'est-à-dire les voix de l'UDF et des centristes, principalement), alors on aurait tout de même recensé 508 voix « pour », flirtant avec le seuil requis.

Se sont enfin trouvés, quatrièmement, les cas où l'essentiel de la minorité soit s'est abstenue volontairement, faisant alors immanquablement le jeu du camp majoritaire, en diminuant le nombre de suffrages exprimés et du même coup le seuil de majorité à franchir ; soit n'a tout simplement pas pris part au vote, ce qui entraîna le même effet. Ces cas rejoignent la catégorie précédente puisque la majorité emporte alors seule la majorité renforcée. En témoigne typiquement la révision constitutionnelle relative à la responsabilité du chef de l'État, intervenue en 2007. 652 suffrages furent exprimés, portant l'exigence de majorité à 392 voix « pour ». L'abstention massive des socialistes, qui contribua à rabaisser drastiquement le seuil à atteindre, facilita la tâche des parlementaires de l'UMP (le projet de révision a été adopté par le Congrès avec 449 voix en sa faveur ; à eux seuls, les parlementaires de l'UMP ont totalisé 424 voix, dépassant largement le seuil requis, avec pourtant quelques défections). La révision de 2005 relative à l'intégration de la Charte de l'environnement dans la Constitution fut quant à elle marquée par un refus massif des socialistes de prendre part au vote. Le nombre de suffrages exprimés ne fut que de 554 et le seuil requis chuta à 333 voix « pour ». Les députés et

---

(76) On dénombrait en effet à l'époque 363 députés dans le groupe UMP à l'Assemblée nationale, et 166 dans le groupe UMP au Sénat.

sénateurs UMP totalisèrent à eux seuls 450 des 531 voix en faveur de l'adoption du texte.

Les différents exemples évoqués (77) montrent le lien évident à établir entre les exigences arithmétiques et la réalité politique, la seconde remodelant l'effet contraignant des premières et, par contrecoup, le regard qu'on doit porter sur elles. La pertinence de la super-majorité ne peut être appréciée à vide, indépendamment des données du jeu politique. Il n'y a, à ce titre, pas de nature à découvrir, pas d'essence de la majorité qualifiée des trois cinquièmes des suffrages : elle n'est pas en elle-même « rigide » ou « souple », « difficile » ou « facile » à atteindre. Elle ne l'est que relativement à un contexte donné, aux possibilités offertes par la conjoncture politique et parlementaire.

C'est conscient de cette étroite dépendance que l'on peut enfin essayer de jauger la pertinence d'une super-majorité des trois cinquièmes.

B. — *Un seuil pertinent ?*

On l'a dit en commençant : la doctrine s'est peu interrogée sur la majorité renforcée de l'article 89, faisant singulièrement écho à la minceur des échanges suscités lors de la rédaction de la Constitution. Il est en effet extrêmement rare qu'un jugement soit émis par les commentateurs sur la super-majorité.

La banalisation de la révision, via le recours au Congrès, a semble-t-il emporté celle de la majorité qualifiée. C'est en tout cas une interprétation possible du silence gardé sur ce point par les écrits doctrinaux relatifs à la révision. À la manière de ce qui prévaut pour la règle de majorité pour adopter la loi, une forme d'intériorisation paraît de mise : la barre des trois cinquièmes est une règle du jeu acceptée et que l'on n'imagine guère modifier. Il faut reconnaître que le jugement à son propos n'est pas aisé. Il faut y insister : le caractère contraignant de la majorité qualifiée dépend de la situation parlementaire. Et cette conjoncture n'a pas eu jusqu'ici des caractéristiques suffisamment constantes, en dépit du fait majoritaire (78), propres à rendre

---

(77) Une précision de bon sens s'impose quant à cette rapide typologie, en raison de la spécificité de la super-majorité à recueillir, qui est fonction du nombre de suffrages finalement exprimés. Le seuil de voix à réunir ne se révèle exactement qu'*a posteriori*, à l'issue du vote, une fois le nombre de suffrages exprimés connu ; aussi y a-t-il un certain artificialisme à reconstruire les scrutins en prenant pour donnée de départ le seuil qu'il a fallu finalement franchir. Aucun problème ne se pose lorsque l'on convertit simplement des voix « pour » en voix « contre », ce qu'on a pris soin de faire, car le nombre total de suffrages exprimés ne change pas. C'est la conversion d'abstentions en voix « pour » ou « contre » qui a un effet déformant.

(78) On entend ici par « fait majoritaire », « cette relation symbiotique qui unit le gouvernement à sa majorité parlementaire » (Benetti J., art. cit.). Il doit être distingué de la concordance des majorités présidentielle et parlementaire et peut donc demeurer en période de cohabitation.

systématiquement facile ou non le franchissement des trois cinquièmes des suffrages exprimés au Congrès.

D'un côté, à de nombreuses reprises, la majorité qualifiée n'a pas obligé les parlementaires à un accord transpartisan autour de la révision. On peut le regretter et considérer que l'on s'est alors éloigné d'une vertu attendue des majorités qualifiées : la production d'un consensus, remède à une impossible unanimité en démocratie. La notion de super-majorité est en effet classiquement analysée comme un « succédané » (79) ou une « forme faible » (80) d'unanimité. Dans le cadre spécifique des révisions constitutionnelles, une super-majorité doit en principe empêcher le camp politique majoritaire de faire main basse sur la Constitution (81), en conférant à la minorité un précieux droit de veto – conformément à l'assertion de Rousseau selon laquelle « plus les délibérations sont importantes et graves, plus l'avis qui l'emporte doit approcher de l'unanimité » (82). À l'évidence, la majorité qualifiée des trois cinquièmes n'a pas toujours forcé au consensus (83). Le camp majoritaire a souvent bénéficié des effectifs pour mener la révision en solitaire, sans que l'opposition puisse rien faire sinon livrer un combat d'arrière-garde. Ces cas de révision opérés par des majorités monocolores inclinent naturellement à penser que la super-majorité n'est qu'une bien modeste barrière, conçue à une époque révolue où des majorités fortes, fidèles et durables paraissaient hors de vue ; et que le paradigme majoritaire propre à la Ve République l'a depuis complètement subvertie (84).

---

(79) Baranger D., art. cit.

(80) Pasquino P., art. cit.

(81) Pasquino P., art. cit., écrit : « La règle super-majoritaire représente une première garantie contre le pacte suicidaire de l'aliénation totale en faveur de la majorité. Plus exactement cette dernière – la règle de majorité qualifiée – soustrait à la majorité simple le pouvoir de transformer le système des institutions publiques en une machine au service de la majorité elle-même, l'empêche d'abolir la séparation des pouvoirs, et essaie de défendre l'idée que la constitution est un bien commun et non une propriété de ceux qui ont gagné les élections et qui sont destinés un jour, par le principe démocratique de l'alternance, à se retrouver dans l'opposition. En somme, si la constitution est la règle de tous, elle ne peut pas être à la disposition d'une partie. »

(82) Rousseau J.-J., *Du contrat social*, 1762, rééd. 2011, Le Livre de Poche, p. 185.

(83) Ces révisions ont démenti l'opinion que pouvait émettre Maurice-Pierre Roy en 1980, selon qui « la majorité parlementaire est insuffisante pour ouvrir le chemin de Versailles aux projets présidentiels » (Roy M.-P., « L'application de l'article 89 de la Constitution de 1958 », RDP 1980, p. 714).

(84) Armel Le Divellec écrit ainsi que la super-majorité, en ce qu'elle a « permis plus d'une fois à une majorité gouvernementale monocolore d'opérer seule le contenu de la révision », est finalement « bien peu » (Le Divellec A., « Un ordre constitutionnel confus. Indicibilité et incertitudes de la Constitution française », *in* Chagnollaud D. [dir.], *Les 50 ans de la Constitution. 1958-2008*, 2008, Litec-LexisNexis, p. 147).

Mais ce serait là céder à une certaine illusion. Car d'un autre côté, on ne peut oublier les quelques cas pour lesquels la majorité qualifiée n'a pu être atteinte sans le renfort d'une partie de la minorité (85). Pour apprécier correctement la question de la majorité qualifiée, il faut même étendre le regard au-delà des procédures effectivement suivies au Congrès, puisque la bataille des trois cinquièmes, on l'a souligné, se joue en réalité en amont, spécialement au moment du vote en termes identiques. Et on se souvient alors des demi-succès rencontrés par plusieurs présidents lors de cette étape préalable, les dissuadant de poursuivre la procédure. Plus encore, parfois les velléités de révision présidentielle sont si compromises par la conjoncture parlementaire qu'enclencher la procédure de révision est politiquement suicidaire. Plusieurs projets de révision, sous le quinquennat du Président Hollande, furent présentés en Conseil des ministres et restèrent sans suite (86), faute de majorité finalement envisageable au Congrès. Qui sait enfin – pour achever l'entreprise de régression – combien de projets de révision restèrent à l'état de rêveries, ou furent discutés informellement au sommet de l'État, contrariés par le sentiment d'une super-majorité hors de portée ? Il convient bien sûr de raisonner sur des données observables, mais il est tout aussi certain que la majorité qualifiée, rabattue sur la situation parlementaire, détermine en permanence la marge de manœuvre présidentielle. Le nombre demeure à la conscience des acteurs et peut conduire à leur inaction – qui par définition ne s'incarne pas de manière constitutionnellement tangible.

Un jugement tranché sur la pratique écoulée est en définitive impossible, tant celle-ci n'a pas été univoque. On peut encore essayer de préjuger de l'avenir, ce qui nous ramène en quelque sorte dans la peau des constituants, mais ce dernier n'est guère plus lisible. La concordance des majorités présidentielle et parlementaire est à peu près assurée – encore que – depuis le passage au quinquennat doublé de l'« inversion » du calendrier électoral ; cela n'ôte rien à la précarité inhérente au fait majoritaire. Rien ne permet de dire avec certitude que les prochaines années seront faites de majorités massives et disciplinées, permettant aux chefs de l'État d'atteindre tranquillement la cote des trois cinquièmes (87). La situation actuelle elle-même est celle d'un président de la République qui dispose – au moment où ces lignes sont écrites – d'une majorité absolue à l'Assemblée nationale, mais n'a que quelques soutiens

---

(85) Aussi Michel Lascombes relève-t-il qu'une « majorité des 3/5e, même des seuls suffrages exprimés, est *parfois* difficile à atteindre alors même qu'il y a une majorité » (Lascombes M., « Faut-il réviser les dispositions relatives à la révision ? », *in* Chagnollaud D., Montay B. [dir.], *op. cit.*, p. 343 ; nous soulignons).

(86) Boissieux (de) L., « François Hollande engage une révision de la Constitution *a minima* », La Croix 31 juill. 2015.

(87) Kerléo J.-F., « Le fait majoritaire, chronique d'une mort annoncée ? », Jus politicum 2017, n° 18, p. 337.

assurés au Sénat, ce qui, à ce jour, a contrecarré ses desseins en matière de révision (88). Il résulte de tout ceci que la suggestion d'une nouvelle super-majorité apparaîtrait bien téméraire.

On comprend mieux pourquoi une telle redéfinition n'a jamais, si tant est qu'un balayage exhaustif des écrits relatifs à la Ve République soit possible, été formulée – alors même que le débat récurrent en France autour de l'instabilité de la Constitution (89), à la suite de l'accélération du train des révisions après 1992, aurait tout à fait pu donner lieu à une stigmatisation de la majorité qualifiée. Pareille retenue s'observe dans les rapports rendus par les différents comités ou commissions créés pour suggérer des modifications constitutionnelles : quoique la procédure de révision soit systématiquement mise en cause, il n'y est jamais question de réévaluer la super-majorité requise au Congrès. C'est un paramètre sur lequel on ne cherche pas à jouer. Néanmoins, les différents rapports purent proposer d'insérer de nouvelles super-majorités dans l'article 89, hors étape du Congrès. C'est ainsi que le Comité consultatif pour la révision de la Constitution (CCRC), présidé par le Doyen Vedel, suggérait en 1993 de réécrire l'article 89 en y intégrant l'alinéa suivant :

> « Lorsque le projet ou la proposition n'a pas été voté en termes identiques après deux lectures par chaque assemblée, le président de la République peut soumettre au référendum le texte adopté à la majorité des trois cinquièmes des suffrages exprimés par l'une ou l'autre des assemblées. » (90)

Ainsi, une majorité renforcée des trois cinquièmes des suffrages exprimés a reparu dans cette proposition. En premier lieu, on doit remarquer qu'il s'agissait d'ajouter une super-majorité, dans le cadre d'une nouvelle soupape de sûreté, pas de la modifier. Surtout, il est assez frappant que le rapport, prolixe pour justifier l'alinéa avancé (91), n'explique aucunement le choix des trois cinquièmes des suffrages exprimés par l'une ou l'autre chambre, alors même que la proposition repose tout entière sur ce dosage. Était-on mal à l'aise pour le faire ? S'était-on heurté à la difficulté – si ce n'est plus – de justifier

---

(88) Claret P., Savonitto F. (dir.), *La réforme institutionnelle sous le quinquennat d'Emmanuel Macron*, 2020, L'Harmattan, spéc. Savonitto F., « Itinéraire d'un abandon », p. 19.

(89) V. Geslot C., « Stabilité et révisions constitutionnelles sous la Ve République », RDP 2013, p. 641.

(90) CCRC, présidé par le Doyen Georges Vedel, *Propositions pour une révision de la Constitution*, 1993, Doc. fr., p. 85. Le but de cette nouvelle disposition était de retirer au Sénat la faculté de bloquer la procédure de révision. Ce « veto » sénatorial, par lequel s'est illustrée plusieurs fois la chambre haute, est en effet critiqué de longue date par une grande partie de la doctrine. Sur ce point, v. par ex. Badinter R., « Sénat et révision constitutionnelle », *in* Mathieu B. (dir.), *1958-2008. Cinquantième anniversaire de la Constitution française*, 2008, Dalloz, p. 779.

(91) CCRC, *op. cit.*, p. 83 et s.

rationnellement le choix précis d'une majorité qualifiée (92) ? En l'absence d'explications, toutes les hypothèses sont ouvertes. En tout état de cause, le Comité de réflexion et de proposition sur la modernisation et le rééquilibrage des institutions de la Ve République, présidé par Édouard Balladur, formula en 2007 la proposition strictement identique (93), sans s'étendre davantage sur le choix de la fraction retenue – comme si les nombres, transparents, parlaient d'eux-mêmes, et n'avaient nul besoin d'être escortés de justifications.

Au terme de ces réflexions, l'impossibilité de discerner complètement les causes d'apparition de la super-majorité des trois cinquièmes comme la difficulté d'en apprécier le caractère aujourd'hui adéquat confèrent à l'objet d'étude un caractère atypique. Par-delà une sincérité mathématique trompeuse, la majorité qualifiée des trois cinquièmes se dérobe, résiste à l'analyse, mène parfois à des voies de garage. Tout se passant comme si le nombre devenu règle constitutionnelle avait pour caractéristique d'éprouver le juriste dans les deux dimensions de son activité : l'explication et, sur un registre distinct, l'appréciation critique des normes.

Pierre NÉGREL

Doctorant contractuel en droit public
Centre Jean Bodin, Université d'Angers

---

(92) Sans trop s'y étendre, il est intéressant de remarquer un phénomène comparable s'agissant de la majorité qualifiée requise, depuis la révision de 2008, par l'article 13 de la Constitution de 1958, relatif aux nominations effectuées par le président de la République. L'article 13, alinéa 5 prévoit que : « Une loi organique détermine les emplois ou fonctions, autres que ceux mentionnés au troisième alinéa, pour lesquels, en raison de leur importance pour la garantie des droits et libertés ou la vie économique et sociale de la Nation, le pouvoir de nomination du président de la République s'exerce après avis public de la commission permanente compétente de chaque assemblée. Le président de la République ne peut procéder à une nomination lorsque l'addition des votes négatifs dans chaque commission représente au moins trois cinquièmes des suffrages exprimés au sein des deux commissions [...] ». C'est Jean-Luc Warsmann, désigné rapporteur par la commission des lois, qui fit initialement introduire ce seuil par amendement, au cours du travail en commission, sans que le compte rendu (compte rendu n° 57, séance de 9 h 30 du 14 mai 2008) fasse état de ses motivations. Après coup, lors du débat en séance publique, le rapporteur s'est justifié en ces termes : « Pourquoi avoir retenu une majorité des trois cinquièmes pour le veto ? Notre idée était que si un candidat réunit contre lui toutes les voix de l'opposition plus une part non négligeable des voix de la majorité, cela signifie qu'il ne remplit pas les conditions » (AN, *Compte rendu analytique officiel de la séance du 22 mai 2008*). Comme on le voit, d'autres majorités qualifiées pouvaient être défendues avec cet argumentaire ; ici encore, la sélection de départ d'un nombre *et pas d'un autre* n'est pas spécifiquement expliquée. Quant à savoir si elle est en l'espèce explicable, cela relèverait d'une étude autonome.

(93) Comité de réflexion et de proposition sur la modernisation et le rééquilibrage des institutions de la Ve République, présidé par Édouard Balladur, *Une Ve République plus démocratique*, 2008, Doc. fr., p. 149.

DOCTRINE

DROIT EUROPÉEN

Les mutations du constitutionnalisme européen déréglementé

Réflexions à propos de l'arrêt *PSPP* de la Cour constitutionnelle allemande du 5 mai 2020

par Constantin YANNAKOPOULOS

Professeur de la Faculté de droit de l'Université d'Athènes
Professeur invité à l'Université Jean Moulin Lyon 3
Ancien référendaire à la Cour de justice des communautés européennes

SOMMAIRE

I. — DU CONSTITUTIONNALISME PAISIBLE AU CONSTITUTIONNALISME POLÉMIQUE

A. — *La guérilla interprétative*

B. — *La guérilla du dernier mot*

II. — DU PLURALISME DÉSORDONNÉ AU CONSTITUTIONNALISME FÉODAL

A. — *L'émergence des contre-pouvoirs inédits*

B. — *La négociation de nouveaux compromis*

Il y a longtemps que la déréglementation hante le constitutionnalisme européen. Ni dans l'ordre juridique national ni dans les ordres juridiques européens n'existent de normes fondamentales capables d'encadrer le règlement des conflits économiques, politiques et sociaux, avec la garantie d'un contrôle de fondamentalité efficace et systématique. L'interprétation constitutionnelle ultralibérale, protégée par l'européanisation du droit national et poussée à l'extrême dans le contexte de crise de la dette souveraine dans la zone euro, a dévalué la normativité et a rendu imprévisible l'interprétation de la Constitution nationale. Cette dernière, loin d'accomplir sa fonction qui consiste à résoudre tout conflit social fondamental dans des conditions de sécurité juridique et dans l'objectif d'assurer la symbiose de la démocratie politique avec la démocratie sociale, est devenue une Constitution souple, prête à s'adapter à toute externalité dominante ou occasionnelle, juridique, économique, politique, culturelle ou morale. Elle s'est même transformée en une source d'insécurité juridique. À cet égard, le droit européen n'assure pas non plus une structure constitutionnelle fiable. Ses deux instruments fondamentaux, à savoir la Convention européenne des droits de l'homme et les traités européens, sont, eux aussi, trop souples pour pouvoir encadrer, d'un côté, les excès de l'individualisme et du néolibéralisme et, de l'autre, les réactions asymétriques des États européens à leur égard. Enfin, le modèle dominant du pluralisme constitutionnel, au lieu de devenir un moyen de corriger la déréglementation constitutionnelle, évolue en fait comme le prodrome de celle-ci. À travers notamment le prétendu « dialogue » des juges, ce modèle constitue un facteur de reproduction de la déconstitutionnalisation du droit national et de la constitutionnalisation imparfaite du droit européen (1).

Dans ce cadre, la Cour constitutionnelle allemande (*Bundesverfassungsgericht*) a rendu son fameux et déjà abondamment commenté arrêt du 5 mai 2020 concernant le programme d'achats d'actifs du secteur public sur le marché secondaire – *Public Sector Purchase Programme* (PSPP) –, adopté par la Banque centrale européenne (BCE) en mars 2015 (2). Dans cet arrêt, la Cour de Karlsruhe a, pour la première fois, considéré que deux institutions de l'Union européenne, à savoir la BCE et la Cour de justice de l'Union européenne (CJUE), avaient statué au-delà de leurs compétences (*ultra vires*). La première, pour ne pas avoir suffisamment motivé ses décisions prises dans le cadre du PSPP et avoir poursuivi de façon inconditionnelle l'objectif de politique monétaire tout en ignorant les effets de politique économique ; la CJUE, pour avoir répondu, par l'arrêt *Weiss e.a.* (3), au renvoi préjudiciel des

---

(1) V. Yannakopoulos C., *La déréglementation constitutionnelle en Europe*, 2019, Athènes-Salonique, Sakkoulas Publications.

(2) Aff. n°s 2 BvR 859/15, 2 BvR 980/16, 2 BvR 2006/15 et 2 BvR 1651/15 : Bundesverfassungsgericht, www.bundesverfassungsgericht.de/SharedDocs/Entscheidungen/DE/2020/05/rs20200505_2bvr085915.html.

(3) V. CJUE, 11 déc. 2018, n° C-493/17.

juges constitutionnels allemands eux-mêmes en s'étant bornée à un contrôle de l'erreur manifeste d'appréciation de la mise en œuvre par la BCE de ses compétences en matière de politique monétaire et en n'ayant pas correctement contrôlé le respect par la BCE du principe de proportionnalité puisqu'elle n'avait pas suffisamment tenu compte des effets du PSPP sur la politique économique et budgétaire. Sur la base de ces motifs, les juges constitutionnels allemands ont réfuté la force contraignante de l'arrêt susmentionné de la CJUE et soumis les décisions en cause de la BCE à leur propre contrôle d'unionité et de constitutionnalité. Par ailleurs, en vertu du prétendu principe de « responsabilité d'intégration » (*Integrationsverantwortung*) qui, selon la jurisprudence nationale, pèse sur tout organe constitutionnel allemand, la Cour de Karlsruhe a même ordonné à la Banque centrale allemande (*Bundesbank*) de ne plus prendre part à la mise en œuvre du PSPP à moins que le Conseil des gouverneurs de la BCE n'adopte, au terme d'une période transitoire qui ne peut excéder 3 mois, une nouvelle décision suffisamment motivée qui démontre de façon « compréhensible » que les objectifs de politique monétaire poursuivis par le PSPP ne sont pas disproportionnés par rapport aux effets de politique économique et budgétaire résultant dudit programme. Quant aux titres déjà achetés et détenus par la Bundesbank, cette dernière serait obligée, dans les mêmes conditions, de les revendre sur la base d'une stratégie coordonnée avec l'Eurosystème.

Cela étant, la Cour constitutionnelle allemande a violé, à plusieurs titres, le droit de l'Union tel qu'interprété par la CJUE. Outre le fait que toutes ces injonctions adressées à la Bundesbank n'étaient guère compatibles avec l'indépendance de celle-ci en tant que membre du Système européen de banques centrales (SEBC), l'arrêt du 5 mai 2020 n'a pas respecté la jurisprudence constante de la CJUE selon laquelle un arrêt rendu à titre préjudiciel par celle-ci lie le juge national pour la solution du litige au principal (4), d'autant plus que la compétence de constater l'invalidité des actes des organes de l'Union appartient exclusivement à la CJUE, même lorsque la question de cette invalidité est soulevée devant une juridiction nationale (5). Or, plus qu'un cas de violation du droit de l'Union tel qu'interprété par la CJUE, le jugement de la Cour de Karlsruhe constitue un symptôme de la déréglementation constitutionnelle en Europe, pour l'interprétation duquel les analyses traditionnelles, juridiques et politiques, semblent insuffisantes.

Tout d'abord, les considérations selon lesquelles, d'une part, la souveraineté étatique est de retour et, d'autre part, les juges de Karlsruhe ont remis en cause la primauté du droit de l'Union partent de l'acceptation que l'ordre juridique national et l'ordre juridique de l'Union restent encore indépendants et susceptibles d'être hiérarchisés ou, du moins, d'être clairement agencés

---

(4) V. CJUE, 14 déc. 2000, n° C-446/98, Fazenda Pública, point 49.

(5) V. CJUE, 22 oct. 1987, n° C-314/85, Foto-Frost, points 15 et 17.

selon leurs propres compétences. Or, il y a bel âge que cette conception de la relation entre ces ordres juridiques a été démentie au cours de leur dilution progressive dans le cadre d'un pluralisme constitutionnel fluide qui recherche un certain aménagement sur la base de la primauté des *objectifs constitutionnels* de l'Union et de la ténacité des *limites constitutionnelles* des États membres (6).

Par ailleurs, la perspective de gérer la crise ainsi provoquée en optant pour une harmonisation interprétative des ordres juridiques européen et nationaux à l'aide de valeurs et principes censés être communs, réanime l'esprit consensuel qui constitue l'idéal du modèle du pluralisme constitutionnel. Certes, ce modèle est encore admis comme le moyen le plus adéquat d'affronter – et tenter de surpasser ou, du moins, masquer – les conséquences de l'échec de la constitutionnalisation formelle du droit de l'Union ainsi que la mise en avant des identités constitutionnelles et des autres contre-limites nationales ayant relativisé la dynamique du principe de la primauté dudit droit. Or, il s'agit d'un modèle qui n'est plus suffisamment efficient. En fait, ni la protection des droits de l'homme ni les autres valeurs ou principes dits communs ne peuvent constituer une base solide pour la maturation requise de la constitutionnalisation matérielle du droit de l'Union. Qui plus est, dans le cadre de ce modèle, le droit se trouve en négociation continue, à la merci du dialogue des juges qui évolue d'une façon dissymétrique et imprévisible, voire conflictuelle (7).

Enfin, la tendance de considérer le volontarisme politique comme le moyen le plus efficace de sortir de toute crise sous-estime sans doute l'autonomie relative des institutions déjà établies dans la complexité desquelles se trouvent bloquées quasiment toutes les entités économiques, politiques et sociales, non seulement les plus faibles, mais aussi les plus puissantes. En tout état de cause, surestimer le volontarisme politique semble passer outre le fait que la reproduction des impasses et de l'incertitude accrue que provoque la déréglementation constitutionnelle en Europe reste avantageuse pour certains et que, à l'heure actuelle, les sauts éventuels vers un renforcement de l'Union ou un retour à l'État-nation ne sont ni facilement réalisables ni nécessairement créateurs de perspectives de bon augure (8).

Il convient donc de rechercher l'interprétation de l'arrêt de la Cour constitutionnelle allemande du 5 mai 2020 et l'appréciation de ses conséquences possibles dans le contexte des mutations du constitutionnalisme européen déréglementé, qui a déjà évolué d'une situation paisible à une situation polémique (I) et qui semble passer du pluralisme désordonné vers un modèle de

---

(6) V. Yannakopoulos C., *La déréglementation constitutionnelle en Europe*, *op. cit.*, n°s 90 et s. et 128 et s.

(7) *Id.*, not. n° 148 et s.

(8) *Id.*, not. n° 174 et s.

constitutionnalisme féodal (II). L'analyse de ses mutations peut montrer qu'au fond cet arrêt n'est ni inattendu ni susceptible de provoquer à lui seul des changements radicaux.

I. — DU CONSTITUTIONNALISME PAISIBLE AU CONSTITUTIONNALISME POLÉMIQUE

Actuellement, en Europe, « nous ne vivons pas dans un monde constitutionnel pacifié » (9) et la prédominance du modèle du pluralisme constitutionnel n'en est pas totalement innocente. Aux « temps constitutionnellement perplexes » qui ont suivi l'échec du projet de Traité constitutionnel (10), les doctrines du pluralisme juridique et du constitutionnalisme multi-niveaux semblaient aussi bien séduisants qu'opérants. Comme les rapports entre les différents ordres juridiques entrecroisés devenaient de plus en plus complexes, quoi de plus optimiste que de faire prévaloir la croyance à des valeurs et principes communs, à la protection homogène des droits de l'homme et à la capacité d'éviter les conflits par le dialogue, celui entre les juges européens et les juges nationaux. Or, l'expérience de la crise financière a confirmé les craintes que le pluralisme constitutionnel européen devienne extrêmement complexe, flou et difficilement viable. Depuis 2010, il a été compris que, dans une période de croissance économique, on pouvait facilement distinguer les aspects positifs de la primauté des objectifs constitutionnels de l'Union. Ces objectifs étaient compatibles avec l'aspect libéral des ordres juridiques nationaux, tempéré par la résistance de leurs limites constitutionnelles assurant une prestation suffisante de services d'utilité commune. En revanche, durant la crise, la primauté des objectifs constitutionnels de l'Union n'a fait que renforcer le déficit social existant tant dans l'ordre juridique de l'Union que dans les ordres juridiques nationaux. De même, tandis qu'en période de croissance économique, la dynamique de l'idéal de l'intégration européenne couvrait le déficit démocratique de l'Union et le retrait de la souveraineté des États membres, durant la crise, les rythmes des marchés financiers se sont substitués, dans une large mesure, tant aux normes juridiques qu'à l'activité politique, ce qui a entraîné un manque des sentiments fondamentaux de sécurité et de solidarité ainsi que le repli national. Ainsi, sous le drapeau du

---

(9) V. Luciani M., « Il brusco risveglio. I controlimiti e la fine mancata della storia costituzionale », Rivista AIC 15 avr. 2016, n° 2, p. 1 et s., not. p. 11. V. aussi, du même auteur, « Costituzionalismo irenico e costituzionalismo polemico », in *Renouveau du droit constitutionnel, Mélanges en l'honneur de Louis Favoreu*, 2007 Paris, Dalloz, p. 795 et s.

(10) V. Meidinger E., « Law and Constitutionalism in the Mirror of Non-Governmental Standards », *in* Joerges C., Sand I.-J., Teubner G. (dir.), *Transnational Governance and Constitutionalism*, 2004, Oxford, Hart Publishing, p. 189.

pluralisme constitutionnel, les différents « faiseurs du système » et surtout les juges, au lieu de solliciter l'apaisement et la conciliation, ont souvent eu tendance à combattre pour défendre leur cause et déconstruire la cause de ceux qui provenaient d'un autre ordre juridique. De la sorte, les défauts du pluralisme constitutionnel européen sont clairement apparus. Privé de procédures et de critères formels, il était incapable de promouvoir un aménagement durable des droits européen et nationaux. Il a seulement incité les juges à éviter – voire à faire semblant d'éviter – à tout prix les conflits, en légitimant l'invocation de n'importe quelle valeur ou principe apparemment conciliateur et la mise en place de n'importe quelle méthode ou technique occasionnelle d'interprétation. Or, en laissant ainsi le droit à la merci de toutes sortes de compromis – c'est-à-dire de rapports de force – occasionnels, économiques, politiques, culturels ou moraux, le pluralisme constitutionnel européen a finalement reproduit les conflits qu'il était conçu pour éviter. Cela a davantage désordonné le dialogue des juges, devenu de plus en plus concurrentiel, voire polémique. L'esprit consensuel n'est ni toujours présent ni toujours sincère. Le « dialogue » est souvent réduit à un euphémisme, car il devient un moyen de dissimuler l'acceptation de la logique de la primauté d'un ordre juridique sur l'autre. Les cours constitutionnelles ou suprêmes des États membres continuent à ne pas toujours respecter leur obligation de faire un renvoi préjudiciel auprès de la CJUE (11). Leur refus même exprès de se conformer aux décisions de la Cour de Luxembourg ne constitue plus une hypothèse théorique, mais un événement récurrent. De la sorte, dans l'affaire *Landtová*, qui portait sur l'application du règlement (CEE) n° 1408/71, la Cour constitutionnelle tchèque ne s'est pas conformée à l'arrêt de la CJUE du 22 juin 2011 (n° C-399/09) (12), et, dans l'affaire *Ajos*, la Cour suprême du Danemark a refusé de suivre l'arrêt de la CJUE, du 19 avril 2016 (n° C-441/14), qui concernait une discrimination en fonction de l'âge (directive 2000/78/CE) (13).

---

(11) V., à titre indicatif, Yannakopoulos C., « Un tiers pays nommé sûreté ! Symvoulio tis Epikrateias [Conseil d'État de Grèce], 22 sept. 2017, n°s 2347/2017 et 2348/2017 [Assemblée] », RTD eur. 2018, n° 1, p. 191 et s.

(12) V. la traduction anglaise de l'arrêt de la Cour constitutionnelle tchèque du 31 janvier 2012 (Pl. ÚS 5/12) : Ústavní soud 31 janv. 2012, www.usoud.cz/en/decisions/?tx_ttnews%5Btt_news%5D=37&cHash=911a315c9c22ea1989d19a3a848724e2. V. aussi Yannakopoulos C., *La déréglementation constitutionnelle en Europe*, *op. cit.*, n° 164.

(13) V. la traduction anglaise de l'arrêt de la Cour suprême du Danemark (*Højesteret*) du 6 décembre 2016, dans l'affaire n° 15/2014, *Dansk Industri [DI] acting for Ajos A/S vs. The estate left by A* : Domstolsstyrelsen, https://domstol.dk/media/2udgvvvb/judgment-15-2014.pdf. V. aussi Klinge S., « Dialogue or disobedience between the European Court of Justice and the Danish Constitutional Court? The Danish Supreme Court challenges the Mangold-principle », EU Law Analysis

L'arrêt de la Cour de Karlsruhe du 5 mai 2020 constitue une manifestation de plus de ce constitutionnalisme polémique. Les juges constitutionnels allemands ont opté, eux aussi, pour un conflit direct avec la CJUE, en refusant de se conformer à l'arrêt que cette dernière a rendu dans l'affaire *Weiss e.a.* précitée. Certes, il s'agit de la Cour constitutionnelle de l'État membre le plus puissant de l'Union qui essaie d'imposer sa propre interprétation s'agissant de la compétence exclusive de celle-ci en matière de politique monétaire. Par ailleurs, les adjectifs (« objectivement arbitraire » et « incompréhensible » du point de vue méthodologique (14)) par lesquels la Cour de Karlsruhe a mis en cause la validité du jugement de la CJUE semblent très sévères, voire désobligeants. En outre, l'exemple donné aux juridictions des autres États membres et, généralement, à toute autre autorité nationale n'est guère positif. En effet, cet exemple restaure et intensifie sans doute la peur que « la poursuite systématique de ce type de logique dans toute l'Europe [ne finisse] par fragmenter le concept de l'ordre juridique de l'UE, mettant un terme au projet plus étendu de l'intégration européenne par le droit » (15). Toutefois, le comportement de la Cour constitutionnelle allemande n'est ni original ni imprévisible. Tant du point de vue général de l'évolution du dialogue des juges dans le cadre du pluralisme constitutionnel européen que du point de vue spécifique de l'évolution du dialogue, dans le cas d'espèce, entre la Cour de Karlsruhe et la CJUE, l'arrêt du 5 mai 2020 se situe dans la belligérance à laquelle se livrent aujourd'hui les juges nationaux et européens pour imposer leur propre interprétation comme la plus correcte et, en tout état de cause, comme la plus contraignante. On pourrait penser à la « guerre du sens » (16) suivie de la « guerre du dernier mot » (17). Or, dans le contexte d'un dialogue institutionnalisé, tel le dialogue entre les juges nationaux et la CJUE encadré par l'article 267 du TFUE, il ne peut pas s'agir d'une guerre conventionnelle, mais d'une guerre asymétrique dans le cadre de laquelle la partie présumée faible que sont les juges nationaux ne se met pas *a priori* en position frontale, mais essaie en principe d'opérer en utilisant les armes, voire le terrain, de la prétendue

---

13 déc. 2016, https://eulawanalysis.blogspot.gr/2016/12/dialogue-or-disobedience-between.html ; Holdgaard R., Elkan D., Krohn Schaldemose G., « From cooperation to collision: The ECJ's Ajos ruling and the Danish Supreme Court's refusal to comply », CML Rev. 2018, n° 55, p. 17 et s.

(14) V. les points 118, 133 et 153 de l'arrêt du 5 mai 2020.

(15) V. Madsen R. M., Olsen P. H., « L'arrêt *Ajos* : une rébellion danoise ? », RTD eur. 2017, n° 1, p. 111 et s., not. p. 113.

(16) Cf. Francart L., *La guerre du sens : pourquoi et comment agir dans les champs psychologiques*, 2000, Economica.

(17) V. Supiot A., « La guerre du dernier mot », *in Droit social international et européen en mouvement. Liber Amicorum en hommage à Pierre Rodière*, 2019, LGDJ, p. 489 et s.

partie forte qu'est la CJUE. Il convient alors de parler plutôt d'une combinaison d'une guérilla interprétative (A) et d'une guérilla du dernier mot (B).

A. — *La guérilla interprétative*

Pour réussir l'harmonisation des dispositions constitutionnelles nationales avec les règles du droit de l'Union sur la base de l'acceptation de la primauté relative de ce dernier, dans sa phase paisible, le pluralisme constitutionnel européen a toléré, voire favorisé, le recours des juges nationaux à une pluralité accrue, variable et excessivement complexifiée de méthodes et techniques d'interprétation, telle l'interprétation du droit national « conformément au », « à l'instar du » ou « compte tenu du » droit de l'Union (18). Dans chaque cas d'espèce, le choix final entre ces méthodes et tactiques était le produit d'un empirisme parfois excessif, qui, faute d'un contrôle efficace, permettait aux juges nationaux de dissimuler parfois des interprétations apparemment paradoxales du droit de l'Union conformément au droit national (19). En effet, on a fréquemment assisté « à ce que l'on pourrait appeler une sorte de renationalisation de la notion européenne. Le standard européen [s'est trouvé] en effet intégré dans et absorbé par la culture juridique nationale » (20). De sa part, d'ailleurs, pour éviter les conflits directs avec les juges nationaux, la CJUE a choisi parfois de s'accommoder des positions des ceux-ci (21) ou essayer de transformer un conflit entre les traités européens et un principe fondamental national en un conflit interne de l'ordre juridique de l'Union (22). De ces vicissitudes interprétatives ont découlé un pluralisme interprétatif et la perte de confiance dans la normativité et dans la signification des textes juridiques appliqués. Dès lors, les critères pour qualifier une interprétation de bonne ou mauvaise se sont relativisés plus que dans l'ordre normal des choses, ce qui a débouché sur le symptôme le plus grave de la déréglementation du droit :

---

(18) V. Yannakopoulos C., *La déréglementation constitutionnelle en Europe*, *op. cit.*, n° 58.

(19) *Id.*, n°s 63 et 159.

(20) V. Grewe C., « Les droits de l'homme ont-ils constitutionnalisé le monde ? Conclusions générales », *in* Hennette-Vauchez S., Sorel J.-M. (dir.), *Les droits de l'homme ont-ils constitutionnalisé le monde ?*, 2011, Bruxelles, Bruylant, p. 277 et s., not. p. 284. V. aussi Amalfitano C., Pollicino O., « Two Courts, two Languages? The Taricco Saga Ends on a Worrying Note », VerfBlog 5 juin 2018, https://verfassungsblog.de/two-courts-two-languages-the-taricco-saga-ends-on-a-worrying-note.

(21) V. Yannakopoulos C., *La déréglementation constitutionnelle en Europe*, *op. cit.*, n° 164.

(22) V. Makimov Pallotta O., « Taricco II: taking (fundamental) rights seriously (Osservazioni a margine della sentenza della Corte di giustizia dell'Unione europea del 5 dicembre 2017 in causa C-42/17) », Osservatorio Costituzionale 18 mars 2018, fasc. 1/2018.

croire que toute interprétation juridique est défendable. Ce symptôme s'est aggravé au fur et à mesure où le constitutionnalisme européen passait dans sa phase polémique, car, en vue de défendre leur cause, les juges européens comme les juges nationaux tous invoquent toutes sortes de méthodes interprétatives pour arriver finalement à donner aux énoncés normatifs des significations inattendues (23).

Le concept d'« identité nationale » des États membres a été un champ de bataille privilégié pour cet antagonisme entre la CJUE et les juges nationaux. La première n'a jamais renoncé au principe de primauté (24), même pas à l'égard de l'identité nationale des États membres (25). Or, l'échec du projet de Traité constitutionnel a relancé l'euroscepticisme et incité les juges nationaux à résister à la primauté du droit de l'Union, notamment en revendiquant la possibilité de contrôler la constitutionnalité des actes des organes de l'Union (26) et de protéger, par ce biais, leur identité constitutionnelle nationale (27). Faute de développement d'une identité européenne fiable et viable (28), au lieu de constituer réellement un des contours de la structure constitutionnelle de l'Union figurant désormais dans l'article 4 du TUE (29), les identités constitutionnelles nationales sont souvent devenues le socle de la mise en cause de la coopération loyale entre l'Union et les États membres et de la résistance des cours constitutionnelles ou suprêmes nationales à l'égard de l'application

---

(23) V. Yannakopoulos C., *La déréglementation constitutionnelle en Europe*, *op. cit.*, n° 124.

(24) V., à titre indicatif, l'arrêt CJUE, 26 févr. 2013, n° C-399/11, Melloni, points 58 à 60.

(25) V. Vilaras M., « Primauté du droit de l'Union européenne et identité "nationale-constitutionnelle" : Vers une nouvelle coexistence » (en grec), Journal de droit administratif [revue juridique grecque] 2018, n° 3, p. 242 et s.

(26) V. Millet F.-X., *Le contrôle de constitutionnalité des lois de transposition. Étude de droit comparé France-Allemagne*, 2011, L'Harmattan.

(27) V. Burgorgue-Larsen L. (dir.), *L'identité constitutionnelle saisie par les juges en Europe*, 2011, Pedone, Cahiers européens, n° 1 ; Laurans Y., « La résistance des cours suprêmes à la primauté du droit de l'Union européenne : entre dialogue horizontal et monologues parallèles », Civitas Europa juin 2008, n° 20, p. 239 et s. ; Albi A., Van Elsuwege P., « EU Constitution, National Constitutions and Sovereignty: An Assessment of a "European Constitutional Order" », ELRev 2004, p. 741 et s.

(28) V. Mehdi R., « L'identité de l'Union européenne », *in* Levade A., Michel V., Fatin-Rouge Stefanini M., Mehdi R. (dir.), *L'identité à la croisée des États et de l'Europe. Quels sens ? Quelles fonctions ?*, 2015, Bruxelles, Bruylant, p. 143 et s.

(29) V. Levits E., « L'identité nationale des États-membres selon l'article 4, § 2 du TUE en tant qu'élément de la structure constitutionnelle de l'Union européenne », *in La Cour de Justice de l'Union européenne sous la présidence de Vassilios Skouris (2003-2015). Liber amicorum Vassilios Skouris*, 2015, Bruxelles, Bruylant, p. 387 et s.

du droit de l'Union (30). À cet égard, il est à noter que, dans l'affaire *Landtová* précitée, la Cour constitutionnelle tchèque est arrivée même à invoquer la protection de l'identité constitutionnelle tchèque pour considérer que le règlement (CEE) n° 1408/71 ne pouvait être appliqué aux droits à pension des citoyens de la République tchèque relevant du régime de sécurité sociale en vigueur jusqu'au 31 décembre 1992 et conclure que l'arrêt de la CJUE du 22 juin 2011 (n° C-399/09) était rendu *ultra vires*.

Le principe de proportionnalité, censé être un principe commun, fondateur du consensualisme constitutionnel, a aussi fait l'objet d'interprétations divergentes par les juges nationaux et la CJUE. Ainsi, en droit national, même les restrictions les plus intenses de la liberté économique pourraient, le cas échéant, être justifiées comme proportionnelles, à condition qu'elles ne soient pas *manifestement inappropriées* pour servir l'intérêt général. En revanche, en droit de l'Union, dans le cadre duquel la protection de la libre concurrence et la sauvegarde de la libre circulation constituent des objectifs fondamentaux intimement liés avec l'objectif prépondérant de créer un marché unique, il est beaucoup plus difficile de justifier de restrictions analogues. Selon la jurisprudence de la CJUE, l'application du principe de proportionnalité en la matière implique que les restrictions nationales de la libre circulation doivent être *absolument nécessaires* (31).

Il n'est donc pas étonnant que, dans l'affaire *Weiss e.a.*, la CJUE et la Cour constitutionnelle allemande ont, encore une fois, adopté des interprétations divergentes en ce qui concerne le principe de proportionnalité. Plus précisément, au vu des dispositions des § 1, 2 et 4 de l'article 5 du TUE (32), desquels découle que le principe d'attribution et le principe de proportionnalité se distinguent en ce que l'attribution et la proportionnalité régissent respectivement la délimitation et l'exercice des compétences des organes de l'Union, « la Cour de justice n'a jamais admis qu'une violation du principe de proportionnalité serait si grave qu'elle remettrait en cause l'attribution de la compétence » (33). Or, dans son arrêt du 5 mai 2020, pour fonder la violation du

---

(30) V. Bogdandy (von) A., Schill S., « Overcoming Absolute Primacy: Respect for National Identity under the Lisbon Treaty », CML Rev. 2011, p. 1417 et s. ; Yannakopoulos C., *La déréglementation constitutionnelle en Europe*, *op. cit.*, n° 124.

(31) V. Yannakopoulos C., *La déréglementation constitutionnelle en Europe*, *op. cit.*, n° 142.

(32) « 1. Le principe d'attribution régit la délimitation des compétences de l'Union. Les principes de subsidiarité et de proportionnalité régissent l'exercice de ces compétences. 2. En vertu du principe d'attribution, l'Union n'agit que dans les limites des compétences que les États membres lui ont attribuées dans les traités pour atteindre les objectifs que ces traités établissent [...] 4. En vertu du principe de proportionnalité, le contenu et la forme de l'action de l'Union n'excèdent pas ce qui est nécessaire pour atteindre les objectifs des traités [...] ».

(33) V. Martucci F., « La BCE et la Cour constitutionnelle allemande : comprendre l'arrêt du 5 mai de la Cour constitutionnelle allemande », Le Club des juristes 11 mai

principe d'attribution (*ultra vires*), la Cour de Karlsruhe a invoqué sa propre application du principe de proportionnalité (34), qui « semble confondre attribution des compétences et exercice des compétences ou, du moins, retenir une conception de la théorie des compétences différente de celle appliquée par la Cour de justice » (35).

S'agissant d'une mise à l'écart de l'autorité de la jurisprudence de la Cour de Luxembourg, il y aurait donc lieu d'identifier dans ce comportement des juges constitutionnels allemands une certaine guérilla interprétative. Comme l'a signalé le président du Tribunal de l'Union européenne, « que les cours constitutionnelles des États membres et la Cour de justice puissent rechercher ensemble à définir les limites des compétences attribuées à l'Union [...] paraît relever d'un dialogue judiciaire sain et normal, notamment lorsqu'il s'agit de préserver les droits fondamentaux des citoyens de l'Union. En revanche, si l'une des cours nationales cherche à imposer ses méthodes nationales d'interprétation et de contrôle aux actes pris par les institutions européennes dans le domaine de compétences qui leur sont attribuées, cette Cour prend la place de la Cour de justice et compromet l'uniformité dans l'interprétation et l'application des traités » (36).

B. — *La guérilla du dernier mot*

Bien que dans le cadre du fonctionnement réel du dialogue des juges auquel repose le pluralisme constitutionnel européen aucune décision juridictionnelle ne puisse définitivement acquérir, si ce n'est qu'en apparence, la force absolue de la chose jugée ou même de la chose interprétée (37), tant la CJUE que les cours constitutionnelles ou suprêmes nationales continuent à revendiquer, le cas échéant, le dernier mot pour faire dominer leurs choix interprétatifs. À cet égard, la jurisprudence de la Cour de Luxembourg est arrivée à relativiser la force obligatoire des décisions juridictionnelles nationales, si elles font

---

2020, www.leclubdesjuristes.com/blog-du-coronavirus/que-dit-le-droit/la-bce-et-la-cour-constitutionnelle-allemande-comprendre-larret-du-5-mai-de-la-cour-constitutionnelle-allemande/.

(34) Pour une critique de cette conception, v. Marzal T., « Is the BVerfG PSPP decision "simply not comprehensible"?: A critique of the judgment's reasoning on proportionality », VerfBlog 9 mai 2020, https://verfassungsblog.de/is-the-bverfg-pspp-decision-simply-not-comprehensible/.

(35) V. Martucci F., « La BCE et la Cour constitutionnelle allemande : comprendre l'arrêt du 5 mai de la Cour constitutionnelle allemande », *op. cit.*

(36) V. Van der Woude M., « Que resterait-il de l'égalité entre les justiciables européens si certaines règles devaient s'appliquer dans des États membres et pas dans d'autres ? », Le Monde 6 juin 2020, www.lemonde.fr/idees/article/2020/06/06/que-resterait-il-de-l-egalite-entre-les-justiciables-europeens-si-certaines-regles-devaient-s-appliquer-dans-des-etats-membres-et-pas-dans-d-autres_6041970_3232.html.

(37) V. Yannakopoulos C., *La déréglementation constitutionnelle en Europe*, *op. cit.*, n° 162 et s.

obstacle à l'effectivité du droit de l'Union (38), et à remettre en cause même la hiérarchie entre les juridictions nationales d'un État membre, notamment par le biais de la reconnaissance de la possibilité de toute juridiction nationale de s'adresser directement à la CJUE (39). De leur part, les juges nationaux se sont jetés à la poursuite du dernier mot non seulement inspirés par les contre-limites que leurs ordres juridiques nationaux opposent à l'application du droit européen, mais aussi par les divergences et la rivalité qui existent parfois entre les juridictions du même pays (40). D'ailleurs, dans les systèmes juridiques multiniveaux, une question juridique extrinsèque aboutit souvent à un conflit institutionnel intrinsèque et *vice versa* (41).

Dans la phase paisible du pluralisme constitutionnel européen, il suffisait, pour avoir le dernier mot, que le raisonnement juridique cède sa place à la diplomatie juridique. « Le langage juridictionnel ne se rédui[sait] plus à un choix clair – binaire – entre blanc et noir ; les techniques de motivation et d'argumentation ouvr[aient] au juge tout un espace de persuasion, de temporisation et donc de négociation » (42). Or, dans la phase polémique du constitutionnalisme européen, le dialogue des juges est devenu le théâtre d'opérations beaucoup plus offensives. Le déficit d'empathie institutionnelle s'est creusé, des lignes rouges ont été tracées, la qualité des jugements adverses a été durement contestée, la téléologie du renvoi préjudiciel a été altérée, parfois même sabotée (43).

Cela étant, le refus de la Cour constitutionnelle allemande de se conformer à l'arrêt que la CJUE a rendu dans l'affaire *Weiss e.a.* est encore un cas de conflit direct d'une juridiction nationale avec la Cour de Luxembourg qui s'ajoute aux précédents créés dans les affaires *Landtová* et *Ajos* précitées.

---

(38) V. les arrêts CJUE, 18 juill. 2007, n° C-119/05, Lucchini, points 60 à 63 ; CJUE, 3 sept. 2009, n° C-2/08, Fallimento Olimpiclub, points 29 à 32 ; CJUE, 11 nov. 2015, n° C-505/14, Klausner Holz Niedersachsen, points 42 à 46. V. aussi les conclusions de l'avocat général H. Saugmandsgaard Øe du 5 juin 2018, dans l'affaire n° C-234/17, XC e.a. (points 58 à 63), dans laquelle la Cour a rendu son arrêt du 24 octobre 2018.

(39) V. les arrêts CJUE, 22 juin 2010, n° C-188-189/10, Melki et Abdeli, point 42 ; CJUE, 5 oct. 2010, n° C-173/09, Elchinov ; CJUE, 15 nov. 2012, n° C-180/11, Bericap Záródástechnikai, point 53 ; CJUE, 15 janv. 2013, n° C-416/10, Križan e.a. ; CJUE, 5 avr. 2016, n° C-689/13, PFE, point 36.

(40) V. Yannakopoulos C., *La déréglementation constitutionnelle en Europe*, *op. cit.*, n° 164.

(41) V. Martinico G., « Is the European Convention Going to Be "Supreme"? A Comparative – Constitutional Overview of ECHR and EU Law before National Courts », The European Journal of International Law 2012, vol. 23, n° 2, p. 401 et s., not. p. 415.

(42) V. Grewe C., « Les droits de l'homme ont-ils constitutionnalisé le monde ? Conclusions générales », *op. cit.*, p. 280.

(43) V. Yannakopoulos C., *La déréglementation constitutionnelle en Europe*, *op. cit.*, not. n°s 104, 110, 111, 149, 155 et s. et 159.

En outre, peu importe à quel point elles peuvent sembler désobligeantes aux non-juristes, les expressions (« objectivement arbitraire » et « incompréhensible » du point de vue méthodologique) utilisées, dans le texte de l'arrêt du 5 mai 2020, pour qualifier le jugement des juges de Luxembourg, ont tendance à devenir monnaie courante dans le cadre du dialogue des juges en Europe. Par exemple, dans ses arrêts n°s 1992/2016 et 1993/2016, le Conseil d'État de Grèce, tout en admettant qu'il convient d'interpréter la Constitution nationale d'une façon conviviale à l'égard de la Convention européenne des droits de l'homme, a pourtant posé, de manière prétorienne, sept conditions pour admettre le bien-fondé d'une demande de réexamen d'une affaire et retirer un arrêt rendu par lui-même afin de se conformer à un arrêt de la CEDH (44). Parmi ces conditions figure l'exigence que l'arrêt en cause de la Cour de Strasbourg ne soit « visiblement incomplet, vague et/ou arbitraire », qualités que la haute juridiction administrative grecque a invoquées, dans son arrêt n° 1993/2016, pour refuser de se conformer à l'arrêt que la Cour de Strasbourg a rendu dans l'affaire *Kapetanios et autres c/ Grèce* (45).

Par ailleurs, il y a plusieurs décennies que la Cour de Karlsruhe a expressément exprimé des réserves quant au respect du principe de primauté du droit de l'Union, en traçant une ligne d'euroscepticisme qu'ont suivie, d'une manière ou d'une autre, d'autres cours constitutionnelles européennes, telles les cours française, italienne et espagnole (46). Plus récemment, les juges constitutionnels allemands avaient, d'ailleurs, exercé, d'une manière la plus offensive possible, cette diplomatie de réserve, aussi bien dans l'affaire *Gauweiler e.a.* (47) que dans l'affaire *Weiss e.a.* (48). Dans ces affaires, la Cour constitutionnelle

---

(44) V. Yannakopoulos C., « Un "dialogue vivant" des juges hante le droit européen ! Symvoulio tis Epikrateias [Conseil d'État de Grèce], 19 oct. 2016, n°s 1992/2016 et 1993/2016 [2e sect. contentieux] », RTD eur. 2017, n° 1, p. 107 et s.

(45) V. l'arrêt CEDH, 30 avr. 2015, n°s 3453/12, 42941/12 et 9028/13.

(46) V., entre autres, Arnold R., « La multiplication des garanties et des juges dans la protection des droits fondamentaux : coexistence ou conflit entre les systèmes constitutionnels, internationaux et régionaux ? Évolution d'une décennie », Rapport national (Allemagne), XXIXe Table ronde internationale de justice constitutionnelle comparée, AIJC 2014, vol. 29-2013, p. 87 et s. ; Joop O., « La guerre des cours n'a pas eu lieu – ou comment la Cour constitutionnelle fédérale allemande a admis le raisonnement de la Cour de justice de l'Union européenne relatif au programme OMT de la Banque centrale européenne », RTD eur. 2017, n° 1, p. 103 et s. ; du même auteur, « Le dialogue des juges et la politique monétaire de la Banque centrale européenne : nouvelle étape entre les juges de Karlsruhe et ceux de Luxembourg », RTD eur. 2018, n° 1, p. 179 et s. V. aussi Laurans Y., « La résistance des cours suprêmes à la primauté du droit de l'Union européenne : entre dialogue horizontal et monologues parallèles », *op. cit.*

(47) V. l'arrêt CJUE, 16 juin 2015, n° C-62/14.

(48) V. Yannakopoulos C., *La déréglementation constitutionnelle en Europe*, *op. cit.*, n°s 111 et 159.

allemande, en recourant aux premiers renvois préjudiciels de son histoire auprès de la CJUE, a offert l'exemple le plus éloquent d'altération de la téléologie du dialogue des juges. Car, ses deux renvois ne visaient pas une interprétation du droit de l'Union dans le cadre de l'article 267 du TFUE, mais s'inscrivaient dans le cadre d'une jurisprudence nationale (49) qui préconisait le contrôle de constitutionnalité de l'action des organes de l'Union ayant transgressé les traités européens (*ultra vires*). Dans le cadre de cette jurisprudence, au lieu de s'incliner devant l'autorité de la chose interprétée de l'arrêt de la CJUE, le juge national, avant de se prononcer sur la constitutionnalité de l'action d'un organe de l'Union, offrait simplement à la Cour de Luxembourg la possibilité de s'exprimer sur la validité de cette action (50). Comme il est ci-dessus souligné, il s'agissait d'une jurisprudence incompatible avec le droit de l'Union. Le fait que la CJUE, incapable sans doute d'assumer le rôle de juge constitutionnel de l'Union (51), a cédé à la diplomatie offensive de la Cour de Karlsruhe et n'a pas osé rejeter ses renvois préjudiciels comme irrecevables, ne permet finalement à personne de feindre la surprise devant l'arrêt du 5 mai 2020. Il en va ainsi notamment pour la CJUE elle-même, dont la déclaration, dans son communiqué de presse du 8 mai 2020, que « des divergences entre les juridictions des États membres quant à la validité de tels actes seraient en effet susceptibles de compromettre l'unité de l'ordre juridique de l'Union et de porter atteinte à la sécurité juridique » devrait normalement être perçue comme une autocritique sévère, plutôt que comme une réprimande à la Cour constitutionnelle allemande. Même si l'on pouvait prétendre que la CJUE doit toujours, en suivant l'objectif stratégique du pluralisme constitutionnel, chercher à éviter à tout prix les conflits et essayer de « concilier l'inconciliable » (52), les renvois préjudiciels de la Cour de Karlsruhe dans les affaires *Gauweiler e.a.* et *Weiss e.a.* justifieraient sans aucun doute une exception. Le comportement des juges allemands n'inspirait guère une confiance sincère, ce qui a conduit l'avocat général P. Cruz Villalón de proposer à la

---

(49) V. Hanf D., « Vers une précision de la *Europarechtsfreundlichkeit* de la Loi fondamentale – L'apport de l'arrêt "*Rétention des données*" et de la décision "*Honeywell*" du BVerfG », CDE 2010, p. 514 et s., not. p. 539 et s.

(50) V. concl. av. gen. P. Cruz Villalón du 14 janvier 2015, dans l'affaire n° C-62/14, Gauweiler e.a., points 30 et s. V. aussi Gerstenberg O., « An End to European Multilateralism: A Comment on the German Bundesverfassungsgericht's OMT decision », I·CONnect 2014, www.iconnectblog.com/2014/02/an-end-to-european-multilateralism-a-comment-on-the-german-bundesverfassungsgerichts-omt-decision/ ; Martinico G., « The "Polemical" Spirit of European Constitutional Law: On the Importance of Conflicts in EU Law », German Law Journal 2015, n° 16, p. 1343 et s., not. p. 1344 et 1356.

(51) V. Yannakopoulos C., « La Cour de justice de l'Union européenne et la crise de la zone Euro: "La Trahison des images" », 2 avr. 2017, www.constitutionalism.gr/yannakopoulos_la-cour-de-justice-de-lunion-europeenne-et-la-crise-de-la-zone-euro/.

(52) V. concl. av. gén. Maduro P., 21 mai 2008, n° C-127/07, Arcelor, point 15.

CJUE de répondre finalement à leurs questions en lui signalant toutefois que « pour en revenir à la difficulté fonctionnelle de la demande préjudicielle, j'estime que celle-ci, dans le cadre d'une appréciation nationale correspondant à un "contrôle *ultra vires*" combiné à un "contrôle d'identité", court un risque d'"instrumentalisation" suffisamment réel » (53). En suivant finalement la proposition de l'avocat général P. Cruz Villalón de ne pas refuser de jouer la carte de la coopération loyale (54), la CJUE a, en réalité, tenté de « gagner les cœurs et les esprits » dans le terrain du juge national de renvoi. Or, au lieu de décourager la Cour constitutionnelle allemande, cette stratégie de contre-guérilla mise en place par les juges de Luxembourg semble avoir légitimé son comportement et lui avoir ouvert la voie de franchir le Rubicon dans son arrêt du 5 mai 2020.

De tout ce qui précède il résulte que ce dernier arrêt est un – sans doute le plus grave, et pourtant encore un – symptôme de la mutation du dialogue des juges en une négociation dure qui évolue d'une manière plus ou moins conflictuelle et exacerbe la confusion quant à la validité et le sens des règles et principes fondamentaux. Cela est, après tout, indiqué par la déclaration sans doute ironique de l'ancien désormais président de la Cour de Karlsruhe, A. Voßkuhle, que « [notre] dernier arrêt est une contribution au dialogue » (55). Pourrait-on vraiment considérer que constitue une contribution à un quelconque dialogue le choix des juges allemands de ne pas ressaisir la CJUE, de se substituer à celle-ci et se voir comme les seuls « maîtres des traités », en monopolisant l'interprétation de ceux-ci sans tenir compte de l'opinion des autres États membres ? De plus, est-il possible qu'un dialogue entre des juges qui viennent de différents ordres juridiques ait un effet utile, s'il n'y a pas une procédure stricte et un organe compétent pour résoudre définitivement et avec une force contraignante incontestable les différents conflits (56), mais chaque juge réclame, sans fin, pour lui-même, le dernier

---

(53) V. concl. av. gén. Cruz Villalón P., 14 janv. 2015, n° C-62/14, Gauweiler e.a., point 62.

(54) *Id.*, point 67 : « Concrètement, cette hypothèse consisterait à ne pas écarter d'entrée de jeu, et même à compter sur le fait que la juridiction nationale, au vu et en considération de la réponse fournie par la Cour, et sans préjudice de l'exercice de sa propre responsabilité, tienne ladite réponse à la demande qu'elle a adressée pour déterminante dans les procédures au principal. La coopération loyale englobe un élément de confiance, et cette confiance peut revêtir un sens particulier dans la présente affaire. Il convient de tenir compte du fait que le présent renvoi paraît avoir été conçu par le *Bundesverfassungsgericht* dans des termes qui autorisent la Cour à augurer, dans les limites du raisonnable, que celui-ci considérera comme suffisante et définitive la réponse reçue, et comme de nature à lui permettre de disposer des paramètres suffisants pour se prononcer sur les prétentions formulées dans les procédures au principal… ».

(55) V. son interview intitulée « Erfolg ist eher kalt », Die Zeit 14 mai 2020, n° 21.

(56) Cf., sur la reconnaissance du caractère primaire de ce problème constitutionnel qui se profile derrière la proposition – d'une efficacité douteuse – de réviser les

mot ? La réponse à ces questions ne pouvant qu'être négative, le dialogue vivant qui s'anime ainsi entre les juges nationaux et la CJUE et qui va sans doute continuer dans un esprit polémique (57), semble encore une fois inapte à promouvoir, d'une façon efficace et viable, un pluralisme ordonné.

II. — Du pluralisme désordonné au constitutionnalisme féodal

La déréglementation constitutionnelle a posé le constitutionnalisme européen devant un trilemme fondamental assimilable à celui de D. Rodrik (58). Plus précisément, il semble impossible de réaliser cumulativement les trois objectifs suivants : la constitutionnalisation du droit européen, la survivance des ordres constitutionnels nationaux et la sauvegarde de la démocratie, cette dernière prise dans le sens optimum de la coexistence de la démocratie politique et de la démocratie sociale (59). De la sorte, comme, dans la conjoncture actuelle, ni la création d'un État européen fédéral ni le retour à l'État-nation ne constituent une perspective facile, il n'y a pas de réponse claire au trilemme fondamental ci-dessus et les choix politiques tant des États membres que des organes de l'Union sont bloqués dans l'espace intermédiaire précaire, en se réconciliant même avec l'opportunisme des déviations intergouvernementales que produit le modèle dominant du pluralisme désordonné. Le cercle vicieux qu'entraîne ce blocage ne semble pas brisé par le Brexit, dans la mesure où ce dernier est probablement lié plus aux particularités historiques des relations spéciales du Royaume-Uni avec l'Union, qu'à l'émergence d'une tendance plus générale à restaurer la souveraineté affaiblie des États membres. Rester donc dans la position d'équilibre incertain que fait naître le blocage ci-dessus est présenté, au moment actuel, comme étant l'attitude dominante, d'autant plus qu'une telle attitude profite encore à beaucoup, à bien des égards. Après

---

traités pour créer une nouvelle chambre mixte de la CJUE qui traiterait des conflits de compétence juridictionnelles dans l'Union, Sarmiento D., Weiler J. H. H., « The EU Judiciary After Weiss: Proposing A New Mixed Chamber of the Court of Justice », VerfBlog 2 juin 2020, https://verfassungsblog.de/the-eu-judiciary-after-weiss/ ; Jóźwicki W., « Ultra vires and constitutional identity control: Apples and oranges or two drops of water? Some remarks on the possible role of the New Mixed Chamber of the Court of Justice in the context of the "sequential" model of adjudication on art. 4(2) TEU », VerfBlog 15 juin 2020, https://verfassungsblog.de/ultra-vires-and-constitutional-identity-control-apples-and-oranges-or-two-drops-of-water/.

(57) V. Martinico G., « The "Polemical" Spirit of European Constitutional Law: On the Importance of Conflicts in EU Law », *op. cit.*, p. 1347 : « *in my view constitutional conflicts are and will remain central in the evolution of EU law* ».

(58) V. Rodrik D., *The globalization paradox. Democracy and the future of the world economy*, 2011, New York, W. W. Norton & Company, p. 200.

(59) V. Yannakopoulos C., *La déréglementation constitutionnelle en Europe*, *op. cit.*, n° 173.

tout, elle favorise la promotion des projets néolibéraux répandus, les agissements quasiment incontrôlés des spéculateurs financiers hyperpuissants et la diffusion de la responsabilité politique des gouvernants des États membres, qui peuvent toujours trouver un bon alibi en invoquant les exigences et les insuffisances de l'Union (60).

Le blocage perpétuel dans l'espace intermédiaire du trilemme institutionnel ci-dessus, dans lequel s'est développé un réseau complexe de normes fondamentales souples, permet d'apparaître, à l'égard des États membres affaiblis et de l'Union imparfaite, une série d'entités de provenance surtout associative et privée (*lex mercatoria*, *lex sportiva*, *lex digitalis*, entreprises multinationales, agences internationales de notation financière, universités privées internationales, etc.) qui revendiquent, au niveau national et international, une sorte de constitutionnalisation sectorielle autonome (constitutionnalisme sociétal (61)). La consolidation progressive de ces opérateurs de privatisation des standards constitutionnels affaiblit davantage la souveraineté étatique, renforce le *credo* d'une souveraineté partagée entre des sous-systèmes antagoniques d'organisation de puissances publiques et privées, élargit l'érosion de l'idée la plus emblématique de la modernité que constitue l'État de droit, accroît les conflits multi-niveaux et intensifie les phénomènes de déréglementation, en attribuant au constitutionnalisme européen des attributs semblables à ceux de la féodalité (62).

Cette tendance du constitutionnalisme européen à muter du pluralisme désordonné à un modèle de constitutionnalisme féodal surdétermine l'interprétation des crises institutionnelles qui impliquent des contradictions multiples et à plusieurs niveaux et qui sont réceptives à des perspectives de gestion diverses et ambiguës, telle la crise provoquée par l'arrêt de la Cour constitutionnelle allemande du 5 mai 2020. En effet, dans le contexte polycentrique du modèle de constitutionnalisme féodal, différents centres de pouvoir peuvent, selon les circonstances, alterner en position de parité ou de supériorité sur d'autres centres de ce type, chacune de ces alternances perturbant l'équilibre du système de manière incontrôlable, mais pas nécessairement fatal. Cette volatilité institutionnelle favorise le développement d'un système concurrentiel de pouvoirs multi-niveaux d'une complexité accrue, qui dépasse largement la complexité des rapports classiques entre les pouvoirs législatif, exécutif et judiciaire. Sur ce plan, les pouvoirs et les contre-pouvoirs traditionnels sont

(60) *Id.*, p. 216 et s.

(61) Sur le constitutionnalisme sociétal, v., à titre indicatif, Teubner G., *Fragments constitutionnels. Le constitutionnalisme sociétal à l'ère de la globalisation*, trad. et préf. Aubert I., 2016, Classiques Garnier, Bibliothèque de la pensée juridique ; du même auteur, « Constitutionnalisme sociétal : Neuf variations sur un thème de David Sciulli », Jus Politicum janv. 2018, n° 19, http://juspoliticum.com/article/Constitutionnalisme-societal-Neuf-variations-sur-un-theme-de-David-Sciulli-1203.html.

(62) V. Yannakopoulos C., *La déréglementation constitutionnelle en Europe*, *op. cit.*, n° 178 et s.

discrédités et laissent apparaître des pouvoirs et contre-pouvoirs nouveaux. De plus, la pérennisation de l'équilibre institutionnel incertain condamne tous les « faiseurs du système » à l'œuvre sisyphéen de trouver toujours de nouveaux compromis politiques, qui, bien que souvent difficiles, voire douloureux, restent en principe conjoncturels. Derrière donc la négociation dure du droit que reflète l'arrêt de la Cour de Karlsruhe du 5 mai 2020 se profile la problématique de l'émergence des contre-pouvoirs inédits (A) qui relancent la négociation de nouveaux compromis au sein de l'Union (B).

A. — *L'émergence des contre-pouvoirs inédits*

Si, faute d'une constitution européenne proprement dite, les instances de l'Union n'arrivent pas à s'approprier formellement la souveraineté traumatisée des États membres, les restrictions de celle-ci par ces instances sont parfois tellement importantes qu'elles provoquent de réactions fortes, voire spasmodiques, de la part des États membres. Ainsi, durant la crise financière de cette dernière décennie, l'équilibre des pouvoirs étatiques a été considérablement bouleversé au profit du pouvoir exécutif, qui a pourtant trouvé devant lui une série d'organes et procédures de supervision intensive prévus dans le cadre de la gouvernance économique de l'Union (63). Il s'agissait notamment des autorités indépendantes qui ont accaparé un rôle prépondérant même dans le noyau dur de l'État. Certaines d'entre elles, totalement dissociées du pouvoir politique national, ont mis en place, même contre ce dernier, les choix politiques de l'Union, voire des créanciers internationaux. S'agissant de la Grèce, qui était l'État membre débiteur le plus faible de l'Union, il conviendrait de se référer, à titre indicatif, au Conseil financier hellénique, qui a été institué par la loi n° 4270/2014 pour veiller au respect des exigences de la nouvelle gouvernance économique de l'Union, et à l'Autorité indépendante des revenus publics, laquelle fonctionne, depuis le 1er janvier 2017, dans le domaine stratégique des impôts et des revenus publics (64) et sur laquelle la Commission européenne exerce une influence significative (65). Or, avant tout, il serait à noter l'importance de la Banque centrale de Grèce, laquelle, en tant que membre du SEBC, a constitué dans les faits le principal contre-pouvoir à

---

(63) V. Lenaerts K., « EMU and the European Union's Constitutional Framework », European Law Review 2014, vol. 39, n° 6, p. 753 et s.

(64) V. Koutnatzis S. I., « L'indépendance de l'administration fiscale : en testant les limites du principe du parlementarisme » (en grec), https://www.constitutionalism.gr/wp-content/uploads/2018/08/%CE%91%CE%91%CE%94%CE%95_7.8.2018_FINAL.pdf, 7 août 2018.

(65) La Commission européenne participe à la procédure de nomination du Conseil de l'administration de cette Autorité (v. L. n° 4389/2016, art. 10, § 2), ainsi que de l'expert (v. L. n° 4389/2016, art. 10, § 5) qui assiste les travaux dudit Conseil (v. L. n° 4389/2016, art. 8, § 3).

l'égard du gouvernement national, notamment lorsque celui-ci, en été 2015, a voulu s'opposer aux exigences de la Troïka. Cela étant, quelle que soit la singularité de l'organisation du référendum du 5 juillet 2015 et de l'invocation de son résultat à l'égard des autorités de l'Union, il ne faut pas perdre de vue qu'elles ont été utilisées par la majorité politique du pays comme le moyen ultime pour contrer le SEBC et les autres instances européennes.

D'ailleurs, la mise en place de tels contre-pouvoirs secondaires inédits à l'égard des pouvoirs ou contre-pouvoirs primaires européens n'est pas *a priori* monopolisée par les États membres faibles. Même les membres les plus forts de l'Union, dont les droits démocratiques ont aussi été mis à l'épreuve par les différents projets de sauvetage de l'euro (66), peuvent mettre en place des contre-pouvoirs analogues lorsqu'ils se sentent que des éléments vitaux de leur souveraineté étatique sont accaparés par les instances européennes. Ainsi, le fait que l'Allemagne est l'État membre créancier le plus puissant sur le plan économique ne signifie guère que l'arrêt de sa Cour constitutionnelle du 5 mai 2020 est forcément une démonstration coordonnée de la puissance de cet État, qui, privé des arguments dont il disposait tout au long de la dernière décennie contre les États membres financièrement indisciplinés, réorganise, en toute évidence, désormais ses positions en vue de négocier sa contribution à la lutte contre la nouvelle crise économique provoquée par la pandémie de Covid-19. Il est aussi envisageable que l'arrêt susmentionné doive être compris comme une réaction défensive, quelque peu convulsive, par laquelle l'Allemagne tente, à sa manière, de contrer l'assimilation d'éléments essentiels de sa souveraineté par le SEBC. Car, du moins aux jeux d'une partie de l'élite allemande, ces dernières années – notamment après la fameuse déclaration de M. Draghi selon laquelle il faudrait faire « *whatever it takes* » pour sauver la zone euro – ce réseau bancaire semble avoir rompu avec l'orthodoxie monétaire et la discipline budgétaire du traité de Maastricht pour s'immiscer plus activement à la politique économique et budgétaire des États membres tout en revendiquant l'établissement d'une « Constitution bancaire » transnationale quasiment autonome.

Effectivement, derrière la guérilla interprétative de l'arrêt du 5 mai 2020 à propos du rôle des principes d'attribution et de proportionnalité en matière de délimitation de la compétence des organes de l'Union se cache une certaine rébellion de la Cour constitutionnelle allemande à l'encontre du fonctionnement réel de l'architecture constitutionnelle asymétrique qui caractérise l'Union économique et monétaire (UEM) (67). En reprochant à la BCE

---

(66) V. Fines F., « L'atteinte aux droits fondamentaux était-elle le prix du sauvetage de la zone euro ? », *in* Tinière R., Vial C. (dir.), *La protection des droits fondamentaux dans l'Union européenne. Entre évolution et permanence*, 2015, Bruxelles, Bruylant, p. 195 et s., not. p. 198 et s.

(67) V., à cet égard, le communiqué de presse de la CJUE du 28 mai 2020, relativement aux conclusions de l'avocat général G. Pitruzzella dans les affaires

d'avoir adopté un programme de politique monétaire sans en avoir véritablement mesuré les effets économiques et budgétaires et à la CJUE de s'autolimiter excessivement et de ne pas suffisamment avoir tenu compte de ces effets, les juges constitutionnels allemands contestent aussi bien la BCE que la CJUE pour avoir brouillé, durant la crise financière, la distinction déjà peu claire entre la politique monétaire, qui relève de la compétence exclusive de l'Union, et la politique économique et budgétaire, qui demeure du ressort des États membres (68). De la sorte, même si à l'arrière-pensée des juges allemands ne se trouve pas la volonté que la BCE promeuve effectivement, en vertu des articles 127 du TFUE et 3 du TUE, les objectifs de la cohésion économique, sociale et territoriale ou l'objectif de la solidarité entre les États membres, mais probablement l'intention de défendre le monétarisme ordolibéral et de stopper la perspective de mutualiser les dettes publiques, il ne faut pas sous-estimer la mise en exergue par la Cour de Karlsruhe de la nécessité de contrebalancer le déficit démocratique de la BCE par l'intensification de l'encadrement normatif et du contrôle juridictionnel de son activité (69). Certes, on ne saurait ignorer quelques paradoxes frappants de l'arrêt du 5 mai 2020 (70) qui pourraient être à la limite considérés même comme des fautes de grammaire et de syntaxe juridiques. Ainsi, la constatation du caractère manifeste de la prétendue violation du principe d'attribution est, en l'occurrence, peu convaincante. Par ailleurs, l'exigence de soumettre à un contrôle de pleine juridiction la question plutôt technique que constitue le respect des limites

---

jointes n° C-597/18 P, Conseil/K. Chrysostomides & Co. e.a., n° C-598/18 P, Conseil/Bourdouvali e.a., n° C-603/18 P, K. Chrysostomides & Co. e.a./Conseil et n° C-604/18 P, Bourdouvali e.a./Conseil : « L'UEM est caractérisée par une architecture constitutionnelle “asymétrique” en ce qui concerne les deux éléments dont elle est constituée, à savoir la politique monétaire et la politique économique. Si, d'un côté, l'Union s'est vu conférer la compétence exclusive en matière de politique monétaire pour les États membres dont la monnaie est l'euro, de l'autre, le contrôle des politiques économiques reste de la compétence des États membres. La coordination des politiques économiques des États membres intervient dans un domaine impliquant nécessairement trois niveaux opérationnels distincts : le niveau national, celui de l'Union et le niveau intergouvernemental. Il peut donc s'avérer quelque peu difficile de tracer une frontière claire entre les actes pris au niveau intergouvernemental et au niveau de l'Union et, par conséquent, également entre les organismes intergouvernementaux et les organes de l'Union. Dans sa jurisprudence, la Cour a toujours cherché à maintenir l'équilibre constitutionnel et institutionnel fragile » (sous-note n° 5).

(68) V. not. les points 139 et 170 à 175 de l'arrêt du 5 mai 2020.

(69) V. not. les points 143, 201 à 212 et 225 à 228 de l'arrêt du 5 mai 2020.

(70) À cet égard, v. aussi Martucci F., « La BCE et la Cour constitutionnelle allemande : souligner les paradoxes de l'arrêt du 5 mai de la Cour constitutionnelle allemande », Le Club des juristes 11 mai 2020, www.leclubdesjuristes.com/blog-du-coronavirus/que-dit-le-droit/la-bce-et-la-cour-constitutionnelle-allemande-souligner-les-paradoxes-de-larret-du-5-mai-de-la-cour-constitutionnelle-allemande/.

étroites du mandat conféré au SEBC (71), est assez excessive. Or, ces paradoxes démontrent sans doute l'intention de la Cour constitutionnelle allemande de mettre en place un activisme jurisprudentiel pour corriger l'activisme présumé de la BCE qui tend de se substituer aux États membres. De l'autre côté, plaider pour l'autolimitation du juge à l'égard de la mise en place d'une politique monétaire présupposerait normalement que cette politique se développe dans un régime constitutionnel parfait où la légitimation démocratique et les garanties de responsabilité politique justifient pleinement le caractère restreint du contrôle juridictionnel. Mais l'Union n'est pas dotée d'un régime constitutionnel parfait, trait d'un État traditionnel. Cela étant, l'autolimitation de la CJUE à l'égard de la politisation des choix de la BCE qui se veut fonctionner comme toute autre banque centrale traditionnelle, pourrait bien être considérée – et non seulement par les juges constitutionnels allemands – comme un activisme juridictionnel à rebours (72) aussi paradoxal que l'activisme ci-dessus prôné par ces juges. En dernière analyse, l'enchevêtrement de ces activismes asymétriques dénote, d'une manière éloquente, la complexification du jeu des pouvoirs et contre-pouvoirs nouveaux qui s'opposent dans le cadre du modèle féodal que semble aspirer le constitutionnalisme européen actuel.

B. — *La négociation de nouveaux compromis*

La crise provoquée par l'arrêt de la Cour de Karlsruhe du 5 mai 2020 ne peut guère être traitée au moyen des techniques traditionnelles auxquelles recourt le pluralisme constitutionnel pour éviter ou intégrer les conflits. Contrairement à la gestion de la tension créée avec la Cour constitutionnelle italienne dans l'affaire *Taricco* (73), il n'est pas facile de trouver, en l'occurrence, la marge nécessaire pour que la CJUE transforme le conflit entre les traités européens et la Constitution allemande en une question de conflit interne de l'ordre juridique de l'Union, afin de donner l'impression qu'en tout état de cause la suprématie du droit de l'Union n'est pas contestée. Cette nouvelle impasse du pluralisme constitutionnel ne peut pas être facilement embellie. L'analyse juridique se rapprochant au degré zéro, il paraît que l'aventure de l'intégration européenne est encore une fois appelée à avancer avec un nouveau compromis politique.

Un scénario probable d'un tel compromis peut être que – à l'occasion, par exemple, d'une simple question posée par un eurodéputé – la BCE, tout en

(71) Cf. l'arrêt CJUE, 16 juin 2015, n° C-62/14, Gauweiler e.a., p. 8.

(72) Sur la possibilité qu'une autolimitation juridictionnelle équivaille à un activisme à rebours, v. aussi Yannakopoulos C., *La déréglementation constitutionnelle en Europe*, *op. cit.*, p. 147.

(73) V. Makimov Pallotta O., « Taricco II: taking (fundamental) rights seriously (Osservazioni a margine della sentenza della Corte di giustizia dell'Unione europea del 5 dicembre 2017 in causa C-42/17) », *op. cit.*

affirmant officiellement qu'elle n'est pas tenue par l'arrêt de la Cour constitutionnelle allemande, se conforme, dans les faits, à cet arrêt en complétant la motivation de ses décisions portant sur le PSPP, ce qui pourrait donner une chance à la Bundesbank d'exploiter la sortie de secours que les juges allemands ont laissée ouverte par les injonctions qu'ils lui ont adressées. Par ailleurs, la remise en cause de la primauté du droit de l'Union pourrait être repoussée et, en tout cas, ne faire l'objet d'aucune procédure de manquement, si l'Allemagne participait, de manière satisfaisante, à un plan de soutien économique des États membres les plus touchés par les conséquences de la pandémie de Covid-19 qui apparaîtrait comme la nouvelle manifestation de la solidarité en Europe. Ainsi, alors que la déréglementation constitutionnelle serait reproduite, chacun aurait pourtant à dire qu'il avait tiré quelque chose de cette nouvelle crise institutionnelle et que la vision de l'intégration européenne avait encore une fois résisté à l'épreuve du temps. Quant au prestige de la CJUE, il pourrait être revalorisé notamment à l'aide de l'argument selon lequel, si un recours en manquement avait été exercé contre l'Allemagne ou la Bundesbank, les juges de Luxembourg l'auraient certainement accueilli.

Choisir une voie plus conflictuelle, perspective envisagée par les adeptes sincères ou plus opportunistes d'un patriotisme institutionnel européen, ne serait pas sans difficulté. Tout d'abord, il convient de ne pas perdre de vue que, dans les affaires *Landtová* et *Ajos* précitées, il n'y a finalement eu de recours en manquement ni contre la République tchèque ni contre le Danemark. De plus, il ne serait pas si simple d'entamer et d'achever contre l'Allemagne une procédure en manquement en vertu de l'article 258 du TFUE, à l'instar de la procédure aboutie contre la France du fait de l'omission du Conseil d'État de saisir la CJUE, selon la procédure prévue à l'article 267, alinéa 3 du TFUE (74). Quelle que soit l'évidence de la violation du droit de l'Union dans un domaine de compétence exclusive de celle-ci et quelle que soit la gravité de l'atteinte au prestige de la CJUE, il ne serait facile ni pour la Commission européenne ni pour un État membre d'exercer, en vertu des articles 258 ou 259 du TFUE, un recours en manquement contre l'Allemagne, alors qu'ils réclameraient de cette dernière sa contribution essentielle à la gestion de la crise économique provoquée par la pandémie de Covid-19. En outre, même si la Bundesbank suit à mot les injonctions de la Cour de Karlsruhe, il est très douteux que la BCE elle-même ose intenter un recours en manquement contre elle, en vertu de l'article 271, point d du TFUE, en risquant ainsi de confirmer les allégations de tendance à son autonomisation politique et d'élargir le fossé au sein du SEBC. De plus, en cas d'exercice d'un recours en manquement contre l'Allemagne ou la Bundesbank, la CJUE serait, avant tout, confrontée à elle-même et, en particulier, à son jugement précité sur la recevabilité des questions préjudicielles dans les affaires *Gauweiler e.a.* et *Weiss e.a.* Et si,

---

(74) V. l'arrêt CJUE, 4 oct. 2018, n° C-416/17, Commission c/ France.

comme prévu, la CJUE arrivait à surmonter, d'une manière ou d'une autre, ce récif, la prochaine question délicate à soulever serait la précision des effets concrets d'une éventuelle condamnation de l'Allemagne ou de la Bundesbank.

À l'égard de n'importe quelle perspective conflictuelle, on pourrait supposer divers scénarios d'adoucissement progressif de toute controverse ressurgie. Au stade actuel du développement institutionnel de l'Union, dans lequel les impasses et les conflits les plus importants sont gérés à l'aide d'instruments intergouvernementaux inédits et non pas sur la base de la méthode communautaire, il n'est pas attendu qu'un arrêt de la CJUE ou le dialogue entre celle-ci et la Cour constitutionnelle allemande soit un facteur crucial qui peut lier, par lui-même, la politique économique de l'Allemagne ou modifier les relations économiques et politiques au sein de l'Union. Après tout, la jurisprudence que la CJUE a formée durant les crises financière et migratoire (75) ne permet pas de penser que les juges de Luxembourg, en plus de traiter ce bras de fer particulier avec la Cour constitutionnelle de l'Allemagne, auraient la volonté et seraient vraiment capables d'encadrer plus généralement la politique économique de cette dernière. De leur part, ni la Cour de Karlsruhe ni le gouvernement allemand ne semblent avoir l'intention d'opter pour une rupture complète avec les organes de l'Union. La première est attachée à une jurisprudence qui, bien qu'elle finisse par être incompatible avec le droit de l'Union, évoque *a priori* un esprit de compréhension et d'attention à ce droit (*europarechtsfreundlich*) (76), qui s'est manifesté, dans le cas de l'affaire ayant donné lieu à l'arrêt du 5 mai 2020, avant tout dans la décision de la Cour constitutionnelle allemande d'ouvrir un dialogue direct avec la CJUE. Le développement d'une telle jurisprudence contradictoire, qui a également été une certaine solution pour la survie institutionnelle d'autres cours constitutionnelles européennes (77), reproduit, en réalité, le cercle vicieux du blocage susmentionné dans l'espace intermédiaire du trilemme fondamental auquel sont confrontées toutes les autorités nationales. Il n'est donc pas surprenant qu'une attitude contradictoire analogue ait été adoptée par le gouvernement allemand, qui a souligné à la fois que « selon notre propre analyse de la

(75) V. Yannakopoulos C., « La Cour de justice de l'Union européenne et la crise de la zone Euro: "La Trahison des images" », *op. cit.*

(76) V. Hanf D., « Vers une précision de la *Europarechtsfreundlichkeit* de la Loi fondamentale – L'apport de l'arrêt "*Rétention des données*" et de la décision "*Honeywell*" du BVerfG », *op. cit.*

(77) La reconnaissance de la possibilité de toute juridiction nationale de s'adresser directement à la CJUE a libéré les tribunaux nationaux inférieurs des obligations qui émanaient des décisions des cours suprêmes ou constitutionnelles nationales. Ainsi, même les cours constitutionnelles qui n'avaient pas encore pratiqué le renvoi préjudiciel ont cherché à établir, elles aussi, un dialogue direct avec la CJUE pour ne pas être isolées dans le nouveau contexte institutionnel. V. Yannakopoulos C., *La déréglementation constitutionnelle en Europe*, *op. cit.*, n° 163.

décision, la Cour constitutionnelle fédérale ne conteste pas la procédure interprétative de base de la Cour de justice européenne » et que « la révision des traités européens n'est pas un tabou » (78).

En prenant le risque d'être démenti, on pourrait enquêter sur de nombreux autres scénarios de gestion de la crise provoquée par l'arrêt de la Cour de Karlsruhe du 5 mai 2020. Cependant, la citation indicative ci-dessus de tels scénarios est utile non pas comme une tentative de prévision mais, au contraire, comme reconnaissance de l'impossibilité de prévision, c'est-à-dire pour mettre en évidence l'incertitude quasi totale causée par les mutations du constitutionnalisme européen déréglementé. En effet, dans le cadre de celui-ci, chacun est appelé à apprendre à vivre sans règles fondamentales concrètes ou avec des règles fondamentales à fonction réduite et à avoir l'expérience des moments de stabilité lors de longues périodes de grande instabilité, c'est-à-dire à accepter l'idée d'une sécurité juridique fluide (79).

*
**

Parfois sans l'avouer, presque tout le monde comprend que le processus d'intégration européenne reste toujours « un voyage vers une destination inconnue » (80). Cela étant, autant il serait naïf de croire que le dialogue des juges pourrait résoudre un problème politique de première importance comme celui que pose l'intégration européenne défectueuse (81), autant il serait inapproprié d'accepter que le même problème doive être résolu par l'invocation précipitée d'un volontarisme politique. À l'heure actuelle, ces deux options risquent de multiplier les écarts autoritaires de la réalité européenne et d'aliéner davantage l'Europe de la perspective d'une constitutionnalisation réelle et viable qui alignerait efficacement la démocratie politique et la démocratie sociale au profit de tous les citoyens européens.

Pour cette raison, avant d'essayer de changer le monde européen d'aujourd'hui, il convient d'essayer de le comprendre un peu mieux. L'arrêt de la Cour constitutionnelle allemande du 5 mai 2020 n'a pas terni une réalité institutionnelle idyllique. Quelle que soit l'intensité institutionnelle qui l'accompagne, cet arrêt appartient à la « normalité » du constitutionnalisme

---

(78) V. « Merkel sur la divergence d'opinions entre les juges allemands et européens » (en grec), Deutsche Welle 13 mai 2020, https://p.dw.com/p/3cBI3.

(79) V. Yannakopoulos C., *La déréglementation constitutionnelle en Europe*, *op. cit.*, not. n°s 139 et 175.

(80) V. Weiler J. H. H., « Journey to an Unknown Destination: A Retrospective and Prospective of the European Court of Justice in the Arena of Political Integration », Journal of Common Market Studies 1993, vol. 31, n° 4, p. 417.

(81) V. Luciani M., « Il brusco risveglio. I controlimiti e la fine mancata della storia constitutizionale », *op. cit.*, p. 11 : « *L'ipotesi che un problema politico di primaria importanza come quello che è posto dalla difettosa integrazione raggiunta in Europa possa essere risolto dal "dialogo fra le Corti" è ingenua* ».

européen déréglementé. De plus, ni cet arrêt ni n'importe quelle réponse (juridique, économique ou politique) aux juges constitutionnels allemands ne sauraient suffire pour surmonter les contradictions fondamentales que constituent, d'une part, l'existence d'une monnaie unique et de multiples dettes publiques et, d'autre part, l'existence d'une zone sans frontières, mais avec de multiples armées. Ces contradictions fondamentales ou une partie d'entre elles sont susceptibles d'être fondamentalement ébranlées plutôt par les dimensions jusqu'alors inconnues de la pandémie de Covid-19 et de ses conséquences économiques et géopolitiques, à l'instar de l'ébranlement de la société féodale par la « mort noire ». À cet égard, il n'est pas sans importance que certaines voix officielles aient commencé à parler de la nécessité d'augmenter la dette publique, des emprunts européens communs, des subventions et de la fiscalité unique au niveau de l'Union. La pandémie pourrait ouvrir un nouveau chapitre dans l'histoire du constitutionnalisme européen. Plus que l'émergence de nouveaux outils économiques et les décisions des banquiers et des juges, la réaction d'une génération de personnes à la perspective de perdre consécutivement une deuxième décennie de leur vie et la confrontation entre la biopolitique autoritaire et la biopolitique démocratique sont quelques-uns des nouveaux paramètres sociaux et politiques qui pourraient devenir plus déterminants pour l'écriture de ce nouveau chapitre.

Constantin YANNAKOPOULOS

Professeur de la Faculté de droit de l'Université d'Athènes
Professeur invité à l'Université Jean Moulin Lyon 3
Ancien référendaire à la Cour de justice des communautés européennes

DOCTRINE

DROIT ÉTRANGER

Secret Défense et libertés constitutionnelles au Japon

par Éric SEIZELET
Professeur émérite à l'Université de Paris
Membre de l'Institut français de recherche sur l'Asie de l'Est (IFRAE)

SOMMAIRE

I. — ORIGINE ET MOTIVATIONS DU SECRET DÉFENSE AU JAPON

A. — *Le contexte de la loi de décembre 2013*

B. — *Une réglementation jusque-là disparate*

II. — L'ÉCONOMIE DU RÉGIME JURIDIQUE DU SECRET DÉFENSE AU REGARD DES DROITS FONDAMENTAUX

A. — *Le droit de savoir malmené ?*

B. — *La liberté de l'information compromise ?*

C. — *Les libertés académiques menacées ?*

D. — *Le respect de la vie privée écorné ?*

III. — LES ALÉAS DU CONTRÔLE SUR LE SECRET DÉFENSE

A. — *Un contrôle bureaucratique piloté par l'administration du Cabinet*

B. — *Un contrôle politique par des instances dédiées de la Diète peu contraignant*

C. — *Un contrôle juridictionnel incertain*

Le 25 août 2013, le Cabinet Abe Shinzô soumettait à la Diète un projet de loi sur la protection des « secrets spécialement désignés », *tokutei himitsu*. Approuvée par le Parlement japonais le 6 décembre de la même année, la nouvelle loi devait entrer en vigueur le 10 décembre 2014. Pour la première fois, le Japon se dotait d'un dispositif d'ensemble intégrant la défense, la diplomatie, les activités subversives et le terrorisme dans un système de classification et de répression des violations des secrets détenus par les administrations centrales. Très rapidement, cette loi fut considérée comme l'un des maillons d'une série d'initiatives législatives et réglementaires qui, depuis l'administration Koïzumi en 2001, allaient profondément affecter l'organisation et le fonctionnement de la politique de défense et de sécurité de l'archipel :

– élévation de l'Agence de Défense en ministère de plein exercice et recomposition subséquente du « contrôle civil » (janvier 2007) ;

– assouplissement des règles en matière d'exportation d'armements (avril 2014) ;

– reconnaissance du principe d'autodéfense collective, création d'un Conseil de sécurité nationale, accroissement des missions des Forces d'autodéfense (FAD) à l'international, approfondissement de la coopération stratégique entre Tôkyô et Washington dans le cadre des accords de sécurité nippo-américains (juin-septembre 2015).

De façon plus générale, la coalition gouvernementale actuelle, au pouvoir sans désemparer depuis décembre 2012, affiche une posture résolument nationaliste qui vise expressément à se démarquer du « legs » de l'après-guerre, par la reprise en main du système éducatif avec la modification – controversée – en décembre 2006, de la Loi fondamentale sur l'éducation de 1947 et surtout par la révision de la Constitution de 1946, adoptée sous occupation étrangère, que le Premier ministre Abe Shinzô appelle de ses vœux. En ce sens, la loi sur la « protection des secrets spécialement désignés » ne peut être envisagée abstraction faite de cet environnement particulier. Toujours est-il que cette loi, qui venait quelques mois à peine après la déclaration de Tshwane de juillet 2013 sur les principes globaux relatifs à la sécurité nationale et au droit de l'information, attira l'attention de nombreux observateurs à l'extérieur même de l'archipel (1). Le présent article

(1) Pour le texte de la déclaration de Tshwane, qui n'est pas un accord international contraignant, et souvent invoquée par les opposants à la loi, « The Global Principles on National Security and the Right to Information (The Tshwane Principles) », Justicie Initiative 12 juin 2013, www.justiceinitiative.org/publications/global-principles-national-security-and-freedom-information-tshwane-principles. Pour une présentation générale de la

est cependant axé plus particulièrement sur la question du secret Défense. D'une part, parce qu'elle est significative des tensions récurrentes entre la nécessité d'assurer la sauvegarde des intérêts supérieurs de la Nation, l'exigence grandissante d'une plus grande transparence de l'action administrative et les garanties propres à l'État de droit (2). D'autre part, parce qu'au Japon tout ce qui touche aux évolutions de la politique de défense reste particulièrement sensible du fait de la clause pacifiste de la Loi fondamentale japonaise et du statut – pour le moins ambigu – des Forces d'autodéfense, *Jieitai*, qui fut longtemps l'un de clivages majeurs de l'après-guerre. Et aussi parce que les enjeux et problématiques sous-jacents sont très largement identiques aux autres domaines visés par la loi. Il s'efforcera en conséquence de répondre à la question suivante : en quoi la loi sur les « secrets spécialement désignés » correspond-elle à un intérêt public, celui de la défense nationale, digne d'être juridiquement protégé ? Pour cela, il importe de rappeler l'origine du secret Défense dans le Japon d'après-guerre (I), de situer la loi de 2013 dans le régime des droits fondamentaux garantis par le chapitre III de la Constitution japonaise (II) et d'évoquer les contrôles encadrant le secret Défense (III).

I. — ORIGINE ET MOTIVATIONS DU SECRET DÉFENSE AU JAPON

La Cour suprême ayant statué que l'article 9 de la Loi fondamentale n'avait pas pour effet de laisser le Japon sans défense et sans résistance contre une agression, elle a reconnu implicitement que, dans les limites de ce droit à l'autodéfense individuelle résiduelle, le fait de se doter d'une réglementation sur les secrets d'État n'était pas constitutionnellement illégitime (3). Cette

---

loi de 2013, Williams B., « Japan's Evolving National Security Secrecy Security System: Catalysts and Obstacles », Pacific Affairs sept. 2013, vol. 86, n° 3, p. 493 à 513. Repeta L., « A New State Secrets Law for Japan? The Abe Proposal », The Asia Pacific Journal oct. 2013, vol. 11, n° 42, https://apjjf.org/2013/11/42/Lawrence-Repeta/4011/article.html. Du même auteur, « Raising the Wall of Secrecy in Japan. The State Secrecy Law of 2013 », Meiji Law Journal 2014, vol. 21, p. 13 à 34. Halperin M. H. et Hofsommer M. M., « Japan's Secrecy Law and International Standards », The Asia Pacific Journal août 2014, vol. 12, n° 37, https://apjjf.org/-Molly-M--Hofsommer--Morton-H--Halperin/4183/article.pdf. Stockwin A., « Japan's designated secrets law », *in* Kingston J. (dir.), *Press Freedom in Contemporary Japan,* 2017, London and New York, Routledge, p. 110 à 118.

(2) Fougerouse J., « Le secret de la défense nationale », RDP sept.-oct. 2003, n° 5, p. 1449 à 1480 ; Videlin J.-C., *Droit de la défense nationale*, 2014, Bruxelles, Bruylant, p. 67 à 68 et 146 à 150 ; Cursoux-Bruyère S., « L'armée française et le secret : contribution à l'étude d'un régime juridique dérogatoire », Les Cahiers de droit sept.-déc. 2015, vol. 56, n° 3-4, p. 355 à 388.

(3) C. suprême, ass., 16 déc. 1959 : Keishû, vol. 13, n° 13, p. 3225 et s. *Contra*, Yamauchi T., « Jieitai saiban to gunji kimitsu. Konishi hansen jieikan saiban kôsoshin hanketsu ni kanren shite » (Les procès concernant les FAD et les secrets militaires.

reconnaissance implicite est d'ailleurs déconnectée du statut même des FAD sur lequel haute juridiction n'a jamais clairement tranché. Pour prendre la mesure des enjeux en cause, il convient tout d'abord de retracer le contexte dans lequel intervient la loi de décembre 2013 (A) qui vient unifier le régime, jusque-là éclaté, des secrets d'État (B).

A. — *Le contexte de la loi de décembre 2013*

Si le Japon s'est doté d'une législation, sur la protection des « secrets spécialement désignés », c'est en partie pour répondre à la vulnérabilité de l'archipel aux activités d'espionnage en provenance, notamment, de la Corée du Nord, de la Chine et de l'URSS (Russie). Dans les années 1980, le Japon passait – non sans exagération parfois – pour être le « paradis des espions », *supai no tengoku*, selon l'expression utilisée jusqu'à l'ancien Premier ministre Nakasone Yasuhiro (1918-2019) (4). Cette prise de conscience faisait suite aux révélations à huis clos, devant la commission spéciale de l'information de la Chambre des représentants du Congrès américain en juillet 1982, d'un transfuge du KGB, le commandant Stanislav Levtchenko, qui avait approché plus de 200 personnalités japonaises des milieux politiques, économiques et médiatiques. Des dires confirmés par un autre transfuge du GRU – la direction générale du renseignement de l'état-major soviétique puis russe –, en Grande-Bretagne cette fois, Victor Souvorov. À l'appui du discours selon lequel le Japon était une cible idéale pour les activités d'espionnage, on faisait valoir les arguments suivants :

– bien que grande puissance économique et technologique, sa culture déficiente en matière de protection de l'information le rendait perméable aux tentatives de pénétration en provenance de l'étranger ;

– le Japon ne disposait pas de service de répression des activités d'espionnage en bonne et due forme, relevant de services spécialisés de la sécurité publique, *kôanbu*, de la police nationale ou métropolitaine de Tôkyô ;

– les risques étaient minimes : les personnels des ambassades impliqués étaient couverts par l'immunité diplomatique.

Quant aux autres ressortissants étrangers, faute de législation spécifique, la police était obligée de « bricoler » avec la réglementation issue du droit pénal général ou spécial : vol, extorsion, séjour irrégulier sur le territoire, violation d'enceinte publique ou de propriété privée, infractions à la législation sur les télécommunications ou à la protection des données informatiques… Avec des peines peu adaptées, voire peu dissuasives. L'éclatement de certaines affaires

---

À propos de la décision d'appel sur l'affaire *Konishi* et du procès fait à un membre des FAD antimilitariste), Jurisuto août 1977, n° 646, p. 113 ; Shimizu H., « Shiru kenri to masu media no sekinin » (Le droit de savoir et la responsabilité des médias), *ibid.*, juin 1972, n° 507, p. 35. Ces deux auteurs estiment que la clause pacifiste de l'article 9 est incompatible avec le principe même du secret Défense.

(4) Ch. des Conseillers, comm. du Cabinet, 13 juin 1985, n° 16.

vint à point nommé pour tenter de faire bouger les lignes comme notamment l'arrestation, en janvier 1980, de l'ancien général Miyanaga Yukihisa, dénoncé par Levtchenko via la CIA, et de deux de ses anciens subordonnés, officiers d'active des Forces terrestres d'autodéfense (FTA), pour des contacts suspects avec l'attaché militaire soviétique à Tôkyô Youri Kozlov. Pour la première fois dans l'histoire de l'après-guerre, la police avait été amenée à faire des perquisitions dans les locaux des FAD ; le scandale, sans précédent à ce niveau de responsabilité, avait entraîné la démission du chef de l'état-major des FTA, Nagano Shigeto (1922-2010), ainsi que du directeur de l'Agence de Défense Kubota Enji (1903-1998) et la sous-commission spéciale du Parti libéral-démocrate (PLD) au pouvoir du comité d'étude sur les questions de sécurité avait produit, en avril de la même année, une « avant-proposition de loi de prévention des activités d'espionnage dans le domaine de la défense nationale ». En juin 1985, après une campagne nationale conduite auprès des collectivités locales – 2 498 assemblées locales avaient voté des résolutions en ce sens – le PLD introduisit à la Diète une proposition de loi de « prévention des activités d'espionnage concernant les ***secrets d'État*** », mais en décembre de la même année, faute d'avoir été adopté à temps lors de la session parlementaire, et devant le feu des critiques – très largement reprises pour contester la loi de 2013 – la proposition devenait caduque. Il est vrai qu'entre avril 1980 et juin 1985, le changement de dénomination de la proposition de loi avait jeté la suspicion sur les intentions réelles du parti majoritaire (5). Enfin, la relation avec les États-Unis joua un également un rôle capital : dès juin 1957, selon des documents récemment déclassifiés du ministère japonais des Affaires étrangères, le secrétaire d'État John F. Dulles (1888-1959) et l'amiral Arthur W. Radford (1896-1973), président du *Joint Chiefs of Staff*, ont demandé au Premier ministre Kishi Nobusuke (1896-1987), en visite à Washington, de mettre en place une législation sur les secrets d'État (6). En octobre 2000, le secrétaire adjoint du département d'État Richard Armitage, dans son rapport intitulé *United States and Japan : Advancing towards a Mature Partnership,* appelait également, entre autres, au renforcement de la coopération bilatérale en matière de renseignement, à un rôle plus actif du parlement japonais dans ce domaine et à une campagne de soutien, dans l'archipel, en faveur d'une réglementation concernant les secrets d'État et, depuis octobre 2005, dans le cadre des réunions du *Japan-United States Security Consultative Committee* (SCC) les officiels américains n'ont eu de cesse de faire pression sur la partie

---

(5) Ueda S. et Sakamoto O., *Kokka kimitsuhô no subete* (Tout sur la loi sur les secrets d'État), 1985, Tôkyô, Aoki shoten ; Nakayama K. et Saitô T., *Sôhihan kokka kimitsuhô* (Critique globale de la loi sur les secrets d'État), 1985, Kyôto, Hôritsu bunkasha ; Saitô T., *Kokka kimitsu hôsei no kenkyû* (Recherches sur le régime juridique des secrets d'État), 1987, Tôkyô, Nippon hyôronsha. V. également la revue Hôritsu jihô nov. 1985, vol. 57, n° 12, n° spécial « Gendai kokka to supai bôshi hôan » (L'État contemporain et la proposition de loi de prévention de l'espionnage), p. 4 à 57.

(6) Tôkyô shinbun, 20 déc. 2018.

japonaise pour faire évoluer la réglementation en vigueur (7). On ne cachait guère, du côté de Washington, qu'à défaut, l'Administration américaine serait réticente à délivrer des informations sur les chasseurs F-35 que le gouvernement japonais cherchait à se procurer. Le Premier ministre Abe pour sa part a lié la nouvelle législation à la création du nouveau Conseil de sécurité nationale dont les membres étaient appelés à être les principaux interlocuteurs de leurs homologues américains. Le Japon dépendant pour sa sécurité des États-Unis, son accès aux informations confidentielles américaines, dans un contexte marqué par la persistance des tensions régionales et la diffusion massive des nouvelles technologies de l'information et de la communication, était d'un intérêt vital (8). À cet égard, le gouvernement japonais subit aussi vraisemblablement le contrechoc des affaires *Manning* (2010) et *Snowden* (2013) aux États-Unis où des centaines de milliers d'informations confidentielles avaient transpiré dans la presse. La question avait refait surface en tout cas à partir de septembre 2010, à l'occasion de la collision entre un bâtiment des garde-côtes japonais et un navire de pêche chinois aux agissements suspects dans les eaux des îles Senkaku, dont la souveraineté est disputée entre Tôkyô et Pékin. Or, si la vidéo de l'incident avait été diffusée sur le Web sans autorisation du Cabinet, elle n'avait pas été classifiée et l'auteur de la divulgation, suspendu, ne fut pas pénalement poursuivi. Cependant, une partie de la presse s'était alors insurgée contre cette divulgation présentée comme une manœuvre visant à saborder toute tentative de dialogue constructif entre les deux capitales, et le gouvernement Noda avait fait part de son intention, en août 2011, de saisir à nouveau le Parlement, d'un projet de loi sur la « protection des secrets ». Nouvel échec car, le mois suivant, la direction législative du Cabinet – l'organe de conseil du gouvernement consulté sur les projets de loi soumis à la Diète – avait contesté l'utilité d'une telle initiative. Mais avant même l'alternance, en juin 2006, une équipe spécialisée de la Commission des études politiques du PLD – l'organe de planification politique du Parti – avait déjà recommandé de muscler davantage le dispositif et les sanctions en matière de secrets d'État. En août 2007, le gouvernement avait décidé d'introduire un premier régime homogène de recension et d'habilitation pour les secrets les plus importants concernant la sécurité, la diplomatie et les « autres intérêts importants de l'État », opérationnel depuis avril 2009 (9). Abe ne venait donc pas en terrain vierge après l'échec de 1985. En fait, les deux principaux

---

(7) Se rapporter aux confidences de l'ancien directeur du renseignement national américain, l'amiral Dennis C. Blair, sous l'administration Obama ; Asahi shinbun 6 oct. 2013.

(8) Suga Y., « Abe seiken wa 2014 nen nihon wo kô kaeru » (Et c'est ainsi que l'administration Abe changera le Japon en 2014), Bungei shunjû févr. 2014, vol. 92, n° 3, p. 110 à 118.

(9) À la fin 2012, on estimait que 420 000 pièces figuraient dans cette catégorie, dont 37 000 pour le ministère de la Défense pour 60 480 personnes habilitées ; Asahi shinbun 6 janv. 2014.

partis de gouvernement du pays étaient d'accord sur la nécessité de renforcer le régime de protection des données sensibles détenues par les administrations, mais divergeaient sur le champ d'application des secrets et la place du curseur entre confidentialité renforcée et transparence administrative. La gauche, agitant le spectre des lois sur la protection des secrets militaires, *gunki himitsu hogohô* (août 1937) et sur la sécurité et la défense nationale, *kokubô hoanhô* (mars 1941), adoptées dans des contextes de guerre et de militarisation de la société japonaise, vota contre le projet de loi comme on pouvait s'y attendre, et le Parti démocrate, en dépit d'ultimes manœuvres d'obstruction, ne put s'opposer au « vote forcé » du projet de loi par la majorité.

Le gouvernement Abe a donc réussi là où son prédécesseur, Nakasone Yasuhiro, avait échoué. Aux élections générales anticipées de décembre 1983, si le PLD avait maintenu sa position dominante avec 250 sièges à la chambre basse, il avait perdu la majorité absolue des sièges suite à la condamnation, au mois d'octobre précédent, de l'ancien Premier ministre Tanaka Kakuei (1918-1993) à 4 ans de prison ferme pour corruption. Et l'opposition centriste et de gauche était suffisamment forte, et ses relais dans les milieux syndicaux, les médias et les intellectuels suffisamment importants, pour contraindre le gouvernement à la prudence. Trente ans plus tard, la recomposition du paysage politique et syndical ainsi que l'éclatement du milieu intellectuel et médiatique se sont soldés par la marginalisation des forces « progressistes » et un virage à droite de l'ensemble de la classe politique qui ont permis des avancées législatives en matière de situation d'exception, de gestion des crises et de sécurité nationale, impensables il y a deux décennies. Par ailleurs, Abe a bénéficié de la victoire de sa majorité lors du renouvellement partiel de la chambre haute, la Chambre des conseillers, en juillet 2013, qui lui a permis d'obtenir la majorité dans les deux chambres de la Diète, mettant un terme à une situation de « distorsion » compliquant singulièrement l'adoption des projets de lois et du budget. Enfin, et c'est moins connu, il a procédé à une reprise en main de la direction législative du Cabinet qui faisait traditionnellement autorité en matière d'interprétation constitutionnelle : en juillet 2013, le remplacement de Yamamoto Tsuneyuki à la tête de cette direction par l'ancien ambassadeur de France, Komatsu Ichirô (1951-2014), un diplomate de carrière réputé proche du Premier ministre, contre les usages qui auraient voulu que le vice-directeur de cette direction, Yokobatake Yûsuke, – un homme du sérail – fût promu à ce poste, n'est pas passé inaperçu. Or, Yamamoto était hostile à une réinterprétation de l'interdiction de l'autodéfense collective. Et le secrétaire général du Cabinet, Suga Yoshihide, avait tenu à rappeler publiquement, le mois souvent, lors d'une conférence de presse, qu'en l'absence de décision de la Cour suprême, seul le gouvernement avait la responsabilité ultime d'interpréter la Loi fondamentale (10). Il était clair que, pour le gouvernement Abe, l'avis

(10) Asahi shinbun 22 août 2013.

donné par la direction législative du Cabinet était purement consultatif, et que son rôle de conseiller juridique du gouvernement ne devait pas le conduire à faire obstacle aux évolutions interprétatives qu'il jugeait nécessaires, ni à s'arroger *de facto* une sorte de contrôle *a priori* de constitutionnalité des lois.

B. — *Une réglementation jusque-là disparate*

Avant 2013, le Japon n'était pas totalement dépourvu de dispositifs de lutte contre la violation du secret Défense, mais épars et d'une portée limitée. Outre les sanctions administratives les plus lourdes – révocation ou mise à pied – frappant les agents de la défense convaincus d'intelligence avec une puissance étrangère, le régime de protection des secrets Défense a subi des évolutions multiples allant toutes vers l'aggravation des sanctions encourues.

Il y a tout d'abord l'obligation de confidentialité, *shuhi gimu*, qui résulte de l'article 59 de la loi sur les FAD qui concerne les « agents civils et militaires », *taiin*, de la Défense et qui leur impose, ainsi qu'à ceux ayant quitté leurs fonctions, de ne point divulguer les secrets dont ils avaient pu connaître à l'occasion du service. En vertu de l'article 118, alinéa 1-1 de cette même loi, la violation de l'obligation de confidentialité, qui s'applique également aux anciens agents du ministère, est passible d'une peine qui ne peut dépasser un an de travaux forcés ou une amende de 500 000 yens (11). La loi réprime également d'une peine similaire l'incitation, l'ordre, l'assistance à la divulgation, mais non la tentative et la faute de service. On notera ainsi que, sur ce point, la loi sur les FAD ne se distingue pas fondamentalement des dispositions similaires relatives à l'obligation de confidentialité concernant les fonctionnaires de l'État et des collectivités territoriales. C'est sur cette base que Miyanaga et les deux officiers subalternes précités avaient été condamnés respectivement à 1 an et 8 mois ferme de travaux forcés. La violation de l'obligation de confidentialité avait été également retenue à l'encontre d'un capitaine de corvette des Forces maritimes d'autodéfense (FMA) qui, en juin 2000, avait reproduit et transmis à l'attaché naval russe, agent du GRU, des documents confidentiels : le tribunal de district de Tôkyô l'avait condamné, en mars 2001, à 10 mois de prison ferme. L'incident avait poussé le gouvernement à installer en mars 2003, dans chacune des trois armes, un « commandement de la sécurité de l'information », *jôhô hozentai*, dont la mission principale consistait à mieux surveiller les contacts entre les personnels des FAD et l'extérieur, les accès aux installations de défense ainsi que la circulation des informations en direction des personnes étrangères à la fonction publique. En août 2009, ces trois commandements avaient fusionné en un « commandement de la sécurité de l'information des FAD » comportant environ 1 000 hommes, placé sous l'autorité directe du ministre de la Défense. Toutefois, en juin 2007, le Parti communiste

(11) Instr. min. Défense n° 37, 27 avr. 2007 relative à la préservation du secret, art. 7.

japonais révéla que le commandement de la sécurité de l'information des FTA avait illégalement outrepassé sa mission en mettant en place un système de surveillance et de fichage des activistes et militants contre l'intervention des FAD en Irak et plus généralement des mouvements antigouvernementaux (12).

La deuxième catégorie concernait la création d'une nouvelle catégorie de secrets, le secret Défense, *bôei himitsu*, introduite en 2001 par une modification de l'article 96 de la loi sur les FAD, en liaison avec les deux affaires d'espionnage précitées, et au lendemain des attentats terroristes du 11 septembre 2001. Le secret Défense couvrait les informations répondant à quatre conditions cumulatives :

– elles devaient s'inscrire dans une nomenclature en dix points allant du fonctionnement des FAD, à la composition et aux procédés de communication, en passant par la collecte de documents en matière de recherche et de développement, les armements, munitions et autres équipements militaires, les installations de défense, les systèmes de cryptage... ;

– les matières en question n'étaient pas publiques ;

– leur confidentialité devait être préservée à de fins de défense nationale ;

– elles faisaient l'objet d'une décision de classification par le directeur de l'Agence – le ministre – de la Défense, dans les conditions précisées par une ordonnance du Cabinet, *seirei*.

En conséquence de cet amendement, entre mai 2006 et avril 2007, 130 000 pièces appartenant aux « secrets ministériels », *shôhi*, furent transférées dans la nouvelle catégorie (13). Étaient concernés par le secret Défense non seulement les fonctionnaires civils et militaires de l'État ayant à connaître par leurs fonctions de tels secrets, mais également « toutes les personnes ayant pour mission ou fonction de manipuler et de traiter des secrets Défense », dans les conditions précisées elles aussi par ordonnance du Cabinet, ce qui allait bien au-delà des fonctionnaires de la défense japonaise, mais visait aussi bien par exemple les personnels de firmes privées travaillant pour les services de la défense. Par rapport à l'obligation de confidentialité, les sanctions étaient alourdies : l'article 122, alinéa 1 de la loi sur les FAD punissait non seulement la violation ou la tentative de violation du secret Défense d'une peine de travaux forcés qui ne pouvait excéder 5 ans, mais aussi l'incitation, l'encouragement, le complot en vue de cette divulgation (peine de travaux forcés n'excédant pas 3 ans) ainsi que la divulgation non intentionnelle, par faute, du secret Défense passible, elle, d'une peine de prison qui ne pouvait excéder un an ou d'une amende de 30 000 yens (art. 123, al. 3).

---

(12) Sur la question, Shinbun Akahata 7 juin 2007. Également, Maeda T., *Jieitai. hen'yô no yukue* (Les Forces d'autodéfense et leur métamorphose), 2007, Tôkyô, Iwanami shoten, p. 13 et 105 ; Kôketsu A., *Bôsosuru Jieitai* (Les dérives des Forces d'autodéfense), 2016, Tôkyô, Chikuma shobô, p. 165 et s.

(13) Tamura S. *et al.*, *Nihon no bôei hôsei* (Le régime juridique de la défense nationale au Japon), 2012, Tôkyô, Naigai shuppan, p. 614 et s.

La troisième catégorie de secrets liés à la défense nationale se rapportait au partenariat de sécurité avec Washington. Il y a tout d'abord les « secrets Défense particuliers », *tokubetsu bôei himitsu*, liés aux accords de sécurité et d'assistance mutuelle nippo-américains, couvrant la fabrication, la composition, la livraison, l'utilisation, la maintenance et la nomenclature des équipements et matériels américains livrés au Japon. Les personnes ayant collecté, pris connaissance ou divulgué des secrets Défense particuliers par des moyens illicites, ou avec pour finalité de nuire à la sécurité nationale, s'exposent à une peine qui ne peut excéder 10 ans de travaux forcés. Comme en matière de secret Défense, la loi a entendu punir la tentative, l'incitation et la divulgation délictuelle de ce type de secret (14). Par ailleurs, en vertu de l'article 6 du traité de sécurité nippo-américain et de l'application de l'accord administratif sur le stationnement des forces américaines au Japon, la même peine de 10 ans de travaux forcés sanctionne la divulgation intentionnelle et illégale de secrets militaires américains : une disposition qui vise plus particulièrement les fuites éventuelles à l'occasion de contrats en matière de défense conclus directement entre l'Administration américaine et des firmes japonaises. Il a été fait application pour la première fois de la notion de « secrets de défense particuliers » en avril 2007, lorsque la police militaire et la police du département de Kanagawa mirent à jour la communication par un capitaine de corvette, auprès de l'un de ses collègues de l'École navale des FMA de Hiroshima dont l'épouse s'avéra être une ressortissante chinoise en situation irrégulière, de plans secrets concernant le système de défense antimissile AEGIS devant équiper des bâtiments des FMA. Dans cette affaire, 17 personnes avaient été suspendues, trois révoquées. En mars 2011, quand bien même, il n'y avait pas eu de divulgation à l'extérieur des FAD, la Cour suprême avait confirmé la condamnation de l'ancien capitaine à 2 ans et demi de travaux forcés assortie de 4 années de sursis (15). Enfin, il faut mentionner l'accord bilatéral nippo-américain, *General Security of Military Information Agreement* (GSOMIA) conclu le 10 août 2007, qui définit les modalités de la coopération entre les deux pays en matière de traitement, de conservation et de circulation de l'information et du renseignement militaires, et qui n'est pas étranger à la décision du Cabinet Koïzumi d'introduire, en décembre 2003, un système de défense antimissile pour lequel la coopération avec Washington était indispensable ni, plus récemment, à l'épisode des fuites concernant le système AEGIS et au renforcement subséquent de la protection des secrets en août 2007.

---

(14) L. n° 166, 9 juin 1954 portant protection des secrets se rapportant aux accords de sécurité mutuelle (MSA) nippo-américains.

(15) Nihon keizai shinbun, 3 mars 2011.

II. — L'ÉCONOMIE DU RÉGIME JURIDIQUE DU SECRET DÉFENSE AU REGARD DES DROITS FONDAMENTAUX

Ce fut là l'un des points d'achoppement majeurs du nouveau dispositif de la loi de 2013. Tout en reprenant la typologie des informations couvertes par le secret Défense et des raisons justifiant leur classification depuis 2001 (16), la répression des infractions préparatoires et connexes, elle élargit son champ d'application *ratione personae* au-delà des FAD et aggrave sensiblement l'échelle des peines : la violation du secret Défense par les agents responsables (art. 23), tout comme le délit d'obtention frauduleuse (art. 24) étant désormais passibles d'une peine de travaux forcés ne pouvant dépasser 10 ans ***et*** de 10 millions de yens d'amende. Loi « liberticide » pour les uns du fait du flou supposé des infractions et des personnes concernées. Indispensable pour consolider la relation de confiance avec les États-Unis et pallier les failles d'un régime lénifiant de protection de secrets d'État pour les autres, la loi de 2013 fit l'objet d'appréciations contradictoires (17). Il est vrai que le nouveau régime de protection des « secrets spécialement désignés » soulève un certain nombre d'interrogations se rapportant aux libertés publiques : « le droit de savoir » (A), la liberté de l'information (B), les libertés académiques (C) et le respect de la vie privée (D).

---

(16) « Tokutei himitsu no shitei oyobi sono kaijo narabini tekisei hyôka no jitchi ni kanshi tôitsutekina un'yô wo hakaru tame no kijun » (Critères visant à un fonctionnement homogène des principes concernant l'habilitation, la classification et la déclassification des secrets spécialement désignés) [ci-après « Kijun »], Cabinet, 14 oct. 2014, www.cas.go.jp/jp/tokuteihimitsu/pdf/h261014_siryou20.pdf, p. 4.

(17) Y compris sur le plan international : v. le rapport critique remis en juin 2017 au Conseil des droits de l'homme de l'ONU par David Kaye, rapporteur spécial pour la promotion et la protection de la liberté d'opinion et d'expression, Asahi shinbun 22 août 2017. S'agissant de la presse japonaise, le *Mainichi* et l'*Asahi* se sont prononcés résolument contre le projet de loi, ainsi qu'une bonne partie de la presse régionale. En revanche, le *Yomiuri* et le *Sankei*, classés à droite, s'y sont montrés favorables. Du côté des sondages, seuls ceux effectués par le groupe Sankei et le réseau de télévision FNN font état d'une approbation de principe, tout en estimant que les débats à la Diète ont été insuffisants. Les autres, ainsi que ceux effectués par l'Agence de presse Kyôdô sont majoritairement défavorables. Quant à la doctrine, elle est dans l'ensemble fort critique à l'égard de la loi : Yamauchi T., « Tokutei himitsu hogohô no hihanteki kentô » (Examen critique de la loi sur la protection des secrets spécialement désignés), Dokkyô hôgaku avr. 2014, n° 93, p. 1 à 43 ; dans le même sens, Tajima Y., et Shimizu T., *Himitsu hozenhô hihan* (Critique de la loi sur la préservation des secrets), 2013, Tôkyô, Nippon hyôronsha. À l'inverse, pour une promotion de la loi de 2013, Kôda Y., « Ima mo tokutei himitsu hogohô wo hihansuru masukomi he sonnani jieikan wo koroshitai no ka » (Aux médias qui persistent à critiquer la loi sur la protection des secrets spécialement désignés : souhaitez-vous vraiment la mort des soldats des FAD ?), Seiron mai 2015, n° 521, p. 184 à 191.

A. — *Le droit de savoir malmené ?*

Le « droit de savoir », *shiru kenri*, n'est pas un droit constitutionnel explicitement inscrit dans la Loi fondamentale, mais dérive néanmoins de l'article 21 de la Constitution japonaise sur la liberté d'expression dont la garantie s'étend aux libertés d'association, de réunion et de publication et qui prohibe toute forme de censure. Le droit de savoir est donc consubstantiel à la liberté d'expression. Il est reconnu par la jurisprudence japonaise, dans son principe, comme un élément fondamental de fonctionnement d'une société démocratique (18) et il est à double détente. Il garantit non seulement le droit pour tout un chacun de recueillir les informations nécessaires à la formation et à l'exercice d'une citoyenneté responsable, mais aussi celui de réclamer à l'Administration les informations, pièces et documents, nécessaires à l'exercice de ce droit. Le Japon s'est d'ailleurs doté, en mai 1999, d'une « loi sur l'ouverture des informations administratives » qui précise les conditions d'exercice « de la responsabilité du gouvernement japonais en matière d'information, conformément au principe de souveraineté populaire » (19). Il convient de noter cependant que l'exigence de transparence administrative souffre des exceptions. Certes, cette loi de 1999 ne s'oppose pas à ce que n'importe quelle personne, quelle que soit sa nationalité ou son statut, puisse obtenir communication de documents relatifs à la politique de défense et à la *Jieitai*. Le site du ministère de la Défense, *Bôeishô*, rappelle à ce propos que l'autorisation d'accès est la règle normale et le refus l'exception, mais la loi de 1999 instaure précisément une exception dans son article 5-3. Sont soustraites à communication, « les informations qui, par leur publicité, sont de nature à porter atteinte à la sécurité de la Nation, à protéger préjudice aux rapports de confiance avec d'autres États et organisations internationales ou à affecter défavorablement ses intérêts dans les négociations avec d'autres États et organisations internationales », et ce indépendamment de leur déclassification (20). La loi ménage cependant des voies de recours administratives auprès du ministre de la Défense, qui prend sa décision après avis d'une commission consultative spéciale, préalablement à une

---

(18) C. suprême, ass., 26 nov. 1969 : Keishû, vol. 23, n° 11, p. 1490 et s. ; C. suprême, ass., 8 mars 1989 : Minshû 8 mars 1989, vol. 43, n° 2, p. 89 et s.

(19) L. n° 42, 4 mai 1999, entrée en vigueur le 1er avril 2001.

(20) C'est le cas par exemple du règlement concernant les activités du commandement de la sécurité de l'information du 23 mars 2005, dont un député communiste n'a pu obtenir la communication pour des raisons de sécurité nationale. Onodera Itsunori, ministre de la Défense, Chambre des représentants, Commission spéciale sur les affaires de sécurité, en réponse à une question orale de Kasai Akira, Parti communiste japonais, 14 nov. 2013, n° 13. Dans la même veine, le recueil détaillé, non classifié, des instructions aux FTA dépêchées en Irak comptait 377 pages, mais le quart d'entre elles avait été biffées de noir par le ministère lors de sa communication au journal *Asahi* ; Asahi shinbun 27 mars 2014.

action contentieuse. Plus précisément, le ministère évoque cinq critères faisant obstacle à leur publication et donc à communication :

– les informations susceptibles d'amoindrir les capacités de défense et de protection du Japon, c'est-à-dire celles se rapportant à l'organisation des FAD, de leur commandement, aux systèmes de collecte et de gestion de l'information et de communication, aux missions et activités des FAD, aux équipements, matériels, bases, aux plans de défense, dès lors qu'elles sont « susceptibles de nuire à l'efficacité des missions du ministère et des FAD » ;

– celles de nature à affecter les rapports de sécurité avec les alliés ;

– celles susceptibles de porter atteinte à l'efficacité de la coopération internationale en matière de sécurité et de maintien de la paix ;

– celles qui sont susceptibles d'affecter les principes fondamentaux de l'économie nationale en permettant à des États étrangers de menacer ou de faire obstacle à l'approvisionnement en matières premières, vital pour le développement de l'économie nationale ;

– toute autre information de nature à avoir des répercussions sur la sécurité nationale. Le ministère souligne par ailleurs que l'autorisation ou le refus d'accès « repose sur une appréciation hautement politique » des circonstances et des effets de la demande.

Cette appréciation autorise-t-elle les services de la Défense à tenir des listes annotées des demandeurs d'accès ? La presse a révélé, en mai 2002, qu'une centaine d'entre eux avait été ainsi ciblée, dont certains qualifiés d'« antimilitaristes » ou d'« opposants aux bases militaires ». Les tribunaux, saisis, avaient jugé que l'établissement d'une telle liste n'était pas en soi fautif, mais que sa diffusion au sein de l'Agence de Défense constituait une atteinte à la vie privée et engageait la responsabilité de l'État (21). Selon les statistiques officielles, en 2017, l'Administration japonaise aurait été saisie de 141 159 demandes d'accès, dont 20 601 pour les ministères (14,6 %). Le ministère de la Défense figure parmi les cinq administrations centrales les plus sollicitées avec 4 900 demandes, dont 2 000 concernant les travaux d'aménagement des bases militaires et de leurs environs. Toujours au cours de la même année, les administrations japonaises ont pris 128 591 décisions, soit 125 715 décisions d'autorisation d'accès, dont près des deux tiers sont des décisions d'accès partiel, et 2 876 décisions de refus (2,2 % de l'ensemble). Sur les 85 109 décisions de rejet total ou partiel, 96 % sont inspirées par des considérations de fond. Sur ce total, seules 1 336 (1,6 %) sont motivées par l'exception précitée de sécurité nationale. Dans le détail, le ministère de la

(21) Mainichi shinbun, 28 mai 2002. Ces révélations avaient entraîné des sanctions à l'encontre de vingt-neuf responsables de l'Agence de Défense, dont les chefs d'état-major des trois armes, et les protestations du barreau japonais, https://www.nichibenren.or.jp/library/ja/opinion/report/data/071023.pdf. Pour la position des tribunaux, CA Tôkyô, 20 juin 2007.

Défense a pris 5 131 autorisations d'accès, dont 2 655 autorisations totales, et opposé 109 refus totaux, soit 2 394 décisions de rejet au fond, total ou partiel. Sur ce total, 872 sont motivées pour des raisons de sécurité nationale. L'administration de la Défense se distingue aussi par la longueur des voies de recours administratives : sur les 756 recours d'une durée supérieure à un an, 637 concernent le ministère de la Défense, et sur les 70 décisions ministérielles faisant suite aux recommandations des commissions de recours, 35, soit 50 %, interviennent dans un délai supérieur à 6 mois. En somme, s'agissant du ministère de la Défense, la majorité des décisions de rejet est motivée par des raisons hors sécurité nationale. Par rapport à la moyenne des autres administrations centrales, la proportion des autorisations totales y est plus élevée : elle représente 51,7 % du total, sans doute parce que les demandes présentées avaient peu d'enjeux en matière de sécurité nationale. En revanche, la proportion de décisions de rejet total ou partiel pour cause de sécurité nationale, avec 36,4 %, est plus importante que pour la moyenne des autres administrations, sans doute du fait du domaine particulier de compétence du ministère où le principe de confidentialité est plus contraignant. Et le *Bôeishô* est l'administration la plus réticente à examiner les décisions de recours contre les décisions de refus de communication dans des délais raisonnables (22).

Sur le long terme, la loi de 2013 n'a guère dissuadé les Japonais d'avoir recours aux mécanismes prévus par la loi de 1999 : les administrations avaient alors été saisies, cette année-là, de 103 454 requêtes dont 3 898 concernaient le ministère de la Défense. La crainte selon laquelle la loi de 2013 porterait atteinte au droit de savoir doit être par conséquent relativisée. En avril 2011, le Parti démocrate au pouvoir avait tenté de libéraliser la loi de 1999 dans le sens d'une reconnaissance explicite du droit de savoir, mais les aléas de la vie politique et la dissolution de la chambre basse en novembre 2012 en avaient décidé autrement. Pour autant, certaines affaires retentissantes ont révélé les failles du système : en décembre 2016, le ministère de la Défense avait opposé à un journaliste un refus de communication du journal de mission du détachement des FAD envoyé au Soudan du Sud, dans le cadre d'une opération de maintien de la paix de l'ONU, au motif qu'il avait été « détruit ». En réalité, une version numérique en avait été conservée. Le scandale avait fini par entraîner la démission de la ministre de la Défense Inada Tomomi, du vice-ministre administratif de la Défense Kuroe Tetsurô – le numéro deux de la Défense – et le départ anticipé à la retraite du chef d'état-major des FTA Okabe Toshiya (juillet-août 2017). De même, en avril 2018, le ministre de la Défense, contrairement à son prédécesseur qui en avait nié l'existence devant la Diète, dut admettre que son administration était en possession du journal de mission du détachement des FAD en Irak (2004-2006). Dans les deux cas, le ministère avait mis ces dysfonctionnements non sur le compte d'une volonté de dissimulation, mais d'une

(22) Cf. www.soumu.go.jp/main_content/000611404.pdf.

« erreur » dans la gestion de ces documents. Une explication guère convaincante au regard du contenu de ces documents qui, publiés, révélaient avec force détails que, contrairement au discours officiel selon lequel les FAD avaient été déployées dans des zones sécurisées, elles avaient été confrontées, sans dommages pour elles toutefois, à de réelles situations de combat. Ces deux affaires jetèrent en tout cas la suspicion sur la sincérité des informations communiquées par le ministère à la Diète et des décisions de refus de communication pour cause de destruction ou d'inexistence du document demandé. De plus, toutes les pièces et tous les tableaux détaillés relatifs aux opérations de classification, de déclassification, de destruction des secrets Défense, à leur nombre, ne sont pas accessibles. Plus préoccupant encore : les mémos tenus par le secrétariat général du Cabinet lors des rencontres avec les formations politiques au moment de l'élaboration de la loi de 2013 ne sont pas non plus disponibles, et la loi ne renferme aucune disposition permettant au citoyen, directement ou indirectement, de demander la levée du secret. Enfin, la jurisprudence a admis que la clause de sécurité nationale justifiait la non-communication des critères concrets des enquêtes de proximité concernant l'habilitation des fonctionnaires mis en place, comme on l'a vu, en août 2007, pour renforcer le contre-espionnage (23).

B. — *La liberté de l'information compromise ?*

La liberté d'expression recouvre également la liberté de l'information, *hôdô no jiyû*, à travers ses deux volets : le droit pour les médias et les grands organes de presse, quel que soit le vecteur utilisé, d'informer le public et celui de l'accès aux sources, *shuzai no jiyû*, qui doit permettre aux professionnels des médias d'accomplir leur mission en recueillant des informations auprès des personnes autorisées (24).

La loi contribuerait-elle à museler la presse ? Selon Reporters sans frontières, en matière de liberté de l'information, le Japon se situerait désormais, en 2016, au 72e rang sur 180 pays et aurait à nouveau perdu 11 places par rapport à l'année précédente. Une mauvaise performance attribuée, selon certains médias, à l'entrée en vigueur de la loi de 2013 (25). Et bien qu'au cours des discussions parlementaires, et sur proposition notamment du *Kômeitô*, l'article 22, alinéa 1 avait été modifié de la façon suivante : « l'application de la présente loi ne saurait faire l'objet d'une interprétation élargie. Elle ne doit pas conduire à une violation inappropriée des droits fondamentaux des citoyens. Elle doit faire preuve

---

(23) Mainichi shinbun 11 janv. 2016 ; sur la position des tribunaux, CA Osaka, 29 juin 2016 : Asahi shinbun daté du même jour.

(24) Sur la liaison explicite entre liberté de l'information, liberté d'expression et droit de savoir, C. suprême, ass., 26 nov. 1969 : Minshû, t. 23, n° 11, p. 1490 et s. ; Takatsuji Masami, directeur de la législation du Cabinet, Ch. des Conseillers, comm. du Cabinet 5 avr. 1972, n° 5.

(25) Asahi shinbun 20 avr. 2016.

de considération, *hairyo*, à l'égard de la liberté d'accès aux sources et de l'information qui contribuent au droit de savoir des citoyens ». L'alinéa 2 du même article, qui n'existait pas dans le texte original, dispose que « les actes d'enquête, *shuzai*, effectués par des professionnels de l'information et de la publication sont considérés comme légitimes dès lors qu'ils visent à servir exclusivement l'intérêt public, et qu'ils ne violent pas les lois existantes ou qu'ils n'utilisent pas des moyens particulièrement inappropriés ». Le gouvernement a d'ailleurs souhaité que les chartes déontologiques de la profession inscrivent l'obligation de non-divulgation des secrets (26). Ces dispositions s'inspirent à la fois de l'article 13, alinéa 2 de la proposition de loi avortée de répression des activités d'espionnage de 1985 et de la jurisprudence de la Cour suprême. En apparence libérale, elles n'ont guère convaincu les contempteurs de la loi qui non seulement jugent ces garanties prescriptives trop vagues, mais suggèrent en creux les raisons pour lesquelles les actes dont il s'agit pourraient être considérés comme illégitimes. Par ailleurs, il est souligné que pourraient être répréhensibles les informations qui, bien que servant l'intérêt public, auraient été obtenues par des moyens « particulièrement inappropriés », c'est-à-dire par des procédés répréhensibles qui, sans tomber sous le coup de la loi pénale, contreviendraient « aux normes généralement reconnues par la société », *shakai tsûnen*, tels qu'à travers une liaison amoureuse. Enfin, la notion d'acte professionnel légitime serait contraire au secret des sources. Si un journaliste est suspecté d'avoir obtenu et publié des informations confidentielles couvertes par le secret Défense, il ne pourrait, selon certains, y échapper qu'en prouvant qu'il a agi dans l'intérêt public et sans avoir eu recours à des moyens inappropriés. Ce qui l'obligerait à révéler ses sources, car le droit pénal japonais ne reconnaît pas le principe journalistique de confidentialité, et l'exposerait aux perquisitions et saisies (27). En d'autres termes, la loi obligerait les journalistes soit à protéger leurs sources tout en endurant les sanctions, soit à les dévoiler en exposant gravement leur propre crédibilité. Mais la présomption d'irresponsabilité n'opère pas un renversement de la charge de la preuve : c'est au procureur et au ministère public de prouver qu'il y a eu infraction, non au journaliste d'exciper de sa bonne foi. En outre, contrairement aux lois de l'ancien régime impérial, la loi ne punit

---

(26) Mori Masako, ministre déléguée à la sécurité alimentaire et à la consommation, aux mesures contre la dénatalité, à l'égalité sociale et des sexes, au soutien à la garde d'enfants et à la vitalité féminine, en charge de la loi sur la protection des secrets spécialement désignés, Chambre des conseillers, Commission spéciale sur les questions de sécurité de l'État, 29 nov. 2013, n° 10.

(27) Kamiguchi Y., « Keiji tetsuzukihô kara miru kokka kimitsuhô no mondai ten » (Les problèmes de la loi sur les secrets d'État vus d'après le droit et la procédure criminels), Hôritsu jihô avr. 1987, vol. 59, n° 5, p. 44 ; Han Y., « Shiru kenri to kokka kimitsu. Tokutei himitsu hogohô wo daizai ni » (Le droit de savoir et les secrets d'État : la loi sur la protection des secrets spécialement désignés pour thème), Masu komyunikeshyon kenkyû 2014, n° 85, p. 138 à 139.

pas le seul fait d'avoir collecté ou d'avoir pris connaissance et publié un secret Défense, soit à la suite d'une information en provenance d'un lanceur d'alerte, soit du fait d'une négligence, d'un oubli ou d'une erreur de transmission. Sur amendement de la Chambre des représentants, elle ne réprime pas non plus à l'article 24 la seule acquisition ou obtention d'un secret, s'il n'y a pas d'une part intention de servir les intérêts d'une puissance étrangère ou de se procurer un gain personnel illicite, ou de porter préjudice à la vie et à l'intégrité physique des personnes ou à la sécurité nationale et d'autre part utilisation de moyens d'accès illégaux. Les deux conditions sont cumulatives et concernent aussi les organes de presse : ainsi l'obtention d'un secret à des buts d'information, même par des moyens illégaux, ne tomberait pas sous le coup de cet article (28). La loi n'empêche pas non plus les médias d'approcher, selon les usages habituels de la profession, l'entourage professionnel et familial, l'employeur, le supérieur hiérarchique d'un agent détenteur d'un secret (29). Pourtant, l'indétermination de la notion de « secrets spécialement désignés », tout comme celle d'« actes de nature à porter atteinte aux personnes chargées de la détention de secrets spécialement désignés » créerait, selon ses détracteurs, une situation d'insécurité pour les journalistes et les médias. Comment s'assurer par exemple qu'une enquête de terrain sur les nuisances sonores engendrées par le voisinage d'une base aérienne impliquant d'interroger les militaires sur les caractéristiques techniques des aéronefs en cause ne tombe pas sous le coup de l'incitation à la divulgation du secret Défense ? La loi ferait donc peser une épée de Damoclès sur les médias ; elle serait un instrument d'intimidation, d'encouragement à l'autocensure et, en définitive, porterait atteinte à la liberté de l'information et au rôle des médias en tant que « quatrième pouvoir ».

C. — *Les libertés académiques menacées ?*

Les libertés académiques, *gakumon no jiyû*, sont expressément garanties par l'article 23 de la Loi fondamentale. Elles impliquent, dans le contexte japonais, l'autonomie de création, d'organisation et de fonctionnement des établissements d'enseignement supérieur, la liberté des cours, de la recherche scientifique, des mécanismes de sélection et de promotion des enseignants sur la base de leurs seuls mérites. Ces libertés académiques ne sont d'ailleurs pas sans liens avec le « droit de savoir » précité : universitaires, chercheurs, mais aussi les professionnels des médias, doivent pouvoir se procurer, utiliser et diffuser les informations détenues par les administrations, centrales ou locales, qui ne sont

---

(28) « Tokutei himitsu no hogo ni kansuru hôritsu. Chikujô kaisetsu [ci-après *Kaisetsu*] » (Loi sur la protection des secrets spécialement désignés. Commentaire article par article), Secrétariat général du Cabinet, 9 déc. 2014, www.cas.go.jp/jp/tokuteihimitsu/pdf/bessi_kaisetsu.pdf, p. 134.

(29) Mori Masako, Chambre des représentants, Commission spéciale sur les questions de sécurité, 12 nov. 2013, n° 11.

pas toutes dans le domaine public, pour mener à bien leurs propres recherches et investigations dont dépend leur carrière. Les inquiétudes concernent surtout les historiens, les politologues spécialistes des relations internationales et des questions de sécurité, voire les sociologues. Certes, les administrations et les centres de recherche ne sont pas des « institutions administratives » au sens de la loi et leurs activités bénéficient de la présomption de légitimité de l'article 10, ce qui ne signifie pas pour autant que les chercheurs et enseignants travaillant dans les domaines qui recoupent ceux du secret Défense ne puissent en être affectés. Ce risque est d'autant plus élevé pour les Écoles dépendant directement du ministère de la Défense, ou pour les recherches et études sous contrat confiées par le ministère à des institutions extérieures, où les tensions entre les exigences de secret et de publication sont les plus fortes (30).

Mais, plus généralement, les inquiétudes des scientifiques se rapportent principalement au système de classification : l'article 4 de la loi de 2013 prévoit que la durée de classification ne doit pas dépasser 5 ans, mais que le ministre de la Défense, à l'instar des autres chefs de départements ministériels, peut la prolonger jusqu'à 30 ans, dans les conditions prévues par une ordonnance du Cabinet, et que sur autorisation explicite de ce dernier – condition introduite par amendement lors de la discussion parlementaire pour éviter l'arbitraire des chefs de départements ministériels – en vue d'assurer la sécurité de l'État et de la Nation, cette prolongation peut dépasser 30 ans, voire 60 ans et plus dans certains cas, concernant :

– les informations relatives aux armements et équipements militaires ;

– les informations susceptibles d'affecter :

• la position de négociation du Japon avec des États étrangers ou des organisations internationales,

• les capacités et les moyens de collecte de l'information ainsi que les personnels ressources affectés à ces capacités,

• les systèmes de cryptographie ;

– les informations pour lesquelles les États étrangers et les organisations internationales exigent une classification supérieure à 60 ans ;

– les informations importantes se rapportant aux domaines ci-dessus indiqués, dans les conditions là aussi précisées par une ordonnance du Cabinet.

Mais outre les modalités de classification, les scientifiques s'inquiètent de conditions de constitution et de conservation des archives publiques. Il faut attendre en effet juin 2009 pour qu'une loi sur le contrôle des archives publiques voie le jour, mais en 2012, sur les quelque 2 537 963 dossiers

---

(30) Procès-verbal de la réunion du 28 octobre 2016 du Conseil scientifique du Japon, www.scj.go.jp/ja/member/iinkai/anzenhosyo/pdf23/anzenhosyo-siryo5-7.pdf. Sur l'impact de la loi concernant la recherche et le développement en matière de défense, Maeda S., « Gunjiteki anzenhoshô kenkyû no kenkyû seika to gyôsei jôhô » (La publication des résultats de la recherche en matière de sécurité militaire et l'information administrative), Mie daigaku hôkei ronsô mars 2019, vol. 36, n° 2, p. 25 à 41.

ayant atteint la date limite de conservation, seuls 12 653, soit 0,5 % de l'ensemble, avaient été versés aux archives nationales du Cabinet, *Naikaku kôbunshokan* (31). À peu près à la même époque, aucune des quelque 30 000 pièces déclassifiées du ministère de la Défense depuis l'introduction du secret Défense en 2001 n'avait été transférée aux archives nationales du Cabinet (32).

Pour tenter de remédier à cette situation, la loi de 2013 précise désormais que les pièces relatives aux secrets spécialement désignés, et dont la durée de classification est supérieure à 30 ans, sont automatiquement versées aux archives du Cabinet à l'expiration de ce délai.

Pour les pièces dont le délai de classification est inférieur à 30 ans, trois options s'offrent :

– celles qui n'ont pas obtenu l'autorisation du Cabinet de prolongation de ce délai sont versées aux archives ;

– celles qui présentent un « caractère historique » également ;

– les autres peuvent être détruites sur autorisation du Premier ministre et avis de l'inspecteur général responsable des archives publiques.

Pour les pièces dont le délai de conservation est expiré, mais qui sont encore classifiées, seules celles qui ont une valeur historique pourront bénéficier d'une prolongation de leur délai de conservation et rejoindre par la suite les archives du Cabinet à l'issue de leur déclassification, les autres pourront être détruites sur autorisation du Premier ministre.

Enfin, les pièces dont la durée de conservation est inférieure à un an peuvent être détruites librement par les chefs des départements ministériels. Toutefois, à l'origine, les secrets Défense ne relevaient pas de la loi de 2009, conformément à l'article 3 de la loi, mais des dispositions particulières prises par le ministère de la Défense. Cependant, selon l'interprétation gouvernementale, en tant que futurs « secrets spécialement désignés », ils relèveraient désormais de la loi sur le contrôle des archives publiques (33). Jusqu'à cette date, leur destruction n'avait pas à être autorisée par le Premier ministre. Et cette pratique était couramment pratiquée : entre 2006 et 2012 par exemple, le ministère a procédé à 74 300 classifications secret Défense, mais aussi à 42 100 destructions entre 2007 et 2011, selon des critères peu explicites (34). Si les secrets Défense relèvent désormais de la loi de 2009, cela signifie qu'ils sont soumis à la règle commune posée à l'article 8, alinéa 2, selon laquelle l'autorisation du Premier ministre est requise pour la destruction des secrets Défense en tant que pièces administratives à l'issue de l'expiration de leur délai de conservation et de classification. Il s'agit

---

(31) Cf. www.soumu.go.jp/main_content/000507793.pdf.

(32) Mainichi shinbun 14 oct. 2013.

(33) Onodera Itsunori, ministre de la Défense, Chambre des conseillers, Commission spéciale sur la sécurité de l'État, 2 déc. 2013, n° 11.

(34) Nihon keizai shinbun, 26 nov. 2013.

par-là prévenir la destruction intempestive par le ministère de la Défense, par négligence ou à caractère frauduleux, des documents dont la durée de classification est inférieure à 30 ans. Cet encadrement ne lève cependant pas toutes les interrogations de la communauté scientifique, notamment sur l'appréciation du « caractère historique » des documents dont il s'agit (35). Les pratiques de destruction de documents officiels n'ont pas cessé, mais changé d'objet : ainsi, entre 2015 et 2018, la base des Forces maritimes d'autodéfense de Yokosuka a détruit, de sa propre initiative, et sans en référer à quiconque, plus d'une centaine de copies de documents officiels devant être conservés plus d'un an (36). Pour les documents dont le délai de conservation est inférieur à un an, les spécialistes s'inquiètent de la marge de manœuvre trop grande laissée aux administrations pour leur destruction en dépit de nouvelles directives gouvernementales émises en décembre 2017, mais jugées trop laxistes (37). Et le système actuel offre la possibilité de placer dans cette catégorie des informations sensibles susceptibles d'être plus aisément détruites. Si les historiens en particulier s'inquiètent du risque de destruction des documents administratifs, ce n'est pas seulement parce qu'ils déplorent la faiblesse de la culture archivistique des Japonais, mais aussi parce que dans le passé, entre le 15 août 1945, date de la « fin de la guerre » et l'arrivée des Alliés sur le sol japonais, le gouvernement en général, et les forces armées en particulier, avaient fait disparaître une bonne partie des archives militaires du pays et que la période transitoire entre la publication de la loi de 1999 sur l'accès à la documentation administrative et son entrée en vigueur s'était soldée par une destruction massive de pièces (38). Or, certains de ces documents, comme les journaux précités de mission de la *Jieitai*, les procès-verbaux des enquêtes disciplinaires à l'encontre des militaires, ont un intérêt politique, historique, voire juridique dans le cadre des actions en justice dans lesquelles les FAD

---

(35) Le 25 octobre 2013, le ministère de la Défense a pris une instruction pour que la période de transition entre la promulgation de la loi et son application ne soit pas l'occasion d'une destruction massive des secrets Défense. Onodera Itsunori, ministre de la Défense, Chambre des représentants, Commission spéciale sur la sécurité de l'État, 30 oct. 2013, n° 3.

(36) Tôkyô shinbun 8 juin 2019.

(37) Au cours du seul exercice 2016, les administrations centrales ont procédé, sans contrôle, à 445 000 destructions de documents relevant des secrets spécialement désignés dont la durée de conservation était inférieure à un an. Une dérive qui a conduit la Chambre des représentants à prendre un « avis » pour que la durée de conservation de ces pièces soit supérieure à un an et qu'elles soient assujetties aux contrôles prévus par la loi. Asahi shinbun 1er avr. 2018.

(38) Pour la seule Agence nationale de police, par exemple, 110 630 pièces avaient été détruites en 1999, soit le double par rapport à 1998, et 200 000 en 2000. La même opération de « nettoyage » devait se répéter avant l'entrée en vigueur en 2011 de la loi sur le contrôle des archives publiques. https://clearing-house.org/?p=2129 ; également : https://gendai.ismedia.jp/articles/-/55042?page=2. Ces éléments confirment que les destructions périodiques d'archives relèvent de pratiques administratives routinières quel que soit le gouvernement au pouvoir.

sont parties prenantes (39). Enfin, l'externalisation des opérations de destruction n'est pas non plus exempte de dangers : ainsi le ministère de la Défense s'est-il inquiété, au début décembre 2019, des agissements de l'un de ses contractants, la société Broadlink, une firme spécialisée dans la destruction des disques durs, dont l'un des employés avait vendu aux enchères sur la Toile des supports de la préfecture de Kanagawa comportant des informations personnelles sur les contribuables du département… (40).

D. — *Le respect de la vie privée écorné ?*

Le respect de l'intimité de la vie privée, *puraibashi no kenri*, est un droit constitutionnel par dérivation découlant de l'article 13 de la Loi fondamentale selon lequel « le droit à la vie, à la poursuite du bonheur, aux libertés » doit « jouir de la plus grande considération, *hairyo*, en matière de législation, pourvu qu'il ne porte pas atteinte au bien-être public ». Il concerne les dispositions du chapitre 5 de la loi de 2013 et ses articles 15 à 17 qui se rapportent à l'organisation du régime d'habilitation, *tekisei hyôka*, aux secrets spécialement désignés. Le ministre de la Défense, ou son représentant, procède, avec le consentement écrit des intéressés – ce qui n'était pas le cas précédemment –, à des vérifications concernant les candidats au secret Défense portant sur leurs liens éventuels avec des activités subversives et terroristes, leur casier judiciaire et leurs antécédents disciplinaires, leur expérience dans le traitement et la manipulation de l'information et de leurs supports, leur addiction aux drogues et aux médicaments, leurs antécédents psychiatriques, leur rapport à l'alcool, leur réputation et leur situation financière. Pour mener à bien cette enquête, le ministère de la Défense est autorisé à interroger les collègues, la hiérarchie et l'entourage de la personne pressentie, à demander à l'intéressé la production de documents, à prendre contact avec les administrations et tout organisme public – y compris les services spécialisés de police – ou privé. En cas de refus de consentement, le gouvernement estime qu'une mesure de mutation dans l'intérêt du service pourrait être prise, ce qui jette un doute sur la nature volontaire de ce consentement. Les résultats de cette enquête sont communiqués aux fonctionnaires pressentis, ainsi qu'aux employeurs pour les salariés du privé, et peuvent être contestés devant le ministre de la Défense. Mais, outre le fait que ce recours hiérarchique est purement interne, la décision sur l'habilitation n'est pas considérée comme une mesure administrative faisant grief, *shobun*, et ne peut donc

---

(39) Sebata H., « Rekishigaku kara tokutei himitsu hogohô wo kangaeru. Shikôgo no genjô to kadai » (Réflexions sur la loi sur la protection des secrets spécialement désignés du point de vue de la science historique : la situation actuelle après l'application de la loi), Rekishigaku kenkyû juin 2016, n° 945, p. 22 à 27.

(40) Nihon keizai shinbun 6 déc. 2019.

être contestée en justice (41). En revanche, s'il s'avère que les investigations préalables à l'habilitation ont conduit à une violation de l'intimité de la vie privée, celle-ci peut faire l'objet d'une action en dommages et intérêts contre l'État. La justice pourrait être également saisie si l'agent subit dans son travail des discriminations injustifiées au regard de l'article 14, alinéa 3 pour avoir exercé son droit de recours hiérarchique. La loi précise également que ces informations ne peuvent être utilisées par l'Administration et l'employeur à d'autres fins que l'habilitation. Surtout, l'enquête sur l'implication dans des activités subversives et terroristes ne concerne pas seulement l'intéressé, mais aussi sa famille : le conjoint, marié ou de fait, ses parents, ses enfants, ses frères et sœurs, les parents du conjoint et leurs enfants, ainsi que l'identité, la date de naissance, la nationalité, le lieu de résidence des personnes vivant sous le même toit. Le gouvernement justifie ces mesures par la nécessité de vérifier les conditions d'aptitude professionnelle et psychologique à l'habilitation au secret Défense afin de prévenir au minimum les risques de fuite que la loi entend combattre et de s'assurer que les pressions et le comportement de l'entourage ne constituent pas un obstacle à l'accomplissement normal du service. Il ne précise pas toutefois les conséquences d'un refus éventuel de coopération de la famille sur la procédure d'habilitation. Enfin, l'habilitation est renouvelée tous les 5 ans.

En bref, pour les opposants, la loi ne fait que mettre en place un vaste système inquisitorial qui conduirait l'Administration, sous prétexte d'habilitation au secret spécialement désigné, à vérifier les agissements, les comportements et les opinions politiques et religieuses non seulement des candidats mais aussi, à travers leur entourage, de larges segments de la population. Elle institutionnaliserait un mécanisme de violation de la vie privée qui n'offrirait, de surcroît, aucune garantie que les informations ainsi réunies ne soient pas utilisées à d'autres fins, en dehors d'une simple référence, incantatoire, à l'obligation de non-détournement. Le gouvernement a cependant tenu à préciser que cette enquête devait s'inscrire dans le cadre du principe d'égalité et de non-discrimination inscrit à l'article 14 de la Loi fondamentale et qu'elle ne devait pas conduire à ficher les engagements citoyens, politiques et syndicaux des postulants (42). On peut également estimer que l'habilitation n'est pas un droit, mais une contrainte de service public, et qu'il est légitime de s'assurer que les personnes habilitées offrent des garanties de sécurité. L'argument selon lequel c'est l'ensemble de la population japonaise qui serait prise dans les rets de ces procédures de vérification ne tient pas, pas plus que celui qui délégitime la portée des vérifications exigées au motif que certaines d'entre elles sont étrangères aux cas de fuites observées dans le passé : ainsi ce n'est pas parce qu'il n'y a pas eu de précédent de violation du secret Défense à la suite de désordres

---

(41) Kaisetsu, préc., p. 102 à 103.
(42) Kijun, préc., p. 16.

psychologiques que le contrôle des antécédents psychiatriques doit être exclu. Il n'est donc pas anormal que soient passées en revue l'ensemble des vulnérabilités auxquelles tout candidat à l'habilitation peut être exposé, même à son corps défendant (43).

III. — Les aléas du contrôle sur le secret Défense

Le législateur a attribué au pouvoir exécutif, en l'espèce au ministre de la Défense, des pouvoirs étendus dans les opérations de classification secret Défense, mais n'a pas inclus de dispositions prévoyant explicitement l'interdiction de procéder à des classifications illégales et inconstitutionnelles. Néanmoins, afin d'éviter une extension intempestive du secret Défense préjudiciable aux libertés fondamentales des citoyens, trois types de contrôle sont envisagés, mais dont l'efficacité est contestée et les interactions difficiles : le contrôle bureaucratique par des organes administratifs *ad hoc* (A), le contrôle politique par des instances dédiées à la Diète (B), le contrôle par les tribunaux (C).

A. — *Un contrôle bureaucratique piloté par l'administration du Cabinet*

Par « contrôle bureaucratique », on entend les mécanismes administratifs mis en place par le Cabinet pour encadrer le fonctionnement du régime des secrets spécialement désignés. Trois instances ont été créées à cet effet : la commission de surveillance de la sécurité du Cabinet, *Naikaku hozen kanshi iinkai*, l'inspecteur général de contrôle des archives publiques, *dokuritsu kôbunsho kanrikan*, et la cellule d'observation et de surveillance de la sécurité de l'information, *jôhô hozen kansatsushitsu.* Sur amendement de la Diète, l'article 18, alinéa 4 de la loi dispose que l'ensemble de ce dispositif est néanmoins placé sous le contrôle du Premier ministre et de son pouvoir direct de prescription.

La commission est présidée par le secrétaire général du Cabinet. Elle est composée essentiellement de hauts fonctionnaires de l'administration du Cabinet et des administrations centrales, dont le vice-ministre administratif de la Défense, en application d'une décision du Cabinet du 14 octobre 2014 relative aux « critères homogènes de fonctionnement relatifs aux décisions de classification, de déclassification et d'habilitation », afin de veiller

(43) Kaisetsu, préc., p. 88 et s. Si les grandes organisations représentatives de la profession médicale telles que l'Association japonaise des médecins, *Nihon ishikai*, ne se sont pas prononcées sur la loi, certains praticiens se sont néanmoins inquiétés de ses conséquences jugées néfastes sur la relation de confiance entre médecins et patients. Yoshinaka T., « Tokutei himitsu hogohô to iryôkai no kadai », La loi sur la protection des secrets spécialement désignés : les questions posées au corps médical, *in* Murai T., et Tajima Y., « Tokutei himitsu hogohô to saki ni aru mono » (La loi sur les secrets spécialement désignés et au-delà), Bessatsu hôgaku seminâ mai 2014, n° 229, p. 140 à 145.

à l'impartialité, au caractère approprié, et à l'efficacité de ces opérations. C'est elle qui établit le rapport annuel du Cabinet à la Diète intégrant les suggestions en provenance de l'inspecteur général ainsi que des commissions particulières des deux chambres de la Diète, les rapports des chefs des administrations centrales et les avis du conseil consultatif sur la sécurité des informations, *jôhô hozen shimon kaigi*, composée de personnalités extérieures (avocats, universitaires, milieux d'affaires, médias) dont la fonction est de faire des recommandations au Premier ministre, soit directement, soit indirectement par l'intermédiaire de la commission précitée, sur les conditions de fonctionnement et d'application de la loi, d'examiner à cet effet le projet de rapport annuel transmis à la Diète sur l'état des classifications, mais sans avoir accès au contenu même des secrets et sans pouvoir de vérification sur les décisions de classification. En vertu de l'article 102-17 de la loi sur la Diète la commission de surveillance peut également être saisie des refus de communication opposés aux commissions parlementaires et aux chambres et dispose d'un pouvoir de recommandation auprès des chefs d'administrations centrales impliquant la production d'un rapport ou de pièces. La commission a tenu sept réunions entre janvier 2015 et mai 2019. L'inspecteur général de contrôle des archives publiques, né sur le modèle de l'*Information Security Oversight Office* des États-Unis, examine si les décisions de classification, de déclassification, de prolongation de classification, de versement aux archives du Cabinet ou de destruction de documents prises par les administrations centrales autorisées à confectionner des secrets d'État, dont le ministère de la Défense, sont appropriées ou non, sur la base d'un rapport annuel produit par lui. Il peut procéder à des vérifications sur place, demander la production de documents, ou des explications complémentaires, formuler des observations auprès du ministère, lui demander un rapport annuel sur le régime de conservation des secrets. Cependant, le ministère n'est pas tenu de déférer à la demande de production de documents pour des motifs de sécurité nationale (44). Quant à la cellule d'observation, créée en vertu de l'article 9 des dispositions additionnelles de la loi de 2013, elle est présidée par l'inspecteur précité et ses missions sont identiques. Ses vingt membres sont tous des hauts fonctionnaires de la classe des *shingikan* ; ils proviennent des administrations centrales et la règle dite de « *no return* » qui, aux États-Unis, interdit aux agents ayant siégé à l'Office de rejoindre leur administration d'origine, ne s'applique pas.

Quatre reproches sont faits à ces organes :

– ils manquent d'indépendance : créés au sein des structures du Cabinet, ils sont peuplés, à l'exception du conseil consultatif, de hauts fonctionnaires issus majoritairement des services de police, du renseignement et de la défense ;

(44) Kijun, préc., p. 31 à 32.

– leurs avis, suggestions et recommandations n'ont pas de force obligatoire ;

– faute de personnel, le contrôle est limité : en 2015, sur les 230 121 pièces classifiées, les services de l'inspection n'ont eu accès qu'à 160 d'entre elles et l'année précédente sur les 382 décisions de classification en vigueur à cette date, 91 seulement avaient fait l'objet de vérifications. Non seulement seule une partie minime des « secrets spécialement désignés » fait l'objet d'un contrôle, mais la sélection et la production des pièces reste soumise au bon vouloir des administrations centrales (45) ;

– il n'existe pas au Japon d'organisme comparable à l'*Interagency Security Classification Appeals Panel* (ISCAP) statuant aux États-Unis sur les refus de déclassification. En juin 2018, l'inspecteur général a néanmoins obtenu du ministère de la Défense que l'estampille « secret spécialement désigné » soit biffée de 17 documents et en mars de la même année, il a fait savoir à la commission de surveillance précitée qu'il souhaitait que les « matières couvertes par les secrets spécialement désignés soient réduites au minimum nécessaire, pour une durée elle-même minimale » (46).

Suite à l'entrée en vigueur le 1er avril 2006 de la loi sur la protection des lanceurs d'alerte, le ministère de la Défense a installé des guichets spécialisés permettant à ses agents de dénoncer en interne les illégalités commises dans leur propre administration. Ce type de guichet existe également à l'intérieur de l'inspection générale précitée. Il serait donc possible, en théorie du moins, à un fonctionnaire du ministère en charge d'un secret de faire part de décisions de classifications illicites, ou de pressions illégales exercées par exemple sur des organes de presse, mais aussi de fuites de secrets Défense, pour diligenter une enquête. Toutefois, l'agent n'est pas autorisé à transmettre le secret proprement dit, mais uniquement un résumé et sa cote et, selon l'Administration, la saisine de l'inspecteur général ne serait possible que dans trois cas : si l'agent fait état de discriminations subies du fait de son signalement, en cas de risque de dissimulation, de destruction et de falsification de pièces, de menaces graves pesant sur la sécurité et l'intégrité physiques des personnes (47). Et les lanceurs d'alerte qui s'affranchiraient de ces guichets internes pourraient être poursuivis pour divulgation illégale. Pour surmonter éventuellement les réticences en interne, il a été question de créer un tel guichet au sein du bureau des nouvelles « commissions de surveillance de l'information », *jôhô kanshi shinsakai*, de la Diète, mais ces discussions n'ont pas encore abouti (48).

(45) Confédération japonaise des associations du barreau, Rapport 16 déc. 2016, https://www.nichibenren.or.jp/library/ja/opinion/report/data/2016/opinion_161216_2.pdf.

(46) Nihon keizai shinbun 18 mai 2018.

(47) Kijun, préc., p. 32 à 33.

(48) Mainichi shinbun 16 mai 2016.

B. — *Un contrôle politique par des instances dédiées de la Diète peu contraignant*

Le contrôle exercé par la Diète en matière de secret Défense n'est pas, par essence, très différent de celui qu'elle exerce plus généralement sur la politique de défense dont la conduite relève principalement du pouvoir exécutif. Outre le fait que la Loi fondamentale, dans son article 41, fait de la Diète l'« organe de l'État le plus élevé » et « le seul organe législatif de l'État », elle dispose, à l'article 62, d'un « pouvoir d'investigation en matière d'État » qui lui permet, conformément à l'article 104 de la loi sur la Diète, d'exiger des administrations la production de documents, de créer des commissions d'enquête, de convoquer des témoins pour audition. Si l'effectivité de ce pouvoir a donné lieu à de multiples discussions dans le cadre d'un système de parti dominant, l'existence des « secrets spécialement désignés » pose néanmoins une série d'interrogations sur la compatibilité de ce pouvoir avec le secret Défense. En vertu de l'article 10 de la loi de 2013, le ministre de la Défense, en sa qualité de chef de département ministériel, a l'obligation – et non plus la faculté, comme initialement prévu – de fournir des informations secret Défense aux chambres (et aux commissions parlementaires) si elles le souhaitent, mais sous deux conditions :

– les chambres, ou les commissions, se réunissent à huis clos (49) ;

– la communication n'est possible qu'en « l'absence d'empêchement grave pour la sécurité nationale ».

Mais pour éviter l'arbitraire, l'article 102-15, alinéa 4 prévoit qu'en cas de refus de communication par le ministère, les deux commissions parlementaires de surveillance de l'information peuvent demander, dans un délai de 10 jours, confirmation de ce refus par un communiqué du Cabinet. En revanche, les parlementaires sont également tenus à l'obligation de non-divulgation dans le cadre de la loi de 2013 et les contrevenants, en vertu de l'article 22, alinéa 2, s'exposent à une peine qui ne peut excéder 5 ans de travaux forcés. Cette sanction pénale, que même des parlementaires du PLD ont eu du mal à entériner, ne concerne que la violation du huis clos auprès d'instances extérieures à la Diète, telles que les partis politiques et l'entourage des parlementaires, et notamment leurs assistants. Cependant, ils n'encourent aucune responsabilité pénale du fait de l'immunité parlementaire garantie par l'article 51 de la Constitution, qui couvre les déclarations, discours et votes intervenus dans l'enceinte de la Diète, s'ils font état de ces secrets dans les séances publiques des commissions ou en séance plénière de la chambre. Il en va de même pour la divulgation extérieure de secrets

(49) L'article 57, alinéa 2 de la Loi fondamentale requiert pour cela l'approbation des deux tiers des présents. En d'autres termes, la tenue d'une réunion à huis clos d'une chambre ou d'une commission permanente de la Diète dépend de la majorité écrasante dont jouissent, pour l'instant du moins, le PLD et son allié *Kômeitô*.

Défense dont ils auraient été informés par d'autres canaux que les séances à huis clos. En juin 2014, à la demande de la majorité et de l'opposition, et faisant suite à une mission parlementaire transpartisane à l'étranger, la loi sur la Diète fut amendée pour créer dans chacune des deux chambres, à titre permanent, les commissions précitées de surveillance de l'information, avec pour objectif de ménager l'autonomie administrative de la Diète et ne pas abandonner à l'exécutif l'édiction des modalités du contrôle parlementaire sur les secrets spécialement désignés (50). Ces deux commissions de huit membres chacune, dont les membres sont soumis à serment et les délibérations secrètes, examinent, conformément à l'article 19 de la loi de 2013, le rapport annuel sur l'état des décisions d'habilitation, de classification ou de déclassification des secrets spécialement désignés produits par le gouvernement à destination de la Diète. Elles peuvent être également saisies par la chambre ou les autres commissions ; elles émettent des recommandations à l'intention du ministre et peuvent exiger de lui un rapport sur les suites données à ces recommandations ; elles produisent enfin un rapport annuel au président de la chambre concernée. Ces dispositions sont-elles de nature à asseoir le contrôle du parlement sur le secret Défense ? Beaucoup en doutent : on a relevé ainsi que ces commissions parlementaires n'avaient commencé à se réunir qu'à la fin mars 2015, soit 3 mois après l'entrée en vigueur de la loi, qu'elles étaient dominées par la majorité. Mais cette critique devait être alors formulée pour les autres commissions parlementaires ordinaires ou spéciales et, à plus long terme, le renouvellement régulier de ces commissions devrait permettre d'associer et de sensibiliser un plus grand nombre de parlementaires de tous bords aux questions de renseignement, voire de créer de véritables spécialistes de la question. D'autant que ce pouvoir de « recommandation » était privé de force obligatoire et il n'empêche nullement le ministère d'opposer une fin de non-recevoir à la Diète s'il estime que la sécurité nationale est gravement en jeu. Dans ce cas, il ne resterait à la Diète qu'à mettre en cause la responsabilité du gouvernement, ou du ministre, ce qui est difficilement envisageable en système de Cabinet parlementaire. On souligne également que si la Diète doit approuver le recours à la force armée dans le cadre de l'autodéfense collective depuis 2015, il lui sera difficile de le faire en toute connaissance de cause si un tel recours est fondé sur des informations secret Défense soumises au veto du ministre. Les premiers rapports parlementaires ont été rendus publics en mars 2016. Ils sont prudents : ils n'émettent pas des « recommandations », mais des « avis », concernant principalement le caractère défectueux et par trop homogène du régime de référencement des secrets et la Diète n'a demandé la communication que de quatre secrets.

---

(50) Pour la Chambre des représentants, résolution du 13 juin 2014. www.shugiin.go.jp/internet/itdb_annai.nsf/html/statics/shiryo/jyouhoukanshishinsakaikitei.htm.

C. — *Un contrôle juridictionnel incertain*

Si les tribunaux japonais reconnaissent la légitimité du secret Défense « correspondant à un intérêt public majeur se rapportant à la sécurité du pays », ils ont été longtemps divisés sur la question de savoir si les secrets d'État avaient une nature formelle ou matérielle. En d'autres termes fallait-il considérer qu'il y avait secret d'État si, et seulement si, la décision de classification avait été prise par l'autorité compétente dans le cadre des procédures en vigueur ou si, par nature, les informations avaient vocation à ne pas être divulguées ou diffusées, *hikôchisei*, et étaient dignes d'être protégées, *yôhogosei*. Dans une affaire concernant le secret diplomatique – mais qui pouvait, *mutatis mutandis* s'appliquer au secret Défense – la Cour suprême s'était finalement prononcée en faveur d'une conception matérielle du secret. Mais si la doctrine s'était félicitée de cette jurisprudence qui avait le mérite d'être plus favorable au droit de savoir, de prévenir les décisions de classification motivées par de simples considérations d'opportunité politique, voire constitutives de détournement de pouvoir, mais aussi de pallier l'abstention fautive de classification, elle a constaté que les tribunaux n'ont guère précisé l'étendue de ces deux critères. La conception matérielle, qui est également celle qui prévaut aux États-Unis, et qui empêche que le juge ne puisse se voir opposer la théorie des actes de gouvernement ou son absence d'habilitation, laisse donc une marge d'appréciation aux pouvoirs publics d'autant plus qu'il sera difficile au magistrat de substituer sa propre appréciation à celle de l'Administration (51).

Il n'en est pas moins vrai que la nature particulière du secret Défense pose au pouvoir judiciaire japonais des problèmes spécifiques liés au principe constitutionnel, posé à l'article 82 de la Loi fondamentale, de la publicité des débats : au cas où un agent serait poursuivi pour violation du secret Défense, comment concilier le maintien de l'exigence de confidentialité, non seulement avec le principe constitutionnel de publicité susnommé, mais aussi avec l'office du juge et du procureur responsable des poursuites ? L'article 10, alinéa 1-2 de la loi prévoit bien une exception au profit du juge et des responsables de l'action publique, mais dans les limites déjà prescrites à la communication des pièces. Avec le risque que si le parquet estime que ces dernières ne permettent pas la caractérisation de l'infraction, il rende une décision de non-lieu à poursuivre. Cet article ne règle en rien cependant la question de savoir si cette communication peut intervenir en audience publique, ni la portée même de cette communication. Selon l'interprétation gouvernementale, la communication au juge pourrait intervenir dans le cadre d'un examen

(51) C. suprême, sect., 31 mai 1978 : Keishû, vol. 32, n° 3, p. 457 et s. Sur l'appréciation de la doctrine, Satô K. et Matsui S., « Gaikô kimitsu to shiru kenri. Gaimushô himitsu morei jiken kettei ni yosete » (Le secret diplomatique et le droit de savoir. À propos de la décision relative à la divulgation des secrets détenus par le ministère des Affaires étrangères), Hanrei jihô 1978, n° 896, p. 118 et s.

in camera hors prétoire. Cependant, le juge n'aurait pas accès à la teneur même du secret, mais aux seuls éléments de procédure ayant conduit à la classification et lui permettant d'induire le contenu du secret dont il s'agit. Le juge pourrait également se voir opposer l'article 103 du Code de procédure pénale qui autorise le cas échéant les procureurs à ne pas donner suite à une demande d'ouverture des preuves pour des raisons de secret. Pour les pénalistes, ces dispositions sont insuffisantes à assurer le respect des droits de la défense et du *due process of law* garanti par l'article 31 de la Constitution : la loi ne prévoit aucune communication même partielle à l'égard de la personne inculpée et de son conseil sauf – hypothèse improbable – si le juge ou le procureur demande la levée du secret Défense à cet effet ; il est cependant difficile de croire que ce type de procès puisse se dispenser de l'examen du contenu même du secret ; à supposer même que le ministère de la Défense excipe de l'exception de sécurité nationale pour s'opposer à cette ouverture, le juge japonais ne pourra-t-il qu'en prendre acte ? Le barreau souligne ainsi que l'action pénale risque d'aboutir à une condamnation sans que le secret dont il s'agit soit soumis à un examen contradictoire. Et qu'adviendrait-il d'un avocat qui aurait obtenu de son client des informations couvertes par le secret et dont il révélerait la teneur en audience publique ? Enfin, elle accentue le hiatus entre la conception « administrative » du secret qui continue à prévaloir dans les milieux gouvernementaux et la conception matérielle soutenue par la haute juridiction (52).

Les premières décisions de justice n'ont pas tardé à tomber et elles ont été toutes, jusqu'à présent, défavorables aux demandeurs, mais pour des raisons procédurales : le 25 février 2016, le tribunal de district de Shizuoka, s'appuyant sur une jurisprudence constante, a rejeté la requête d'un avocat du barreau local en annulation de la loi pour inconstitutionnalité, assortie d'une demande de dommages et intérêts, au motif que le demandeur ne pouvait arguer de la violation d'un droit personnel et concret. Cette requête ne pouvait qu'être rejetée car, en matière constitutionnelle, il n'existe qu'un contentieux de l'exception et non de l'action. Elle a d'ailleurs été confirmée, le 22 mars 2017, par la Cour suprême pour le même motif (53). Même décision, auparavant, à l'encontre d'un journaliste *free lance* et de 42 autres plaignants par le tribunal de district de Tôkyô le 18 novembre 2015, au motif que la référence abstraite aux restrictions à la liberté d'expression et d'information que ferait

---

(52) Saitô T., « Keiji tetsuzuki ni okeru tokutei himitsu no toriatsukai » (La manipulation des secrets spécialement désignés dans la procédure pénale), Hôritsu jihô juill. 2014, vol. 86, n° 8, p. 72 à 80 ; Adachi K., « Kokka kimitsu hogohô to keijihô » (La loi sur la protection des secrets d'État et le droit criminel), Keiji bengo 2014, n° 79, p. 130 à 135 ; Toyosaki N., « Tokutei himitsu hogohô no keiji tetsuzukijô no mondaiten » (Les problèmes posés par la loi sur la protection des secrets spécialement désignés du point de vue de la procédure pénale), Keihô zasshi févr. 2017, vol. 56, n° 1, p. 111 à 133.

(53) Sankei nyûsu 25 mars 2017.

peser la loi ne saurait, à elle seule, fonder un intérêt à agir. On peut s'étonner de l'attitude de ces demandeurs qui n'avaient aucune chance d'obtenir satisfaction, sauf à se servir des tribunaux comme caisse de résonance à leurs griefs contre la loi. En revanche, il n'y a eu, plus de 5 ans après l'entrée en vigueur de la loi, ni poursuite, ni donc de condamnation, pour violation de la loi de 2013 (54). Effet dissuasif ? Efficacité d'une politique préventive de sensibilisation et de formation des agents à la sécurité de l'information ? Preuve d'une inutilité qui n'en purge pas les effets nocifs potentiels ? Le débat reste ouvert.

***

Sans surprise, le directeur du Renseignement national américain, James R. Clapper, se félicita en janvier 2014, devant le Sénat, de l'adoption de la nouvelle loi. Concrètement, en 2017, les pouvoirs publics avaient procédé à 39 décisions de classification, ce qui portait à 517 le nombre de décisions de classification en vigueur à cette date – dont 511 pour une durée de 5 ans – contre 443 en 2015, soit une augmentation de 14,1 % sur 3 ans. Sur ce total, 320 concernaient les questions de défense, soit 61,8 % de l'ensemble : les services de la défense (ministère plus Agence pour les équipements de défense) se taillent la part du lion en matière de secrets d'État. L'augmentation concerne également le nombre de pièces classifiées détenues par les administrations centrales : 383 733 en 2017 contre 272 020 en 2015, soit une hausse de 29,1 % sur la période. Les pièces détenues par le seul ministère de la Défense étaient au nombre de 119 876 en 2017 contre 72 325 en 2015, soit une hausse de 39,6 % en 3 ans. La majorité d'entre elles concerne les systèmes de cryptographie, les équipements militaires et les satellites d'observation. Quant au nombre d'agents habilités à traiter les secrets d'État, il est passé de 96 200 en 2015, dont 93 968 fonctionnaires, à 124 515 en 2017, dont 121 501 fonctionnaires. Parmi les administrations centrales, le ministère de la Défense occupe la première place, avec 113 986 personnes habilitées, dont 113 280 fonctionnaires (55). Par rapport aux standards internationaux le Japon, malgré la montée en puissance récente du secret Défense, reste très en retrait : en France par exemple on compte 400 000 personnes ayant accès

(54) En février-mars 2016, des indiscrétions en provenance du ministre de la Défense, Nakatani Gen, et son conseiller politique, Fujiwara Satoshi, concernant la défense antimissile et la coopération avec Washington avaient provoqué le sarcasme des médias. Nihon keizai shinbun 20 avr. 2016 ; Nikkan gendai 4 mars 2016.

(55) Cf. www.cas.go.jp/jp/tokuteihimitsu/pdf/h30_0518_houkoku.pdf. Pour mémoire, le ministère de la Défense est l'administration centrale disposant le plus de dossiers de documents (4 582 651 en 2017) avant l'Agence des impôts nationaux : rapport de février 2019 du bureau de gestion des documents administratifs du secrétariat général de l'Office du Cabinet, www8.cao.go.jp/chosei/koubun/houkoku/2017/pdf/2017_houkoku1.pdf.

au secret Défense, et plus de 5 millions de documents sont classifiés, dont 586 914 informations ou supports au titre du secret Défense (2017) (56).

Avant les réformes de 2001 et de 2013, le régime de la protection de secret Défense était largement calqué sur le droit commun de l'obligation de confidentialité du statut général de la fonction publique : une qualification qui ne tenait pas compte de la spécificité du secret Défense, dans un contexte institutionnel et politique peu propice à cette prise en considération. L'alourdissement des peines avec l'introduction nominative du secret Défense à partir de 2001 restait cependant relatif : il était plus sévère lorsque le délit de divulgation concernait la relation de sécurité nippo-américaine, engendrant une distorsion difficilement justifiable en matière répressive selon le contexte, domestique ou bilatéral, des fuites illégales. En ce sens, la loi de 2013 en alignant les atteintes au secret Défense non seulement sur les peines encourues dans le cadre de la relation nippo-américaine, mais aussi sur celles réprimant le vol et la violation des secrets d'entreprise, n'est pas dépourvue de cohérence (57). On peut le déplorer, mais ces peines sont comparables à celles observées en France, et si elles sont supérieures à celles encourues en Allemagne et en Grande-Bretagne, elles sont inférieures à celles prévues aux États-Unis où, par exemple, l'intelligence avec une puissance étrangère demeure passible de la peine capitale, pour ne rien dire de la Chine et de la Russie. Au total, la vision selon laquelle, avec la loi de 2013, le Japon s'engagerait sur la voie réactionnaire d'un État dissimulateur et répressif est tout à fait exagérée, même si elle soulève des questions légitimes liées à son contenu, au passé de l'archipel, à la politique de défense du gouvernement Abe. Au-delà de la loi, on peut se demander si l'introduction de la notion même de secret Défense ne participe pas d'un mouvement de banalisation et de normalisation des Forces d'autodéfense qui suscite encore des réticences dans une partie de l'opinion et chez de nombreux constitutionnalistes.

Éric SEIZELET

Professeur émérite à l'Université de Paris
Membre de l'Institut français de recherche sur l'Asie de l'Est (IFRAE)

(56) Cf. Rapport sur le secret de la Défense nationale en France, janv. 2018, Secrétariat général de la défense et de la sécurité nationale (SGDSN), www.sgdsn.gouv.fr/uploads/2018/01/rapport-sgdsn-secret-defense-2018.pdf.

(57) Okada Hiroshi, ministre adjoint auprès de l'Office du Cabinet, Ch. des Conseillers, comm. du Cabinet, 6 nov. 2013, n° 2.

CHRONIQUE DE JURISPRUDENCE

Jurisprudence européenne comparée (2019)

par Laurence BURGORGUE-LARSEN
Professeur à l'École de droit de la Sorbonne, Université Paris I
Institut de recherche en droit international et européen de la Sorbonne (IREDIES)

SOMMAIRE

I. — LES INTERACTIONS ORGANIQUES HORIZONTALES

A. — *La Cour de justice, toujours interprète de la Convention européenne ?*

1. *La charte, instrument de l'interprétation des droits et du contrôle de légalité*

2. *L'effet direct des dispositions de la charte*

3. *La charte, instrument de la lutte contre la déconsolidation démocratique ?*

B. — *La Cour européenne, juge de la conventionnalité du système de l'Union*

II. — LES INTERACTIONS ORGANIQUES VERTICALES

A. — *La Cour européenne, juge des cours constitutionnelles*

1. *La face positive du contrôle*

2. *La face négative du contrôle*

B. — *Les cours constitutionnelles, juges de la constitutionnalité des systèmes transnationaux*

La déconsolidation minutieuse de la démocratie par les gouvernements illibéraux de Pologne et de Hongrie poursuit son chemin. L'impensable est devenu inéluctable. Le mécanisme de sanction politique de l'article 7 du TUE – activé tardivement par la Commission contre la Pologne puis par le Parlement européen contre la Hongrie – a prouvé leur radicale inefficacité (1). Alors que la défaillance de la sphère politique fut manifeste, le pouvoir judiciaire finit par prendre le relais. Longtemps et vigoureusement critiquée pour son attentisme coupable, la Cour de justice, dans un sursaut remarqué, s'est activement engagée dans la défense de l'État de droit. Elle fut aidée en cela par la stratégie contentieuse de la Commission européenne, « gardienne des traités », qui n'hésita point à activer la procédure en constatation de manquement de l'article 258 du TFUE ; elle trouva également d'autres alliés objectifs, c'est-à-dire les propres juridictions nationales dont l'indépendance était menacée, et qui activèrent habilement le renvoi préjudiciel de l'article 267, § 3 du TFUE. Si l'Union – à travers la politique jurisprudentielle de la Cour de justice – aura réussi à défendre les valeurs de l'Union (TUE, art. 2) – le pessimisme est de mise sur les *effets* concrets d'une telle approche. Le juge est intervenu *ex post*, près de 3 ans après la salve législative qui détruisait l'indépendance des juridictions polonaises ; surtout, sans une réelle volonté politique marquée par un esprit de coopération loyale (*Bundestrue*) afin de prendre au sérieux les constatations de manquement et les interprétations préjudicielles de la Cour de justice, les juges du plateau de Kirchberg ne peuvent absolument rien contre l'illibéralisme institutionnalisé en Pologne et en Hongrie. Ces pays n'ont eu cure de la pression politique qui s'est manifestée à travers le mécanisme de l'article 7 du TUE, pourquoi alors prendraient-ils au sérieux la pression judiciaire ?

Un mécanisme politique voué à l'échec, une jurisprudence audacieuse, mais qui restera certainement ignorée, que faudrait-il afin que l'État de droit reprenne réellement ses marques à l'Est ? La crédibilité de l'Union européenne est en jeu (2), pour ne pas dire sa légitimité ; au-delà, c'est tout un modèle démocratique construit après-guerre, exporté à l'Est au moyen

---

(1) On rappellera ici que la Commission déclencha l'article 7, § 1 à l'encontre de la Pologne en décembre 2017, après 2 ans d'interminables négociations. Ce fut ensuite au tour du Parlement européen de prendre ses responsabilités. Grâce au rapport de la députée écologiste Judith Sargentini, le déclenchement de l'article 7, § 1 était activé le 13 septembre 2018 à l'encontre de la Hongrie. Les deux démarches furent politiquement inefficaces au regard de la nécessité de réunir l'unanimité dans la suite de la procédure, v. Burgorgue-Larsen L., « Chronique de jurisprudence européenne comparée 2017 », RDP 2018-4, p. 1102 à 1103. Pour une analyse globale de la part d'un ancien *insider,* v. De Capitani E., « La protection et la promotion des valeurs, onze après Lisbonne », *in* Peraldi-Leneuf F. (dir.), *Les valeurs de l'Union européenne*, 2020, Pedone, Cahiers européens, n° 13, p. 13 à 28. L'auteur fut secrétaire de la Commission des libertés publiques « LIBE » du Parlement européen de 1998 à 2011. De même, v. les communications de Baratta R., Adinolfi A. et Mastroianni R. dans le même ouvrage.

(2) V. la contribution de Peraldi-Leneuf F. *in Les valeurs de l'Union européenne, op. cit.*, « Le respect par l'Union de ses propres valeurs : comment assurer la crédibilité de l'Union de droit ? », *op. cit.*

d'institutions comme la Commission de Venise, qui finit par s'effriter lentement, mais sûrement.

I. — Les interactions organiques horizontales

A. — *La Cour de justice, toujours interprète de la Convention européenne ?*

Si les questionnements classiques sur la concurrence et/ou la complémentarité entre la Convention de sauvegarde et la Charte des droits fondamentaux, continuent d'alimenter le contentieux, les développements récents du cours chaotique de l'intégration européenne, laissent à voir des enjeux, cruciaux pour l'avenir de l'Union, qui la dépassent. Comment arriver à sanctionner la déconsolidation démocratique par le biais de la fonction judiciaire ? Telle est la problématique à laquelle la Cour de justice est confrontée dans le cadre d'affaires mettant en cause, directement ou indirectement, les actions des autorités polonaises. Dans ce contexte, s'il est important de rappeler que la charte continue logiquement d'être un instrument au service de l'interprétation des droits fondamentaux au sein de l'Union européenne et du contrôle de légalité (1) ; s'il convient de continuer à scruter la jurisprudence sur l'effet direct de ses dispositions (2), il convient également, et sans doute surtout, de s'interroger afin de savoir si elle est l'instrument principal de la lutte contre la « déconsolidation démocratique » pour reprendre l'expression de Yasha Mounk et Stefan Foa (3) (3).

1. *La charte, instrument de l'interprétation des droits et du contrôle de légalité*

Les techniques de surveillance, en augmentation constante, engendrent logiquement un contentieux toujours plus nourri à l'échelle nationale et européenne, tant elles sont susceptibles de porter atteinte à la vie privée des personnes. La vidéosurveillance fait partie de ces nouvelles technologies dont l'usage se multiplie au nom de la sécurité, au détriment de la liberté. Vieux dilemme qui ressurgit à intervalles réguliers au détour des évolutions de la science. Les deux cours européennes – coïncidence contentieuse – rendaient à 2 mois d'intervalle des arrêts où la vidéosurveillance était au centre des débats (4). Or, un des défis permanents dans une Europe où les systèmes de protection sont imbriqués, consiste à maintenir la cohérence afin que l'ensemble protecteur

---

(3) Stefan Foa R., Mounk Y., « The Signs of Deconsolidation », Journal of Democracy janv. 2017, vol. 28, n° 1, p. 5 à 15.

(4) CJUE, 11 déc. 2019 n° C-708/18, ECLI:EU:C:2019:1064, TK c/ Asociaţia de Proprietari bloc M5A-ScaraA, et CEDH, gde ch., 7 oct. 2019, López Ribalda *et al.* c/ Espagne. Cet arrêt sera analysé *infra.*

soit harmonieux. Au-delà des questions de bonne entente institutionnelle entre les cours (nationales et européennes), il s'agit surtout de penser et de mettre en œuvre la cohérence pour le bénéfice des justiciables. Dans ce contexte, il n'est pas inutile de rappeler que la Charte des droits fondamentaux dispose d'une disposition *ad hoc* entièrement consacrée à la protection des données personnelles (art. 8) ; au-delà, le droit dérivé de l'Union dispose de normes protectrices, longtemps réunies dans la fameuse directive 95/46/CE, dont on sait qu'elle fut remplacée par le non moins fameux règlement général de protection des données (RGPD). En droit de l'Union, un système de vidéosurveillance par caméra est qualifié comme un « traitement de données à caractère personnel automatisé [au sens de l'article 3, § 1 de la directive 95/76/CE], lorsque le dispositif mis en place permet d'enregistrer et de stocker des données à caractère personnel telles des images permettant d'identifier des personnes physiques (5). » Partant, l'analyse de la Cour de justice, au-delà des atteintes à la vie privée comme telle (Charte des droits fondamentaux de l'UE, art. 7), développe une jurisprudence spécifique sur la question du traitement des données personnelles, ce qui a d'ailleurs participé à la présenter, au-delà des frontières européennes, comme une Cour des droits de l'homme pionnière en la matière. Ceci étant dit, et comme le droit dérivé de l'Union le montre, une série d'exceptions est possible à la captation d'images – notamment au nom de « la réalisation d'intérêts légitimes » (6) de la directive 95/76/CE. La Cour de justice, dans l'affaire *TK,* considéra que le droit de l'Union ne s'opposait pas à ce que les États installent des systèmes de vidéosurveillance dans les parties communes de locaux d'habitation sans le consentement des personnes concernées (au nom de l'intérêt légitime de la garde et de la protection des personnes et des biens), à charge pour le juge national d'examiner le respect des droits et libertés fondamentaux des personnes. C'est donc à lui que revient l'éternelle question de savoir si les principes de nécessité et de proportionnalité ont été dûment respectés.

Il est des espèces où la protection des droits fondamentaux est entièrement au cœur du contrôle de légalité, et la charte ne peut qu'y être majestueuse. Ce fut le cas s'agissant du contentieux du gel des avoirs. Le Tribunal de l'Union européenne, par une valse d'arrêts rendus le 11 juillet 2019 (7) concernant sept personnalités politiques de l'ancienne classe dirigeante au pouvoir en Ukraine – dont Viktor Yanukovych, ancien président du pays et l'un de ses fils ainsi que Sergej Arbuzov, ancien Premier ministre – a annulé plusieurs actes du Conseil de l'Union qui avaient eu pour objectif de proro-

(5) CJUE, 11 déc. 2019, TK, point 35.

(6) ANSPDCP, 31 mai 2012, déc. n° 52/2012, art. 4, e, cité par CJUE, 11 déc. 2019, TK, point 11.

(7) Trib. UE, 11 juill. 2019, n^os^ T-244/16 et T-285/17, T-245/16 et T-286/17, T-274/18, T-284/18, T-285/18, T-289/18 et T-305/18.

ger des mesures restrictives relatives au gel de leurs fonds (8). Ainsi, *ad ex.*, dans les affaires jointes *V. Yanukovych c/ Conseil* (9), le requérant invoquait sept moyens, tirés respectivement d'une absence de base légale, d'un détournement de pouvoir, d'un défaut de motivation, du non-respect des critères d'inscription sur la liste, d'une erreur manifeste d'appréciation, et *last but not least*, de la violation des droits de la défense et du droit à un recours effectif ainsi que de la violation du droit de propriété. Le Tribunal rappelle avec emphase qu'« il ressort d'une jurisprudence bien établie que, lors du contrôle de mesures restrictives, les juridictions de l'Union doivent assurer un contrôle, en principe complet, de la légalité de l'ensemble des actes de l'Union au regard du respect des droits fondamentaux faisant partie intégrante de l'ordre juridique de l'Union, au rang desquels figurent notamment, les droits de la défense et le droit à une protection juridictionnelle effective » (point 73). Dans la foulée, l'article phare de la charte, au cœur du fonctionnement de l'administration de la justice de chaque État – l'article 47 –, fit logiquement son apparition : « L'effectivité du contrôle juridictionnel garanti par l'article 47 de la Charte des droits fondamentaux exige que, au titre du contrôle de la légalité des motifs sur lesquels est fondée la décision d'inscrire ou de maintenir le nom d'une personne sur la liste des personnes faisant l'objet de mesures restrictives, le juge de l'Union s'assure que cette décision, qui revêt une portée individuelle pour cette personne, repose sur une base factuelle suffisamment solide. Cela implique une vérification des faits allégués dans l'exposé des motifs qui sous-tend ladite décision, de sorte que le contrôle juridictionnel ne soit pas limité à l'appréciation de la vraisemblance abstraite des motifs invoqués, mais porte sur la question de savoir si ces motifs, ou, à tout le moins, l'un d'eux considéré comme suffisant en soi pour soutenir lesdits actes, sont étayés » (point 74). Si la Cour conclut ce passage en citant l'arrêt de la Cour de justice *Azarov* du 19 décembre 2018 (10), il n'est pas inutile de rappeler que ces principes avaient été posés avec force dès la

---

(8) En réponse à la « crise » ukrainienne de février 2014, le Conseil de l'Union européenne avait décidé, le 5 mars 2014, de geler les fonds et les ressources économiques de personnes identifiées comme étant responsables du détournement de fonds de l'État ukrainien. En 2014, elles faisaient en effet l'objet d'enquêtes préliminaires en Ukraine pour cette infraction et celle du transfert illégal de fonds hors d'Ukraine. La décision du 5 mars 2014 fut prorogée à plusieurs reprises, pour des périodes d'un an, au motif que les personnes incriminées faisaient l'objet d'une procédure pénale par les autorités ukrainiennes. La prorogation de ces mesures fut successivement contestée en 2016 et 2017 par Viktor Yanukovych et l'un de ses fils, et en 2018 par les autres personnalités politiques incriminées. Elles invoquaient notamment le fait que le Conseil n'avait pas respecté les critères d'inscription de leurs noms sur les listes de gel des fonds.

(9) Trib. UE, 11 juill. 2019, n^os^ T-244/16 et T-285/17, ECLI:EU:T:2019:502, V. Yanukovych c/ Conseil.

(10) CJUE, 19 déc. 2018, n° C-530/17 P, EU:C:2018:1031, Azarov c/ Conseil.

jurisprudence *Kadi* (11). En tout état de cause, il est intéressant à ce stade de souligner que la Cour n'entend guère diminuer les obligations pesant sur le Conseil de l'Union quand sont en jeu des mesures aussi restrictives que le gel des fonds. Partant, le fait que l'Ukraine, État tiers à l'Union, soit toutefois un État membre du Conseil de l'Europe et partie à la Convention de sauvegarde, ne peut être analysé comme un blanc-seing en faveur du Conseil afin de se délier trop aisément de « l'exigence de vérification ». Cette dernière consiste à s'assurer que les autorités judiciaires de l'État tiers aient dûment respecté les droits de la défense et le droit à une protection juridictionnelle effective quand elles adoptaient les mesures pénales à l'encontre des parties en cause. Lisons plutôt : « s'il est vrai que la circonstance que l'État tiers compte au nombre des États ayant adhéré à la convention de sauvegarde des droits de l'homme et des libertés fondamentales, signée à Rome le 4 novembre 1950, implique un contrôle par la CEDH des droits fondamentaux garantis par la Convention européenne des droits de l'homme, lesquels, conformément à l'article 6, § 3 du TUE, font partie du droit de l'Union en tant que principes généraux, une telle circonstance ne saurait toutefois rendre superflue l'exigence de vérification » (point 78). Le Tribunal constata que la motivation des actes du Conseil prorogeant les mesures restrictives ne comportait pas la moindre référence à une éventuelle vérification du respect de tels droits... *Dura lex, sed lex.*

2. *L'effet direct des dispositions de la charte*

La jurisprudence de la Cour continue de confirmer sa politique jurisprudentielle sur l'effet direct de certaines des dispositions de la charte. L'article 47 fait évidemment figure de proue en la matière (12). L'arrêt *Alekszij Torubarov*, jugée le 29 juillet 2019 (13), le laisse à voir dans une affaire où la politique juridique hongroise en matière migratoire était en cause. La Cour devait se prononcer sur la portée du droit au recours effectif dont les demandeurs d'une protection internationale (statut de réfugié ou bénéficiaire de la protection subsidiaire) doivent disposer, contre les décisions rejetant leurs demandes de protection, pour les besoins de la directive 2013/32/UE. La juridiction de renvoi avait été saisie, pour la troisième fois dans le cadre de la même affaire, par un ressortissant russe, poursuivi pénalement dans son pays d'origine. Il avait

---

(11) CJUE, 18 juill. 2013, n[os] C-584/10 P, C-593/10 P et C-595/10 P, EU:C:2013:518, Commission e.a. c/ Kadi, not. point 119.

(12) Dans le même sens, v. CJUE, gde ch., 19 nov. 2019, n° C-585/18, ECLI:EU:C:2019:982, A. K. e.a., § 162 : « S'agissant de l'article 47 de la Charte, il ressort de la jurisprudence de la Cour que ladite disposition se suffit à elle-même et ne doit pas être précisée par des dispositions du droit de l'Union ou du droit national pour conférer aux particuliers un droit invocable en tant que tel ».

(13) CJUE, gde ch., 29 juill. 2019, 29 juill. 2019, n° C-556/17, ECLI:EU:C:2019:626, Torubarov.

introduit une demande de protection internationale en Hongrie, au motif qu'il craignait d'être persécuté en Russie pour ses opinions politiques ou d'y subir des atteintes graves. L'intéressé avait, dans le cadre d'un recours contre une décision de refus de protection internationale, demandé à la juridiction de renvoi de substituer sa propre décision. Toutefois, une loi hongroise datant de 2015, visant à limiter drastiquement l'immigration de masse, avait supprimé le pouvoir des juges de réformer les décisions administratives relatives à l'octroi de la protection internationale... La Cour rappelle l'effet direct de l'article 47 de la charte, et le combine avec l'exigence d'un ***effet utile*** du droit de l'Union ; ainsi, il « serait incompatible avec les exigences inhérentes à la nature même du droit de l'Union » qu'une disposition nationale ait pour effet de « diminuer l'efficacité du droit de l'Union » en refusant au juge « le pouvoir de faire, au moment même de cette application, tout ce qui est nécessaire pour écarter les dispositions législatives nationales formant éventuellement obstacle à la pleine efficacité de normes de l'Union dotées d'un effet direct » (14). La Cour s'en remet donc au juge national pour assurer l'effet utile du droit de l'Union, et exige pour cela que ce juge soit doté des outils procéduraux et contentieux afin d'assurer une telle effectivité. À ce stade, on s'interroge : pour combien de temps encore ce renvoi aux juges nationaux sera-t-il pertinent, dans un pays où la mise sous tutelle du pouvoir judiciaire n'est plus un secret pour personne ?

Après le droit au juge, le droit à la non-discrimination est devenu central, ces dernières années, s'agissant de la question de l'effet direct. À la suite de l'interdiction de toute discrimination au regard de l'âge (15), celle fondée sur la religion ou les convictions (Charte des droits fondamentaux de l'UE, art. 21, § 1) a pris un essor significatif. Après l'affaire *Egenberger* (16), l'affaire *Cresco* (17) le démontre. Dans un pays majoritairement catholique – « où une quinzaine de cultes sont reconnus par la loi, le Vendredi saint est le seul jour férié ajouté à la liste des fêtes légales, au bénéfice exclusif des salariés appartenant à une Église protestante » (18), il revenait à la Cour de justice de déterminer si le fait que la rémunération d'un protestant était doublée s'il travaillait le Vendredi saint, constituait une discrimination interdite au sens de la directive « égalité de traitement » du 27 novembre 2000. La discrimination directe fut acté, tandis que la Cour rejeta le fait qu'il pouvait s'agir d'une discrimination positive. La question de la portée de l'article 21, § 1 fut notamment au cœur des très fines et

(14) *Ibid.*, § 73.

(15) CJCE, 22 nov. 2005, n° C-144/04, ECLI:EU:C:2014:2, W. Mangold c/ R. Helm ; CJUE, gde ch., 19 janv. 2010, n° C-555/07, EU:C:2010:21, Kücükdeveci ; CJUE, 19 avr. 2016, n° C-441/14, Dansk Industri.

(16) CJUE, gde ch., 17 avr. 2018, n° C-414/16, ECLI:EU:C:2018:257, Egenberger.

(17) CJUE, gde ch., 22 janv. 2019, n° C-193/17, ECLI:EU:C:2019:43, Cresco Investigation GmbH c/ Markus Achatzi.

(18) Calves G., « Jour férié réservé aux membres d'un culte minoritaire : un refus clair et net de la CJUE », SSL 11 mars 2019, p. 5.

substantielles conclusions de l'avocat général Bobek (partiellement conformes) et des développements de la Cour. Cette dernière rappela avec force que l'interdiction de toute interdiction fondée sur la religion revêtait un caractère impératif : « elle se suffit à elle-même pour conférer aux particuliers un droit invocable en tant que tel dans un litige qui les oppose, dans un domaine couvert par le droit de l'Union » (§ 76). Surtout, et contrairement à ce que l'avocat général avait proposé, la Cour de justice imposa à tous les employeurs autrichiens de reconnaître aux travailleurs n'appartenant à aucune des Églises protestantes, le droit à un jour férié le Vendredi saint (point 85), « aussi longtemps qu'aucune mise en conformité législative n'est intervenue ». La solution fut jugée « audacieuse » dans un litige horizontal qui a pour origine une disposition législative (19).

3. *La charte, instrument de la lutte contre la déconsolidation démocratique ?*

Le contentieux relatif à la préservation de l'indépendance judiciaire au sein des États membres est devenu central et a permis de rappeler que les juges de Luxembourg – quand ils le voulaient et quand les circonstances l'exigeaient – pouvaient être créatifs. Contre toute attente, dans ce panorama de combat pour la démocratie, la Charte des droits fondamentaux ne fut pas systématiquement le centre névralgique de la mécanique protectrice. Présente, elle ne fut pas automatiquement déterminante. Un autre texte fit son apparition. Il s'agit du propre Traité sur l'Union européenne et, plus particulièrement, son article 19, § 1, alinéa 2 du TUE. Son libellé sibyllin – « Les États membres établissent les voies de recours nécessaires pour assurer une protection juridictionnelle effective dans les domaines couverts par le droit de l'Union » – ne laissait pas présager, *prima facie*, de développements novateurs. Et pourtant, la Cour – ou les référendaires y travaillant – sut développer une interprétation ***pro démocratie*** de cette simple phrase. Le lecteur néophyte pourrait se demander, à ce stade, pourquoi le texte censé incarner les valeurs de l'Union ne se suffit-il pas à lui-même ? Pourquoi l'article 47 de la charte (20) ne permet-il pas, à lui seul, de sanctionner des atteintes à l'indépendance de la justice qui met à mal, par ricochet, l'État de droit consacré à l'article 2 du TUE ? La réponse est simple et réside dans une des plus significatives singularités de la charte : son application conditionnée. Elle ne peut en effet être invoquée et appliquée avec succès, uniquement dans des hypothèses où les actes émanant des États membres, et faisant l'objet de contestations, « mettent en œuvre le droit de l'Union ». Or, il est difficile *a priori* – sauf particularités de chaque espèce

(19) *Ibid.*, p. 8.

(20) L'article 47, § 1 de la Charte consacre le droit à un recours effectif (l'équivalent de Conv. EDH, art. 13), tandis que le § 2 consacre le droit à un procès équitable incluant le droit d'accéder à un tribunal indépendant et impartial (équivalent de Conv. EDH, art. 6, § 1).

où d'éventuels actes de droit dérivé seraient en jeu – de considérer que les réformes de l'administration de la justice (en Pologne ou dans tout autre État membre) soient systématiquement « une mise en œuvre du droit de l'Union » au sens de l'article 51, § 1 de la charte. Par voie de conséquence, le moyen de surmonter cette aporie consista à mobiliser l'article 19, § 1, alinéa 2 du TUE et de lui octroyer une portée hors du commun.

Si cette disposition fit son apparition dans l'affaire de l'*Association des syndicats de juges portugais* – grâce aux questionnements formulés par l'Association dans le cadre de son renvoi préjudiciel (21) – elle prit incontestablement un sens politique majeur dans l'important arrêt en manquement *Commission c/ Pologne* du 24 juin 2019 (indépendance de la Cour suprême) (22) suivi par celui du 5 novembre 2019 (indépendance des juridictions de droit commun) (23) rendus sur la base des conclusions de l'avocat général Tanchev. Si l'article 19, § 1, alinéa 2 tient une place centrale dans le raisonnement de la Cour dans ces deux affaires en manquement, cela ne veut pas dire que l'article 47 de la charte ait totalement disparu de l'argumentaire de la Cour, ni d'ailleurs le référent traditionnel du standard conventionnel. Bien au contraire, leurs liens sont indéfectibles. L'arrêt du 19 novembre 2019, rendu à la suite d'une demande activée par un juge de la propre Cour suprême polonaise dans l'affaire *A.K e.a.* (24), le démontre.

Deux problématiques étaient au centre de ces recours et renvois :

– l'abaissement de l'âge du départ à la retraite des juges de la Cour suprême et l'octroi, au président de la République, du pouvoir de prolonger le mandat actif de ces juges, d'un côté (25) ;

---

(21) CJUE, 27 févr. 2018, n° C-64/16, EU:C:2018:117, Associação Sindical dos Juízes Portugueses. Était en cause une loi adoptée en 2014 par le parlement portugais et qui réduisait temporairement la rémunération des fonctionnaires publics, notamment celle des magistrats de la Cour des comptes. Agissant pour le compte des juges, c'est l'Association syndicale qui introduisit un recours devant la Cour suprême du Portugal en arguant du fait que les mesures de réduction étaient prises en violation du principe d'indépendance des juges, consacré tout à la fois par la Constitution portugaise, mais également par l'article 19, § 1, alinéa 2 et l'article 47 de la Charte. Pour une analyse substantielle de cette affaire, v. Pech L., Platon S., « Judicial Independance under threat: the Court of Justice to the rescue in the ASPJ case », CMLR 2018, p. 1827 à 1854.

(22) CJUE, 24 juin 2019, n° C-619/18, ECLI:EU:C:2019:531, Commission c/ Pologne (aff. dite de l'*indépendance de la Cour suprême*). Pour une analyse axée essentiellement sur les éléments procéduraux de l'affaire devant la CJUE, v. Pingel I., « L'affaire *Indépendance de la Cour suprême* devant la Cour de justice. Réflexions sur l'indispensable liberté des juges », European Papers 2019, n° 3, p. 823 à 837.

(23) CJUE, 5 nov. 2019, n° C-192/18, EU:C:2019:59, Commission c/ Pologne (aff. dite de l'*indépendance des juridictions de droit commun*), concl. Tanchev E.

(24) CJUE, 19 nov. 2019, n[os] C-585/18, C-624/18 et C-625/18, A. K. e.a. (aff. dite de l'*indépendance de la chambre disciplinaire de la Cour suprême*).

(25) CJUE, 24 juin 2019, EU:C:2019:35, Commission c/ Pologne, concl. Tanchev E.

– une discrimination alléguée sur la base du sexe en raison de l'abaissement de l'âge du départ à la retraite, des juridictions de droit commun de l'autre (26).

Une troisième problématique relative au régime disciplinaire des juges a vu le jour dans le cadre d'une affaire non jugée en 2019, mais dont les conclusions furent rendues à nouveau par Evgeni Tanchev (27), le 24 septembre 2019, dans l'affaire *Miasto Lowits* (28). On le voit, le contentieux qui prend corps devant la Cour de justice, est le reflet de l'ampleur de l'entreprise de démolition des principes afférents à la démocratie libérale. Se souvient-on encore du temps où la Pologne fut le symbole de la chute du communisme avec le mouvement *Solidarnosć* mené par Lech Walesa ?

À ce stade, il faut prendre la mesure de la montée en puissance de l'article 19 du TUE dans le contentieux actuel car il marque, à n'en pas douter, un tournant majeur dans l'édification d'un « droit constitutionnel européen » à travers la politique jurisprudentielle de la Cour de justice. Cette dernière a tout d'abord défini le ***sens*** général de la disposition dans son ensemble (29) : elle « concrétise la valeur de l'État de droit affirmée à l'article 2 du TUE » en ce qu'il « confie aux juridictions nationales et à la Cour la charge de garantir la pleine application du droit de l'Union dans l'ensemble des États membres ainsi que la protection juridictionnelle que les justiciables tirent de ce droit » (30). Cette portée n'allait pas de soi dans la mesure où l'article 19 du TUE se réfère plus à l'accès au juge national, qu'à sa qualité. L'avocat général danois Henrik Saugmandsgaard Øe, dans ses conclusions présentées sous l'affaire de l'*Association syndicale des juges portugais,* plaidait d'ailleurs pour une interprétation restrictive de cette disposition (31). Ainsi, la « substantialisation de la valeur de l'article 2 du TUE » ne fait plus de doute puisqu'elle est dotée « d'une composante judiciaire s'exprimant dans l'article 19 du TUE qui

---

(26) CJUE, 5 nov. 2019, n° C-192/18, EU:C:2019:59, Commission c/ Pologne (aff. dite de l'*indépendance des juridictions de droit commun),* concl. Tanchev E. et CJUE, 19 nov. 2019, n[os] C-585/18, C-624/18 et C-625/18, A. K. e.a. (aff. dite de l'*indépendance de la chambre disciplinaire de la Cour suprême*).

(27) On signalera qu'Evgeni Tanchev fut, avant de devenir avocat général à la CJUE, juge et président de la Cour constitutionnelle bulgare.

(28) Conclusions prononcées le 24 septembre 2014 sous l'affaire *Miasto Lowits e.a.*, n[os] C-58/18 et C-563/18. Cette affaire donna lieu à un arrêt en date du 26 mars 2020 (ECLI:EU:C:2020:234) et qui sera analysé dans le cadre de la prochaine chronique.

(29) Autrement dit, en mentionnant l'article 19 du TUE comme tel, sans détailler ses paragraphes.

(30) CJUE, 24 juin 2019, Commission c/ Pologne (indépendance de la Cour suprême), point 47 ; CJUE, 5 nov. 2019, Commission c/ Pologne (indépendance des juridictions de droit commun), point 98.

(31) Concl. Saugmandsgaard Øe H., 18 mai 2017, EU:C:2017:395. Il affirmait au point 63 notamment que l'article 19 du TUE « revêt[ait] avant tout un caractère procédural » duquel on ne pouvait déduire une obligation mise à la charge des États de garantir l'indépendance des juges nationaux.

consacrerait alors le droit au juge en tant qu'élément de l'État de droit » (32). Au-delà de cet élément, Cour de justice et juridictions nationales sont prises en considération – le *multilevel constitutionalism* est clairement acté – dans l'importance d'édifier un système judiciaire où la protection juridictionnelle est l'axe central. Or – et c'est ici que le lien indéfectible entre l'article 19 du TUE et 47 de la charte est clair –, la protection juridictionnelle passe classiquement par le respect des principes d'indépendance et d'impartialité.

Une fois affirmé ce point, la Cour mobilise ensuite, le § 1, alinéa 2 de l'article 19 du TUE afin de mentionner l'obligation, à la charge des États membres, de « prévoir un système de voies de recours et de procédures assurant un contrôle juridictionnel effectif » (33). Il est octroyé ici à l'article 19, § 1, alinéa 2, une « portée constitutive en ce qu'il se trouve érigé en source autonome, d'une obligation d'ordre structurel à la charge des États de garantir l'indépendance des juridictions nationales participant au système juridictionnel de l'Union » (34).

Quant au champ d'application matériel de l'article 19 du TUE, il est particulièrement large puisqu'il concerne les « domaines couverts par le droit de l'Union », et ce, indépendamment de la mise en œuvre du droit de l'Union par un État membre au sens de l'article 51, § 1 de la charte (35). Autrement dit, « dès qu'une juridiction nationale est susceptible de se prononcer sur des questions portant sur l'application ou l'interprétation du droit de l'Union » (36), l'article 19 du TUE s'applique, ce qui est une manière subtile de contourner l'exigence stricte de l'article 51, § 1 de la charte. La doctrine ne s'y est pas trompée, l'article 19 du TUE est devenu central pour lutter contre la « déconsolidation démocratique » (37), il s'agit du « sésame » de l'Union

---

(32) Teyssedre J., « La judiciarisation du contrôle du respect de l'État de droit : la Cour de justice au chevet des juges nationaux », RTD eur. 2020, p. 23 et s.

(33) CJUE, 24 juin 2019, Commission c/ Pologne (indépendance de la Cour suprême), point 48 ; CJUE, 5 nov. 2019, Commission c/ Pologne (indépendance des juridictions de droit commun), point 99.

(34) Teyssedre J., *op. cit.,* p. 23 et s.

(35) CJUE, 27 févr. 2018, Associação Sindical dos Juízes Portugueses, point 2 ; CJUE, 24 juin 2019, Commission c/ Pologne (indépendance de la Cour suprême), point 50 ; CJUE, 5 nov. 2019, Commission c/ Pologne (indépendance des juridictions de droit commun), point 101.

(36) CJUE, 27 févr. 2018, Associação Sindical dos Juízes Portugueses, point 39 ; CJUE, 24 juin 2019, Commission c/ Pologne (indépendance de la Cour suprême) ; CJUE, 5 nov. 2019, Commission c/ Pologne (indépendance des juridictions de droit commun).

(37) Pour une analyse centrée sur les liens entre autonomie procédurale et institutionnelle des États membres et indépendance de la justice, v. Galetta D.-U., Ziller J., « L'indépendance des juges et le droit de l'Union du point de vue de l'autonomie institutionnelle (et procédurale) des États membres », *Les valeurs de l'Union européenne, op. cit.,* p. 65 à 77.

de droit (38). L'honneur est sauf, même si, on se permet de douter des effets positifs concrets de telles constructions jurisprudentielles. Les limites du droit, devant la politique.

B. — *La Cour européenne, juge de la conventionnalité du système de l'Union*

L'enchevêtrement des systèmes et des obligations sur le continent européen conduit régulièrement la Cour européenne à devoir examiner des affaires où elle ne peut faire fi des règles posées par le droit de l'Union ; elles en constituent très souvent la toile de fond. C'est le cas en matière migratoire où la législation afférente au « système *Dublin* » ne peut être écartée. La question à ce stade est de se demander si son interprétation transforme la Cour européenne des droits de l'homme en un allié objectif de l'Union européenne au point, le cas échéant, de sacrifier son propre standard de protection. L'affaire *Ilias et Ahmed* incarne magistralement cette interrogation (39).

La vie des deux requérants ressortissants du Bangladesh est une succession de drames depuis leur naissance. Elle démarra avec la perte des membres de leurs familles, se poursuivit par une vie misérable sans éducation ou presque (§ 14), des travaux précaires mais aussi des travaux forcés, puis le passage par plusieurs pays (Afghanistan, Pakistan, Iran, Inde, Turquie) afin de trouver une stabilité rêvée, mais inaccessible, sur les routes européennes de Grèce, de Serbie, puis de Hongrie. C'est là qu'ils se rencontrèrent. Le destin réunit ces deux personnes nées dans le même pays et parlant la même langue – le *sylheti*, une langue apparentée au *bengali,* la langue officielle du Bangladesh (§ 12) – dans la zone de transit de Röszke en Hongrie, où ils demandèrent l'asile. Les requérants étant détenus dans une zone de transit frontalière entre la Hongrie (État membre de l'Union) et la Serbie (État tiers), une première question était de savoir si leur confinement équivalait à une privation de liberté de fait (40). L'autre importante interrogation était de savoir si l'article 3 avait été enfreint à raison de leur expulsion de Hongrie vers la Serbie. Si la Cour rejeta fort à propos la cynique exception d'irrecevabilité soulevée par le gouvernement hongrois, consistant à affirmer qu'il avait agi « conformément au droit de l'Union européenne » (§ 95) – ce qui est particulièrement piquant pour un État qui ne respecte pas les valeurs de l'Union (TUE, art. 2) et contre lequel la procédure de l'article 7 du TUE a été déclenchée –, elle n'en valorisa pas moins à plusieurs reprises le fait qu'elle ne pouvait agir comme une juridiction de

(38) Rizcallah C., Davio V., « L'article 19 du TUE : sésame de l'Union de droit. Analyse de la jurisprudence récente de la Cour de justice de l'Union européenne relative à l'indépendance des juges nationaux », RTDH 2020, p. 155 à 184.

(39) CEDH, gde ch., 21 nov. 2019, n° 47287/15, Ilias et Ahmed c/ Hongrie.

(40) Les requérants alléguèrent précisément la violation de l'article 3, de l'article 13 combiné avec l'article 3 et de l'article 5, § 1 et 4.

première instance en matière migratoire et que son évaluation devait être guidée par l'esprit de la subsidiarité découlant de l'article 1 (§ 150). Sous l'angle de l'article 3, la Cour exempta la Hongrie de la mise en jeu de sa responsabilité pour les conditions de détention dans la zone d'attente (§ 194), tandis qu'elle déclara sa violation sous l'angle procédural (§ 164). La régression la plus notable est celle qui est intervenue sous l'angle de l'article 5, § 1 au moment de décider si un demandeur d'asile, retenu dans une zone frontalière dite de « transit », est privé ou pas de sa liberté. Le ton est assez vite donné par la Cour quand elle souligne que « pour ce qui est des situations dans lesquelles les demandeurs d'asile peuvent se retrouver, [elle] considère que lorsqu'elle distingue entre restriction de liberté et privation de liberté, il lui faut adopter une approche pragmatique et réaliste tenant compte des conditions et défis actuels » (§ 213). Elle poursuivit en mentionnant qu'il importait « de reconnaître le droit pour les États, sous réserve de leurs engagements internationaux, de contrôler leurs frontières et de prendre des mesures contre les étrangers qui contournent les restrictions posées à l'immigration ». Le lecteur aura compris que la présomption ainsi posée est celle d'une action frauduleuse, ce qui en dit long sur le changement de perspective qui est celui de la Cour : la pression des États tiers intervenants ne fut pas vaine.

Sur la base de ces présupposés, la Cour présenta au § 217 quatre critères lui permettant de distinguer une restriction d'une privation de liberté :

– la situation personnelle des requérants et les ***choix*** opérés par eux ;

– le régime juridique applicable dans le pays concerné et son objectif ;

– la durée du maintien, considérée notamment à la lumière du but qui était poursuivi et de la protection procédurale des requérants ;

– la nature et le degré des restrictions concrètement imposées aux requérants ou subies effectivement par eux.

Appliquant ces critères aux faits de l'espèce (41), la Cour considéra, non pas l'absence de violation de l'article 5, mais bien son inapplicabilité.

La victoire est totale pour la Hongrie (État défendeur), pour les autres États de l'Est qui avaient misé sur la tierce intervention (Bulgarie, Pologne, Russie), mais aussi, au-delà, tous les États européens qui de concert se sont tous « crispés » sur la question migratoire depuis plusieurs années. Il faut lire l'opinion partiellement dissidente du juge albanais L. Bianku (à laquelle s'est rallié le juge du Monténégro N. Vučinić) pour prendre la mesure de l'ampleur de la régression, notamment par rapport à l'arrêt *Amuur*. Un passage de son opinion doit ici être relevé et démontre à quel point la Cour européenne a

---

(41) Relevant notamment, s'agissant du premier critère, que les requérants « n'ont pas franchi la frontière entre la Serbie et la Hongrie parce que leur vie ou leur santé auraient été directement menacées par un danger immédiat en Serbie, mais parce qu'ils sont entrés en Hongrie de leur plein gré » (§ 223) ; ce qui est une manière assez singulière d'analyser les périples emplis de multiples dangers des demandeurs d'asile.

délivré *in fine* une interprétation du droit de l'Union *contra persona* laquelle, si on s'aligne sur l'approche du juge Bianku, est également une interprétation qui va à l'encontre tant des règlements et directives concernant le droit d'asile (42), que de la jurisprudence de la Cour de justice (43).

II. — Les interactions organiques verticales

A. — *La Cour européenne, juge des cours constitutionnelles*

On ne présente plus le contrôle conventionnel sur les décisions et les procédures constitutionnelles. Or, il est délicat pour deux types de raisons. La première est technique : bien que les contrôles de constitutionnalité et de conventionnalité soient proches, ils ne sont pas identiques. Les normes de références et les techniques de contrôle ne se recoupent pas totalement. Une décision déclarée conforme à la Constitution ne sera jamais *ne varietur* conforme à la Convention. Ce constat classique perdure aujourd'hui en dépit du fait que la plupart des cours constitutionnelles européennes aient intégré, dans le cadre de leur office, le standard conventionnel. La seconde est stratégique : s'il n'est pas aisé, pour les juges constitutionnels, de voir remises en cause leurs décisions de justice, il est tout aussi délicat pour la Cour européenne d'exercer son contrôle à leur endroit, sans prendre le risque de rompre le fil du dialogue

(42) Opinion en partie dissidente du juge Bianku : « L'approche de la majorité dans cette affaire me semble contraire à l'article 28 (Placement en rétention) du règlement (UE) n° 604/2013 du Parlement européen et du Conseil du 26 juin 2013 établissant les critères et mécanismes de détermination de l'État membre responsable de l'examen d'une demande de protection internationale introduite dans l'un des États membres par un ressortissant de pays tiers ou un apatride et à l'article 8 (Placement en rétention) de la directive 2013/33/UE du Parlement européen et du Conseil du 26 juin 2013 établissant des normes pour l'accueil des personnes demandant la protection internationale (refonte). Ces deux textes, applicables en Hongrie, prévoient que les États membres ne peuvent placer une personne en rétention au seul motif qu'elle est un demandeur d'asile. »

(43) Opinion en partie dissidente du juge Bianku : « La Cour de justice de l'Union européenne ("la CJUE") a interprété les dispositions en question dans l'arrêt qu'elle a rendu le 15 mars 2017 dans l'affaire *Al Chodor et autres* (C-528/15). Elle s'est exprimée ainsi : "la rétention des demandeurs, constituant une ingérence grave dans le droit à la liberté de ces derniers, est soumise au respect de garanties strictes, à savoir la présence d'une base légale, la clarté, la prévisibilité, l'accessibilité et la protection contre l'arbitraire". La CJUE est parvenue à cette conclusion en tenant compte de l'article 6 de la Charte des droits fondamentaux de l'Union européenne. Il me semble difficile, voire incompréhensible, d'arriver à une conclusion différente sur la base de l'article 5 de la Convention. Depuis décembre 2015, la Commission européenne a ouvert devant la CJUE une procédure d'infraction contre la Hongrie au sujet de sa législation en matière d'asile, et elle a décidé à plusieurs reprises de poursuivre cette procédure, en l'étendant également à la question de la rétention des demandeurs d'asile dans les zones de transit. »

avec des partenaires stratégiques. L'affaire *López Ribalda e.a.* (44) reflète ce que nous avons appelé la « face positive » du contrôle où la Cour européenne valorise l'interprétation constitutionnelle, surtout quand celle-ci est dûment prise en considération en respectant la logique du contrôle de proportionnalité promue par la Cour européenne (1). L'affaire *Kavala* (45) quant à elle représente le spectre opposé et démontre que la Cour européenne n'a pas d'états d'âme quand se trouve en jeu une entreprise de démolition démocratique, validée par une Cour constitutionnelle, en l'occurrence celle sise à Ankara (2).

1. *La face positive du contrôle*

Smile, you're on camera! Cette formule culte lança un programme humoristique américain de caméra cachée qui fit des émules à travers le monde. Filmer à leur insu des personnes n'a pas toutefois systématiquement des vertus comiques. C'est ce que démontrent les faits de l'affaire *López Ribalda e.a.* Constatant des pertes significatives de revenus en comparant le niveau des stocks et les chiffres de ventes d'un supermarché (§ 11) – le directeur du magasin installa des caméras de surveillance, certaines visibles, d'autres dissimulées, tournées vers l'entrée et la sortie du supermarché comme vers les caisses. Tous les employés du supermarché furent informés de l'installation des caméras ostensibles ; en revanche, « ni eux, ni le comité du personnel ne furent tenus au courant de la présence des caméras cachées » (§ 13). Grâce à l'analyse des enregistrements vidéo – qui furent ultérieurement montrés à la représentante syndicale, mais point aux salariés mis en cause –, les auteurs des vols purent être identifiés : quatorze employés furent licenciés, parmi lesquels les cinq requérantes (§ 15). Leurs plaintes devant le juge du travail – basées sur l'obtention d'une preuve obtenue de façon illicite, c'est-à-dire en méconnaissance de l'obligation d'information imposée par le droit national et découlant de la transposition de la directive 95/46/CE – ne furent pas couronnées de succès et leur licenciement fut validé. L'échec de leur action contentieuse fut également patent en appel devant le tribunal supérieur de justice de Catalogne. Le test de proportionnalité qu'il réalisa – basé en outre sur la jurisprudence constitutionnelle – tourna à leur désavantage, la surveillance ayant été considérée comme justifiée et nécessaire (§ 38). Nonobstant cet échec procédural au niveau interne, cinq des quatorze salariés licenciés présentèrent une requête devant la Cour européenne, arguant notamment (46) de la violation de l'article 8 de la Convention. La 3e section de la Cour déclara, à une voix près toutefois (celle du juge russe Dedov) la violation de l'article 8 (47).

---

(44) CEDH, gde ch., 7 oct. 2019, López Ribalda *et al.* c/ Espagne.
(45) CEDH, 10 déc. 2019, Kavala c/ Turquie.
(46) Une violation de l'article 6 de la Convention fut aussi alléguée.
(47) CEDH, 9 janv. 2018, López Ribalda c/ Espagne, § 70.

Qu'à cela ne tienne ; le gouvernement joua la carte du renvoi et évita, un an et demi plus tard, la confirmation de l'engagement de la responsabilité internationale de l'État espagnol. Là où la chambre de sept juges avait estimé que les juridictions internes n'avaient pas ménagé un juste équilibre entre le droit des requérantes au respect de leur vie privée et l'intérêt de l'employeur à la préservation de ses droits patrimoniaux, la grande chambre considéra l'inverse. *In fine*, c'est le point de la vue exprimé par la dissidence du juge Dedov (présentée sous l'arrêt du 9 janvier 2018) qui finit par être pris en considération en 2019. Après avoir présenté pas moins de quatre éléments factuels permettant de considérer que les actions de l'employeur ne pouvaient passer pour abusives, arbitraires ou disproportionnées, le juge russe avait mobilisé une jurisprudence américaine de la fin du XIXe siècle afin de considérer que « nul ne peut à bon droit invoquer sa propre faute ». Et de poursuivre en affirmant que « La Convention ne saurait donc être analysée et interprétée d'une manière qui cautionnerait la perpétration de méfaits ». Cette idée fut certainement au cœur du revirement avec – comme autre élément décisif – le fait que ***toutes*** les juridictions internes, à l'unisson, aient raisonné de la même manière pour parvenir à la solution du respect d'un « juste équilibre » entre les intérêts en présence – vie privée *versus* faculté pour l'employeur de protéger ses biens et « d'assurer la bonne marche de l'entreprise par l'exercice de son pouvoir de direction » (§ 122). En reprenant les six critères posés dans l'affaire *Barbulescu* (48) quand le comportement de personnes morales et/ou physiques entre en jeu afin de déterminer les obligations positives qui pèsent à la charge des États (existence ou non d'une information de l'employeur à l'endroit des salariés sur les mesures de surveillance ; étendue de la mesure de surveillance et le degré d'intrusion dans la vie privée ; existence ou non de motifs légitimes pour la justifier ; possibilité ou non de mettre en place un moyen moins intrusif ; évaluation des conséquences dans la vie privée du salarié ; existence de garanties adéquates, notamment dans l'hypothèse du caractère intrusif des mesures de surveillance), la Cour n'eut de cesse de se référer au contrôle de proportionnalité effectué par les juridictions internes qu'elle considéra comme raisonnable (§ 123 et 132), d'autant plus quand le Tribunal constitutionnel espagnol – dans sa jurisprudence la plus récente – valorisa et utilisa les critères posés dans l'affaire *Barbulescu* (§ 58).

On retiendra ici le raisonnement de la grande chambre à l'endroit de deux des six critères : celui relatif à l'information des salariés et celui relatif au degré d'intrusion dans la vie privée. S'agissant du premier, la Cour minora considérablement le manquement de l'employeur à l'obligation d'information, estimant (à l'unisson des tribunaux internes) qu'il ne s'agissait là que « d'un critère pour apprécier la proportionnalité de la mesure » (§ 131 *in fine*). Pour le dire encore différemment, l'infraction à une obligation légale (découlant en

---

(48) CEDH, gde ch., 5 sept. 2017, Barbulescu c/ Roumanie.

l'espèce du droit de l'Union) pourra être relativisée au regard de l'ensemble des circonstances de la cause, ce qu'elle fit *in fine* (§ 133). Elle en profita pour opérer un distinguo tiré de son analyse du standard « des normes internationales et européennes pertinentes » ; et de considérer que s'il semblait « nécessaire » d'informer les personnes de façon claire et préalable, il ne s'agissait guère d'une obligation (§ 131, 1re phrase). Ce passage laisse extrêmement dubitatif. Était-il vraiment nécessaire de distiller cette idée d'un standard flou, alors que la mobilisation du principe de proportionnalité suffisait pour atténuer le non-respect par l'employeur de son obligation d'information ? Ce passage est particulièrement dommageable quand on sait que le règlement général de protection des données (RGPD) renforce moult garanties déjà présentes dans la directive 95/76/CE. À terme, un hiatus pourrait se profiler entre les garanties offertes par le droit l'Union et celles de la Convention, dans ce domaine sensible et en évolution permanente.

Quant à la question du degré d'intrusion dans la vie privée, la Cour s'attacha à relever l'importance, dans l'analyse du contrôle de proportionnalité, de la nature des lieux filmés – un espace public comme l'est un supermarché, ne pouvant être mis sur le même pied qu'un espace privé, tel un bureau (§ 124 et 125). Toutefois, là encore, on constate un glissement de langage aux effets potentiellement néfastes. Elle affirma que les attentes en matière de protection de la vie privée étaient très importantes « dans les endroits relevant de l'intimité, tels que les toilettes ou des vestiaires où se justifie une ***protection accrue***, voire une interdiction de procéder à une vidéosurveillance » (§ 125). Telle que formulée, cette phrase laisserait sous-entendre que l'interdiction n'est pas la seule option possible dans ces espaces de l'intime. Or, toutes les normes qu'elle cite – dans la partie en fait de son arrêt – mentionnent clairement l'interdiction catégorique, dans ces lieux, des systèmes de vidéosurveillance (§ 61 et 65). Que la grande chambre ait décidé de revoir la position de la chambre ; qu'elle ait décidé de donner du crédit à l'analyse des juridictions nationales, soit. Leur solution – au vu des particularités du cas d'espèce – pouvait légitimement passer pour raisonnable. En revanche, que la Cour distille dans son raisonnement des formules ambiguës, régressives par nature, qui délivre une interprétation biaisée du droit existant ayant pour conséquence d'abaisser le standard de protection, ceci est plus contestable.

2. *La face négative du contrôle*

Un arrêt de chambre qui atteint 97 pages ne peut pas passer inaperçu. C'est d'autant plus le cas quand on découvre qu'aux côtés de trois imposantes ONG, la commissaire aux droits de l'homme du Conseil de l'Europe exerça son droit de prendre part à la procédure (art. 36, § 4). L'objet de cette tierce intervention fut de présenter le parcours du requérant – dont on apprend qu'il avait tissé de longue date des liens de confiance avec les institutions du Conseil de l'Europe

(§ 13) – mais également de décrire de façon objective les « événements de Gezi » de 2013. En effet, grâce aux visites *in loco* en Turquie de son prédécesseur et des rapports publiés dans la foulée de ses enquêtes de terrain (49), la Cour disposait, en plus des allégations du requérant et des arguments du gouvernement, de nombreuses informations recensées de façon indépendante (50). Partant, les faits de la cause furent éclairés en l'espèce par un tiers indépendant particulièrement digne de confiance. La lecture de l'affaire révèle que ce qui fut à l'origine une simple opposition citoyenne de militants écologistes au projet de construction d'un centre commercial au cœur d'Istanbul (et ayant pour effet de détruire le seul espace vert de la ville, le parc Gezi) se transforma en une vague de protestation politique dans tout le pays, suite à la répression disproportionnée menée par les services de police. Le tout dégénéra en actes violents de part et d'autre, puisqu'il fut avéré que des groupes radicaux s'étaient infiltrés parmi les manifestants pacifiques (§ 142). Osman Kavala fut arrêté en 2017 sur la base d'un acte d'accusation qui lui reprochait d'avoir fomenté et participé aux violences de 2013 ainsi qu'au coup d'État avorté de 2016. Autrement dit, son arrestation eut lieu plus de 4 ans après les événements de Gezi et plus d'un an après ceux de 2016. La Cour déclara – à chaque fois à l'unanimité – la violation des articles 5, § 1, c et 5, § 4, tandis que la violation de l'article 18 combiné avec l'article 5, § 1, c fut actée à une voix près. Autrement dit, le fait que l'arrestation et la détention de M. Kavala avaient un but non conventionnel – c'est-à-dire le réduire au silence et dissuader d'autres personnes de se livrer à des activités de défense des droits de l'homme afin de paralyser la société civile du pays – fut nié purement et simplement par la nouvelle juge turque.

Sur l'allégation de violation de l'article 5, § 1, c, la Cour démontra qu'il n'y avait en réalité aucune « raison plausible » de soupçonner le requérant d'avoir commis une infraction, tant en 2013 au moment des « événements de Gezi », qu'en 2016 dans le cadre du coup d'État avorté. S'agissant du premier point, elle attacha une importance significative au fait que l'acte d'accusation reposait sur des allégations qui n'étaient étayées par aucun indice matériel concret et pertinent ayant pu démontrer la participation du requérant à des actes violents. Et d'affirmer que « cette circonstance revêt une importance capitale en l'espèce, dans la mesure où l'un des éléments matériels constituant l'infraction reprochée – relevant de l'article 312 du Code pénal – était l'emploi de la "force" ou de la "violence" pour renverser le gouvernement » (§ 143). Quant à la plausibilité des soupçons pesant sur le requérant concernant sa participation à la tentative de coup d'État de 2016 (C. pén., art. 309), la Cour mit en évidence que seuls de simples coups de fil et rencontres avec

---

(49) Nils Muižnieks (commissaire aux droits de l'homme), Rapport à la suite de sa visite en Turquie du 1er au 5 juillet 2013, Comm. DH(2013)24, 26 nov. 2013.

(50) CEDH, 10 déc. 2019, Kavala c/ Turquie, § 20 à 22, 120 à 123 et 170 à 174.

des personnalités étrangères étaient au cœur de l'acte d'accusation qui ne fit que relayer une théorie du complot dénuée de tout fondement (§ 154 à 155).

S'agissant de la question de savoir si la Cour constitutionnelle avait statué « à bref délai » sur la légalité de la détention du requérant (art. 5, § 4), la Cour européenne – et c'est à souligner – opéra un virage significatif dans sa jurisprudence. Il était particulièrement attendu. Elle prit soin, pour commencer, de rappeler que la Convention « n'astreint pas les États contractants à instaurer plus d'un degré de juridiction pour l'examen de la légalité de la détention et pour celui des demandes d'élargissement. Néanmoins, un État qui offre un second degré de juridiction doit en principe accorder aux détenus les mêmes garanties aussi bien en appel qu'en première instance (.../...) Il en va de même pour les juridictions constitutionnelles – comme la Cour constitutionnelle turque – qui statuent sur la légalité de la détention et permettent la remise en liberté de la personne concernée si sa détention n'est pas légale » (§ 181). Elle rappela ensuite les spécificités de la procédure turque, tolérant de ce fait que le juge constitutionnel puisse prendre plus de temps pour examiner les requêtes (§ 183), pour finir par mettre un terme à sa jurisprudence indulgente en la matière. Alors qu'après la tentative de coup d'État avorté, le prétoire de la Cour constitutionnelle fut passablement encombré, elle fut en effet très conciliante dans les affaires *Alpay, Akgün, Mehmet Hasan Altan* et *Sahin Alpay* sur l'analyse du délai d'examen des demandes de mises en liberté (§ 191). Elle changea de cap et tint à souligner qu'elle n'avait pas voulu délivrer à la Cour constitutionnelle turque une « carte blanche » sur cette question. *In casu,* la Cour européenne releva que l'analyse de la requête du requérant « dépass[ait] tous les délais d'examen observés dans les affaires » turques du même type (§ 191 *in fine*) ; que le requérant fut maintenu en détention provisoire « sans pouvoir comparaître devant un juge pendant plus d'un an et 7 mois et que toutes ses demandes de remises en liberté ont été rejetées pour les mêmes motifs stéréotypés » (§ 190). Pis, « arrêté le 18 octobre 2017, l'acte d'accusation comportant une partie des charges pesant sur lui n'a été déposé que le 19 février 2019 ». Autrement dit, pendant les 16 mois qui ont suivi sa mise en détention, « le requérant a été détenu sans avoir été inculpé par le parquet » (§ 193). Cette analyse circonstanciée permit à la Cour d'acter la violation de l'article 5, § 4 du fait de l'attitude de la Cour constitutionnelle. D'indulgence contentieuse, il n'est donc plus question dès lors que la liberté est en jeu. Le signal lancé en direction des juges constitutionnels est donc très clair. Comment sera-t-il reçu ?

Si cette affaire est paradigmatique, c'est qu'elle tend à lever le voile sur la politique de persécution et de répression du régime turc actuel à l'endroit de tous les défenseurs des droits de l'homme, encore plus quand ils bénéficient de soutiens intellectuels et financiers extérieurs. L'analyse de la Cour sur l'article 18 était donc attendue : elle fut à la hauteur des enjeux. Toutefois, la dissidence de la nouvelle juge élue au titre de la Turquie, Saadet Yüksel, obscurcit considérablement le tableau. Elle fit son entrée publique sur la scène judiciaire européenne en usant de sa faculté d'émettre une opinion séparée : en l'espèce, elle fut tout à la fois concordante et dissidente. Le lecteur comprendra vite que Saadet Yüksel est plus encline à défendre le régime actuel de l'État turc qu'à promouvoir les valeurs conventionnelles, ce que laissait présager la lecture du *Nordic Monitor* au moment de son élection (51). Si, sur la base d'une argumentation technique, elle se rallia tout d'abord à la violation de l'article 5, § 1 de la Convention tout en s'écartant du raisonnement développé par la Cour (opinion concordante), elle mobilisa ensuite quatre arguments, plus idéologiques que techniques, pour conclure à l'absence de preuves suffisantes pour considérer que le procès intenté contre « l'activiste » M. Kavala poursuivait un agenda politique (§ 9, opinion dissidente). Autrement dit, elle renversa complètement la perspective classique d'analyse des faits quand se trouvent en jeu les articles 5, § 1 et 18 où il incombe au gouvernement de démontrer que les poursuites et l'arrestation d'une personne se sont fondées sur des bases suffisamment solides permettant de penser que des « soupçons raisonnables » existaient laissant croire qu'elle avait effectivement commis une infraction. Or, si la Cour constata la violation de ces deux dispositions, c'est justement parce que « les autorités ne furent pas en mesure de démontrer que la mise et le maintien en détention [...] étaient justifiés par des soupçons raisonnables fondés sur une évaluation objective des actes reprochés » (§ 157). Et de démontrer que l'acte d'accusation recens[ait] une série de faits comme étant pénalement répréhensibles, alors qu'il s'agi[ssait] essentiellement « de l'exercice de droits conventionnels », ce qui « affaiblit en soi la plausibilité des soupçons » (§ 149 ; § 157 *in fine*). Ces constats effectués au titre de l'examen du seul article 5, § 1, sont également au cœur de l'analyse de l'article 18 combiné avec l'article 5, § 1 : « Les documents de l'accusation font référence à de nombreux actes, accomplis en toute légalité, en lien avec l'exercice d'un droit conventionnel et en coopération avec les organes du Conseil de l'Europe ou les institutions internationales (échanges avec les organes du Conseil de l'Europe, participation à l'organisation d'une visite d'une délégation internationale). Ils font également référence à des activités ordinaires et légitimes de la part d'un défenseur des droits de l'homme et d'un responsable d'ONG, comme le fait de mener une campagne pour l'interdiction de la vente de gaz lacrymogène à la Turquie ou de soutenir les recours individuels. Pour la Cour, la mention de ces éléments nuit à la crédibilité de l'accusation. De plus, l'attitude de l'accusation pourrait être considérée comme étant de nature à confirmer la thèse du requérant selon laquelle les mesures prises à son encontre poursuivaient un but inavoué, à savoir le réduire au silence

(51) Cf. Bozkurt A., « Erdoğan manages to install his choice as new European Court of Human Rights judge », Nordic Monitor 11 avr. 2019, www.nordicmonitor.com/2019/04/erdogan-managed-to-plant-his-choice-as-a-judge-at-the-european-court-of-human-rights/.

en tant que militant d'ONG et défenseur des droits de l'homme, dissuader les autres de se livrer à de telles activités et paralyser la société civile du pays » (§ 223 et 224). Sur la base de ces éléments, la Cour eut le courage d'inciter le gouvernement à « prendre toutes les mesures nécessaires pour mettre un terme à la détention du requérant et faire procéder à sa libération immédiate » (§ 240). À ce jour, la demande de libération d'Osman Kavala est restée lettre morte : le 24 décembre 2019, soit quelques jours après l'arrêt de la Cour européenne et devant de nombreux observateurs internationaux, dont un membre du Parlement européen, un tribunal turc décidait de le maintenir en détention provisoire. Une inexécution flagrante de l'arrêt de la Cour au mépris de l'article 46 de la Convention. Elle est lourde de sens quand on sait que la juge turque Saadet Yüksel vota contre sa libération immédiate (point 7 du dispositif). Un mauvais présage pour la légitimité de la garantie européenne à court et moyen terme.

B. — *Les cours constitutionnelles, juges de la constitutionnalité des systèmes transnationaux*

La Cour constitutionnelle de Karlsruhe est assurément la Cour constitutionnelle qui « compte » en Europe. Elle n'a de cesse depuis ses arrêts emblématiques du début des années 1970, d'être la Cour *leader* sur l'orientation du dialogue avec la Cour de justice, tant s'agissant de l'étendue des compétences de l'Union, que concernant la protection des droits fondamentaux. Sa jurisprudence, établie depuis de nombreuses années, est connue et peut être succinctement résumée ainsi. Les sages allemands se sont arrogé le droit, de façon exceptionnelle, de contrôler la validité du droit de l'Union quand sont en jeu l'identité constitutionnelle allemande d'un côté et l'existence d'actes *ultra vires* de l'autre. Mises à part ces deux thématiques – importantes il est vrai, car elles démontrent que la Cour constitutionnelle n'entend pas abdiquer son rôle sur l'autel de l'intégration européenne –, il n'est pas question pour elle, normalement, d'exercer un contrôle de conventionnalité dans des domaines qui ont été réglementés par le droit de l'Union. À peine s'est-elle autorisée à contrôler l'utilisation du renvoi préjudiciel (TFUE, art. 267, § 3) par les juridictions ordinaires, et ce, sur la base du respect du droit au juge légal tel que consacré à l'article 101 de la Loi fondamentale.

Deux décisions du 6 novembre 2019 (52) – relatives au « droit à l'oubli » – apportent leur pierre à ce schéma balisé des rapports de systèmes ; l'une d'entre elles innove plus particulièrement sur le terrain de l'étendue du rôle de la Cour constitutionnelle à l'égard des fonctions des juges ordinaires, quand se trouve en jeu le droit de l'Union. On sait que la Cour de justice

---

(52) C. const. allemande, 6 nov. 2019, 1re ch., BvR 16/13 et BvR 267/17. V. Joop O., « Contester par un recours constitutionnel la violation des normes du droit de l'Union ? Cela dépend, répond la Cour constitutionnelle allemande », RTD eur. 2020, p. 164.

se retrouva sous le feu des projecteurs médiatiques quand elle consacrait le droit à l'oubli dans son arrêt *Google Spain* (53) en mobilisant les articles 7 (droit à la vie privée) et 8 (droit à la protection des données personnelles) de la Charte des droits fondamentaux (54). Ce droit fut intégré dans le droit dérivé au sein du désormais célèbre règlement RGPD, à son article 17 (55). Alors que la jurisprudence allemande a toujours été, historiquement, particulièrement protectrice à l'égard des médias, les requérants à l'origine des deux décisions du 6 novembre 2019 entendaient obtenir la suppression, sur l'Internet, de liens vers un article de presse relatif à un meurtre commis il y a plus de 30 ans (« droit à l'oubli I », BvR 16/13) et vers une émission de télévision relative aux pratiques douteuses de certains employeurs (« droit à l'oubli II » BvR 276/17). Face aux refus réitérés des juridictions ordinaires, ils saisirent la Cour de Karlsruhe. Au regard de l'application du droit de l'Union en la matière, il lui revenait de délimiter précisément la portée de son contrôle. Dans l'affaire du « droit à l'oubli I », étaient en cause les obligations afférentes à un organe de presse (56), domaine où la réglementation à l'échelle européenne n'est pas entièrement harmonisée. Dans ce cas de figure où le législateur de l'Union a entendu octroyer une certaine marge de manœuvre aux États – en l'occurrence à travers le principe dit du « privilège médias » (*media privilege*) –, la Cour constitutionnelle considère (classiquement) que le standard de son contrôle est avant tout celui de la Loi fondamentale allemande. Il repose sur la présomption que l'application des droits fondamentaux constitutionnels atteint simultanément le niveau de protection requis à l'échelle du droit de l'Union. Seul un contrôle additionnel sur la base du standard du droit de l'Union serait nécessaire, s'il apparaissait que le droit allemand ne serait pas en mesure d'atteindre le niveau de protection posé par la Charte des droits fondamentaux (57). C'est l'affaire du « droit à l'oubli II » qui innove, alors qu'étaient en jeu les obligations d'un moteur de recherche, domaine où l'harmonisation du droit de l'Union est intégrale. Dans ce cas de figure, le standard de réfé-

---

(53) A titre d'exemple, « Chronique de jurisprudence européenne comparée », RDP 2018-4, p. 1225 et s.

(54) CJUE, gde ch., 13 mai 2014, n° C-131/12, Google Spain S.L. et Google Inc. c/ Agencia Española de protección de datos : RDP 2014-5, « Chronique de jurisprudence européenne comparée », p. 1134 et s.

(55) Règl. (UE) 2016/679 du PE et du Cons., 27 avr. 2016 relatif à la protection des personnes physiques à l'égard du traitement des données à caractère personnel et à la libre circulation de ces données, art. 17, « droit à l'effacement » (droit à l'oubli).

(56) Le requérant avait en effet demandé au magazine *Der Spiegel* de retirer de l'Internet des archives que l'éditeur avait mis en ligne.

(57) V. Press release, n° 83/2019, 27 nov. 2019, Order of 6 November 2019, 1 BvR 16/13, « Domestic fundamental rights remain the primary standard of review of Constitutional Court, even in cases where EU fundamental rights would also be applicable », § 1 c.c et 2.

rence du contrôle n'est plus le droit constitutionnel allemand, mais bien la Charte des droits fondamentaux. Or, non seulement la Cour constitutionnelle reconnaît sans difficulté aucune que le droit de l'Union est la seule référence possible, mais encore elle s'estime compétente pour contrôler elle-même le respect, par les juridictions ordinaires, de la bonne application du droit de l'Union. Il s'agit ni plus ni moins d'une décision historique (58). Les juges de Karlsruhe ne laissent passer aucune occasion pour ne pas perdre la main dans le champ des droits fondamentaux. En effet, si d'un côté cette décision met en exergue l'incontournable emprise du droit de l'Union harmonisé en Allemagne et la nécessaire obligation pour toutes les autorités (notamment judiciaires) de l'appliquer ; de l'autre, elle permet au juge constitutionnel de ne pas perdre la main en posant sa compétence pour participer à l'obligation d'une bonne application du droit de l'Union. Elle la fonde habilement sur la « clause Europe » (L. fondamentale, art. 23, § 1) qui la mandate, ainsi que les autres pouvoirs constitués, afin de donner effet à l'intégration européenne en Allemagne. Et de pouvoir affirmer : « *By incorporating the fundamental rights of the European Union into its standard of review, the Federal Constitutional Court thus discharges its responsibility with respect to European integration* » (59). Son habileté se transforme quelque peu en cynisme stratégique, quand elle pointe une des faiblesses majeures de la systématique des voies de droits au niveau de l'Union : l'impossibilité d'accéder à la CJUE pour les justiciables qui, ce faisant, ne peuvent pas se plaindre directement devant elle d'une atteinte à leurs droits fondamentaux. Partant, elle décide de venir au soutien de la Cour de Luxembourg grâce à sa compétence pour examiner, au-delà de la bonne application par les juridictions ordinaires du mécanisme préjudiciel, de la bonne application du droit harmonisé de l'Union. Dans ce cadre, elle se reconnaît la possibilité de coopérer directement avec la CJUE en lui posant, elle-même, des questions préjudicielles. Et de considérer que cette « étroite coopération » était ici rendue nécessaire dans la mesure où seule la Cour de justice disposait de l'autorité finale afin d'interpréter le droit de l'Union et, notamment, la Charte des droits fondamentaux. Et d'affirmer que dans l'hypothèse où une question d'interprétation n'aurait pas été dûment clarifiée par la jurisprudence de la Cour de justice et s'il était difficile de fournir une réponse claire en utilisant les principes classiques d'interprétation

---

(58) V. Press release, n° 84/2019, 27 nov. 2019, Order of 6 November 2019, 1 BvR 276/17, The Federal Constitutional Court reviews under the domestic application of legislation that is fully harmonised under EU law on the basis of EU fundamental rights, § 3: « In the present proceedings, the Federal Constitutional Court has decided for the first time that where EU fundamental rights take precedence over German fundamental rights, the Court itself can directly review, on the basis of EU fundamental rights, the application of EU law by German authorities. »

(59) V. Press release, n° 84/2019, 27 nov. 2019, Order of 6 November 2019, 1 BvR 276/17, *op. cit.,* § 3, b.

– notamment en s'inspirant de la jurisprudence de la Cour européenne – alors, elle activerait le mécanisme préjudiciel. On reconnaît ici les deux critères qui furent établis par la CJUE au fil du temps – et après une période dialogique houleuse avec certaines juridictions nationales – afin que l'activation de l'article 273, § 2 se fasse à bon escient. Le juge constitutionnel allemand ne perd décidément aucune occasion pour garder la main…, tant à l'égard des juges ordinaires, qu'à l'endroit de la Cour de justice.

Laurence BURGORGUE-LARSEN

Professeur à l'École de droit de la Sorbonne,
Université Paris I
Institut de recherche en droit international et européen
de la Sorbonne (IREDIES)

DÉPÔT LÉGAL : Octobre 2020 – 4e trimestre 2020 – AUT. DE 4-4-1945
LIBRAIRIE GÉNÉRALE DE DROIT ET DE JURISPRUDENCE – Lextenso Paris La Défense
Commission paritaire : n° 0722 T 81972

PEFC™
10-31-1316
Certifié PEFC
Ce produit est issu de forêts gérées durablement et de sources contrôlées

IMPRIM'VERT®

Imprimé en France sur des papiers provenant
majoritairement de l'Union européenne
et issus de forêts gérées durablement
par Jouve-Print, 733 rue Saint-Léonard, 53100 Mayenne

Ce livre est imprimé sur un site sous management
environnemental certifié **AFAQ ISO 14001**

Achevé d'imprimer en octobre 2020
Numéro d'impression : 2957774J
Dépôt légal : octobre 2020